westermann

Martin Voth, Jörg Bräker

Informationshandbuch Einzelhandel

2. Ausbildungsjahr

8. Auflage

Bestellnummer 66133

Materialien für Lehrerinnen und Lehrer

Lösungen Download: 978-3-427-66135-1

BiBox für Lehrerinnen und Lehrer (Einzellizenz) 978-3-427-66139-9
BiBox für Lehrerinnen und Lehrer (Kollegiumslizenz) 978-3-427-66140-5

inkl. E-Book

Materialien für Schülerinnen und Schüler

Lernsituationen: 978-3-427-66134-4

BiBox (Laufzeit 1 Jahr) 978-3-427-66136-8

inkl. E-Book

westermann GRUPPE

© 2021 Bildungsverlag EINS GmbH, Köln, www.westermann.de

Druck und Bindung: Westermann Druck GmbH, Braunschweig

ISBN 978-3-427-66133-7

LERNFELD 6 Waren beschaffen

LERNFELD 7 Waren annehmen, lagern und pflegen

LERNFELD 8 Geschäftsprozesse erfassen und kontrollieren

LERNFELD 9   Preispolitische Maßnahmen vorbereiten und durchführen

LERNFELD 10   Besondere Verkaufssituationen bewältigen

Warenwirtschaftssystem 2: Beschaffung

Anhang

Bildquellenverzeichnis

LERNFELD 6
Waren beschaffen

1 Mengenplanung

1.1 Ziele der Beschaffungsplanung

Beispiel

Kunde:	*„Ich hätte gerne die Game-Station 4 von Ony – Sie wissen ja, die aus der Werbung."*
Kundenberater:	*„Tut mir sehr leid, gestern habe ich das letzte Exemplar verkauft. In circa 14 Tagen erwarte ich eine neue Lieferung. Ich könnte Ihnen aber den Dream-Player von Martendo anbieten."*
Kunde:	*„Nein, danke, der ist doch technisch völlig veraltet und auch viel zu teuer."*

Wenn ein Kunde etwas wünscht, das der Einzelhändler nicht verfügbar hat, verzichtet der Einzelhändler nicht nur auf Umsatz. Eventuell verliert er auch den Kunden, weil dieser sich den Mitbewerbern zuwendet.

Es gehört zu den schwierigsten Aufgaben des Einzelhandels
* die **gewünschte Ware**
* zum richtigen **Zeitpunkt**
* in der passenden **Qualität** sowie
* in der richtigen **Menge** und
* zum akzeptierten **Preis** anzubieten.

Denn der Einzelhändler muss seine Beschaffungsentscheidungen vorausschauend treffen, weil die Ware verfügbar sein muss, sobald der Kunde das Geschäft betritt. Letztlich geht es darum, die **Verkaufsbereitschaft** (Lieferbereitschaft) des Geschäftes zu jedem Zeitpunkt sicherzustellen.

Dazu ist es erforderlich, dass der Einzelhändler sein Sortiment ständig den sich ändernden Marktverhältnissen anpasst. Die Ursachen für diese Veränderungen sind vielfältig:
* Sortimentsentscheidungen von **Mitbewerbern**
* **saisonale** Gründe (z. B. für Einzelhandelsbranchen, die der Mode unterworfen sind)
* **jahreszeitliche** Anpassungen (z. B. Feiertage, Ferien, Sommerzeit)
* **Witterungsänderungen** (spezielle Produkte, z. B. für heiße Sommertage)
* **technische Entwicklungen** machen es erforderlich, neue Produkte ins Sortiment aufzunehmen und alte zu entfernen
* Veränderung der **Kundenansprüche**

Die Sortimentsveränderungen können wie folgt aussehen:

Sortimentserweiterung:	Ein Einzelhändler **erweitert** sein Sortiment, wenn er die Breite und/oder die Tiefe seines Sortiments erhöht. **Beispiele** * Ein Warenhaus richtet einen Warenbereich „Service" ein. Dazu gehören ein Friseur, eine Bankfiliale, eine Cafeteria und ein Reisebüro. * Ein Lederwarengeschäft entschließt sich, auch eine Warengruppe „Textilien" anzubieten. * In der Warengruppe „Molkereiprodukte" werden Diät-Joghurts verschiedener Hersteller neu aufgenommen.
Sortimentsbereinigung:	Von **Sortimentsbereinigung** spricht man, wenn ein Einzelhändler die Breite und/oder Tiefe seines Sortiments verringert. **Beispiel** Ein Textilfachgeschäft löst die Abteilung (Warengruppe) „Bett- und Tischwäsche" auf.
Sortimentsumstrukturierung:	Bei einer Sortimentsumstrukturierung werden Sortimentsteile durch andere Warenbereiche, Warengruppen, Warenarten oder Artikel ersetzt. Im günstigen Fall tauscht der Einzelhändler ertragsschwache Sortimentsteile gegen ertragsstarke aus. Die Artikelzahl bleibt bei einer Sortimentsumstrukturierung in etwa erhalten. **Beispiel** Ein Textilfachgeschäft löst die Abteilung „Bett- und Tischwäsche" auf und richtet eine neue Abteilung „Junge Mode" ein.

■ Produktniveau

Ein Einzelhändler kann mit seinen Sortimentsentscheidungen auf tagesaktuelle Entwicklungen reagieren. Es ist aber auch möglich, Entscheidungen eine bestimmte längerfristige Zielrichtung zu geben.

Beispiel

Bekannte Discounter (z. B. Aldi, Lidl) pflegen nicht mehr das Billig-Image (z. B. Warenpräsentation auf Paletten und im Abrisskarton), sondern bieten zusätzlich hochwertigere Produkte an und werten die Ladeneinrichtung auf.

Man spricht in diesem Fall von **Trading-up**, im Gegensatz zum **Trading-down**, wenn genau der umgekehrte Weg beschritten wird, nämlich von Fachgeschäft zum Discounter.

> **Trading-up:** Anhebung des Preis- und Qualitätsniveaus eines Sortiments zugunsten höherwertigerer Waren und einer verbesserten Warenpräsentation.
>
> **Trading-down:** Absenkung des Preis- und Qualitätsniveaus eines Sortiments

■ Herstellermarken oder Handelsmarken

Zu den Sortimentsentscheidungen eines Einzelhandelsunternehmens gehört auch die Frage, wie viele Markenartikel ins Sortiment aufgenommen werden sollen.

Markenartikel
Produkte, die aus Kundensicht eine bestimmte gleichbleibende Qualität versprechen, intensiv beworben werden und einen hohen Bekanntheitsgrad haben.

Herstellermarken:	Handelsmarken:
Produkte, die der Hersteller mit seinem Warenzeichen versieht und über den gesamten Einzelhandel vertreibt.	Produkte, die ein Handelsunternehmen mit einem eigenen Warenzeichen markiert und nur im eigenen Unternehmen vertreibt. Sie werden auch als **Eigenmarken** bezeichnet. Eine Form der Handelsmarke sind No-Name-Produkte, die sich durch einfache Produktgestaltung und einen niedrigen Preis auszeichnen.

Handelsmarken waren in der Vergangenheit Niedrigpreisprodukte (z. B. „Ja!", „Gut&Günstig"). Heute finden sie sich auch im mittleren und im hohen Preisbereich (Premium-Handelsmarken). In der Produktqualität sind Handelsmarken von den Herstellermarken vielfach nicht zu unterscheiden, weil sie i. d. R. vom gleichen Hersteller stammen. Der Unterschied liegt gewöhnlich nur im niedrigeren Preis für die Handelsmarken. Je größer ein Einzelhandelsunternehmen ist (insbesondere die großen Filialsysteme), desto stärker sind Handelsmarken im Sortiment vertreten.

Vorteile des Einzelhandels durch Handelsmarken:

* **Profilierung:** Durch eigene Marken kann sich ein Einzelhandelsunternehmen von den Mitbewerbern abheben.

* **Kundenbindung:** Preisgünstige und zugleich qualitativ hochwertige Eigenmarken führen aus Sicht des Kunden zu einem guten Preis-Leistungs-Verhältnis. Kunden schätzen solche Produkte und entwickeln Vertrauen zu dem Eigenmarkenanbieter.

* **Gewinn:** Die Einkaufspreise für Handelsmarken sind im Regelfall niedriger als für Herstellermarken, die aufwendig beworben werden und einen hohen Bekanntheitsgrad besitzen. Im Durchschnitt ist der Gewinn bei Handelsmarken höher als bei Herstellermarken.

■ Teilbereiche der Beschaffungsplanung

Damit der Einzelhändler immer lieferbereit ist, muss er frühzeitig festlegen, welche Waren er in welcher Menge einkaufen möchte, welche Preislagen er anstrebt und wann er die Ware bestellen will.

Beschaffungsplanung: Festlegung von Art, Menge, Preis und Zeitpunkt der einzukaufenden Waren

Die Beschaffungsplanung lässt sich somit in drei Teilbereiche unterteilen:
* Mengenplanung
* Preisplanung
* Zeitplanung

1.2   Warenwirtschaftliche Analyse

Ein modernes Warenwirtschaftssystem liefert dem Einzelhändler heute zahlreiche Informationen, die die Einkaufsplanung erleichtern. Die warenwirtschaftliche Analyse betrachtet anhand der Daten aus dem Warenwirtschaftssystem die Warenbewegungen in einem Geschäft und wertet sie aus. Dabei werden vor allem folgende Daten betrachtet:

* **Warenbestand:** Er gibt an, welche Produkte sich in einem Einzelhandelsgeschäft befinden. Weil die Warenbestände heute in der Regel von einem Warenwirtschaftssystem verwaltet werden, ist noch bedeutsam zu wissen, welcher Warenbestand laut Warenwirtschaftssystem vorhanden sein **soll** und welcher Bestand tatsächlich vorhanden ist (**Soll-Bestand, Ist-Bestand**).

* **Absatz:** Das ist die verkaufte Menge an Produkten in Stück.

* **Umsatz:** Wird die verkaufte Menge mit den Verkaufspreisen bewertet, erhält man den Umsatz.

Beispiel

Auf einer Sonderfläche werden Fruchtsaftgetränke in Kisten zu einem einheitlichen Preis von 9,90 € angeboten. Insgesamt wurden 600 Kisten im Verlauf des Monats auf der Fläche bereitgestellt. Am Ende eines Monats wird festgestellt, dass noch 40 Kisten vorhanden sind (laut Warenwirtschaftssystem und auch nach einer Zählung der vorhandenen Kisten).

Warenbestand am Ende des Monats: 40 Kisten (= Ist- und Soll-Bestand)
Absatz: 600 Kisten – 40 Kisten = 560 Kisten
Umsatz: 560 Kisten · 9,90 € = 5 544,00 €

Warenwirtschaftliche Analyse: Ermittlung und Auswertung von Daten aus einem Warenwirtschaftssystem über die Warenbewegungen in einem Geschäft

■ Artikel- und Warengruppenstatistik

Durch die Artikel- und Warengruppenstatistik erhält man jederzeit Auskunft über den aktuellen Bestand einzelner Artikel oder Warengruppen. Vergleicht man die eingekauften Mengen mit den Absatzzahlen, lässt sich die Verkäuflichkeit der Produkte beurteilen, die sogenannte **Abverkaufsquote.**

Abverkaufsquote

Statistik Warengruppen	Warenbereich 2 Abteilung 2.1 Textil			Datum: 31.12.20(0)
	Warengruppe	Monate/Jahr	Einkauf Stück	Bestand Stück
	15	08-12/20(0)	300	75

Rechenweg

$$300 \text{ Stück} = 100\,\%$$
$$75 \text{ Stück} = x\,\%$$
$$x = \frac{100 \cdot 75}{300} = 25\,\% \text{ Bestand}$$

Die Abverkaufsquote beträgt 75 %

Erläuterungen: Die Gesamtmenge des Einkaufs ist mit 100 % gleichzusetzen. Gesucht ist der Bestand, ausgedrückt in Prozent. 100 % Einkaufsmenge minus 25 % Bestand ergibt eine Abverkaufsquote von 75 % (oder 225 von 300 Stück).

Auswertung: Betrachtet werden die Monate August bis Dezember. Die Daten werden am 31.12.20(0) abgerufen. Die Wintersaison geht in der Regel bis Ende Januar. Wenn die Abverkaufsquote am 31.12.20(0) 75 % beträgt, bleibt noch ein Verkaufsmonat, um die restlichen 25 % zu verkaufen. Es dürfte schwierig werden, im letzten der 6 Saisonmonate den verbleibenden Bestand abzusetzen. Es ist daher zu viel eingekauft worden. Zukünftig sollte für die Warengruppe 15 die Einkaufsmenge verringert werden.

■ Verkaufsdatenstatistik

Die Verkaufsdatenstatistik ist eine Auswertung der verkauften Produkte nach unterschiedlichen Gesichtspunkten wie z. B.

* **Artikel-/Warengruppen-Umsatz:** Diese Statistik zeigt an, welche Umsätze mit den Artikeln oder Warengruppen erzielt worden sind. Die Liste mit den am besten verkauften Produkten wird auch salopp als „Renner-Liste", das Gegenstück hingegen als „Penner-Liste" bezeichnet (oder auch Tops und Flops).

* **Lieferanten-Umsatz:** Ebenso ist es möglich, die verkauften Produkte nach Lieferanten zu gliedern. Dies gibt Hinweise darauf, bei welchem Lieferer vorzugsweise Ware bestellt werden sollte.

Beispiel

Beispiel 1: Umsatzrangliste nach Artikeln

Die Auswertung aus dem Warenwirtschaftssystem (siehe rechts „Umsatz-Ranking") zeigt die 10 Artikel (mit Angabe der Warengruppe WG), die die höchsten Umsätze innerhalb eines Jahres erzielt haben.

Umsatz-Ranking

Von: 01.01.20(0) DON Bis: 31.12.20(0) DON

Top 10

Pos.	Art.Nr.	Art.Name 1 Warengruppe	Umsatz (€)
1	44060101	Kopierer-Toner WG 06	87 400.00
2	44050201	Laser-Faxgerät WG 05	73 200,00
3	44060102	Fax-Toner WG 06	17 500,00
4	44060202	Tintenpatrone Farb-Set WG 06	14 600,00
5	44060201	Tintenpatrone schwarz WG 06	13 500,00
6	44050202	Tintenstrahl-Faxgerät WG 05	12 100,00
7	44030102	Füllfederhalter Faktor WG 03	8 300,00
8	44030101	Heftapparat Automatik WG 01	7 300,00
9	44010102	Heftapparat Automatik WG 01	5 150,00
10	44040101	ELBA-Ordner WG 04	4 500,00
Gesamt			243 550,00

Beispiel

Beispiel 2: Lieferantenstatistik

Die Leiterin der Textilabteilung eines Warenhauses ruft am Ende der Saison aus dem Warenwirtschaftssystem die Umsätze für Hosen in Stückzahlen und in Euro ab. Außerdem lässt sie die Tabelle noch mit dem Wareneingang und der Abverkaufsquote ergänzen.

Warengruppe: Hosen	Datum: 30.07.20(0)		Saison: 01.02.–31.07.20(0)	
Lieferanten	**Umsätze**		**Wareneingang**	**Abverkaufsquote**
Name	**in Stück**	**in €**	**in Stück**	**in %**
Trend-Moden	1 810	52 490,00	1 955	92,6
Olympia	767	29 146,00	787	97,5
GDS	476	21 420,00	476	100,0
Bethmeyer	683	42 346,00	730	93,6
Sternburg	401	29 674,00	401	100,0
OBIS	240	21 120,00	240	100,0
MODE-Partner	210	22 050,00	270	77,8
Kallmann	89	11 481,00	89	100,0
Summe	4 676	229 727,00	4 948	94,5

Auswertung:

Trend-Moden ist vom Umsatz und von den Stückzahlen her der wichtigste Lieferant. Allerdings zeigt die Abverkaufsquote, dass die eingekaufte Menge in der Saison nicht vollständig verkauft werden konnte. Eine ähnliche Situation stellt sich für Bethmeyer dar. Die Umsätze mit Produkten von Olympia, GDS, Sternburg und OBIS bewegen sich auf einem mittleren Niveau, zeichnen sich aber durch gute Abverkaufsquoten aus. Bei diesen Lieferanten sollte zukünftig verstärkt eingekauft werden.

Auch Kallmann ist ein Lieferant mit Zukunft. Die geringe Stückzahl führt zu relativ hohen Erlösen und die Abverkaufsquote von 100 % zeigt, dass die Kunden die Produkte schätzen. Problematisch ist der Lieferant MODE-Partner. Der Umsatz liegt zwar im mittleren Bereich, die Produkte sind aber schlecht verkäuflich; zukünftig ist hier große Vorsicht beim Einkauf geboten.

■ ABC-Analyse

Die einzelnen Artikel im Sortiment eines Einzelhändlers haben unterschiedliche Bedeutungen für den wirtschaftlichen Erfolg des Unternehmens.

Beispiel

In der Abteilung Schreibwaren/Büro des City-Warenhauses Bauer werden Bleistiftanspitzer im Jahr nur in geringer Stückzahl verkauft. Bei einem Preis von 99 Cent ist der Stückgewinn auch sehr gering.

Es ist wenig sinnvoll, für Randprodukte einen großen Aufwand beim Einkauf zu betreiben. Ertrag und Aufwand stünden in keinem Verhältnis.

Mithilfe der **ABC-Analyse** kann man die wirtschaftliche Bedeutung von Produkten für ein Unternehmen feststellen. Dadurch kann man erkennen, welchen Beschaffungsaufwand man für jedes Produkt betreiben sollte.

Bei diesem statistischen Verfahren werden die Waren in drei Gruppen eingeteilt:

Gruppe	Wirtschaftliche Bedeutung	
A	umsatzstark	Diesen Artikeln ist besondere Aufmerksamkeit beim Einkauf zu schenken, weil sie den wesentlichen Teil des Umsatzes ausmachen. Qualität und Preis dieser Produkte sind sorgfältig zu überwachen und z. B. durch regelmäßige Vergleichsangebote wettbewerbsfähig zu halten. Der Kontakt zu den Lieferanten dieser Produkte sollte intensiv gepflegt werden. Sämtliche Informationsquellen über diese Produkte sind zu nutzen. Preisverhandlungen mit den Lieferanten sollten besonders gründlich geführt werden.

Gruppe	Wirtschaftliche Bedeutung	
B	mittlere Umsatzstärke	Auch diese Produkte sind im Auge zu behalten, weil sie einen erkennbaren Beitrag zum Gesamtumsatz leisten. Allerdings sollte der Aufwand nicht so hoch sein wie bei A-Produkten, weil der Einsatz von Arbeitskraft und finanziellen Mitteln bei der Überwachung dieser Produkte einen geringeren Einfluss auf den Gesamtumsatz hat.
C	umsatzschwach	Diese Waren haben nur wenig Bedeutung für einen Einzelhändler, weil sie lediglich einen kleinen Anteil zum Gesamtumsatz beitragen. Beschaffungsaufwand und Pflege der Lieferantenbeziehungen sind zu minimieren.

Die Gewichtung der Gruppen bestimmt der Einzelhändler nach eigenen Vorstellungen.

Beispiel

Gruppe	Prozentanteil vom Umsatz
A-Artikel	80 %
B-Artikel	15 %
C-Artikel	5 %

Vorgehensweise

1. Die Verkäufe (Umsätze) zu Bezugspreisen (Einkaufswert) werden aus dem Warenwirtschaftssystem herausgefiltert und in absteigender Reihenfolge sortiert. Im Beispiel werden zehn Artikel betrachtet.

2. Der Anteil der Artikel am gesamten Einkaufswert wird jeweils in Prozent ausgedrückt.

$$\text{Herrenräder:} \quad \frac{50\,000,00 \cdot 100}{156\,400,00} = 31,97\,\%$$

3. Die Prozentzahlen werden schrittweise aufsummiert:

$$31,97\,\% + 25,58\,\% = 57,55\,\%$$

4. Alle Produkte bis zu einem aufsummierten Einkaufsanteil von 80 % sind A-Artikel, bis 95 % B-Artikel usw.

Rang	Artikel	Einkaufswert €	Einkauftwert in %	Einkaufswert in % summiert	Kategorie A, B oder C
1	Herrenräder	50 000,00	31,97	31,97	A
2	Damenräder	40 000,00	25,58	57,55	A
3	Kinderräder	17 000,00	10,87	68,42	A
4	Rennräder	15 000,00	9,59	78,01	A
5	Mountainbikes	13 000,00	8,31	86,32	B
6	Klappräder	9 000,00	5,75	92,07	B
7	Trikots	4 000,00	2,56	94,63	B
8	Fahrradtaschen	3 800,00	2,43	97,06	C
9	Pflegemittel	2 600,00	1,66	98,72	C
10	Sportlernahrung	2 000,00	1,28	100,00	C
		156 400,00	100,00		

ABC-Analyse: Statistisches Verfahren, mit dem die wirtschaftliche Bedeutung von Produkten für ein Unternehmen festgestellt werden kann.

■ Manuelle Aufzeichnungen

Auch außerhalb des Warenwirtschaftssystems existieren Aufzeichnungen, die Hinweise für die Einkaufsplanung geben, z. B.:

* **Fehlzettellisten** sind Aufzeichnungen des Verkaufspersonals über Produkte, die Kunden nachgefragt haben, die aber nicht geführt werden oder nicht vorrätig sind.

* **Reklamationslisten** geben an, welche Waren von Kunden beanstandet werden, welche Fehler vorzugsweise auftreten und welcher Lieferant die fehlerhafte Ware geliefert hat.

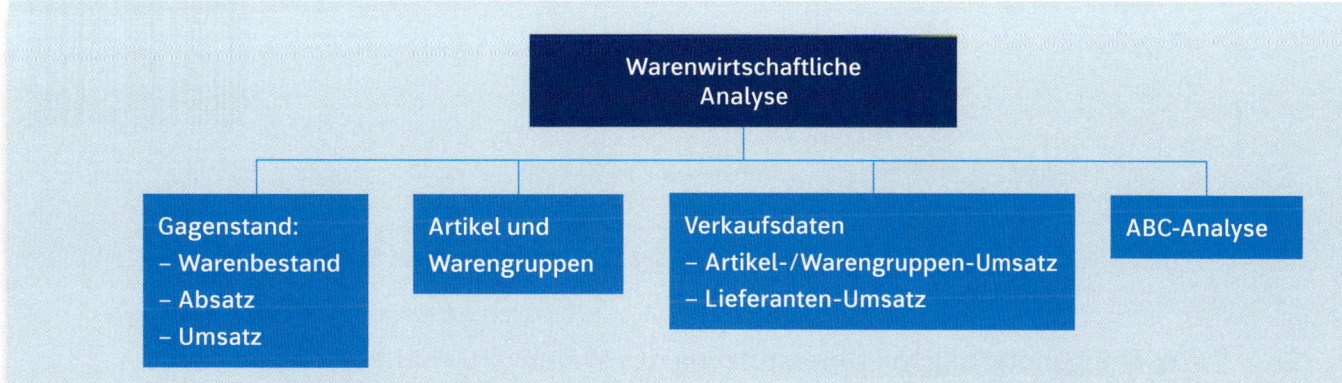

1.3 Planung der Einkaufsmenge

Die Mengenplanung hat zum Ziel, den Einkaufsbedarf des Einzelhändlers für jeden Artikel und für einen bestimmten Zeitraum mengenmäßig zu bestimmen. Dabei wir der Umfang der Einkaufsmenge grundsätzlich begrenzt durch die Kapazität des Verkaufs- und Reservelagers eines Einzelhandelsgeschäftes.

Die oben beschriebene warenwirtschaftliche Analyse leistet bei der Mengenplanung eine wichtige Hilfe.

Der Einzelhändler wird sich aber nicht nur auf die innerbetrieblichen Informationen aus dem Warenwirtschaftssystem und sonstige Aufzeichnungen beschränken, sondern auch außerbetriebliche Informationsquellen nutzen, um eine verlässliche Basis für seine Einkaufsplanung zu schaffen. Dazu zählen z. B.:

* **saisonale Einflüsse** veranlassen den Einzelhändler, bestimmte Produkte ins Sortiment aufzunehmen oder verstärkt einzukaufen.

Siehe auch Einflüsse auf die Zeitplanung Seite 26

* **Jahreszeiten** (z. B. Frühjahrs-Gartenbestellung), Feiertage (z. B. Weihnachtsfest) oder sportliche Ereignisse (z. B. Fußball-Weltmeisterschaft) beeinflussen das Einkaufsverhalten der Kunden und damit das Beschaffungsverhalten des Einzelhändlers.

* Das Verhalten der **Konkurrenz** zwingt einen Einzelhändler häufig, sein Warenangebot anzupassen.

* **Werbemaßnahmen** von Herstellern (vor allem im Fernsehen, zunehmend aber auch in sozialen Medien wie Facebook, YouTube und Twitter) führen zu einer entsprechenden Kundennachfrage. Der Einzelhändler muss sich rechtzeitig auf diese Kundenwünsche einstellen.

* Auch die allgemeine **wirtschaftliche Lage** bestimmt das Einkaufsverhalten des Einzelhändlers: Weist die Wirtschaft hohe Wachstumsraten auf, steigen die Einkommen der Verbraucher, und zeigt sich das Konsumklima positiv, wird der Einzelhändler großzügiger disponieren als in wirtschaftlich schlechten Zeiten.

> **Mengenplanung:** Festlegung des Einkaufsbedarfs nach Art und Menge für einen bestimmten Zeitraum

■ Bestellmengenermittlung aufgrund von Erfahrung

Eine einfache Form der Mengenplanung lässt sich z. B. im Lebensmitteleinzelhandel feststellen. Ein- oder zweimal in der Woche wird in der Filiale Ware im Zentrallager bestellt. Ein Mitarbeiter geht zu diesem Zweck mit einer Bestellliste durch die Reihen des Lebensmittelmarkts und prüft bei jedem Artikel, ob dieser noch in ausreichender Zahl vorhanden ist. Aufgrund von Erfahrungswerten kann der Mitarbeiter die Abverkaufsgeschwindigkeit der Produkte recht gut abschätzen.

Besonderheiten (z. B. Feiertage, Jahreszeit, Wetter u. Ä.) werden automatisch und „mit Fingerspitzengefühl" berücksichtigt. Die Bestellliste wird der Zentrale übermittelt. Im Regelfall trifft die Ware wenige Tage später ein.

MHD = Mindesthalt-
barkeitsdatum

Code = Strichcode für
das mobile
Datenerfassungsgerät

Bestellliste Zentrallager

Waren-bezeichnung	Artikel-Nr.	VK-Preis/€	MHD	Bestellmenge	Code
Buchweizenvoll-kornmehl 500 g	803036	1,79	27 W		‖‖‖‖‖
Roggenvollkorn-mehl 500 g	804035	usw.			

Durch die Codierung lässt sich die bestellte Menge auch über ein mobiles Datenerfassungsgerät (MDE) festhalten und elektronisch zur Zentrale übermitteln.

■ Mengenplanung mit Unterstützung des Warenwirtschaftssystems

Eine (Wochen-)Bedarfsermittlung, die weniger vom Fingerspitzengefühl als von konkreten Zahlen aus dem Warenwirtschaftssystem (WWS) bestimmt ist, könnte folgenden Verlauf nehmen:

Zahlen	Erläuterungen	*Beispiel* Tomatensoße, Artikel Nr. 28991
Absatz der Vorjahreswoche	Das Warenwirtschaftssystem liefert die Absatzzahlen der Vorjahreswoche.	44 Stück
+/– vermutete Änderungen in den Absatzzahlen	Außerbetriebliche Informationen (Saison, Mitbewerber, Werbung, Konjunktur) führen zu einer Anpassung der Vorjahreszahlen.	+ 6 Stück
= geplanter Absatz	Mit dieser Absatzmenge rechnet der Einzelhändler in der Planungswoche.	= 50 Stück
– Lagerbestand	Produkte, die noch vorhanden sind, müssen nicht eingekauft werden.	– 8 Stück
– Bestellungsrückstände	Eventuell stehen noch Wareneingänge aus vorhergehenden Bestellungen aus. Das WWS gibt darüber Auskunft.	– 12 Stück
= Einkaufsbedarf	Mit dieser Bestellmenge lassen sich die geplanten Absatzzahlen verwirklichen.	**= 30 Stück**

■ Mengenplanung mit Bestellvorschlag des Warenwirtschaftssystems

Ein Warenwirtschaftssystem kann bei der Festlegung von Einkaufsmengen wirksame Unterstützung leisten. Ruft man die Funktion „Bestellvorschläge" in einem Warenwirtschaftssystem auf, erscheint z. B. die Auswertung auf der nächsten Seite:

Neben grundlegenden Produktinformationen werden folgende Daten (beispielhaft für den Tischkopierer) ausgewiesen:
* Mindestbestand (M-Bestand = 2)
* aktueller Bestand (Bestand, = 3)
* Höchstbestand (H-Bestand = 9)
* Meldebestand (4)
* Vorschlag (grau unterlegt = 6)

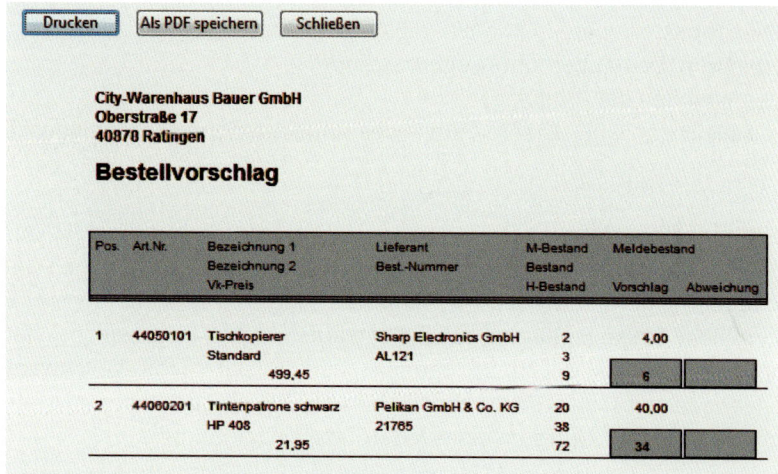

Das System schlägt an dieser Stelle eine Bestellmenge vor, die als Differenz aus Höchstbestand und aktuellem Bestand errechnet wird. Wie bei der Bedarfsermittlung aufgrund von Erfahrungswerten (siehe oben) ist auch hier zu berücksichtigen, dass

* **aktuelle Entwicklungen** (z. B. Wetter, Jahreszeit, Werbeaktivitäten) eine Erhöhung oder Absenkung der Vorschlagsmenge notwendig machen können,

* eventuell ausstehende **offene Bestellungen** nicht übersehen werden. Da ein Warenwirtschaftssystem aber auch alle ausgehenden Bestellungen verwaltet, können offene Bestellungen ebenfalls aus dem System abgerufen werden.

Man kann nun den Vorschlag des Systems übernehmen oder die Menge entsprechend abändern (Feld „Abweichung").

Die Bestellmenge könnte auch als Differenz aus **Mindestbestand** und Höchstbestand errechnet werden, um die Abverkäufe während der Lieferfrist zu berücksichtigen; siehe Seite 24.

■ Limitrechnung

Limit = Grenze

Wareneingangs- und Limitdatei

Mithilfe der Limitrechnung (Limitplanung) legt der Einzelhändler für einen bestimmten Zeitraum fest, bis zu welchem Betrag Waren eingekauft werden dürfen. Die Planung kann sich auf den Gesamtbetrieb beziehen oder auch auf einzelne Abteilungen. In einfacher Form lässt sich die Limitrechnung wie folgt einsetzen:

Ein Einzelhändler legt die geplanten Verkäufe für das nächste Geschäftsjahr (oder eine Saison) auf der Grundlage der Einkaufspreise fest. Der Betrag stellt das Limit für die Einkaufsplanung dar. In einem zweiten Schritt wird der Einkaufsbetrag auf die verschiedenen Warengruppen verteilt, d. h., jede Abteilung erhält einen bestimmten Betrag zugewiesen, der für Wareneinkäufe zur Verfügung steht. Eventuell wird der Betrag zunächst nur zum Teil (bis auf eine Limitreserve) freigegeben. Weicht der tatsächliche Geschäftsverlauf von den Planzahlen ab, werden die Limits herauf- oder herabgesetzt **(Limitkorrektur)**. Durch geeignete Aufzeichnungen lässt sich der „Verbrauch" des Limits jederzeit feststellen, z. B. durch eine Datei folgender Art:

Wareneingangs- und Limitdatei 20(0)

Warengruppe:		Kolleg-/Dokumentenmappen	freies Limit (EK-Preis):		6 500,00 € pro Jahr	
Warenart:		Schultaschen	Limit-Reserve:		500,00 €	
Datum	Nr.	Lieferant	erteilte Aufträge/€	verfügb. Limit/€	Wareneingang Datum Bezugspreis/€	schwebende Aufträge/€
15.01.	1	Müller KG	1 560,00	4 940,00	21.01. 1 560,00	
10.02.	2	Gebr. Holl	860,00	4 080,00		

Wenn Waren jederzeit nachbestellt werden können, dient die Limitplanung dazu, den unkontrollierten Einkauf von Waren zu verhindern. Denn überhöhte Lagerbestände

* führen leicht zu einem Veralten der Produkte,
* binden Kapital, das vielleicht an einer anderen Stelle des Unternehmens besser eingesetzt werden könnte.

Limitrechnung im Textileinzelhandel

In modisch orientierten Branchen (vor allem in der Textilbranche) oder in Branchen mit schnellem technologischem Wandel (z. B. im Computerbereich) wird die Limitrechnung zur Feinsteuerung der Beschaffung verwendet. Durch eine sorgfältige Einkaufsplanung soll die Verkaufsfähigkeit jederzeit gesichert sein. Trotzdem sollen aber ausreichende finanzielle Mittel zur Verfügung stehen, um auf Nachfrageschwankungen oder Geschmacksveränderungen jederzeit reagieren zu können. Ein zu Beginn der Saison mit falschen Produkten vollgestopftes Geschäft – das ist der Alptraum eines jeden Textileinzelhändlers.

Limitrechnung (für eine Saison)

Saison-Monate	%	Plan-Verkauf/€	
September	25	90 000,00	Aufgrund der Zahlen aus dem Warenwirtschaftssystem können die Umsatzanteile der Saisonmonate festgestellt werden. Die geplanten Verkäufe sind mit ihren Einstandspreisen (Wareneinsatz) ausgewiesen.
Oktober	30	108 000,00	
November	5	18 000,00	
Dezember	10	36 000,00	
Januar	15	54 000,00	
Februar	15	54 000,00	
= Brutto-Limit € 100 %		360 000,00	der geplante Verkauf einer Warengruppe (zu Einstandspreisen) in der gesamten Saison = Wareneinsatz
+ Lager-Anbau	in €	+ 10 000,00	geplante Erhöhung des Warenbestandes
– Lager-Abbau	in €		geplante Verminderung des Warenbestandes
= Netto-Limit	in %	100	das um die Lagerveränderungen korrigierte Bruttolimit (in %); dies ist der tatsächliche Einkaufsbedarf der Saison
	in €	370 000,00	(als Betrag)
– Limit-Reserve	in %	30	für kurzfristige Nachdispositionen und Einzelbestellungen; auch zur Sicherheit
	in €	111 000,00	
= freies Limit	in €	259 000,00	Es steht für die regelmäßigen Wareneinkäufe zur Verfügung.

Erläuterungen zur Tabelle

„Lageranbau" bedeutet in der Limitrechnung, dass die Auswahl an Produkten im Geschäft vergrößert werden soll. Dazu müssen zusätzliche Waren eingekauft werden. Umgekehrt versucht der Einzelhändler bei einem Lagerabbau, den Warenbestand zu verringern. Die Höhe der **Limitreserve** wird vom Einzelhändler aufgrund von Erfahrungen festgelegt. Im Übrigen gilt auch hier: Die Limits sind nur Planungszahlen. Abweichungen bei den tatsächlichen Umsatzzahlen führen zu Änderungen der Grenzwerte und der Lagerbestände. Damit die Limitrechnung ein wirksames Instrument zur Einkaufsplanung sein kann, ist eine genaue Überwachung aller Aufträge und eingehenden Warenlieferungen erforderlich **(Limitkontrolle)**.

Limitrechnung: Planungsinstrument, mit dem die Einkaufsmenge (ausgedrückt in €) für einen bestimmten Zeitraum festgelegt wird.

Mengenplanung
- aufgrund von Erfahrungswerten
- mit Unterstützung des WWS
- mit Bestellvorschlägen des WWS
- Limitrechnung

Grundlage: warenwirtschaftliche Analyse

■ Optimale Bestellmenge

Bestellkosten

Jeder Bestellvorgang verursacht Kosten im Verwaltungsbereich, z. B. Personalkosten durch die Auftragsbearbeitung und Transportkosten. Legt man einen gewissen Jahresverbrauch an Material zugrunde, würde eine einmalige Bestellung die geringsten Bestellkosten verursachen. Eine hohe Einkaufsmenge führt im Regelfall auch zu niedrigeren Einkaufspreisen.

Lagerkosten

Dem steht allerdings hohe Lagerkosten gegenüber, da die Güter durchschnittlich lange Zeit im Lager verbleiben. Würden die benötigten Güter durch mehrmalige Bestellungen geliefert, hätte man geringe Lagerkosten, dagegen aber hohe Bestellkosten.

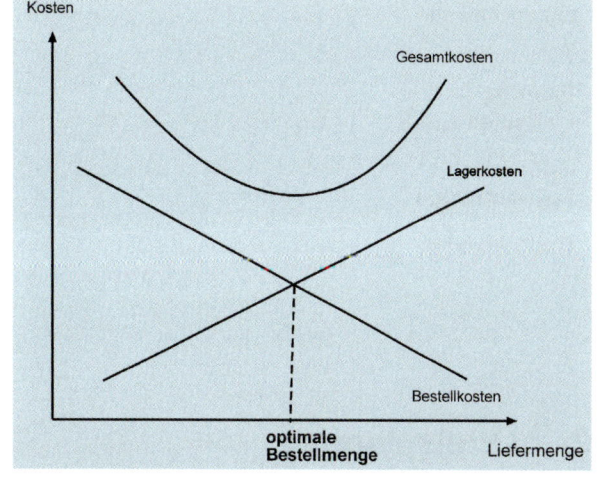

Lagerkosten
z. B.
– Kosten für Lagerpersonal
– Energie und Instandhaltung
– Miete
– Zinsen für das durch die Lagerbestände gebundene Kapital

Die **optimale Bestellmenge** würde somit dort liegen, wo beide Kostenarten insgesamt (Gesamtkosten) am geringsten sind. Das ist in der nebenstehenden Grafik der Schnittpunkt von Lager- und Bestellkosten.

> **Optimale Bestellmenge:** Einkaufsmenge, bei der die Gesamtkosten, bestehend aus Lager- und Bestellkosten, am niedrigsten sind.

Mengenplanung im Onlinehandel

* Die Suchanfragen der Kunden im Onlineshop bilden neben den Verkaufsdaten (warenwirtschaftliche Analyse) eine zusätzliche Informationsquelle für Kundenwünsche.
* Kunden im Onlinehandel wollen

* alles, sofort, zu jeder Zeit und an jedem Ort

* einkaufen. Onlinehändler können diesen Kundenwünschen entsprechen, weil es praktisch keine Begrenzung der Einkaufsmenge durch die vorhandene Verkaufsfläche gibt. Es genügt, einfach mehr Lagerraum zu schaffen (z. B. zu mieten). Ein Onlinehändler kann dadurch ein sehr breites und tiefes Sortiment anbieten, das auch sehr speziell sein kann.
* Ein Onlinehändler muss die angebotenen Produkte gar nicht selbst ins Lager nehmen. Er kann eine Kundenbestellung an den Hersteller oder Großhändler weiterleiten, der dann die Ware direkt an den Kunden versendet (Dropshipping, siehe Seite 95). Oder der Onlinehändler gibt die Lagerhaltung komplett in die Hand eines Verkaufsplattform-Betreibers wie z. B. Amazon Marketplace. Der Betreiber übernimmt dann die Lagerhaltung und den Vertrieb. Das schafft fast unbegrenzte Möglichkeiten in der Mengenplanung. Die Kosten für Lagerung und Vertrieb muss der Onlinehändler aber im Auge behalten.

Zusammenfassung

Mengenplanung		
Beschaffungs-planung:	Teilbereiche:	* Mengenplanung * Preisplanung * Zeitplanung
Definition:	Festlegung des Einkaufsbedarfs nach Art, Menge und Preis für einen bestimmten Zeitraum	
Ziele:	* gewünschte Ware * richtiger Zeitpunkt * passende Qualität * richtige Menge * akzeptierter Preis	→ Verkaufsbereitschaft sicherstellen
Sortiments-veränderungen:	* Erweiterung * Bereinigung	* Umstrukturierung
Produktniveau:	* Trading-up (Niveauanhebung)	* Trading-down (Niveausenkung)
Marken:	* Herstellermarke: Mit dem Warenzeichen des Herstellers * Handelsmarke: Mit einem Warenzeichen des Einzelhändlers	

Mengenplanung		
Warenwirtschaftliche Analyse:	* Warenbestand, Absatz, Umsatz * Artikel und Warengruppen * ABC-Analyse	* Verkaufsdaten: – Artikel-/Warengruppen-Umsatz – Lieferanten-Umsatz
Planung Einkaufsmenge:	* Erfahrungswerte * WWS-Unterstützung	* Bestellvorschläge des WWS * Limitrechnung
Optimale Bestellmenge:	Einkaufsmenge, bei der die Gesamtkosten, bestehend aus Lager- und Bestellkosten am niedrigsten sind.	
Onlinehandel:	* Weitere Informationsquelle: Sucheingaben von Shopbesuchern * Keine Einkaufsmengenbegrenzung durch die vorhandene Verkaufsfläche. * Verzicht auf eigene Lagerflächen ist möglich (Dropshipping, Lagerung und Vertrieb über Verkaufsplattformen).	

2   Preisplanung

2.1   Preisniveau – Preislagen

■ Preisniveau eines Geschäftes

Siehe auch
Preisniveau
Lernfeld 9, Seite 174

Jeder Einzelhändler muss entscheiden, welches Preisniveau er für sein Geschäft anstrebt. Im Prinzip bestehen drei Möglichkeiten:

* Ein Einzelhändler bietet sein Sortiment auf einem **Niedrigpreisniveau** an. Diesen Weg gehen Discounter, deren wichtigstes Merkmal der niedrige Preis ist.

* Der Einzelhändler kann aber auch ein **mittleres Preisniveau** wählen und sich auf der Ebene von Fachgeschäften und Warenhäusern bewegen.

* Schließlich kann sich der Einzelhändler für ein **Hochpreisgeschäft** entscheiden, häufig mit einer kleinen, aber zahlungskräftigen Kundschaft als Zielgruppe und einem speziellen Sortiment.

Mit der Entscheidung für ein bestimmtes durchschnittliches Preisniveau grenzt sich das Geschäft als Ganzes von seinen Mitbewerbern ab.

→ **Preisniveau:** Grundentscheidung eines Einzelhändlers über die (durchschnittliche) Preishöhe seines Warenangebotes (niedrig, mittel, hoch).

■ Preislagen im Sortiment

Mithilfe von Preislagen gliedert ein Einzelhändler sein Sortiment. Produkte einer bestimmten Warenart, die sich qualitativ und preislich ähneln, werden in Preislagen zusammengefasst. Diese Preislagen bieten aber im Regelfall eine unterschiedliche Auswahl für den Kunden. Die Produktauswahl ist abhängig von der Kundennachfrage. Es bilden sich gewöhnlich **Preislagenschwerpunkte** mit umsatzstarken Artikeln, für die der Einzelhändler auch vermehrt Waren vorrätig hält.

Beispiel   Ein Textilfachgeschäft bietet Damenhosen in einer Preisspanne von 40,00 bis 150,00 € an. Die Schwerpunktpreislage umfasst Hosen zwischen 60,00 und 100,00 €. Dort findet der Kunde die größte Auswahl.

→ **Preislagen:** Waren gleicher Art und Zweckbestimmung, aber mit unterschiedlicher Qualität, deren Preise sich innerhalb einer bestimmten Preisspanne bewegen.

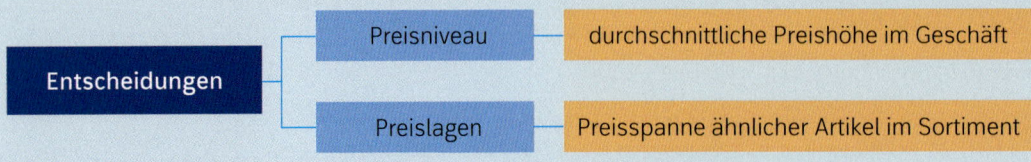

2.2 Warenbeschaffung nach Preislagen

Die Entscheidung des Einzelhändlers für die Bildung bestimmter Preislagen hat zur Folge, dass er den Einkauf seiner Produkte nach den Preislagen ausrichten muss. Er wird bei der Planung der Warenbeschaffung deshalb darauf achten, dass der Kunde in jeder festgelegten Preislage Produkte vorfindet. In den Schwerpunktpreislagen wird er aber für eine besonders reichhaltige Warenauswahl sorgen.

Das Textilfachgeschäft, das insgesamt ein mittleres Preisniveau anstrebt, wird für die Preislage zwischen 60,00 und 100,00 € besonders viel Ware einkaufen.

Beispiel

Preisplanung: Orientierung der Warenbeschaffung am Preisniveau des Geschäftes und an den Preislagen innerhalb des Sortiments.

■ Preislagenaufbau

Kunden nutzen den Preis eines Produkts als Orientierungshilfe. Bei der Vorauswahl stellen sie eine enge Verbindung zwischen Preis und Qualität eines Produkts her. Der Einzelhandel unterstützt das Orientierungsbedürfnis des Kunden, indem er sein Sortiment nach Preislagen gliedert und damit auf die Wünsche unterschiedlicher Zielgruppen eingeht. Für den Geschäftserfolg ist es wichtig, dass in den besonders nachgefragten Preislagen auch die größte Auswahl für den Kunden besteht.

Grundsätzlich sollte der Einzelhändler anstreben, dass die Auswahl für den Kunden (der Warenbestand) der Umsatzstärke der Preislage entspricht.

Preislagenaufbau: Abstimmung des Warenbestands an die Umsätze in den Preislagen

Mithilfe des Warenwirtschaftssystems kann der Einzelhändler jederzeit feststellen,

* welche Preislagen den höchsten **Umsatzanteil** haben (= **Umsatzschwerpunkt**) und

* ob der **Warenbestand** diese Schwerpunkte im Gefüge der Preislagen widerspiegelt, d. h., ob der Kunde auch in den Preislagen die größte Auswahl hat, in denen der höchste Umsatz erzielt wird (**Bestandsschwerpunkt**).

Ziel:
Preislagenschwerpunkt
=
Umsatzschwerpunkt
=
Bestandsschwerpunkt

Von einem ausgewogenen Preislagenaufbau spricht man, wenn alle nachgefragten Preislagen vertreten sind und die Schwerpunktpreislagen auch tatsächlich den höchsten Anteil am Umsatz und am Warenbestand haben.

■ Preislagenkontrolle

Der Einzelhändler sollte regelmäßig prüfen, ob die Preislagen der eingekauften Produkte auch tatsächlich von den Kunden angenommen werden. Die Auswertung der Bestandszahlen (Waren im Verkaufs- und Reservelager) sowie der Verkaufszahlen gibt ihm darüber Auskunft. Das Warenwirtschaftssystem liefert das Datenmaterial.

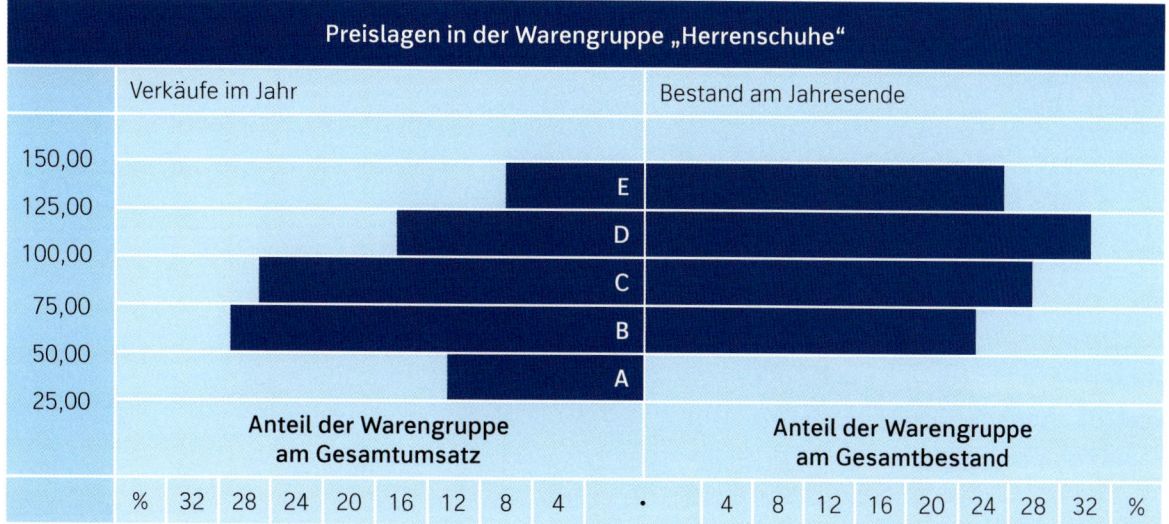

Erläuterungen zum Aufbau der Grafik

Es wurden insgesamt fünf Preislagen gebildet, z. B. Preislage A in der Spanne zwischen 25,00 und 50,00 €. In der Abbildung werden die Anteile der Preislagen an den Verkäufen eines Jahres (Umsatz) und am Warenbestand am Ende eines Jahres in Prozent dargestellt.

Auswertung der Zahlen

Preislage	Beurteilung
A	Diese Preislage ist in der Inventur am Jahresende nicht vertreten; offensichtlich handelt es sich um Produkte, die herabgezeichnet worden sind und z. B. als Sonderangebote verkauft wurden. Rund 12 % aller Verkäufe des Jahres bewegen sich also in einer Preislage, die das Geschäft nicht mehr vorrätig hat.
B	Die Verkäufe in dieser Preislage im Jahr (ca. 31 %) sind höher als der Warenbestand am Ende des Jahres (ca. 21 %). Der Unterschied ist aber noch erträglich. Der Warenbestand sollte etwas aufgestockt werden. Das heißt, beim Einkauf muss diese Preislage stärker berücksichtigt werden als im Vorjahr.
C	Der Warenbestand hat einen Anteil von ca. 30 %. Der Anteil dieser Preislage am Umsatz beträgt ca. 24 %. Der Warenbestand ist abzubauen, indem in dieser Preislage weniger eingekauft wird.
D	Der Warenbestand ist deutlich überhöht. Diese Preislage darf nur sehr wenig nachgekauft werden.
E	Auch hier stehen viel zu viele Waren in einer Preislage zur Verfügung, die die Kunden offensichtlich nur in geringem Maße (ca. 8 % des Umsatzes) wünschen. Der Abverkauf des Bestandes muss im Vordergrund stehen. Zukünftig ist in dieser Preislage nur sehr vorsichtig einzukaufen.

Der Preislagenaufbau im Bereich Herrenschuhe lässt darauf schließen, dass das Geschäft in den Augen der Kunden „überteuert" ist, weil die Kundenansprüche sich vorzugsweise auf die Preislagen zwischen 50,00 und 100,00 € richten, während das Angebot des Geschäftes sich vor allem in den Preislagen zwischen 75,00 und 125,00 € (und auch noch stark in der Preislage bis 150,00 €) bewegt.

Konsequenzen für den Wareneinkauf: Der Einzelhändler sollte die Waren so einkaufen, dass die Warenbestände (das Warenangebot) in den jeweiligen Preislagen auch den Verkäufen je Preislage entsprechen.

Zusammenfassung

Preisplanung	
Preisniveau:	durchschnittliche Preishöhe im Geschäft (niedrig, mittel, hoch)
Preislagen:	Preisspanne ähnlicher Artikel im Sortiment
Preisplanung:	Orientierung der Warenbeschaffung am Preisniveau und an den Preislagen innerhalb des Sortiments
Preislagenaufbau:	Abstimmung des Warenbestands an die Umsätze in den Preislagen
	Ziel: Preislagenschwerpunkt = Umsatzschwerpunkt = Bestandsschwerpunkt
Preislagenkontrolle:	Überprüfung, ob Preislagen-, Umsatz- und Bestandsschwerpunkt übereinstimmen

3   Zeitplanung

Die Zeitplanung beschäftigt sich im Rahmen des Beschaffungsprozesses mit der Frage, **wann** die Waren beschafft (bestellt) werden sollen. Ziel ist es, die **Verkaufsbereitschaft** des Geschäftes jederzeit sicherzustellen.

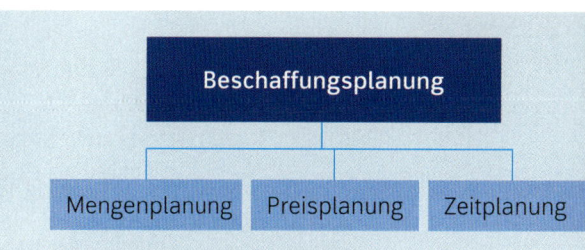

Im Einzelhandel werden zwar auch **Einzelbestellungen** von Kunden erledigt (z. B. beim Kauf von Möbeln nach den Wünschen des Kunden). Im Regelfall geht es aber um **Nachbestellungen** von Waren, die sich bereits im Verkauf befinden. Der Einzelhändler muss dafür sorgen, dass einerseits keine Leerstände entstehen (**out of stock**), andererseits das Lager oder die Gänge nicht mit überzähligen Produkten vollgestopft sind.

Leerstand

überzählige Produkte

> **Zeitplanung:** Festlegung des Zeitpunkts, zu dem Ware beschafft werden soll.

Um hier genau den Mittelweg zu finden, stehen dem Einzelhändler im Wesentlichen zwei Verfahren zur Verfügung.

3.1   Bestellpunkt-Verfahren

Bei diesem Verfahren wird eine Bestellung immer dann veranlasst, wenn der Warenbestand eine festgelegte Höhe (**Bestellpunkt**) erreicht oder unterschritten hat. Der Bestellzeitpunkt ist variabel und richtet sich nach dem Warenbestand.

Mithilfe des Warenwirtschaftssystems ist dieses Verfahren besonders leicht durchzuführen, da der Computer die Überwachungsaufgabe übernimmt.

Beispiel

In einem Warenhaus werden alle Verkäufe an den Kassen elektronisch erfasst und dem Warenwirtschaftssystem des Hauses zugeleitet. Sobald bei einem Artikel ein bestimmter Bestand (Meldebestand) erreicht ist, wird automatisch eine Bestellung beim zentralen Warenverteilzentrum des Warenhauses ausgelöst.

In der Artikeldatei des Warenwirtschaftssystems haben Tennisschläger der Marke TEAM einen Meldebestand von fünf Stück. Sobald dieser Meldebestand erreicht ist, schlägt das Warenwirtschaftssystem eine Nachbestellung von zehn Stück vor. Zurzeit sind noch sechs Tennisschläger dieser Marke vorrätig. Wird nun an der Kasse der Verkauf eines TEAM-Tennisschlägers registriert, ist der Meldebestand von fünf Stück erreicht. Wenn die Abteilungsleiterin am Abend die Bestell-Vorschlagliste aufruft, findet sie 13 Stück zur Nachbestellung ausgewiesen (Begründung für die Stückzahl siehe Seite 24).

Im Computer wird als Bestellpunkt ein Meldebestand hinterlegt, der sich wie folgt errechnet:

Meldebestand siehe auch Seite 86

> **Meldebestand = (Tagesabsatz × Lieferzeit) + Mindestbestand**

Der Mindestbestand ist ein (Sicherheits-)Warenbestand, der eigentlich nicht angetastet werden soll, der aber eine Reserve für unvorhersehbare Ereignisse darstellt (z. B. für Lieferverzögerung). Leerstände müssen unbedingt vermieden werden; auch aus optischen Gründen dürfen Regale nicht völlig leer sein.

Mindestbestand:	Sicherheits-Warenbestand, der eigentlich nicht angetastet werden soll
Tagesabsatz:	Durchschnittlicher Verkauf pro Tag
Lieferzeit:	Zeit zwischen der Bestellung und dem Eintreffen der Ware

Beispiel

Fortsetzung

Der Tennisschläger TEAM hat einen Mindestbestand von 2 Stück. Pro Tag wird ein Tennisschläger verkauft. Die Lieferzeit beträgt 3 Tage.
Das ergibt folgenden Meldebestand:

$$\text{Meldebestand} = (1 \text{ Stück} \cdot 3 \text{ Tage}) + 2 \text{ Stück} = \textbf{5 Stück}$$

Meldebestand: Artikelbestand (Bestellpunkt), der eine Bestellung auslöst.

Siehe auch Seite 86

Die Menge, die im Regelfall bei Erreichen des Bestellpunktes bestellt wird (ohne Beachtung von besonderen Ereignissen wie Feiertage usw.) ist abhängig vom **Höchstbestand**, der für das Produkt vom Einzelhändler festgelegt worden ist. Der Höchstbestand soll im Regelfall bei einer Nachbestellung nicht überschritten werden.

Ist der Meldebestand erreicht, wird eine neue Bestellung veranlasst. Der Verkauf des Artikels geht aber weiter bis zum Eintreffen der Ware (Tagesabsatz · Lieferzeit). Zum Liefertermin ist der Bestand bis auf den Mindestbestand abgesunken, sodass der Warenvorrat bis zum Höchstbestand aufgefüllt werden kann.

Die maximale Bestellmenge ist demnach der Höchstbestand abzüglich Mindestbestand.

maximale Bestellmenge = Höchstbestand – Mindestbestand

Beispiel

Fortsetzung

Das Warenhaus hat für den Tennisschläger TEAM einen Höchstbestand von 15 Stück festgelegt.

$$\textbf{maximale Bestellmenge} = 15 \text{ Stück} - 2 \text{ Stück} = \textbf{13 Stück}$$

Höchstbestand = Warenbestand, der beim Einkauf nicht überschritten werden soll.

Bestellpunkt-Verfahren: Beschaffungskonzept, nach dem eine Bestellung veranlasst wird, sobald ein Bestellpunkt (= Meldebestand) erreicht oder unterschritten worden ist.

■ Bestell-Vorschlagsliste

Ereignisse, die die Bestellmenge beeinflussen. Siehe Seite 15

Das Erreichen des Bestellpunkts muss nicht sofort eine Bestellung auslösen. Der Computer kann auch veranlasst werden, zunächst eine Bestell-Vorschlagliste zu erstellen, sodass die vorgeschlagene Bestellmenge noch aufgrund aktueller Besonderheiten (Saison, Feiertage, Wetter usw.) oder wegen ausstehender Bestellungen angepasst werden kann.

Beispiel

Fortsetzung

In der Sportabteilung des City-Warenhauses werden jeden Montag die Bestell-Vorschlagslisten aus dem Warenwirtschaftssystem abgerufen. Frau Abel, die Abteilungsleiterin, überprüft die Vorschlagsliste und korrigiert sie, falls sie das für erforderlich hält (z. B. weil ein Produkt im Werbeprospekt aufgeführt ist oder besondere Ereignisse anstehen (z. B. ein Sportereignis). Am Abend schickt sie die Bestellungen ab. Die Ware trifft drei Tage später ein.

Bestell-Vorschlagsliste	Datum:	Montag, 05.06.20(0)		
Artikel-Nummer	Artikel Verkaufspreis in € Hersteller	Mindestbestand Höchstbestand Meldebestand aktueller Bestand	Durchschnittsverkauf/Tag Lieferzeit in Tagen **Vorschlag**	Abweichung
04-8746	Tennisschläger 119,00 Winsor	2 15 5	1 3	
		5	**13**	*16*

Da am letzten Wochenende ein großes Tennisturnier stattgefunden hat und das Interesse am Tennissport in solchen Fällen regelmäßig steigt, ändert Frau Abel den Vorschlag des Warenwirtschaftssystems ab und erhöht die Bestellung auf 16 Stück. Durch die Bestellung wird zwar der Höchstbestand überschritten, Vorrang haben aber die zu erwartenden Verkaufszahlen.

Warenbestand ab Bestelldatum: Im Bespiel ist am Montag, den 05.06.20(0) der Meldebestand erreicht worden (5 Stück). Von Dienstag bis Donnerstag (3 Tage Lieferzeit) wird weiterhin pro Tag im Durchschnitt jeweils 1 Tennisschläger verkauft, sodass am Donnerstag noch 2 Artikel vorhanden sind (= Mindestbestand). Durch den Bestellvorschlag des Warenwirtschaftssystems (13 Stück) wäre der Warenvorrat auf den Höchstbestand (15 Stück) heraufgesetzt worden. Tatsächlich sind aber 16 Tennisschläger bestellt worden, sodass der Warenbestand am Donnerstag (= Liefertag) auf 18 Stück ansteigt.

■ Warenwirtschaftssystem

Warenwirtschaftssysteme erfassen die Wareneingänge und die Abverkäufe eines Geschäfts. Folglich sind solche Systeme auch in der Lage,
* den aktuellen Warenbestand und
* den durchschnittlichen Verkauf pro Tag auszuweisen sowie
* den Meldebestand und den Bestellvorschlag zu berechnen.

Offene Bestellungen
Vor jeder Bestellentscheidung ist zu prüfen, ob für den betrachteten Artikel noch Bestellungen ausstehen. Dies lässt sich gewöhnlich auch im Warenwirtschaftssystem überprüfen, weil es i.d.R. eine Auftragsverwaltung enthält, die alle ausgehenden Bestellungen dokumentiert.

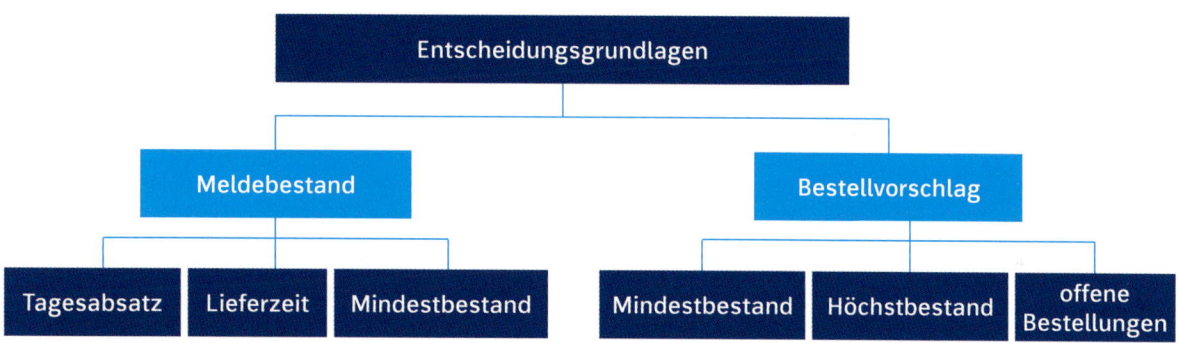

Mindest- und Höchstbestände sowie Lieferzeiten müssen vorher in das System eingegeben werden. Besondere Ereignisse (Wetter, Feiertage, spezielle Werbung für ein Produkt u. Ä.) kann ein Warenwirtschaftssystem gewöhnlich nicht berücksichtigen.

Immerhin erhält der Mitarbeiter eine solide Zahlenbasis für seine endgültige Bestellentscheidung. Dazu überprüft er den Bestellvorschlag des Systems vor dem Hintergrund der aktuellen Verkaufssituation. Ihm sollte auch auffallen, wenn das Warenwirtschaftssystem eine Fehlentscheidung getroffen hat.

Beispiel

* Im Verlauf der Grillsaison registriert das Warenwirtschaftssystem hohe Verkäufe von Grillartikeln und setzt diese Zahlen für die Vorschlagsliste fort. Zwischenzeitlich hat sich aber das Wetter grundlegend geändert. Nun muss der Mitarbeiter den Bestellvorschlag nach unten korrigieren.

* Das System weist bei einem Artikel ungewöhnlich hohe Bestandszahlen aus, die offensichtlich nur auf fehlerhafte Dateneingabe zurückzuführen sind. Der Mitarbeiter muss den Fehler erkennen (sich eventuell am Regal selbst überzeugen) und den Bestellvorschlag ändern.

Warenwirtschaftssystem: Computerprogramm, das Warenbewegungen vom Einkauf bis zum Verkauf erfasst und die Daten auswertet.

3.2   Bestellrhythmus-Verfahren

Beim Bestellrhythmus-Verfahren ist der Bestellzeitpunkt an einen bestimmten Zeitrhythmus gebunden. Einmal oder zweimal wöchentlich, täglich oder in anderen Zeitabständen wird festgestellt, welche Waren in welcher Menge nachzubestellen sind. Der Bestellzeitpunkt ist fix, unabhängig vom jeweiligen Warenbestand.

Beispiel

In einem Lebensmittelsupermarkt wird jeden Freitag anhand von Bestelllisten der Einkaufsbedarf für eine Woche festgestellt. Wird die Bestellung noch am Freitag abgeschickt, treffen die Waren am Montag im Markt ein.

Je länger der zeitliche Abstand zwischen den Bestellungen gewählt wird, umso größer ist der Warenvorrat, der bei jeder Bestellung beschafft und auch eingelagert werden muss.

Beispiel

Bei einer wöchentlichen Bestellung müssen Warenvorräte bestellt werden, die für eine Woche reichen. Bei täglicher Bestellung muss nur ein Tagesvorrat angeschafft werden und die Warenbestände bleiben klein.

Mobiles Datenerfassungsgerät

Die Artikeldaten werden gewöhnlich über ein **mobiles Datenerfassungsgerät** (MDE) eingelesen, eingescannt oder über die Tastatur eingegeben. Nun kann aus Erfahrungswerten über den durchschnittlichen Abverkauf entschieden werden, wie viel nachzubestellen ist. Schließt man das MDE an den Computer an, ermöglicht eine spezielle Software die Datenübertragung, z. B. zur Zentrale oder zur Einkaufskooperation.

Einscannen der Artikelnummer mit einem Lesestift für das MDE

Planungsgrundlage: Erfahrung

Die Treffsicherheit der Nachbestellung hängt in diesem Fall sehr stark von der Erfahrung des Mitarbeiters ab. Er muss einschätzen können, wie viele Produkte bis zum nächsten Anlieferungstermin benötigt werden.

Dabei hat er vor allem folgende Größen in seine Überlegungen einzubeziehen:

Durchschnittlicher Abverkauf (pro Tag/Woche)	Erfahrene Mitarbeiter im Einzelhandel wissen, wie viele Exemplare eines Produkts z. B. pro Woche verkauft werden. Diese Zahl ist die Ausgangsgröße für die Nachbestellung, die nun durch weitere Gesichtspunkte zu verändern ist.
Wetter:	Es kann den Verkauf bestimmter Produkte fördern oder behindern. Sonnenschein im April/Mai eröffnet z. B. die Grillsaison, und Grillwürstchen, Soßen, Gewürze, aber auch Grillgeräte, Besteck und zu gehörige Getränke sind gefragt.
Jahreszeit:	Der Verlauf eines Jahres ist durch verschiedene Ereignisse geprägt, die – je nach Branche – für den Einzelhandel von Bedeutung sind. In der Reisezeit wünschen die Kunden Freizeitkleidung, Getränke, Waschmittel zum Mitnehmen, Sonnenschutzmittel usw. Anfang/Mitte Januar sind die Weihnachtsfeiertage und der Jahreswechsel beendet. Nun sind einfache Speisen angesagt, z. B. Eintöpfe. Im November wird es kalt und ungemütlich. Viele Menschen backen dann gerne Kuchen. Der Vorrat an Backzutaten ist folglich rechtzeitig aufzustocken.
Feiertage:	Die Zeiten um Weihnachten und Ostern sind für den Einzelhandel besonders umsatzstark. Zunehmend bedeutsamer werden aber auch „übernommene" Feiertage wie der Valentinstag (14. Februar), Halloween (31. Oktober) oder Black Friday (November).
Besondere Ereignisse:	Beispielsweise können sportliche Ereignisse das Einkaufsverhalten der Kunden ganz entscheidend verändern. Der Wunsch nach einem Zweitfernsehgerät wird etwa bei einer Fußballmeisterschaft besonders deutlich. Zu beachten sind aber auch lokale Ereignisse wie Altstadtfest, Brauchtums- und Markttage.
Werbung:	Werden Produkte beworben, steigt der Absatz gewöhnlich im Vergleich zu Zeiten, in denen sie nicht besonders herausgestellt werden. Auch Verbundwirkungen sind zu beachten. Die Werbung für Rinderbraten erhöht häufig die Nachfrage nach passenden Soßen.

Bestellrhythmus-Verfahren: Beschaffungskonzept, nach dem Bestellungen in regelmäßigen Zeitabständen veranlasst werden.

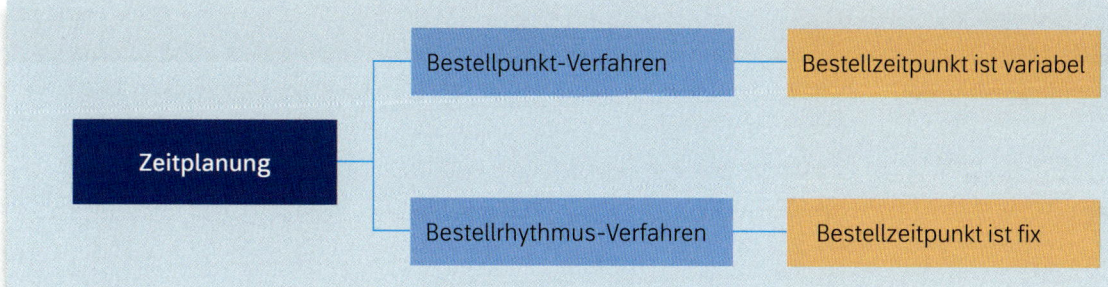

3.3 Elektronische Datenübertragung

Ein leistungsfähiges Mittel, große Datenmengen schnell zu übermitteln, ist die **Datenfernübertragung** (DFÜ) auf elektronischem Weg, auch **EDI** genannt (**Electronic Data Interchange** = elektronischer Datenaustausch). Darunter wird der Austausch von strukturierten Nachrichten von Computer zu Computer verstanden. Die übermittelten Daten können am Computer weiterverarbeitet werden.

Das Hauptproblem im (weltweiten) Datenverbund ist die Verständigung. Während beim Fax-Versand ein Papier vorliegt, das optisch gelesen werden kann, kommen elektronische Daten als Zeichenstrom beim Empfänger an. Es muss daher eine Vereinbarung existieren, wie die empfangenen Daten zu lesen sind. Eine solche Vereinbarung (als Regelsammlung) ist z. B. **EDIFACT** (**Electronic Data Interchange For Administration, Commerce and Transport**, Standard für das Format elektronischer Daten im Geschäftsverkehr).

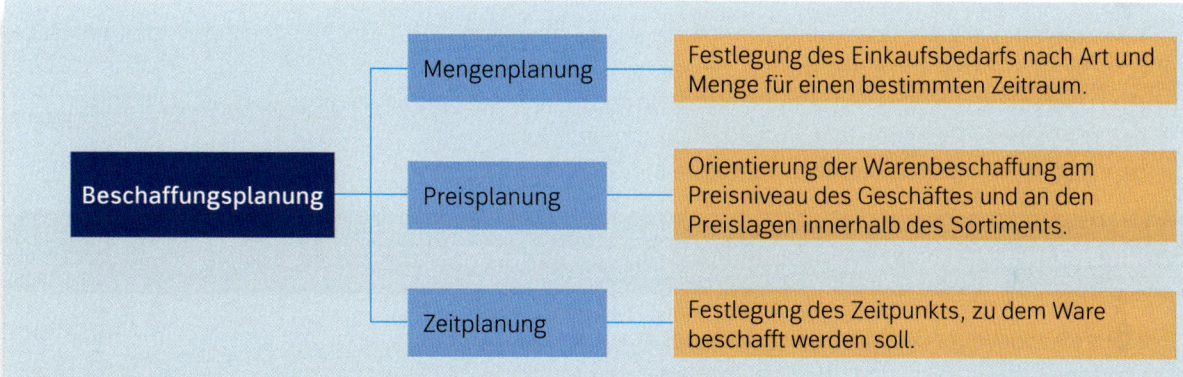

Zusammenfassung

Zeitplanung	
Definition:	Festlegung des Zeitpunkts, zu dem Ware beschafft werden soll.
Bestellpunkt-Verfahren:	Eine Bestellung wird veranlasst, sobald ein Bestellpunkt (= Meldebestand) erreicht oder unterschritten worden ist.
Meldebestand:	Artikelbestand (Bestellpunkt), der eine Bestellung auslöst.
Mindestbestand:	(Sicherheits-)Warenbestand, für unvorhersehbare Ereignisse
Tagesabsatz:	Durchschnittlicher Verkauf pro Tag.
Lieferzeit:	Zeit zwischen der Bestellung und dem Eintreffen der Ware
Bestell-Vorschlagsliste:	Vorschläge des Warenwirtschaftssystems für Bestellmengen
Warenwirtschaftssystem:	Computerprogramm, das Warenbewegungen vom Einkauf bis zum Verkauf erfasst und die Daten auswertet.
Bestellrhythmus-Verfahren:	Beschaffungskonzept, nach dem Bestellungen in regelmäßigen Zeitabständen veranlasst werden.
MDE:	Mobiles Datenerfassungsgerät, mit dem Daten im Verkaufsraum oder im Lager elektronisch erfasst und gespeichert werden.

Zeitplanung	
Entscheidungseinflüsse:	Durchschnittsverkauf, Wetter, Jahreszeit, Feiertage, besondere Ereignisse (z. B. Fußball), Werbung
EDI:	Electronic Data Interchange = elektronischer Datenaustausch
EDIFACT:	Electronic Data Interchange for Administration, Commerce and Transport

4 Nachhaltigkeit bei der Lieferanten- und Produktauswahl

Siehe auch
Nachhaltigkeit
Lernfeld 1

„Bewusst zu genießen anstatt sinnlos zu konsumieren" ist das Motto der sogenannten „LOHAS". Der Begriff „LOHAS" steht für **L**ifestyle **o**f **H**ealth **a**nd **S**ustainability und bezeichnet eine Kundengruppe, die durch ihre Lebensweise Gesundheit und Nachhaltigkeit fördern will.

> **Nachhaltigkeit:** Handlungskonzept, das darauf ausgerichtet ist, den Ansprüchen der jetzigen Generation zu dienen, ohne die Lebenschancen künftiger Generationen zu gefährden.

LOHAS kaufen qualitativ hochwertige Produkte aus ökologischer und fairer Herstellung, verzichten dabei aber nicht auf Genuss und gutes Design. Beispiele für diesen Lebensstil sind:

Pestizid = Schädlings-
bekämpfungsmittel

* die Zubereitung von Nahrungsmitteln aus ökologischem Anbau, die schmecken und wertvoll sind,
* das Wohnen mit Designer-Möbeln aus pestizidfreiem Holz,
* das Tragen von Kleidern aus Naturfasern im modischen Trend.

> **Mit anderen Worten:** Es geht um Genuss mit gutem Gewissen.

Der Einzelhandel muss auf die Bedürfnisse dieser wachsenden Kundengruppe mit einer **nachhaltigen Sortimentsgestaltung** reagieren. Bei den angebotenen Produkten ist darauf zu achten, dass sie unter ökologisch vertretbaren und sozial verantwortlichen Bedingungen hergestellt sind. Folgende Anforderungen an Umwelt- und Sozialstandards sollten erfüllt sein:

Umweltstandards	Sozialstandards
* Bei der Herstellung der Produkte wird die Umwelt möglichst wenig belastet. Die Reinhaltung von Luft, Böden und Wasser ist gewährleistet.	* Grundlegende soziale Mindeststandards werden bei der Herstellung eingehalten.
* Energie und andere Rohstoffe werden in der Produktion sparsam eingesetzt.	* Die Waren entstehen nicht durch Kinder- oder Zwangsarbeit.
* Die jeweils gültigen lokalen Mindeststandards werden eingehalten.	* Menschenunwürdige Gefängnisarbeit ist verboten.
* Die angebotenen Waren stammen vorzugsweise aus: – der näheren Region, – fairem Handel, – artgerechter Tierhaltung, – kontrolliert ökologischem Anbau.	* Die Würde der Beschäftigten wird respektiert. Es erfolgt keinerlei Diskriminierung.
	* Sicherheits- und Gesundheitsschutz werden gewährleistet.
	* Die Entlohnung der Mitarbeiter ist angemessen.
	* Höchstarbeitszeiten werden eingehalten.

Umweltstandards	Sozialstandards
* Die Verpackungen sind funktionsgerecht und umweltschonend.	* Es werden qualitativ hochwertige und sichere Produkte zu fairen Preisen angeboten. * Es besteht ein Recht auf Vereinigungsfreiheit und Tarifverhandlungen.

■ Unternehmensleitbild

Siehe auch Unternehmensleitbild Lernfeld 1

Viele Einzelhandelsunternehmen haben sich mittlerweile nachhaltiges Handeln und die Übernahme gesellschaftlicher Verantwortung zum Ziel gesetzt. Um ihre Glaubwürdigkeit gegenüber den Kunden, den Lieferanten und den eigenen Mitarbeitern zu stärken, haben einige dieses Bestreben sogar in ihrem Unternehmensleitbild verankert.

Beispiel

Unternehmensleitbild (Auszug):
Wir bevorzugen umweltgerechte Produkte und stellen sie für unsere Kunden besonders heraus. Im Lebensmittelsortiment fördern wir Produkte aus artgerechter Tierhaltung und ökologischem Anbau. Wir binden unsere Lieferanten konsequent in die Verwirklichung unserer Umweltziele ein. Bevorzugt arbeiten wir mit Partnern zusammen, die sich ebenfalls dem Schutz unserer Umwelt verpflichtet haben.

■ Produktzeichen (Label) als Orientierungshilfen

Um das Sortiment nachhaltig zu gestalten, benötigt der Einzelhändler Unterstützung. Eine Orientierungshilfe bieten dabei die zahlreichen auf den Produkten oder deren Verpackungen angebrachten Produktzeichen. Diese Labels geben Hinweise auf eine besondere Qualität hinsichtlich technischer, gesundheitlicher, sozialer und/oder ökologischer Eigenschaften. Die vielen auf dem Markt befindlichen nachhaltigen Produktzeichen lassen sich wie folgt unterteilen:

Umweltzeichen (Öko-Label)

Umweltzeichen informieren über die Umweltverträglichkeit von Produkten und deren Produktionsprozessen. Kriterien bei der Vergabe des Labels sind eine umweltschonende Herstellung, geringe Schadstoffbelastung und umweltfreundliche Entsorgung. Die Begriffe „Öko" und „Bio" sind im Lebensmittelbereich zusätzlich durch die EU-Rechtsvorschriften für den ökologischen Landbau gesetzlich geschützt und unterliegen einer amtlichen Kontrolle. Lebensmittel, die besonders strengen Umweltkriterien entsprechen, tragen häufig außerdem noch das Zeichen eines ökologischen Anbauverbandes, wie z. B. Bioland oder Demeter.

Ökologischer Landbau: umweltschonende Wirtschaftsform, die sich am Prinzip der Nachhaltigkeit orientiert.

Beispiel

DE-ÖKO-007
EU-/Nicht-EU-Landwirtschaft
Agriculture UE/non UE

Alle in der Europäischen Union ökologisch erzeugten, verpackten Bio-Lebensmittel müssen mit dem EU-Bio-Logo gekennzeichnet werden. Es garantiert, dass das Bio-Lebensmittel die Vorgaben der EU-Rechtsvorschriften für den ökologischen Landbau erfüllt. Mindestens 95 Prozent der Inhaltsstoffe müssen demnach aus ökologischem Anbau stammen. Hersteller, die das Zeichen auf ihren Produkten verwenden, werden regelmäßig auf Einhaltung der Vorschriften kontrolliert.
Das Logo gibt auch die Herkunft des Produktes an („EU-Landwirtschaft") und die Nummer der Kontrollstelle („DE-ÖKO-007").
Hersteller von Bio-Lebensmitteln können zusätzlich zu dem EU- Bio-Logo auch das deutsche, sechseckige Bio-Siegel verwenden. Dieses Zeichen signalisiert dem Verbraucher eine ökologische Produktion und artgerechte Tierhaltung auf der Grundlage der EU-Rechtsvorschriften für den ökologischen Landbau.

Sozialzeichen (Sozial-Label)

Sozialzeichen garantieren die Einhaltung sozialer und ethischer Anforderungen. Gerechte und menschenwürdige Arbeitsbedingungen, angemessene Löhne sowie das Verbot von Kinderarbeit sind nur einige der Kriterien, die bei der Herstellung und dem Vertrieb der Produkte erfüllt sein müssen. Ein fairer Handel zugunsten von Kleinproduzenten soll auf internationalen Märkten zu mehr Gerechtigkeit führen.

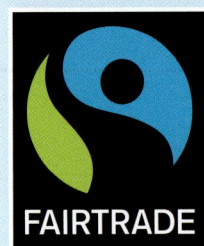

®Das Fairtrade-Siegel tragen Produkte aus fairem Handel. Unterstützt werden kleinbäuerliche Produzentenfamilien in Ländern des Globalen Südens, die einen fairen Preis für ihre Erzeugnisse erhalten. Neben menschenwürdigen Arbeits- und Lebensbedingungen werden außerdem umweltverträgliche Produktionsverfahren in den Erzeugerländern gefördert.

Das Fairtrade-Label **step** kennzeichnet handgefertigte Teppiche, deren Händler sich dem sozialen Engagement gegenüber den Teppicharbeitern und -arbeiterinnen verpflichtet haben.

Das Label steht für:

* gute Arbeitsbedingungen ohne Kinderarbeit,
* faire Einkaufspreise, die gerechte Löhne garantieren,
* umweltfreundliche Produktionsmethoden,
* Produktions- und Handelskontrollen durch unabhängige Prüfer und
* die Unterstützung von Entwicklungsprojekten zur Verbesserung der Lebensbedingungen in den Herstellungsländern.

Nachhaltigkeitszeichen (Nachhaltigkeits-Label)

Nachhaltigkeitszeichen verbinden die Anforderungen an die vorangegangenen Produktzeichen in einem Label. Für das fertige Produkt sowie für den kompletten Herstellungs- und Handelsprozess sind hierbei sowohl qualitative, ökologische als auch soziale Standards einzuhalten.

Textilien aus Naturfasern, die den höchsten Ansprüchen bezüglich Ökologie und sozialer Verantwortung entsprechen, sind durch das Label „Naturtextil IVN zertifiziert BEST" zu erkennen. Über die gesamte Produktionskette wird kontrolliert, ob die vom Internationalen Verband der Naturtextilwirtschaft e.V. definierten Sozial- und Umweltstandards eingehalten werden. Sämtliche an der Produktion beteiligte Betriebe werden durch die Kontrolleure besucht und anschließend begutachtet. Ein positives Gutachten allein reicht allerdings noch nicht aus für eine Zertifizierung. Erst wenn die abschließende Schadstoffprüfung ergibt, dass die Produkte tatsächlich keine gesundheitsgefährdenden Schadstoffe enthalten, wird das Zertifikat vergeben.

Der Grüne Knopf ist ein staatliches Siegel für sozial und ökologisch hergestellte Textilien. Es wird vom Bundesministerium für wirtschaftliche Zusammenarbeit und Entwicklung vergeben. Voraussetzung ist, dass nicht nur die Textilien den strengen Anforderungen standhalten, sondern das gesamte produzierende Unternehmen wird einer Prüfung unterzogen. Insgesamt müssen 26 Produktkriterien und 20 Unternehmenskriterien eingehalten werden. Das Unternehmen muss dabei seine menschenrechtliche, soziale und ökologische Verantwortung nachweisen. Im Auftrag des Bundesministeriums kontrollieren dies alle drei Jahre unabhängige Prüfer. Darüber hinaus kommt es in der Zwischenzeit immer wieder zu stichprobenartigen Kontrollen in den Unternehmen.

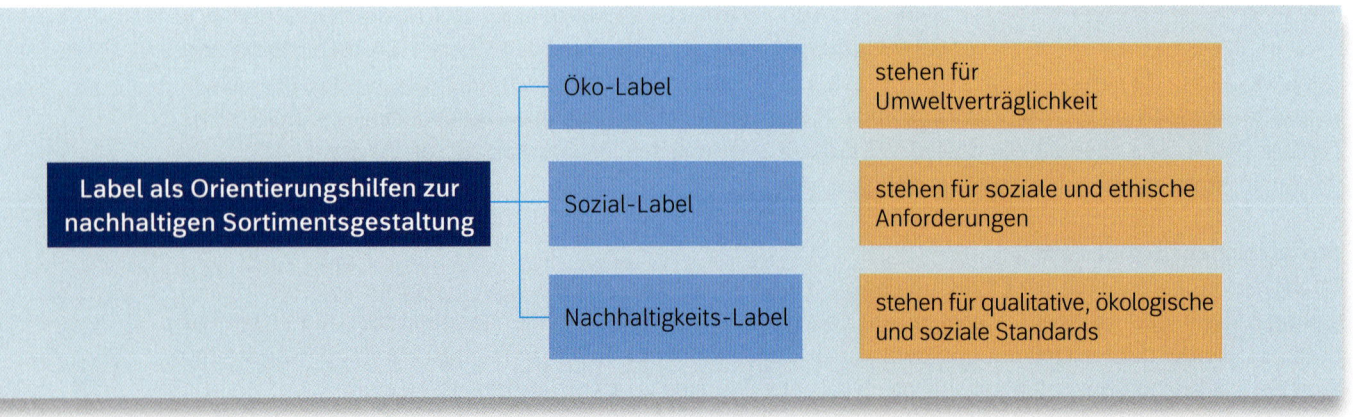

Nachhaltigkeit bei der Auswahl von Lieferanten und Produkten		
LOHAS:	Kundengruppe, die eine nachhaltige Lebensweise pflegt und besonderen Wert auf Gesundheit, Umwelt und Soziales legt.	
Unternehmensleitbild:	Gemeinsame Wertvorstellungen von Unternehmen und Mitarbeiter, die auf ein nachhaltiges Handeln und sozialer Verantwortung basieren.	
Produktzeichen (Labels):	Umweltzeichen (Öko-Labels): Informieren über die Umweltverträglichkeit von Produkten und deren Produktionsprozessen	Sozialzeichen (Sozial-Labels): Garantieren die Einhaltung sozialer und ethischer Anforderungen	Nachhaltigkeitszeichen (Nachhaltigkeits-Labels): Verbinden qualitative, ökologische und soziale Standards in einem Zeichen

5 Anfrage

5.1 Beschaffungsprozess

Bisher wurde die Warenbeschaffung bei eingeführten Lieferanten betrachtet. Siehe z. B. das Bestellpunkt- oder Bestellrhythmus-Verfahren (Seite 25).

Nun soll der Beschaffungsprozess dargestellt werden, wenn neue Produkte eingekauft oder Waren bei neuen Lieferanten bestellt werden.

> **Beschaffungsprozess**
>
> Anfrage
> Angebot: Bezugspreiskalkulation
> Angebotsvergleich
> Bestellung

Der Beschaffungsvorgang besteht dann nicht mehr in einer kurzen Mitteilung (Nachbestellung) an den Lieferanten, sondern er ist oft das Ergebnis eines langwierigen Such- und Entscheidungsprozesses:

* Anfragen werden an verschiedene Lieferanten geschickt.
* Die eintreffenden Angebote werden sorgfältig betrachtet.
* Die Bezugspreise der angebotenen Waren werden kalkuliert.
* Die Preise und die Bezugsbedingungen (z. B. Preisnachlässe wie Rabatte und Skonti, Verpackungs- und Beförderungskosten) werden verglichen. Einzelne Angebotspositionen, vor allem die Zahlungsbedingungen werden oft intensiv ausgehandelt.
* Schließlich trifft man eine Entscheidung für das beste Angebot und bestellt die Ware.

5.2 Zweck und Inhalt einer Anfrage

Mit einer Anfrage sucht der Einzelhändler günstige Bezugsquellen für Produkte. Der Lieferant soll durch eine Anfrage zur Abgabe eines Angebotes über seine Produkte veranlasst werden. Der Kaufinteressent erfährt auf diese Weise Preise und Bezugsbedingen der angebotenen Ware.

Anfragen sind **ohne rechtliche Wirkung**. Sie sind für den Anfragenden **unverbindlich**. Es bestehen auch keine Formvorschriften, sodass eine Anfrage schriftlich, mündlich, telefonisch oder per E-Mail durchgeführt werden kann.

Anfragen können sich auch auf Dienstleistungen beziehen.

Man unterscheidet:

Anfragearten	Inhalt
unbestimmte Anfrage	Sie dient dazu, sich über Liefermöglichkeiten zu informieren und Geschäftsbeziehungen anzubahnen. Mit ihr fordert der Einzelhändler Kataloge, Prospekte, Preislisten oder einen Vertreterbesuch an. Eine fest umrissene Kaufabsicht ist noch nicht vorhanden.
bestimmte Anfrage	Sie enthält die Bitte um genauere Angaben über eine bestimmte Ware (Eigenschaften, Preis, Rabatt, Lieferungs- und Zahlungsmöglichkeiten, Proben, Muster u. Ä.). Der Einzelhändler möchte wissen, zu welchen Bedingungen er eine bestimmte Ware beziehen kann.

Beispiele

Redewendungen bei Anfragen

* Bitte senden Sie mir Ihren Frühlingskatalog. Ich beabsichtige, ... in mein Sortiment aufzunehmen.
* Ich beziehe mich auf den Besuch Ihres Außendienstmitarbeiters, Herrn ..., vom ... /auf meinen Besuch Ihres Messestandes in Berlin am ...
* Ich bin bereit, Ihnen größere Aufträge zu erteilen, falls Ihre Preise und Ihre Lieferungs- und Zahlungsbedingungen günstig ausfallen.
* Welche Lieferfristen benötigen Sie?
* Mein monatlicher Durchschnittsbedarf beträgt ...
* Wir bitten um einen baldigen Besuch Ihres Außendienstmitarbeiters.

> **Anfrage:** Rechtlich unverbindliche Bitte um Informationen über Produkte eines Lieferanten. Ziel ist es festzustellen, zu welchen Preisen und Bedingungen die Produkte bezogen werden können.

5.3   Bezugsquellenermittlung

Die Bezugsquellenermittlung dient der Auswahl geeigneter Lieferanten. Im Regelfall verfügt der Einzelhändler über eine bestimmte Anzahl von Lieferanten, mit denen er über einen längeren Zeitraum zusammenarbeitet (**interne Bezugsquellen**). Wird das Sortiment um neue Waren erweitert, oder kann ein Lieferer eine bestimmte Ware nicht liefern, sind neue Bezugsquellen am Markt zu ermitteln (**externe Bezugsquellen**).

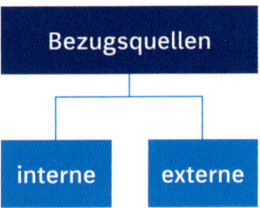

■ Interne Bezugsquellen

Das Warenwirtschaftssystem eines Einzelhändlers verwaltet die Daten der Lieferanten als Stammdaten. Auf diese Datensätze kann zugegriffen werden, um geeignete Lieferer aus dem bisherigen Lieferantenbestand ausfindig zu machen. Auch die Artikeldatei verweist im Regelfall auf den Lieferer.

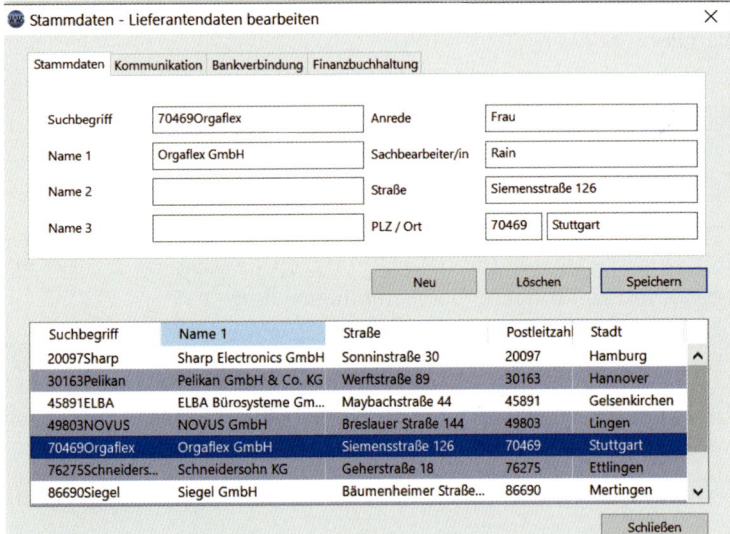

Lieferantendatei

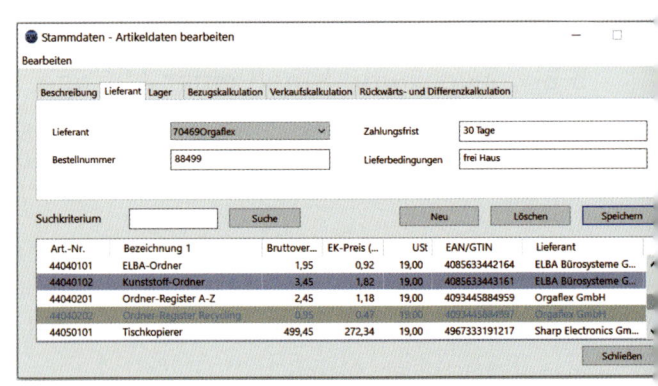

Artikeldatei

Die Lieferantendatei gibt Auskunft über grundlegende Informationen wie Adresse, Kommunikationsverbinden und Zahlungsverkehrsdaten. Der Artikeldatei können Preise und Bezugsbedingungen (Zahlungsfrist, Lieferbedingung) der bisher eingekauften Produkte entnommen werden.

■ Externe Bezugsquellen

Darüber hinaus verfügt jeder Einzelhändler über eine Vielzahl von Katalogen, Prospekten und Preislisten, die er von seinen Lieferanten auf Messen oder aus sonstigen Kontakten mit Herstellern erhalten hat.

Für eine gezielte Suche nach Bezugsquellen stehen vielfältige Möglichkeiten zur Verfügung.

Beispiel

* Fachzeitschriften
* spezielle Lieferantensuchmaschinen; sie suchen passende Anbieter aufgrund einer Anfrage (z. B. „Wer liefert was?", www.wlw.de)
* die „Gelben Seiten" (www.gelbeseiten.de)
* Messen und Ausstellungen
* Besuche von Außendienstmitarbeitern
* Beschaffungsplattformen für Geschäftskunden (siehe unten)

■ Das Internet als Bezugsquelle

Leistungsstarke Suchmaschinen (z. B. Google) machen das Auffinden von Lieferanten leicht. Der gesamte Beschaffungsprozess kann heute über das Internet abgewickelt werden. Man spricht in diesem Zusammenhang von Electronic Commerce (**E-Commerce**), das ist elektronischer Handel über das Internet. E-Commerce zeigt sich vor allem in zwei Formen:

Business-to-Consumer	B2C	Handel zwischen Unternehmen und Konsumenten
Business-to-Business	B2B	Handel zwischen Unternehmen

Wenn Unternehmen ihren Einkauf über das Internet abwickeln (B2B), ergeben sich z. B. folgende Vorteile:
* Dem Unternehmen steht der **Weltmarkt** offen. Das ermöglicht eine umfangreiche Suche nach Lieferanten.
* Der **Preisvergleich** ist schnell und einfach durchzuführen.
* Der **Beschaffungsvorgang** wird stark beschleunigt.
* Die **Beschaffungskosten** werden gesenkt.

(Online-)Beschaffungsplattformen: Sie bündeln Produktangebote von Herstellern und Händlern für gewerbliche Kunden (B2B). Dadurch entsteht für den Einkäufer oft eine riesige Produktauswahl. Die Angebote lassen sich leicht vergleichen.

Amazon Business, mercateo, Sourcengine, Simple System, Wucato

Beispiel

5.4   Einkaufskooperationen/Verbundgruppen

Ursprünglich haben sich selbstständige Einzelhändler zusammengetan, um gemeinsam Waren einzukaufen. Durch die Bündelung der Nachfrage konnten die kooperierenden Einzelhändler bessere Preise erzielen. Die verschiedenen Formen der Kooperation von Einzelhändlern werden heute als **Verbundgruppen** bezeichnet. Die Leistungen der Verbundgruppen wurden im Laufe der Zeit deutlich ausgeweitet.

Beispiele

* gemeinsamer Einkauf
* Unterstützung beim Absatz, z. B. durch gemeinsame Werbung, Entwicklung eigener Marken (Handelsmarken)
* Betriebsberatung bei Investitionen, Sortimentsänderungen, Geschäftsumbau u. Ä.
* Betriebsvergleiche zwischen angeschlossenen Unternehmen;
* Nachwuchs- und Mitarbeiterschulung
* Unterstützung bei Informationstechnologien, z. B. durch die Einrichtung eines Onlineshops für die Mitglieder

Die Verbundgruppen lassen sich in zwei Gruppen einteilen: horizontale und vertikale Kooperationen

Wenn sich selbstständige Einzelhändler auf gleicher Ebene zusammenschließen, spricht man von **horizontaler** Kooperation. Alle Mitglieder sind gleichberechtigt und führen die Verbundgruppe gemeinsam. Dazu wird eine Zentrale eingerichtet, die die Organisation übernimmt. Die Einzelhändler sind Eigentümer der Zentrale.

Richtet ein Großhändler eine Verbundgruppe ein, indem er sich mit selbstständigen Einzelhändlern zusammenschließt, spricht man von **vertikaler** Kooperation, weil zwei unterschiedliche Handelsstufen miteinander verbunden sind. Die Organisation des Verbundes liegt beim Großhändler. Die vertikale Kooperation wird auch **freiwillige Kette** genannt.

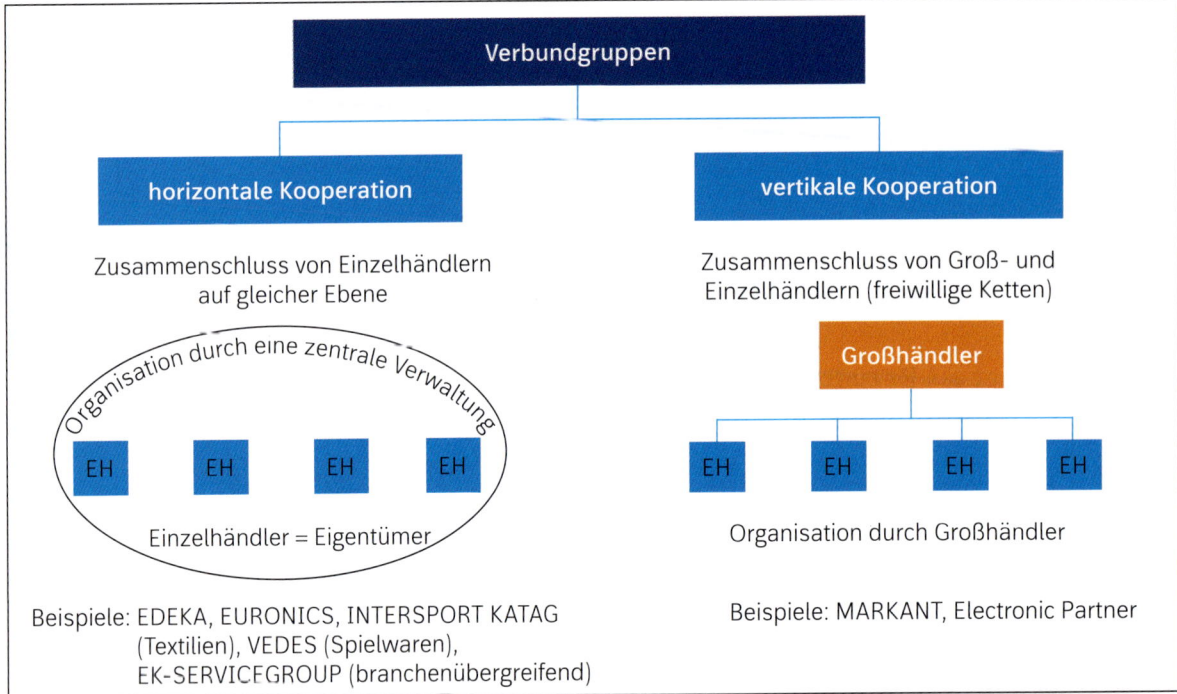

Einkaufskooperationen: Verbundgruppen, in denen sich selbstständige Einzelhändler auf gleicher Ebene (horizontale Kooperation) oder unter Führung eines Großhändlers (vertikale Kooperation) zusammenschließen.

Zusammenfassung

Anfrage		
Definition:	Rechtlich unverbindliche Bitte um Informationen über Produkte eines Lieferanten.	
Arten:	**unbestimmte:** allgemeine Informationen, Prospekte u. Ä. **bestimmte:** auf eine konkrete Ware gerichtet, genaue Liefer-/Zahlungsbedingungen	
Bezugsquellen	**interne:** Lieferanten-/ Artikeldatei	**externe:** Fachzeitschriften, Lieferantensuchmaschinen (z. B. „Wer liefert was?"), Messen, Ausstellungen, Außendienstbesuche, Beschaffungsplattformen
Einkaufskooperationen/ Verbundgruppen:	Zusammenschluss selbstständiger Einzelhändler zur Stärkung ihrer Marktmacht	
* Arten	* horizontale Verbundgruppen: Zusammenschluss auf gleicher Ebene	
	* vertikale Verbundgruppen: Zusammenschluss unter Führung eines Großhändlers	
* Leistungen	* gemeinsamer Einkauf * Absatzunterstützung * Betriebsberatung	* Betriebsvergleiche * Schulungen * Hilfe bei IT-Lösungen

6 Bezugskalkulation

6.1 Aufbau der Bezugskalkulation

Die Bezugskalkulation dient dazu, den Bezugspreis einer Ware zu errechnen. Vom Listeneinkaufspreis werden die Preisnachlässe des Lieferers in Form von Rabatt und Skonto abgezogen. Der so ermittelte Bareinkaufspreis wird um die entstandenen Bezugskosten erhöht. Das Ergebnis ist der **Bezugspreis**. Er wird auch **Einstandspreis** genannt.

Bezugskalkulation	€		
Listeneinkaufspreis – Rabatt	45,00 4,50	100 % –10 %	
= Zieleinkaufspreis – Skonto	40,50 0,81	90 % →	100 % –2 %
= Bareinkaufspreis + Bezugskosten	39,69 0,31		98 %
= Bezugspreis	**40,00**		

Nachfolgend werden die einzelnen Schritte näher erläutert.

6.2 Listeneinkaufspreis

Den Listeneinkaufspreis erhält man, indem man die Rechnungsmenge mit dem Preis je Einheit multipliziert.

Rechnung Nr.: 092455				18.12.20(0)
Kunden-Nr: 0102	Auftrag vom 07.12.20(0)		Versand: Lieferung:	frei Haus 15.12.20(0)
Menge/Stück	Artikel-Nr.	Bezeichnung	Einzelpreis: €	Gesamtpreis €
10	RB 76672	Langarmtrikot Red Bull	30,00	300,00

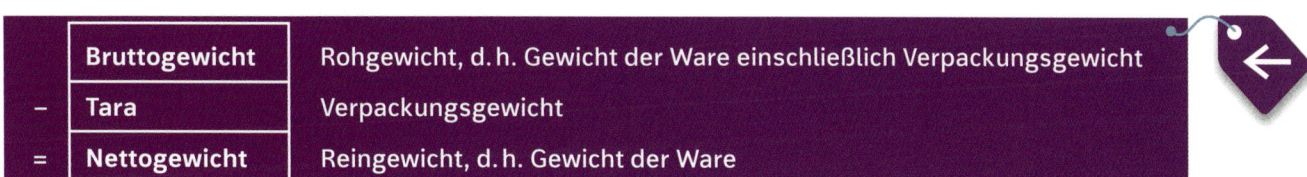

Rechnungsmenge × Preis je Einheit = Listeneinkaufspreis (LEP)

Die Rechnungsmenge kann in Stück, Kilogramm, Liter usw. ausgedrückt werden. Wird der Einzelpreis mit einem Gewicht multipliziert, ist von Bedeutung, welches Gewicht anzuwenden ist.

■ Ermittlung des Nettogewichts

Das einem Listenpreis zugrunde liegende Gewicht kann neben dem „reinen" Gewicht der Ware (**Rein- oder Nettogewicht**) auch das Gewicht der Warenverpackung (**Tara**) enthalten. In diesem Fall spricht man von **Roh- oder Bruttogewicht** einer Ware. Will man das Nettogewicht einer Ware errechnen, muss man also vom Bruttogewicht das Verpackungsgewicht abziehen.

	Bruttogewicht	Rohgewicht, d. h. Gewicht der Ware einschließlich Verpackungsgewicht
–	**Tara**	Verpackungsgewicht
=	**Nettogewicht**	Reingewicht, d. h. Gewicht der Ware

6.3 Zieleinkaufspreis

Vermindert man den Listeneinkaufspreis um einen vom Lieferer gewährten Rabatt, erhält man den Zieleinkaufspreis.

Ein Rabatt ist ein Nachlass auf den Listeneinkaufspreis einer Ware. Er wird z. B. gewährt, wenn eine bestimmte Menge eingekauft wird (Mengenrabatt).

Rabatte werden in der Rechnung zur einfacheren Rechnungskontrolle und aus Gründen der Werbung ausgewiesen.

Bezugskalkulation
Listeneinkaufspreis
– Rabatt
= Zieleinkaufspreis
– Skonto
= Bareinkaufspreis
+ Bezugskosten
= Bezugspreis

Siehe auch Rabatt
Seite 40

6.4   Bareinkaufspreis

Gewährt der Lieferer dem Einzelhändler Skonto, wird der Zieleinkaufspreis um den Skontobetrag vermindert und man erhält den **Bareinkaufspreis**.

Bezugskalkulation
Listeneinkaufspreis
– Rabatt
= **Zieleinkaufspreis**
– Skonto
= **Bareinkaufspreis**
+ Bezugskosten
= **Bezugspreis**

 **Skonto** ist ein Preisnachlass, der bei vorzeitiger Zahlung gewährt wird.

Aufgrund von Vereinbarungen mit dem Lieferanten wird dem Käufer häufig ein Zahlungsziel (z.B. 30, 60 oder 90 Tage) eingeräumt. Während dieses Zeitraums riskiert der Lieferer, dass sich die Zahlungsfähigkeit des Käufers verschlechtert. Vor allem aber kann der Lieferer durch die ausbleibende Zahlung seine eigene Liquidität nicht verbessern, und er erleidet einen Zinsverlust.

Um diese Nachteile so gering wie möglich zu halten, versucht man den Kunden durch einen Preisnachlass (Skonto) zur vorzeitigen Zahlung zu bewegen.

■ Vorsteuer in der Bezugskalkulation

Da die Umsatzsteuer vom Endverbraucher zu tragen ist, kann der Einzelhändler die Umsatzsteuer, die er an seinen Lieferer entrichtet (die Vorsteuer), von der eingenommenen Umsatzsteuer abziehen. Aus diesem Grund ist die Vorsteuer in der Bezugskalkulation des Unternehmens nicht zu berücksichtigen; sie ist **kalkulationsneutral**.

■ Bareinkaufspreis beim Skontoabzug

Das Zweirad-Center Breuer erhält vom Lieferer Tiemann eine Rechnung über 20 Langarmtrikots. Die Rechnung wird über einen Bruttobetrag von 1 071,00 € vom Lieferer ausgestellt. Bei Zahlung innerhalb von 10 Tagen gewährt der Lieferer 2 % Skonto vom Rechnungsbetrag. Andernfalls ist der Rechnungsbetrag innerhalb von 30 Tagen nach Rechnungsdatum zu bezahlen.

Rechnung				15.10.20(0)			
Menge	**Artikel-Nr.**	**Bezeichnung**	**Einzelpreis: €**	**Gesamtpreis €**			
20	RB 7664	Langarmtrikot	50,00	1 000,00			
			10 % Rabatt	100,00		€	€
			Nettobetrag	900,00	–2 %	18,00	882,00
			+ 19 % USt.	171,00	–2 %	3,42	167,58
			Bruttobetrag	1 071,00		21,42	1 049,58
			– 2 % Skonto	21,42			
			Überweisung	1 049,58			

Das Zweirad-Center bucht den Eingang der Rechnung, zieht anschließend 2 % Skonto vom Bruttobetrag ab und überweist vom Bankkonto 1 049,58 €.

Die Umsatzsteuer ist vom vereinbarten Entgelt zu berechnen. Bei der Erstellung der Rechnung betrug der Nettobetrag 900,00 € (nach Abzug des Rabatts von 10 %). Demnach hat der Lieferer 171,00 € auf der Rechnung als Umsatzsteuer auszuweisen.

Das Zweirad-Center kann wählen, ob es innerhalb der Skontofrist oder innerhalb von 30 Tagen bezahlt. Daher kann der Lieferer auf seiner Rechnung den Skontobetrag nicht von vornherein abziehen. Das Zweirad-Center entscheidet sich für die vorzeitige Zahlung. Nun wird der Brutto-Rechnungsbetrag um 2 % (21,42 €) auf 1 049,58 € gekürzt. Eigentlich müsste Skonto vom Nettobetrag abgezogen und die Umsatzsteuer neu berechnet werden, weil sich das vereinbarte Entgelt von 900,00 € auf 882,00 € verringert hat. Die Umsatzsteuer beläuft sich bei einem Nettobetrag von 882,00 € auch nur auf 167,58 €. Weil die Rechnung sofort beim Rechnungseingang mit den ursprünglichen Beträgen gebucht worden ist, sind sowohl der Nettobetrag als auch die Umsatzsteuer zu hoch ausgewiesen worden. Sie müssen daher nach der Kürzung um 2 % Skonto korrigiert werden.

Durch eine Dreisatzrechnung kann man die Vorsteuer aus dem (Brutto-) Skontobetrag herausrechnen:

119 % – 21,42 €
  19 % – 3,42 €

Bezugskalkulation
Listeneinkaufspreis
– Rabatt
= Zieleinkaufspreis
– Skonto
= Bareinkaufspreis
+ Bezugskosten
= Bezugspreis

6.5 Bezugskosten

Beim Einkauf von Waren fallen häufig Aufwendungen für Verpackung, Fracht, Transportversicherung u. Ä. an. Diese Ausgaben, die durch den Transport der Ware bis zum Bestimmungsort entstehen, werden als **Bezugskosten** bezeichnet.

Liefererrabatte und Liefererskonti mindern den Listeneinkaufspreis der Ware, Bezugskosten dagegen erhöhen ihn. Bezugskosten werden daher dem Bareinkaufspreis zugeschlagen, sodass sich der **Bezugspreis** ergibt.

Der **Bezugspreis** enthält alle Kosten, die durch den Einkauf bis zur Übernahme der Ware im Unternehmen des Käufers entstanden sind.

Bezugspreis: Preis, den ein Einzelhändler für eine eingekaufte Ware bezahlt.

■ Liefererrechnung mit Bezugskosten

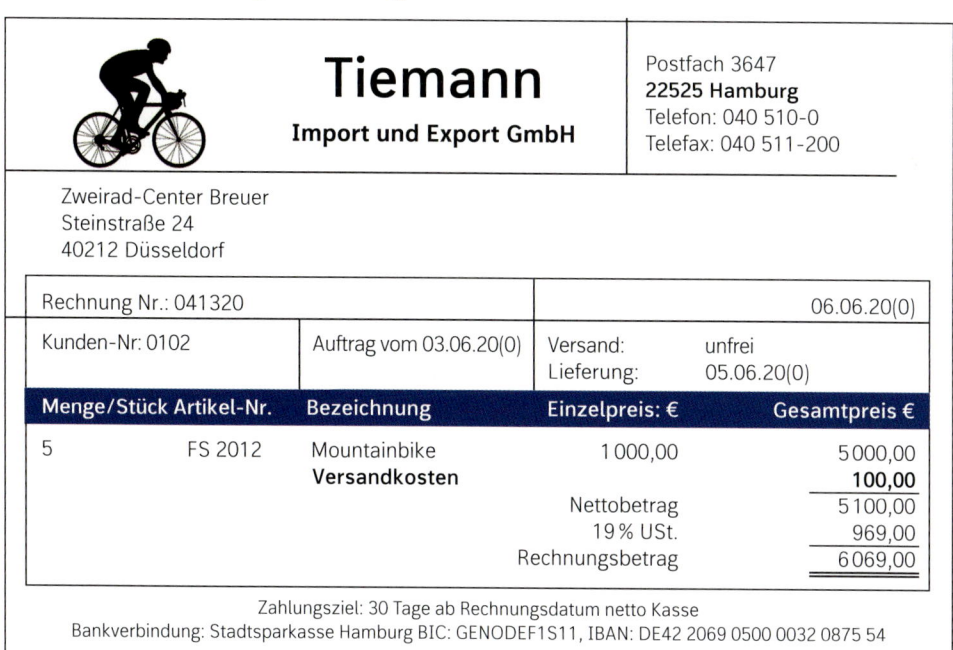

Tiemann
Import und Export GmbH

Postfach 3647
22525 Hamburg
Telefon: 040 510-0
Telefax: 040 511-200

Zweirad-Center Breuer
Steinstraße 24
40212 Düsseldorf

Rechnung Nr.: 041320			06.06.20(0)
Kunden-Nr: 0102	Auftrag vom 03.06.20(0)	Versand: unfrei Lieferung: 05.06.20(0)	

Menge/Stück	Artikel-Nr.	Bezeichnung	Einzelpreis: €	Gesamtpreis €
5	FS 2012	Mountainbike	1 000,00	5 000,00
		Versandkosten		**100,00**
			Nettobetrag	5 100,00
			19 % USt.	969,00
			Rechnungsbetrag	6 069,00

Zahlungsziel: 30 Tage ab Rechnungsdatum netto Kasse
Bankverbindung: Stadtsparkasse Hamburg BIC: GENODEF1S11, IBAN: DE42 2069 0500 0032 0875 54

Die Sendung wurde „unfrei" geliefert, das heißt, der Empfänger hat die Versandkosten zu tragen. Für den Käufer sind die Versandkosten über 100,00 € Bezugskosten, die seine Aufwendungen für den Einkauf der Waren erhöhen.

6.6 Umsatzsteuer auf Bezugskosten

In der Bezugskalkulation wird die Umsatzsteuer nicht berücksichtigt. Der Käufer kalkuliert nur die Nettowerte, da er die von ihm gezahlte Umsatzsteuer als Vorsteuer mit dem Finanzamt verrechnet. Daher dürfen die Bezugskosten nur **ohne Umsatzsteuer** in der Kalkulation berücksichtigt werden.

Beispiel

In der nachfolgenden Rechnung berechnet der Spediteur für seine Dienstleistung netto 200,00 €. Da alle Lieferungen und (Dienst-) Leistungen von Unternehmen der Umsatzsteuer unterliegen, muss auch der Spediteur 19 % Umsatzsteuer berechnen. Dem Spediteur sind daher 238,00 € zu bezahlen.

In der Kalkulation des Käufers werden als Bezugskosten aber nur 200,00 € angesetzt, weil die gezahlte Umsatzsteuer Vorsteuer darstellt, die der Käufer vom Finanzamt zurück erhält.

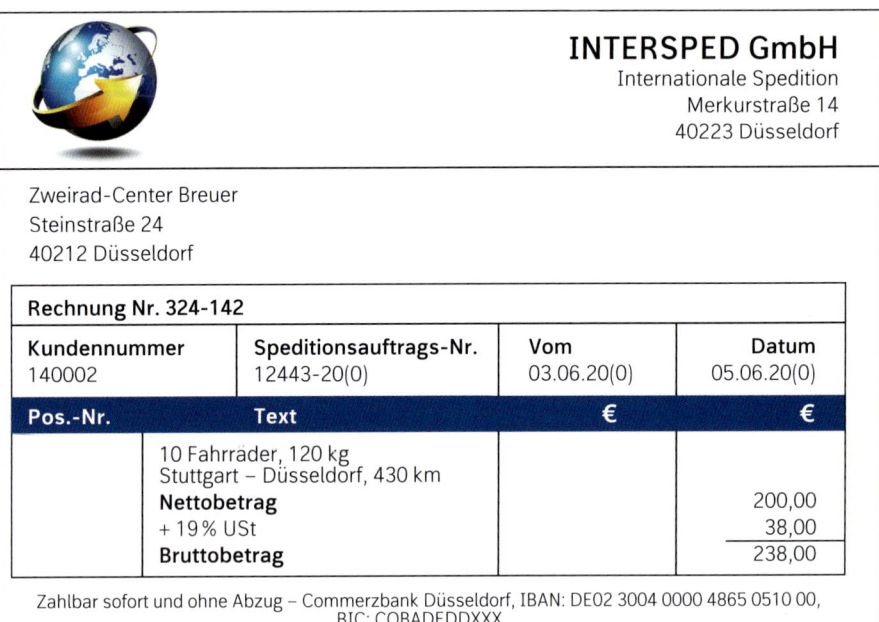

INTERSPED GmbH
Internationale Spedition
Merkurstraße 14
40223 Düsseldorf

Zweirad-Center Breuer
Steinstraße 24
40212 Düsseldorf

Rechnung Nr. 324-142

Kundennummer 140002	Speditionsauftrags-Nr. 12443-20(0)	Vom 03.06.20(0)	Datum 05.06.20(0)
Pos.-Nr.	**Text**	**€**	**€**
	10 Fahrräder, 120 kg Stuttgart – Düsseldorf, 430 km **Nettobetrag** + 19 % USt **Bruttobetrag**		200,00 38,00 238,00

Zahlbar sofort und ohne Abzug – Commerzbank Düsseldorf, IBAN: DE02 3004 0000 4865 0510 00, BIC: COBADEDDXXX

Zusammenfassung

Bezugskalkulation	
Listeneinkaufspreis:	Rechnungsmenge (Stück, Gewicht, Volumen) · Preis
Nettogewicht:	Bruttogewicht (Rohgewicht) – Tara (Verpackungsgewicht)
Zieleinkaufspreis:	Listeneinkaufspreis – Rabatt Rabatt = Nachlass auf den Listenpreis einer Ware, z. B. wegen der Einkaufsmenge
Bareinkaufspreis:	Zieleinkaufspreis – Skonto Skonto = Preisnachlass bei vorzeitiger Zahlung
Bezugspreis:	Bareinkaufspreis + Bezugskosten Preis, den ein Einzelhändler für eine eingekaufte Ware bezahlt.
Umsatzsteuer:	Umsatzsteuer auf Eingangsrechnungen ist Vorsteuer; sie ist kalkulationsneutral. Nur die Netto-Bezugskosten (ohne Umsatzsteuer) gehen in die Kalkulation ein.

7   Angebot

Siehe auch
Unterscheidung von
Angebot und
Anpreisung Lernfeld 3

7.1   Rechtlicher Rahmen

Das Angebot ist eine an eine bestimmte Person gerichtete Willenserklärung, Waren zu den angegebenen Bedingungen zu verkaufen.

■ Gültigkeit von Angeboten

Wird ein Angebot ohne Einschränkungen abgegeben, ist es für den Anbietenden auch verbindlich. Ein Angebot ist allerdings nur so lange verbindlich, wie eine Antwort unter normalen Umständen erwartet werden kann. Der Gesetzgeber sagt: Angebote müssen unverzüglich angenommen werden, sonst werden sie ungültig.

Was heißt aber „unverzüglich"?

* Bei **schriftlichen** Angeboten ist die Beförderungsdauer des Schreibens, eine angemessene Überlegungs- und Entscheidungsfrist sowie die Zeit für die Antwort zu berücksichtigen, sodass ein briefliches Angebot etwa eine Woche lang gültig ist.

* Ein **mündliches** (auch telefonisches) Angebot ist für die Dauer des Gesprächs gültig.

* Bei modernen Medien wie **E-Mail** und **Internet** ist Folgendes zu beachten: Laufzeit der Nachricht, Überlegungs- und Entscheidungsfrist, Rücklaufzeit.

Wird ein Angebot zeitlich befristet, muss das Angebot bis zum Ablauf dieser Frist (durch eine Bestellung) angenommen werden.

„... bieten wir Ihnen bis zum 30.11.20(0) an."	*Beispiel*

Angebot: eine an eine bestimmte Person gerichtete Willenserklärung, Waren zu den angegebenen Bedingungen zu verkaufen

■ Freizeichnungsklauseln

Häufig werden Angebote aber vom Verkäufer durch Freizeichnungsklauseln eingeschränkt. Diese Klauseln können sich auf Teile des Angebots oder auf das gesamte Angebot beziehen:

„solange der Vorrat reicht":	Die Lieferung ist unverbindlich.	*Beispiel*
„Preise freibleibend":	Die Preise sind unverbindlich.	
„freibleibend", „unverbindlich":	Das gesamte Angebot ist unverbindlich.	

Möchte ein Lieferant sein Angebot widerrufen, muss der Widerruf spätestens mit dem Angebot beim Kunden eingehen.

Freizeichnungsklauseln: Formulierungen, die ein Angebot vollständig oder teilweise einschränken

■ Sonderfälle beim Zustandekommen von Kaufverträgen

Ein Angebot wird zu spät angenommen
Eine Bestellung, die zu spät abgegeben wird, gilt als neuer Antrag. Das bedeutet, die Bestellung ist die erste Willenserklärung. Erst mit der Annahme dieses Antrages (Bestellungsannahme) kommt der Kaufvertrag zustande.

Ein Angebot wird angenommen, aber inhaltlich verändert
Auch in diesem Fall gilt die Bestellung als neuer Antrag, der eine Bestellungsannahme erfordert.

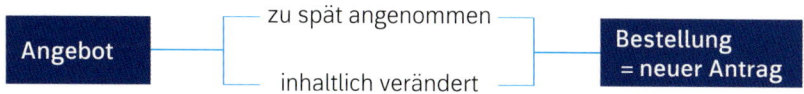

Waren werden unbestellt zugesandt
Die Zustellung von unbestellter Ware ist die erste Willenserklärung (der Antrag) des Lieferanten. Demnach ist noch eine zweite Willenserklärung durch den Käufer erforderlich. Dies geschieht, wenn der Empfänger

* dem Lieferanten erklärt, dass er die Ware annimmt,
* die Ware (stillschweigend) verwendet oder,
* den geforderten Kaufpreis bezahlt.

Will der Empfänger die Ware nicht haben, ist zu unterscheiden:
Der Empfänger ist **Kaufmann**

* **mit bestehenden Geschäftsbeziehungen** zum Lieferanten: Der Empfänger muss dem Lieferanten mitteilen, dass er die Ware nicht annehmen will. Schweigt der Empfänger, gilt dies als Zustimmung.

* **ohne bestehende Geschäftsbeziehungen** zum Lieferanten: Eine Mitteilung an den Lieferer ist nicht erforderlich. Das Schweigen des Empfängers gilt als Ablehnung.

Der Empfänger ist **Privatperson**:
* Schweigen gilt als Ablehnung. In allen Fällen muss der Empfänger die Ware aufbewahren und zur Abholung bereithalten.

7.2   Inhalt eines Angebots

■ Art, Menge, Güte und Beschaffenheit

Im Angebot werden Güter nach Art, Menge, Güte und Beschaffenheit beschrieben.

Art:	Das ist die handelsübliche Bezeichnung der Ware (z. B. Schraubstock Nr. 211.422).
Menge:	Im Angebot ist die Menge mit der gesetzlichen (z. B. Kilogramm, Liter) oder mit der handelsüblichen Maßeinheit anzugeben (z. B. Stück).
Güte und Beschaffenheit:	Sie kennzeichnen das Qualitätsniveau einer Ware, wenn es durch Güteklassen ausgedrückt werden kann (z. B. Papier der Stoffklasse I).

Ansonsten geben sie den Zustand (die Beschaffenheit) einer Ware an durch Muster, Beschreibungen, Abbildungen, Typen u. Ä.

Beispiel   Schraubstock aus Schmiedestahl mit Zweifach-Schneckengewinde, Gewicht 4 kg

Werden Güte und Beschaffenheit einer Ware im Angebot nicht näher beschrieben, ist ein Produkt von mittlerer Qualität zu liefern.

Beispiel   Ein Kunde bestellt „einen Frühstückskorb". Er hat Anspruch auf einen Frühstückskorb in mittlerer Qualität.

■ Preis

Der Preis einer Ware wird in Geldeinheiten (z. B. €) angegeben. Der tatsächlich zu zahlende Preis hängt von den gewährten Preisnachlässen ab.

Preisnachlässe

Rabatt
Ein Rabatt ist ein Nachlass auf den Listeneinkaufspreis einer Ware. Er wird sofort bei der Zahlung des Kaufpreises gewährt oder auf der Rechnung des Verkäufers ausgewiesen.
Rabatte werden aus unterschiedlichen Gründen gegeben.

Mengenrabatt:	Ein Käufer nimmt eine größere Menge ab.
Treuerabatt:	Ein Käufer hat regelmäßig bei „seinem" Lieferanten bestellt.
Sonderrabatt:	Der Lieferant gewährt einen Rabatt zu einem besonderen Ereignis, z. B. zu seinem Geschäftsjubiläum.
Wiederverkäuferrabatt:	Rabatt für den Einzelhändler bei Preisempfehlungen des Herstellers
Naturalrabatt:	Rabatt in Form von Waren * **Draufgabe:** Der Einzelhändler gibt seinem Kunden beim Kauf zusätzliche Ware, ohne sie zu berechnen. **Beispiel** Der Kunde erhält beim Kauf von 20 Flaschen Wein, 2 Flaschen Wein gratis dazu. * **Dreingabe:** Die Ware wird nicht vollständig berechnet. **Beispiel** Der Kunde kauft 20 Flaschen Wein, berechnet werden aber nur 18 Flaschen.

Bonus
Der Bonus ist ein nachträglich gewährter Rabatt. Der Einzelhändler erhält z. B. am Jahresende von seinem Lieferer einen Bonus, wenn er im Laufe des Jahres eine bestimmte Menge eingekauft hat (**Rückvergütung**).

Skonto

Skonto ist ein Preisnachlass, der bei vorzeitiger Zahlung gewährt wird. Häufig stellt der Verkäufer den Käufer vor die Alternative, die Rechnung innerhalb einer bestimmten Frist (z. B. 30 Tage) ohne Abzug zu bezahlen oder innerhalb von 10 Tagen unter Abzug von Skonto (z. B. 2 %).

Siehe auch Seite 36

■ Zahlungsbedingungen/Zahlungsfristen

Gesetzlich ist der Käufer verpflichtet, den Kaufpreis unverzüglich zu begleichen.
In der Praxis gestalten die Vertragspartner die Zahlungsbedingungen in vielfältiger Weise.

Beispiel

* Mit großzügigen Zahlungszielen kann der Verkäufer dem Käufer die Kaufentscheidung erleichtern oder ihn veranlassen, eine größere Menge einzukaufen, weil der Käufer bis zum Zahlungstermin finanzielle Rückflüsse durch den Verkauf der Waren erwarten kann.

* Hat der Käufer in der Vergangenheit die Zahlungstermine nicht korrekt eingehalten, wird der Verkäufer eine Vorauszahlung verlangen oder die Aushändigung der Ware mit der Bezahlung koppeln.

Übliche Angebotsformulierungen zu den Zahlungsbedingungen:

Zahlung vor der Lieferung:	* „Lieferung gegen Vorauszahlung" * „50 % Anzahlung" * „Lieferung gegen Vorkasse"
Zahlung bei Lieferung:	* „Zahlung bei Empfang der Ware" * „Lieferung gegen bar" * „Lieferung gegen Nachnahme"
Zahlung nach der Lieferung:	* „Zahlungsziel 3 Monate" * „Zahlung innerhalb von 30 Tagen" * „Zahlung bar in 6 Monatsraten"

Eine Zahlung innerhalb von acht Tagen gilt gemeinhin als **Barzahlung**.

Der Käufer ist verpflichtet, das Geld an den Verkäufer zu senden (schicken). Er trägt auch die Kosten für den Geldversand (z. B. die Kosten der Banküberweisung).

Geldschulden sind Schickschulden. Siehe auch Seite 45

■ Verpackungskosten

Die meisten Produkte befinden sich in einer Verkaufsverpackung (Flasche, Schachtel, Beutel, Tube, Glas usw.). Nur in Ausnahmefällen werden Produkte ohne Verpackung angeboten, z. B. Obst und Gemüse. Die Kosten für die Verkaufsverpackung sind im Preis enthalten. Der Verkäufer hat diese Kosten zu tragen.

Werden Güter versendet, sind sie gewöhnlich besonders zu verpacken, um sie vor den Transportgefahren zu schützen. Da der Käufer die Kosten der Versendung zu tragen hat, muss er auch die Kosten für die Versandverpackung übernehmen. Abweichende Vereinbarungen zwischen den Vertragspartnern sind möglich. In der Praxis sind folgende Formulierungen üblich:

Siehe auch Seite 35

* **Reingewicht einschließlich Verpackung:** Der Preis wird vom Rein- oder Nettogewicht berechnet; die Verpackungskosten werden nicht in Rechnung gestellt.

Beispiel

* Ein Einzelhändler bezieht Äpfel mit einem Bruttogewicht von 200 kg, die Verpackung beträgt 5 kg. Der Preis lautet 1,10 € je kg Reingewicht einschließlich Verpackung.

* Zu berechnen ist der Listeneinkaufspreis.

Bruttogewicht	200 kg
– Tara	5 kg
Nettogewicht	195 kg

195 kg · 1,10 € = **214,50 € Listeneinkaufspreis**

* **Reingewicht ausschließlich Verpackung:** Der Preis wird vom Reingewicht berechnet, die Verpackungskosten werden gesondert in Rechnung gestellt.

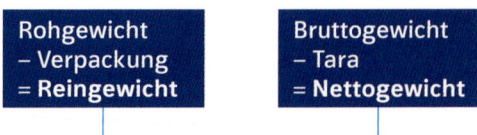

■ Beförderungskosten

Einzelhändler erhalten die bestellten Waren auf unterschiedlichen Wegen zugestellt.

* Der Lieferer kann die Waren mit **eigenen Fahrzeugen** von seinem Werk zum Einzelhändler transportieren (**Werkverkehr**). Das Fahrzeug wird dabei im Rundlauf verschiedene Einzelhändler anfahren. In der Regel übernimmt der Lieferer die Beförderungskosten.

* Bei Sendungen von geringerem Gewicht (bis ca. 30 kg) übergibt der Lieferer die Sendung einem **Paketdienstleister**, z. B. DHL, DPD usw., an dessen Annahmestelle. Auf Antrag holt der Paketdienstleister die Sendungen auch bei den Versendern ab. Die Sendungen werden in den Annahmestellen gesammelt und zum nächstgelegenen Frachtpostzentrum befördert. Dort werden alle eingehenden Sendungen nach Zielregionen sortiert, in große Lkws verladen und zu den Ziel-Frachtpostzentren transportiert. Das Frachtpostzentrum in der Region des Empfängers stellt dem Empfänger seine Sendung zu.

Der Paketdienstleister berechnet den Beförderungspreis von der Annahmestelle bis zum Haus des Empfängers. Wird die Sendung als „Unfrei-Sendung" aufgegeben, erhebt der Dienstleister die Beförderungskosten beim Empfänger.

* Bei höheren Sendungsgewichten beauftragt der Lieferer einen Spediteur mit der Beförderung. Spediteure sammeln Kleingutsendungen, bündeln sie zu größeren Sendungen, die einen kompletten Lkw füllen, und transportieren die Güter zu einem Empfangsspediteur. Dieser verteilt die einzelnen Sendungen an die Empfänger.

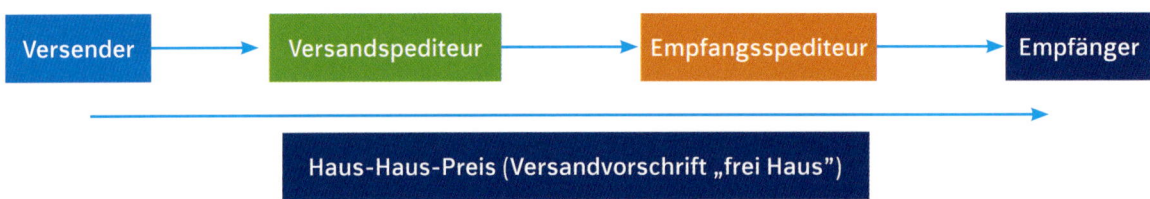

Im Regelfall berechnet der Spediteur dem Versender die Kosten für die gesamte Beförderung (vom Haus des Versenders bis zum Haus des Empfängers, Haus-Haus-Preis). Es handelt sich dann um eine Frei-Haus-Lieferung (die Sendung ist freigemacht [= bezahlt]) bis zum Haus des Empfängers. Durch eine entsprechende Versandvorschrift können die Kosten auch auf den Empfänger übertragen werden. Der Beförderungspreis wird dann bei der Übergabe der Sendung an den Empfänger erhoben.

Man spricht in diesem Fall von **Nachnahmesendungen**. Dabei ist zu unterscheiden:
* **Kostennachnahme:** Die Beförderungskosten werden beim Empfänger eingezogen.
* **Wertnachnahme:** Der Wert des Gutes wird nachgenommen.

Die Versandvorschrift wird auch Frankatur genannt.

Heute lautet die **Versandvorschrift** gewöhnlich „frei Haus" oder „ab Werk". Weitere Vereinbarungen zwischen den Kaufvertragspartnern sind möglich. Versandvorschriften geben die Verteilung der Beförderungskosten aus Sicht des Absenders der Ware an. Gleichzeitig weisen sie den Frachtführer/Spediteur an, wem er die Beförderungskosten zu berechnen hat.

Beispiele für Versandvorschriften

Versandvorschrift	Erläuterung
„ab Werk":	Der Lieferer stellt die Ware ab seinem Werk zur Verfügung, das heißt, die Beförderungskosten gehen voll zulasten des Käufers.
„unfrei":	Der Lieferer stellt die Ware ab Versandstation (Spediteur, Paketdienstleister an seinem Wohnort) zur Verfügung. Die Beförderungskosten bis zur Versandstation (z. B. mit dem firmeneigenen Pkw) trägt der Verkäufer, danach der Käufer.
„frei":	Der Lieferer trägt die Beförderungskosten bis zur Empfangsstation, d. h. bis zum Spediteur am Wohnort des Empfängers.
„frei Haus":	Der Lieferer trägt die gesamten Beförderungskosten bis zum Haus des Käufers.

Versandvorschrift:
1. Vereinbarung der Kaufvertragspartner über die Verteilung der Beförderungskosten.
2. Anweisung an den Frachtführer / Spediteur, wem er die Beförderungskosten berechnen soll.
Sie sind aus der Sicht des Absenders der Ware formuliert.

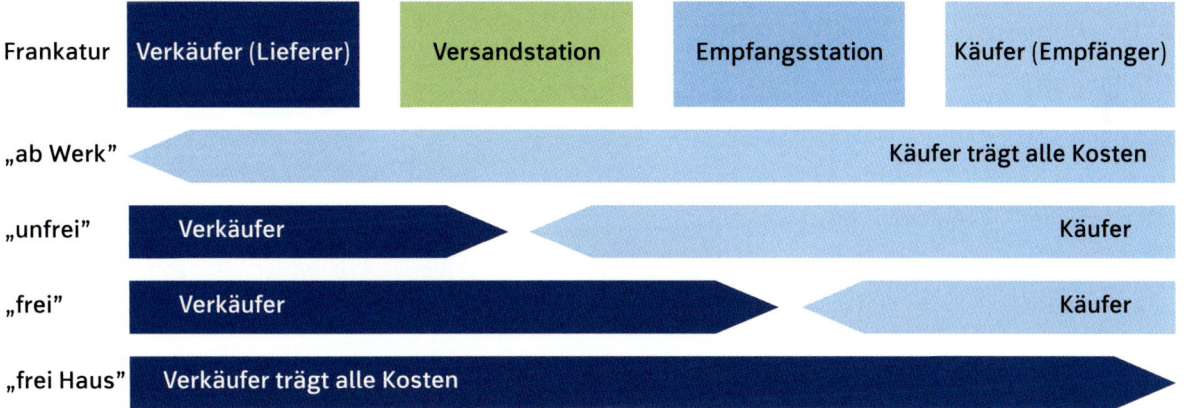

Wenn die Beförderungskosten im Kaufvertrag nicht geregelt sind

Haben die Vertragspartner darauf verzichtet, die Frage der Beförderungskosten durch eine Vereinbarung zu regeln, gilt die gesetzliche Regelung:

* Erwirbt der Käufer Waren am Geschäftssitz des Verkäufers, spricht man von einem **Platzkauf**. Der Käufer trägt die Beförderungskosten ab Geschäftslokal des Lieferers.

* Verlangt der Käufer die Zusendung der Ware, liegt ein **Versendungskauf** vor. Der Lieferer hat die Ware bis zur Versandstation (z. B. Paketdienst, Spediteur) zu bringen und dem Transportunternehmer zu übergeben. Die „gesetzliche" Versandvorschrift lautet demnach beim Versendungskauf „unfrei".

Warenschulden sind Holschulden. Siehe auch Seite 44

■ Lieferzeit

Haben die Vertragspartner die Frage der Lieferzeit nicht geregelt, hat der Verkäufer die Ware **sofort** zu liefern.

Gewöhnlich ist der Liefertermin ein wichtiger Verhandlungsgegenstand eines Kaufvertrages. Üblich sind folgende Vereinbarungen:

* Die Vertragspartner vereinbaren die Lieferung der Ware zu einem genau bezeichneten **Termin**.
  Beispiel „Lieferung am 06.02.20(0)

* Sie vereinbaren die Lieferung innerhalb einer bestimmten **Frist**.
  Beispiel „Lieferung bis zum 06.02.20(0)", „Lieferung bis Ende Januar"

Siehe auch
Terminkauf/Fixkauf
Seite 51

In beiden Fällen handelt es sich um einen **Terminkauf**.

* Manchmal ist der Liefertermin oder die Einhaltung einer Lieferfrist wesentlicher Bestandteil eines Vertrages **(Zweckkauf)**.

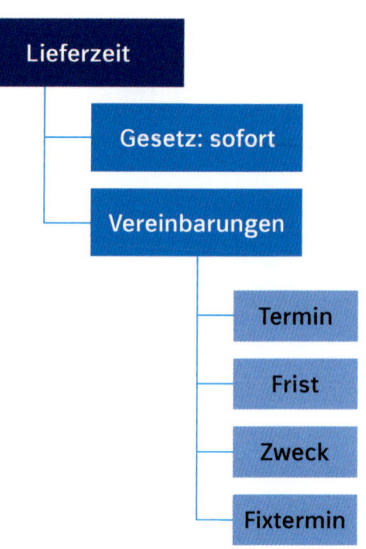

Beispiel

* Ein Kunde bestellt in der Lebensmittelabteilung eines Warenhauses ein Buffet für seine Geburtstagsfeier am 20.05. dieses Jahres.

* Eine Kundin hat für ihre Tochter einen extra großen Reisekoffer für eine Reise in die USA bestellt. Der Abreisetag ist der 24.05.

Kann der Einzelhändler den Liefer**termin** (20.05.) oder die Liefer**frist** (bis zum 24.05.) nicht einhalten, haben die Kunden für die Waren keine Verwendung mehr. Im Kaufvertrag wird die Bedeutung des Liefertermins durch einen Zusatz zur Terminvereinbarung **(Fixkauf)** zum Ausdruck gebracht, z. B.:

Beispiele

„Ich bestelle zum 20.05.20(0) fix" oder „Liefern Sie spätestens bis zum 24.05.20(0)".

■ Erfüllungsort und Gerichtsstand

Erfüllungsort

Der Erfüllungsort ist der Ort, an dem der Schuldner seine Leistung zu erbringen hat (Erfüllungsort = Leistungsort).

Bürgerliches Gesetzbuch (BGB) § 269 (1)

Ist ein Ort für die Leistung weder bestimmt noch aus den Umständen [...] zu entnehmen, so hat die Leistung an dem Orte zu erfolgen, an welchem der Schuldner [...] seinen Wohnsitz hat.

Im Kaufvertrag gibt es zwei Schuldner:
* Der **Verkäufer** hat die Pflicht, die Ware rechtzeitig und mangelfrei zu **liefern** (Warenschulden des Verkäufers).
* Der **Käufer** muss die Ware annehmen und **bezahlen** (Geldschulden des Käufers).

Diese Pflichten werden am Erfüllungsort erfüllt (geleistet). Wird keine Vereinbarung getroffen, gilt der gesetzliche Erfüllungsort nach BGB.

Gesetzlicher Erfüllungsort

Für die Warenschulden

Warenschulen sind **Holschulden**, daher erfüllt der Verkäufer seine Lieferpflicht, indem er die Ware an seinem Wohn- oder Geschäftssitz zur Verfügung stellt.

* Kauf im Einzelhandelsgeschäft **(Ladenkauf)**: Der Einzelhändler erfüllt seine Lieferpflicht, indem er dem Kunden die Ware in seinem Ladenlokal übergibt.

* Der Käufer verlangt die Zusendung der Ware an seine Adresse **(Versendungskauf)**: Der Erfüllungsort ist weiterhin der Wohn- oder Geschäftssitz des Verkäufers. Dieser hat aber die Ware einem Transportunternehmen (Paketdienst, Spedition) zu übergeben. Damit wird aus der Holschuld eine **Schickschuld**.

Der Versendungskauf hat zwei Folgen:

1. Der Käufer muss die **Kosten** für den Transport der Güter tragen, weil der Verkäufer mit der Übergabe der Ware an den Transportunternehmer seine Verpflichtungen aus dem Kaufvertrag erfüllt hat.

2. Geht die Ware auf dem Transportweg verloren oder wird sie beschädigt, muss der Käufer für den Schaden aufkommen. Das heißt, Neulieferung oder Reparatur wären vom Käufer zusätzlich zu bezahlen. Man sagt, der Käufer trägt die **Transportgefahr**.

Ob beim Kauf von Gütern eine Hol-, Schick- oder Bringschuld vorliegt, richtet sich auch nach der Vertriebsform des Verkäufers sowie dem Gewicht, der Größe und der Gefährlichkeit der Ware.

* Kauft ein Kunde eine **Sechs-Meter-Schrankwand** in massiver Eiche in einem **Möbelfachgeschäft** liegt eine **Bringschuld** vor, und zwar wegen des Gewichtes und des Umfangs der Ware und wegen der Vertriebsform. Der Erfüllungsort für die Lieferung ist die Wohnung des Käufers.

* Der Kauf eines solchen Produktes in einem SB-Möbelhaus zum „Abholpreis" führt zu einer Holschuld.

* Ein **Heizölhändler** erfüllt seine Lieferpflicht in der Wohnung (im Tankraum) des Käufers; aus der Eigenart des Gutes ergibt sich die Bringschuld.

Handelsgeschäfte unter Kaufleuten sind aufgrund von Handelsbräuchen Schickschulden, nicht Holschulden.

> **Holschuld: Der Käufer muss die Ware beim Verkäufer abholen.**
>
> **Schickschuld: Der Verkäufer muss die Ware zum Käufer schicken.**
>
> **Bringschuld: Der Verkäufer erfüllt seine Leistung am Wohnsitz des Käufers**

Für die Geldschulden

Geldschulden sind **Schickschulden**. Zahlungsort (Erfüllungsort für die Zahlung) ist der Wohn- oder Geschäftssitz des Käufers. Dieser hat den Geldbetrag aber zum Verkäufer zu überweisen (zu schicken) und dabei das **Zahlungsrisiko** (die Gefahr) zu tragen. Aufgrund des bargeldlosen Zahlungsverkehrs spielt das Zahlungsrisiko für den Geldschuldner aber kaum eine Rolle.

Der Erfüllungsort ist wichtig für den **Leistungstermin:**

* Beim Versendungskauf erfüllt der Verkäufer seine Lieferpflicht, wenn er die Ware zum vereinbarten Termin abschickt. Die Ware darf später beim Kunden ankommen.

Vereinbarter Liefertermin 17.10.20(0). Der Lieferer muss die Ware spätestens am 17.10.20(0) beim Transportunternehmen aufgeben.

Beispiel

* Das gleiche gilt für den Zahlungstermin: Bis zum vereinbarten Zahlungstermin muss der Bank der Überweisungsauftrag erteilt werden.

Vertraglicher Erfüllungsort

Der Erfüllungsort kann durch vertragliche Vereinbarung festgelegt werden. Häufig bestimmt der Verkäufer in seinen Allgemeinen Geschäftsbedingungen seinen Wohnsitz zum Erfüllungsort.

Erfüllungsort für beide Teile ist Frankfurt. Das heißt, sowohl die Lieferpflicht als auch die Zahlungspflicht wird in Frankfurt erfüllt.

Beispiel

> **Erfüllungsort: Ort, an dem der Schuldner seine Leistung zu erbringen hat.**

Gerichtsstand

Kommt es zu Streitigkeiten aufgrund eines Vertrages, ist die Frage zu stellen, vor welchem Gericht Klage erhoben werden kann.

Gesetzlicher Gerichtsstand

Nach gesetzlicher Regelung ist bei Streitigkeiten das Gericht zuständig, in dessen Bezirk ein **Beklagter seinen Wohnsitz hat**. Das bedeutet,
* für **Warenschulden** ist der Wohnsitz des Verkäufers maßgebend,
* für **Geldschulden** der Wohnsitz des Käufers.

Der jeweilige Erfüllungsort bestimmt folglich den Gerichtsstand.

Für Nichtkaufleute gilt immer der gesetzliche Gerichtsstand. Für Privatpersonen ergibt sich ein Vorteil, weil im Falle von Zahlungsproblemen immer ein wohnortnahes Gericht zuständig ist.

Kaufleute können – neben dem Erfüllungsort – auch den Gerichtsstand frei vereinbaren. Dies steht ebenfalls häufig in den Allgemeinen Geschäftsbedingungen.

„Erfüllungsort und Gerichtsstand Frankfurt"

Beispiel

Gerichtliche Auseinandersetzungen würden dann sowohl in Bezug auf die Geldschulden als auch auf die Warenschulden in Frankfurt ausgetragen. Der Vorteil liegt auf der Verkäuferseite, weil dieser gewöhnlich seinen Geschäftssitz als Gerichtsstand angibt.

Gerichtsstand = Ort des zuständigen Gerichts

■ Private Vereinbarungen – gesetzliche Regelungen

In einem Angebot werden in der Regel nur die wichtigsten Punkte genannt. So sind z. B. häufig nur der Preis und der Liefertermin Gegenstand von Verhandlungen zwischen Lieferer und Käufer. Wenn ein Sachverhalt nicht ausdrücklich zwischen zwei Partnern geklärt wird, tritt die gesetzliche Regelung in Kraft.

Gesetzliche Regelungen zu verschiedenen Angebotspunkten

1. Güte und Beschaffenheit der Ware	Es ist Ware mittlerer Güte zu liefern.
2. Preis	Der Preis bezieht sich auf das Nettogewicht.
3. Verpackungskosten	Die Kosten der Versandverpackung trägt der Käufer.
4. Beförderungskosten	**Ladenkauf:** Der Käufer trägt die Kosten ab Geschäftslokal des Lieferers. **Versendungskauf:** Der Käufer trägt die Kosten ab Versandstation des Lieferers. Waren muss der Käufer holen.
5. Lieferzeit	Der Verkäufer muss sofort liefern.
6. Zahlungsbedingungen	Der Käufer muss unverzüglich zahlen. **Geld muss der Käufer schicken** (übersenden).
7. Erfüllungsort und Gerichtsstand	Erfüllungsort und Gerichtsstand für Warenschulden: Wohnsitz des Verkäufers Erfüllungsort und Gerichtsstand für Geldschulden: Wohnsitz des Käufers

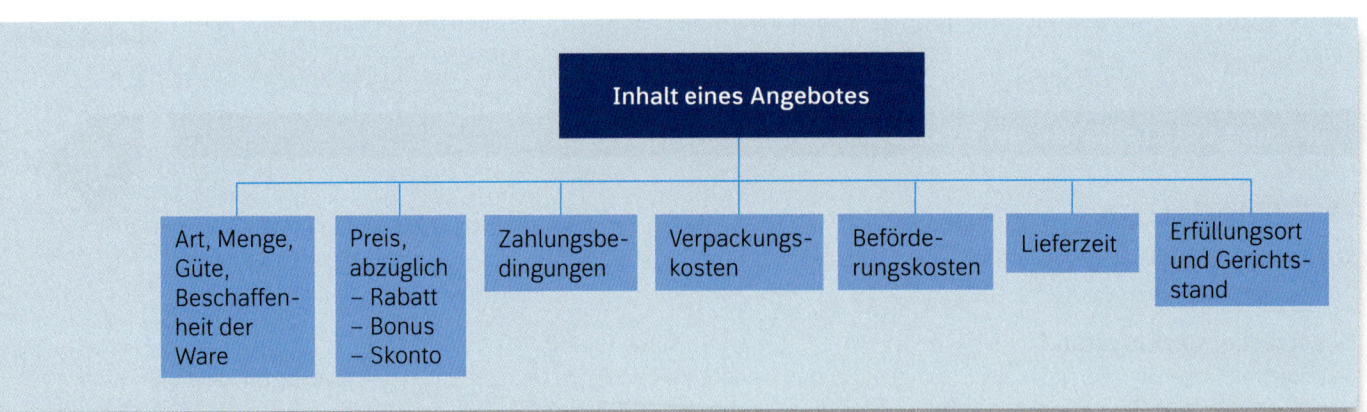

7.3   Angebotsvergleich

Sollen neue Produkte in das Sortiment eines Einzelhändlers aufgenommen werden, wird er Angebote verschiedener Lieferanten einholen, um deren Bezugsbedingungen vergleichen zu können.

Quantität = Menge, Größe

■ Quantitativer Angebotsvergleich

Eine zentrale Rolle beim Angebotsvergleich spielt der Bezugspreis, der mithilfe der Bezugskalkulation errechnet wird. Dabei fließen Größen in die Kalkulation ein, die zahlenmäßig erfasst werden können.

Das Ergebnis ist ein rechnerisch ermittelter Bezugspreis. Vergleicht man die ermittelten Bezugspreise verschiedener Angebote von Lieferanten, spricht man vom quantitativen Angebotsvergleich.

> **Quantitativer Angebotsvergleich:** Vergleich der rechnerisch ermittelten Bezugspreise verschiedener Angebote

■ Qualitativer Angebotsvergleich

Neben dem Bezugspreis können bei der Wahl eines bestimmten Lieferers weitere Gesichtspunkte eine Rolle spielen, wie:

* die Zuverlässigkeit im Lieferverhalten,
* die Qualität der Produkte,
* der Kundendienst,
* das Image des Herstellernamens in den Augen der Konsumenten,
* die Umweltverträglichkeit der Produkte.

Diese Punkte eines Angebotes kann man nicht rechnerisch ermitteln, sondern muss sie aufgrund von Informationen bewerten. Ziel ist es, nicht nur das preislich günstigste, sonders das qualitativ beste Angebot zu finden. In diesem Fall spricht man von einem qualitativen Angebotsvergleich.

> **Qualitativer Angebotsvergleich:** Vergleich von Angebotsgesichtspunkten, die über den Bezugspreisvergleich hinausgehen.
>
> **Qualität:** Umfang, in dem ein Produkt gestellten Anforderungen entspricht.

■ Auswahlgesichtspunkte bei Lieferern

Stehen mehrere Lieferanten beim Einkauf einer Ware zur Auswahl, ist die Leistungsfähigkeit der Lieferanten zu bewerten. Häufig spielen folgende Gesichtspunkte bei der Auswahlentscheidung eine Rolle:

Auswahlgesichtspunkte	Erläuterungen
Bezugspreis	Er ist bei der Entscheidung für einen bestimmten Lieferer sicherlich ein wesentliches Auswahlkriterium. In bestimmten Fällen können die übrigen Gesichtspunkte (z. B. die Termintreue) aber genauso bedeutsam sein.
Zuverlässigkeit/ Termintreue	Ein Einzelhändler muss mit seinen Lieferanten gewöhnlich dauerhaft zusammenarbeiten. Wenn man sich – auch in kritischen Situationen – auf seinen Lieferanten verlassen kann, wenn dieser seine Zusagen einhält und das Interesse des Einzelhändlers beachtet, kann dies für den Geschäftserfolg des Einzelhändlers bedeutsamer sein als ein geringfügig niedrigerer Preis im Vergleich zu einem Mitbewerber.
Qualität der Produkte	Für viele Kunden ist die Qualität der Produkte genauso wichtig wie der Preis. Der Einzelhändler wird daher Lieferer mit Produkten auswählen, die den Qualitätsansprüchen seiner Kunden gerecht werden.
Image des Unternehmens	Oft ist der klangvolle Markenname für den Kunden von großer Bedeutung. Viele Kunden haben auch eine enge Bindung an bestimmte Marken und Herstellernamen, weil sie damit z. B. Qualität, Ansehen und eine lange Lebensdauer des Produkts verbinden. Der Einzelhändler muss dann die Produkte dieser Lieferer in sein Sortiment aufnehmen, wenn er seine Kunden behalten will.
Reklamationsverhalten	Bei der Herstellung von Waren passieren Fehler. Wenn der Einzelhändler weiß, dass sein Lieferant Reklamationen großzügig behandelt, kann der Einzelhändler auch seinen Kunden gegenüber kulant sein. Dies erspart Ärger und vermindert den Reklamationsaufwand.
Nachhaltigkeitsgesichtspunkte	Der Nachhaltigkeitsgedanke wird für Unternehmen immer wichtiger, weil der öffentliche Druck groß ist, sich als umweltbewusstes, langfristig denkendes, arbeitnehmerfreundliches und sozial eingestelltes Unternehmen darzustellen. Das bezieht sich auch auf die Auswahl der Lieferanten, weil nicht nachhaltig wirtschaftende Lieferanten das Image eines Unternehmens schwer schädigen können. _Beispiel_ Leichtfertig herbeigeführte Unglücke in der textilen Zulieferindustrie des Handels.

■ Nutzwertanalyse

Die Nutzwertanalyse ist ein Verfahren, mit dem man neben den **quantitativen** auch **qualitative Unterschiede** von Angeboten bewerten kann. Es ist eine Methode, um die Entscheidungsfindung beim Angebotsvergleich zu erleichtern.

Vorgehensweise bei der Nutzwertanalyse:
(siehe Beispiel unten)

1. Es werden die Angebotsinhalte ausgewählt, die für den Angebotsvergleich betrachtet werden sollen (Spalte „Angebotsinhalte").

2. Die Angebotsinhalte werden nach ihrer Bedeutung gewichtet. Im Beispiel ist der Bezugspreis mit 35 % von 100 % gewichtet worden.

3. Die Angebotsinhalte der Lieferer werden nun mit Punkten von 1 bis 10 bewertet (10 Punkte = Höchstpunktzahl).

4. Bewertungspunkte multipliziert mit der Gewichtungsprozentzahl (z. B. 35 · 10) ergibt die gewichteten Punkte für jeden Angebotsinhalt (z. B. 350).

Ergebnis des quantitativen Vergleichs (Bezugspreise)

	A	B	C	D	E
1	**Angebotsvergleich**				
2	**Eingabeteil**				
3	**Artikel**	**Drucker**			
4	**Menge**	**100 Stück**			
5	**Lieferer**	**WOKI**	**NOSPE**	**KONAN**	**HAPE**
6	Listenpreis in €	254,00	264,00	278,00	290,00
7	Rabatt in %	5		10	15
8	Skonto in %	2		2	
9	Bezugskosten in €		1,00	2,00	1,00
10					
11	**Ausgabeteil**				
12		€	€	€	€
13	Listenpreis	254,00	264,00	278,00	290,00
14	- Rabatt	12,70	0,00	27,80	43,50
15	= Zieleinkaufspreis	241,30	264,00	250,20	246,50
16	- Skonto	4,83	0,00	5,00	0,00
17	= Bareinkaufspreis	236,47	264,00	245,20	246,50
18	+ Bezugskosten	0,00	1,00	2,00	1,00
19	= Bezugspreis	236,47	265,00	247,20	247,50

5. Das Angebot mit der höchsten Punktzahl („Summe") erfüllt die Erwartungen des Einzelhändlers am besten.

Beispiel einer Nutzwertanalyse (mit zwei Lieferanten)

Angebotsinhalte	Gewichtung	WOKI		NOSPE	
	%	Bewertung (1–10 Punkte)	Bewertung x Gewichtung	Bewertung (1–10 Punkte)	Bewertung x Gewichtung
Bezugspreis	35	10	350	1	35
Qualität	10	6	60	10	100
Kundendienst	10	4	40	8	80
Garantie	5	4	20	8	40
Zuverlässigkeit	10	5	50	10	100
Image	10	4	40	10	100
Kulanz	15	3	45	10	150
Nachhaltigkeit	5	2	10	8	40
Summe	**100**		**615**		**645**

Die Bezugspreise sind rechnerisch und damit auf einer objektiven Zahlenbasis ermittelt worden. Der qualitative Vergleich drückt Qualitätsanforderungen ebenfalls in Zahlen aus. Man muss aber immer bedenken, dass jede Bewertung subjektiv ist, sodass das Zahlenwerk der Nutzwertanalyse lediglich eine Scheinobjektivität vermittelt.

Nutzwertanalyse: Punktbewertungsverfahren zur Entscheidungsfindung bei Angebotsvergleichen

Warenbeschaffung im Onlinehandel

Kauft ein Einzelhändler z. B. auf einer Beschaffungsplattform im Internet Waren ein und sind keine besonderen Vereinbarungen getroffen worden, gilt:
* Im Onlinehandel ist der Erfüllungsort für den Verkäufer dessen Geschäftssitz.
* Warenschulden sind im Onlinehandel (wie beim Versendungskauf) **Schickschulden**.
* Die Schickschulden-Regelung gilt auch grundsätzlich für Geschäfte unter Kaufleuten.
Ergebnis: Der Anbieter auf der Beschaffungsplattform muss die bestellte Ware zum Einzelhändler per Paketdienstleister oder Spediteur schicken.

Erfüllungsort für Einzelhändler als Onlineverkäufer

Auch für einen Einzelhändler, der Waren online verkauft, ist sein Geschäftssitz der Erfüllungsort für die Lieferung. Er ist aber verpflichtet, die Ware zum Kunden zu schicken (**Schickschuld**), weil ein Versendungskauf vorliegt.
Vereinbart er mit seinem Kunden aber z. B. die Aufstellung von Möbeln oder den Anschluss von Elektrogeräten beim Kunden, ist die Wohnung des Kunden Erfüllungsort für die Lieferung. Es liegt eine **Bringschuld** vor.

Zusammenfassung

Angebot	
Definition:	Eine an eine bestimmte Person gerichtete Willenserklärung, Waren zu den angegebenen Bedingungen zu verkaufen
Annahme:	unverzüglich zu spät, verändert: Bestellung ist ein neuer Antrag (1. Willenserklärung)
Inhalt:	* Art, Menge, Güte, Beschaffenheit der Ware * Preis * Zahlungsbedingungen * Verpackungskosten * Beförderungskosten * Lieferzeit * Erfüllungsort und Gerichtsstand
Zahlungsbedingungen:	Zahlung vor, bei oder nach Lieferung
Rabatte:	Mengen-, Treue-, Sonder-, Wiederverkäufer-, Naturalrabatt (Drauf-, Dreingabe)
Verpackungskosten:	muss der Käufer tragen Vereinbarungen: Reingewicht einschließlich oder ausschließlich Verpackung Rohgewicht (Bruttogewicht) - Verpackung (Tara) = Reingewicht (Nettogewicht)
Beförderungskosten:	übliche Vereinbarungen: * ab Werk * frei * unfrei * frei Haus
Lieferzeit:	laut Gesetz: sofort Vereinbarungen: Termin, Frist, Zweck, Fixkauf
Erfüllungsort- und Gerichtsstand:	Warenschulden: Wohn-/Geschäftssitz des Verkäufers Geldschulden: Wohn-/Geschäftssitz des Käufers abweichende Vereinbarungen in AGB Unterscheidung: Hol-, Bring-, Schickschulden
Angebotsvergleich:	Angebote von Lieferanten werden eingeholt, um sie untereinander oder mit den Bedingungen vorhandener Lieferanten zu vergleichen. quantitativer Vergleich: Vergleich der rechnerisch ermittelten Bezugspreise qualitativer Vergleich: zusätzliche Angebotsgesichtspunkte vergleichen (z. B. Termintreue, Qualität, Image, Reklamationsverhalten, Nachhaltigkeit)
Nutzwertanalyse:	Punktbewertungsverfahren zur Entscheidungsfindung bei Angebotsvergleichen

8   Bestellung

8.1   Inhalt einer Bestellung

Wenn einem Einzelhändler die Angebotsbedingungen eines Lieferers zusagen, erklärt er durch eine Bestellung, die Ware zu den angegebenen Bedingungen zu kaufen. Die Bestellung ist dann die zweite Willenserklärung, durch die der Kaufvertrag zustande kommt. Erste Willenserklärung ist das Angebot des Lieferanten.

Siehe auch Kaufvertragspflichten Lernfeld 3

Mit der Bestellung verpflichtet sich der Einzelhändler, die bestellte Ware anzunehmen und zu bezahlen.

In einer Bestellung werden die wesentlichen Inhalte des Angebotes aufgegriffen.

Bestellung

Sehr geehrter Herr Schneider,

vielen Dank für Ihr Angebot vom 12.09.20(0).

Liefern Sie mir bitte zu den Lieferungs- und Zahlungsbedingungen Ihres Angebotes:

Bestellungsinhalt	Formulierungshilfen
* Man nimmt Bezug auf das Angebot des Lieferanten.	* „Ich danke für Ihr Angebot und bitte um Lieferung von …"
* Anzahl, genaue Bezeichnung der Ware (Art, Güte, Beschaffenheit), Preis pro Stück oder Maßeinheit (m, kg, Liter u. Ä.)	* „Gemäß Ihrem Angebot bestelle ich …"
* Die weiteren Punkte des Angebots (Lieferungs- und Zahlungsbedingungen, Erfüllungsort und Gerichtsstand) können im Einzelnen aufgegriffen werden; es ist aber auch der Hinweis möglich, dass man zu den Angebotsbedingungen bestellt.	* „Liefern Sie mir bitte … zu den Lieferungs- und Zahlungsbedingungen Ihres Angebots."
* Eventuell werden noch besondere Wünsche hinzugefügt, z. B. Bitte um Einhaltung der Lieferzeit, Lieferung in Teilmengen u. Ä.	

8.2   Kaufvertragsarten

Siehe auch Kaufverträge nach dem Zahlungszeitpunkt Lernfeld 3

Kaufverträge können nach unterschiedlichen Gesichtspunkten unterteilt werden.

■ Nach der Rechtsstellung der Vertragspartner

Bürgerlicher Kauf	Beide Vertragspartner handeln als Nichtkaufleute (Privatpersonen). Es gelten ausschließlich die Bestimmungen des Bürgerlichen Gesetzbuches (BGB).
	Beispiel Der Auszubildende Carsten verkauft sein altes Smartphone an seinen Freund Kevin.
Zweiseitiger Handelskauf	Beide Vertragspartner handeln als Kaufleute, die Kaufverträge in Zusammenhang mit ihrem Handelsgewerbe abschließen. Für zweiseitige Handelsgeschäfte gelten besondere Bestimmungen des HGB.
	Beispiel Der Inhaber eines Handy-Shops kauft 20 Smartphones beim Hersteller ein.
Verbrauchsgüterkauf	Ein Verbrauchsgüterkauf liegt vor, wenn ein **Verbraucher** von einem Unternehmer eine bewegliche Sache kauft. Das ist in der Regel gegeben, sobald ein Kunde (der nicht selbst Unternehmer ist) in einem Unternehmen Waren einkauft. Daher sind diese Bestimmungen für jedes Unternehmen, das mit Verbrauchern zu tun hat, von besonderer Bedeutung.
	Beispiel Die Kundin Yvonne Lesch kauft in einem Lebensmittelsupermarkt Gemüse für ihre Familie ein.
Kommissionskauf	Beim Kommissionsgeschäft übernimmt ein Einzelhändler Ware „in Kommission", d. h., er versucht, diese Produkte an seine Kunden zu verkaufen. Der Lieferer bleibt Eigentümer der Ware. Der Einzelhändler erhält für den Verkauf eine Provision. Gelingt der Verkauf nicht, kann er die Ware zurückgeben. Auf diese Weise trägt der Einzelhändler kein Absatzrisiko und er spart Geldmittel für den Wareneinkauf.
	Beispiel Ein Autohändler bietet das Auto eines Kunden auf seinem Platz zum Kauf an. Der Kunde bleibt Eigentümer des Autos.

*Der **Verbraucher** ist eine natürliche Person, die einen Kaufvertrag für private Zwecke (und nicht etwa für gewerbliche Zwecke) abschließt.*

■ Nach Art, Güte und Beschaffenheit der Ware

Kauf auf Probe	Der Käufer erhält die Ware mit dem vereinbarten Recht, sie innerhalb einer bestimmten Frist zurückzugeben, wenn sie seinen Erwartungen nicht entspricht. **Beispiel** Ein Kunde lässt sich ein Fernsehgerät „auf Probe" für eine Woche in seiner Wohnung aufstellen.
Kauf nach Probe (oder Muster)	Der Käufer bestellt nach einer Probe oder nach einem Muster. Da bestimmte Eigenschaften ausdrücklich zugesichert sind, muss die gelieferte Ware der Probe bzw. dem Muster entsprechen. **Beispiele** Kauf von Vorhangstoffen, Tapeten, Weinen nach Probeausschank („… bestelle ich nach beiliegendem Muster …")
Kauf zur Probe	Zunächst wird eine kleine Menge einer Ware gekauft, um sie prüfen zu können („… liefern Sie mir bitte zur Probe …"). Erst wenn die Ware zusagt, wird eine größere Menge bestellt. Der Käufer hat kein Rückgaberecht. **Beispiel** Ein Einzelhändler möchte einen Artikel probeweise ins Sortiment aufnehmen. Verkauft er sich gut, wird er regelmäßig angeboten.
Stückkauf	Kaufvertrag über ein Einzelstück, das es nur einmal gibt. **Beispiel** Eine Kunde kauft in einer Kunsthandlung ein Originalgemälde eines Künstlers.
Gattungskauf	Kaufvertrag über ein Produkt, das es in gleicher Form, Farbe, Größe usw. mehrfach zu kaufen gibt. **Beispiel** Kauf eines Bilderrahmens (Wechselrahmen) in Standardgröße und -ausstattung.

■ Nach den Lieferbedingungen

Terminkauf	Die Vertragspartner vereinbaren die Lieferung der Ware zu einem genau bezeichneten Termin oder innerhalb einer bestimmten Frist. **Beispiele** Termin: „Lieferung am 06.02.20(0)§ Frist: „Lieferung bis zum 06.02.20(0)", „Lieferung bis Ende Januar"
Fixkauf	Es handelt sich um eine Sonderform des Terminkaufs, bei dem die Einhaltung des Liefertermins oder einer Lieferfrist wesentlicher Bestandteil des Vertrages ist. Dem Verkäufer wird dies durch einen Zusatz zum Liefertermin („fest", „fix") deutlich gemacht. **Beispiele** „Ich bestelle zum 06.02.20(0) fix", „Liefern Sie spätestens bis zum 06.02.20(0)."
Spezifikationskauf	Käufer und Verkäufer vereinbaren die Lieferung einer Ware, wobei die Menge und bestimmte Produktmerkmale (z. B. das Material und die Form) sofort festgelegt werden. Weitere Einzelheiten (z. B. die Farben oder die Größen) bestimmt der Käufer innerhalb einer vereinbarten Frist. Auf diese Weise kann der Hersteller frühzeitig seine Produktion planen, während der Käufer in Ruhe (und z. B. zusammen mit anderen Mitarbeitern) zusätzliche Details der Ware festlegt. **Beispiel** Auf einer Messe bestellt eine Einzelhändlerin Damenblusen eines bestimmten Typs. Die Größensortierung wird drei Monate später festgelegt.
Kauf auf Abruf	Die Ware ist beim Kauf nach Art, Menge und verschiedensten Produktmerkmalen genau gekennzeichnet worden. Der Käufer ruft Teilmengen der gekauften Produkte zu Terminen ab, die in seinen Betriebsablauf passen. **Beispiel** Die bestellten Damenblusen werden in drei Teilmengen zu unterschiedlichen Terminen abgerufen.

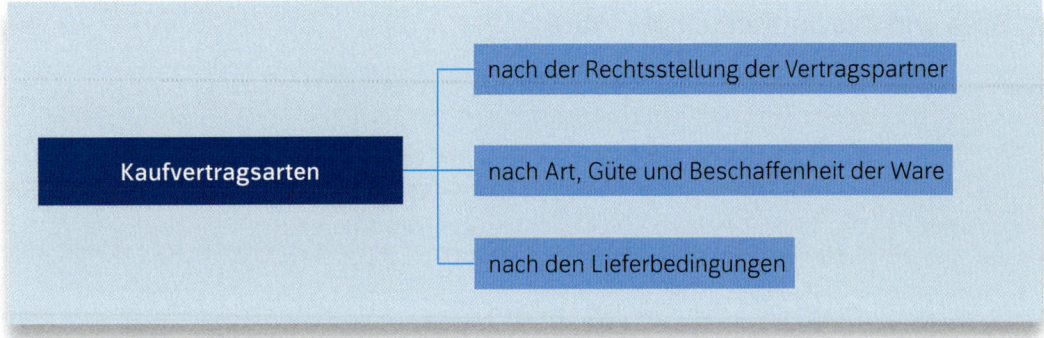

Zusammenfassung

Bestellung		
Vertragssituation:	Zweite Willenserklärung als Reaktion auf das Angebot. Ein wirksamer Vertrag liegt vor.	
Inhalt:	* Bezug zum Angebot * Beschreibung der Ware	* Lieferungs- und Zahlungsbedingungen * besondere Wünsche
Kaufvertragsarten:		
* nach der Rechtsstellung der Vertragspartner	* Bürgerlicher Kauf * Zweiseitiger Handelskauf	* Verbrauchsgüterkauf * Kommissionkauf
* nach Art, Güte und Beschaffenheit der Ware	* Kauf auf Probe * Kauf nach Probe (Muster) * Kauf zur Probe	* Stückkauf * Gattungskauf
* nach den Lieferbedingen	* Terminkauf * Fixkauf	* Spezifikationskauf * Kauf auf Abruf

LERNFELD 7
Waren annehmen, lagern und pflegen

1   Wareneingang

Sorgfältige Arbeit bei der Warenannahme verhindert spätere Probleme, wenn sich die Ware nicht in der erforderlichen Menge bzw. Qualität im Verkauf befindet. Wer seinen Kunden ein qualitativ hochwertiges und vollständiges Warenangebot präsentieren will, kann nicht auf eine sorgfältige Prüfung der angelieferten Ware verzichten. Dabei stehen die Tätigkeiten bei der Warenannahme in einem engen Zusammenhang mit der zuvor erfolgten Bestellung. Man unterscheidet zwischen äußerer und innerer Prüfung.

1.1   Äußere Prüfung

Die äußere Prüfung erfolgt sofort, d. h., die erforderlichen Prüftätigkeiten werden noch im **Beisein des Lkw-Fahrers** durchgeführt. Dabei händigt der Fahrer bei seiner Ankunft den Lieferschein aus. Der Einzelhändler muss nun in seiner Auftragsdatei prüfen, ob überhaupt eine Bestellung vorlag, und ob der Lieferant den vereinbarten Liefertermin eingehalten hat. Anschließend werden die weiteren Prüftätigkeiten durchgeführt:

Prüfungsgesichtspunkte	Prüfungstätigkeiten
* Ist die angelieferte Ware für uns bestimmt?	* Prüfung der Empfängeranschrift auf den Packstücken
* Stimmen die Angaben auf den Packstücken mit den Angaben auf dem Lieferschein überein?	* Anzahl der Packstücke zählen
* Sind die angelieferten Packstücke in einem einwandfreien Zustand oder sind Schäden an den Packstücken zu erkennen?	* äußere Verpackung überprüfen * Beschädigungen auf dem Lieferschein vermerken

Ist die äußere Prüfung durchgeführt, bestätigt der Einzelhändler den Empfang der Sendung durch seine Unterschrift. Eventuell vermerkte Beschädigungen sollten ebenfalls vom Lieferanten **quittiert** werden. Damit gilt die Warensendung als **angenommen**.

> **Äußere Prüfung:** sofortige Kontrolle der Warensendung in Anwesenheit des Frachtführers

1.2   Innere Prüfung

Selbstverständlich bekommt der Einzelhändler an einem normalen Verkaufstag nicht nur *eine* Warensendung angeliefert. Von *zahlreichen* Lieferanten muss die Ware angenommen werden. Aus diesem Grund kommen die Mitarbeiter der Warenannahme nicht immer sofort dazu, neben der äußeren Prüfung der Packstücke auch die innere Prüfung der Waren durchzuführen. Sie sollten es jedoch tun, sobald sie dazu Zeit haben, ansonsten käme es zu einer schuldhaften Verzögerung. Die innere Prüfung der Warensendung muss also **unverzüglich** erfolgen.

Wann liegt eine schuldhafte Verzögerung vor?

Beispiele

* Die am 15. April 20(0) angelieferte Warensendung Molkereiprodukte mit einem Mindesthaltbarkeitsdatum zum 18. April 20(0) wird aus Versehen in eine schlecht einsehbare Ecke des Kühllagers geschoben und erst am 19. April 20(0) gezählt.

* Für eine Verkaufsaktion werden vereinbarungsgemäß am 20. Mai 20(0) drei Kartons mit Lederjacken angeliefert. Leider werden sie neben den anderen zahlreich angelieferten Kartons vergessen. Erst am Tag nach der Verkaufsaktion am 22. Mai 20(0) werden die Kartons durch Zufall entdeckt. Bei genauer Prüfung stellt man bei drei Jacken Kratzer an den Ärmeln fest.

In Fällen schuldhafter Verzögerung der Warenprüfung verliert der Einzelhändler spätere Reklamationsansprüche gegenüber dem Lieferanten, falls Mängel an der Ware vorliegen. Deshalb muss der Einzelhändler die Warensendung **unverzüglich** prüfen, und zwar nach:

Siehe auch
mangelhafte
Lieferung Seite 60

* **Art** („Ist die *richtige* Ware geliefert worden?"),
* **Menge** („Ist die richtige *Anzahl* geliefert worden?"),
* **Qualität** („Hat die Ware die vereinbarte *Güte*?"),
* **Beschaffenheit** („Sind *Fehler* an der Ware festzustellen?").

Dazu vergleicht der Einzelhändler die eingegangene Ware mit der **Bestellung**, dem **Lieferschein** und – sofern sie bereits vorliegt – mit der **Rechnung**.

Da Warensendungen häufig auf mehrere Paletten verteilt sind, würde eine vollständige innere Prüfung bedeuten, dass jeder einzelne Karton auf den Paletten durchgezählt und geprüft werden muss. Dies ist für den Einzelhändler unzumutbar weshalb auch Stichproben ausreichen. Doch auch eine Stichprobenkontrolle bedeutet angesichts zahlreicher weiterer Warensendungen häufig einen enormen personellen und zeitlichen Aufwand. Am liebsten wäre es dem Einzelhändler, die Ware ohne weiteren Prüfaufwand in den Verkauf zu geben, um Zeit zu sparen. Aus diesem Grund verlangen manche Einzelhändler von ihren Lieferanten die Zahlung einer Pauschale (in Prozent vom Warenwert) und nehmen die gelieferte Ware ohne weitere Prüfung in den Verkauf. Die Pauschale deckt Fehler in der Warenlieferung ab.

Über die innere Prüfung der Warensendung muss der Mitarbeiter der Warenannahme einen **Wareneingangs-Kontrollbogen** ausfüllen, der eventuelle Beschädigungen dokumentiert. Anschließend werden die angelieferten Artikel im Warenwirtschaftssystem erfasst, damit die Artikelbestände entsprechend korrigiert und aktualisiert werden.

> **Innere Prüfung:** unverzügliche, inhaltliche Kontrolle der Warensendung ohne schuldhaftes Zögern

1.3   Behandlung von Retouren

Sollte die angelieferte Ware aufgrund eines Defekts nicht in den Verkauf kommen können, oder sind bei einer Verkaufsaktion Restposten entstanden, die nicht abverkauft wurden, so wird die Ware in Absprache mit dem Lieferanten häufig zurückgeschickt. Zu diesem Zweck erstellt der Einzelhändler einen **Waren-Retourenschein**, mit dem er den Lieferanten über die Rücksendung informiert. Außerdem muss eine Spedition mit dem Rücktransport der Ware beauftragt werden. Dazu füllt der Einzelhändler einen **Frachtbrief** aus, der die Rücksendung zum Lieferanten begleitet. Vereinbarungsgemäß korrigiert der Lieferant die Rechnung um die zurückgeschickte Ware. Um nicht zu viel zu bezahlen, sollte der Einzelhändler die Lieferantenrechnung dennoch genau kontrollieren.

Tätigkeiten bei der Warenannahme

Äußere Prüfung durchführen.
- Empfängeranschrift
- Anzahl der Packstücke
- äußere Schäden

Eventuell Beschädigungen auf dem Lieferschein vermerken.

Innere Prüfung durchführen.
- Art
- Menge
- Qualität
- Beschaffenheit

Wareneingangs-Kontrollbogen ausfüllen.

Eventuell einen Waren-Retourschein ausfüllen und beschädigte Waren zurücksenden.

Angenommene Waren im Warnewirtschaftssystem erfassen.

1.4 Probleme beim Wareneingang

Verspätet angelieferte Ware kann häufig nicht mehr angenommen werden. Deshalb muss der Lieferant einen neuen Anliefertermin vereinbaren oder bis zum nächsten Tag warten. Bei Verspätungen empfiehlt sich eine rechtzeitige telefonische Ankündigung, damit in der Warenannahme personell umdisponiert werden kann. Bei Anlieferung verderblicher Ware sollte der Einzelhändler versuchen, sich bei der Warenannahme entgegenkommend zu verhalten, damit die Abschriften reduziert werden.

> Warenannahme
> montags—freitags
> 06:00 Uhr—16:00 Uhr
>
> Telefonische Vereinbarung
> abweichender Termine bis
> 4 Stunden vorher unter
> 02102 56742-0

Da es trotz aller Sorgfalt bei der Warenannahme dennoch häufig zu Inventurdifferenzen kommt, gehen immer mehr Einzelhändler dazu über, von ihren Lieferanten eine **Verplombung** der Packstücke zu verlangen. Eine ungeöffnete Plombe garantiert dem Einzelhändler, dass bei der Auslieferung keine Ware entnommen wurde. Die Plomben werden fortlaufend nummeriert und sollten auch auf den Packstücken (Paletten usw.) eingeprägt sein, damit Unstimmigkeiten vermieden werden. Abweichungen zwischen den Plomben-Nummern und den Nummern auf den Packstücken deuten auf Manipulation des Lieferanten bei der Warensendung hin (z. B.: Ware wurde unerlaubt entnommen oder ausgetauscht).

Werden weniger Packstücke geliefert, als im Kaufvertrag vereinbart, müssen die Mitarbeiter der Warenannahme sofort den Lieferanten anrufen und um schnellstmögliche Nachlieferung bitten. Erst nachdem die vollständige Warenmenge eingetroffen ist, sollte die Ware verräumt werden. Hochwertige Warensendungen sollten genau kontrolliert und gezählt werden.

Bei zu viel angelieferter Ware muss der Einzelhändler seinen Lieferanten ebenfalls anrufen und ihm diesen Umstand mitteilen. Schließlich bindet die zu viel angelieferte Ware Lagerraum und verursacht Lagerkosten. Dennoch sollte der Einzelhändler überlegen, ob er die unerwartet große Warenmenge trotzdem behält und in den Verkauf gibt.

Ist bei verderblicher Ware das Mindesthaltbarkeitsdatum fast erreicht (z. B.: das Mindesthaltbarkeitsdatum läuft in zwei Tagen ab), so kann die Ware zwar in den Verkauf genommen werden, aber der Einzelhändler sollte auf diesen Umstand hinweisen, um gegenüber der Kundschaft Sorgfalt bei der Frischekontrolle zu dokumentieren.

1.5 Wareneingänge erfassen

■ Barcode-Technik

Produkte, aber auch Versandeinheiten (z. B. eine Palette mit Waren, die mit einer Schrumpf-Folie eingeschweißt worden ist) lassen sich heute maschinenlesbar kennzeichnen. Diese Kennzeichnung wird allgemein als „Barcode-Technik" bezeichnet. Dazu werden die Packstücke mit einem Strichcode versehen.

Siehe auch
EAN-Code Lernfeld 3

Heute werden Konsumgüter mit dem **GTIN-Strichcode** gekennzeichnet, der die EAN (European Article Number) abgelöst hat. Galt der EAN-Code nur **europaweit**, handelt es sich bei der GTIN um eine **weltweit** vereinheitlichte Kennzeichnung.

Mittlerweile sind fast 90 % aller weltweit vertriebenen Waren mit einem GTIN-Code versehen, und lassen sich so durch den maschinenlesbaren Strichcode genau und überschneidungsfrei identifizieren. Die GTIN gibt dabei Auskunft über das Ursprungsland, den Hersteller und die Artikelnummer eines Produktes.

GTIN = Global Trade
Item Number
(13-stellige Nummer)

Auf diese Weise lässt sich angelieferte Ware schnell und einfach erfassen und kontrollieren. Zudem kann sich der Verbraucher unter Angabe der GTIN auf der Internetseite www.gepir.de über das Produkt informieren.

GTIN (Global Trade Item Number): Globale Artikelnummer, mit der Produkte weltweit identifiziert werden können.

Berechnungsverfahren: www.gs1-germany.de

■ Scanner

Lesegeräte (Scanner) können den Strichcode leicht und schnell identifizieren und für die weitere Verarbeitung im Computer zugänglich machen. Die zusätzliche Übersetzung des Strichcodes in Zahlen oder Buchstaben ermöglicht die gleichzeitige Erfassung der Daten durch den Menschen. Die maschinelle Erfassung ist aber bedeutend sicherer, weil Lesefehler durch die Verwendung einer Prüfziffer weitgehend ausgeschlossen sind. Die Prüfziffer wird nach einem bestimmten mathematischen Verfahren aus den vorhergehenden Ziffern gebildet und vom Computer bei jeder Erfassung kontrolliert.

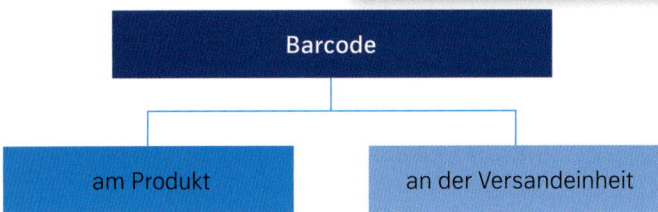

1.6 Organisation der Warenverräumung

Eine möglichst schnelle innere Prüfung und die anschließende Warenverräumung bindet Personal. Die Abteilungsleitung muss dafür sorgen, dass die Packstücke möglichst nah in die Abteilung gebracht werden, damit man nicht so weite Wege bei der Verräumung zurücklegen muss.

Es hat keinen Sinn, die angelieferten Packstücke an einem zentralen Ort im Lager aufzubewahren, um Zeit zu sparen. Das Problem wäre, dass sämtliche Waren für die anschließende Warenverräumung dort einzeln abgeholt werden müssten. Das Personal müsste viel zu weite Wege zurücklegen, um die jeweils für ein Regal oder einen Warenbereich benötigte Ware abzuholen.

1.7 Moderne Technologie beim Wareneingang

Während die meisten Einzelhändler ihre Wareneingangskontrolle immer noch manuell durchführen und die angelieferte Ware anschließend selbstständig im Warenwirtschaftssystem erfassen, verwenden manche Unternehmen bereits die RFID-Technik für eine vollautomatische Kontrolle des Warenflusses zwischen dem Lieferanten, Großhändler, Einzelhändler und Kunden.

RFID = Radio Frequency Identification

RFID bedeutet „Identifizierung per Funk" und ist eine Methode, um drahtlos Daten lesen und speichern zu können. Sämtliche Daten von Waren (z. B. Artikel-Nummer, Preis, Herstellungsdatum, Mindesthaltbarkeit usw.) werden auf einem sogenannten „*Tag*" (engl. = elektronisches Etikett) gespeichert und können über Funk gelesen werden.

Tag (engl.) = elektronisches Etikett, Schild

Der RFID-Chip enthält neben dem 13-stelligen Barcode zusätzlich eine 9-stellige Seriennummer und eine 8-stellige Datumsangabe, die der Kontrolle des Mindesthaltbarkeitsdatums dient.

Unmittelbar nach der Produktion werden die Artikel beim Hersteller mit diesen RFID-Tags ausgestattet. Auf diese Weise erhalten Artikel ihren individuellen elektronischen Code und können überall auf dem Weg von der Produktion bis zum Einzelhändler „gefunden" werden.

Aber nicht nur die Artikel, sondern auch die jeweiligen Packstücke (Paletten, Colli) und Gebinde können einen Tag *erhalten* und sind auf diese Weise jederzeit auffindbar.

Kommt die Ware beim Einzelhändler an, erfasst dort entweder das Personal mit einem mobilen RFID-Handlesegerät sekundenschnell die Informationen, die auf den Tags gespeichert wurden. Bei größeren Warenlieferungen ist es auch möglich, dass alle Waren der Lieferung durch ein stationäres Gate gefahren und dort auf einmal erfasst werden. Automatisch erfolgt dann in beiden Fällen ein Abgleich mit den erfassten Bestelldaten. Eine manuelle Wareneingangskontrolle erübrigt sich dadurch, weil alle Informationen sofort mit den Daten im Warenwirtschaftssystem verglichen werden. Abweichungen zum ursprünglichen Auftrag werden sofort erkannt. Auf diese Weise werden die eingehenden Lieferungen genauer geprüft und der Aufwand bei der Bearbeitung von Retouren geht zurück.

RFID (Radio Frequency Identification): Verfahren zur drahtlosen Identifikation von Waren über Funk

■ Grundaufbau eines RFID-Systems

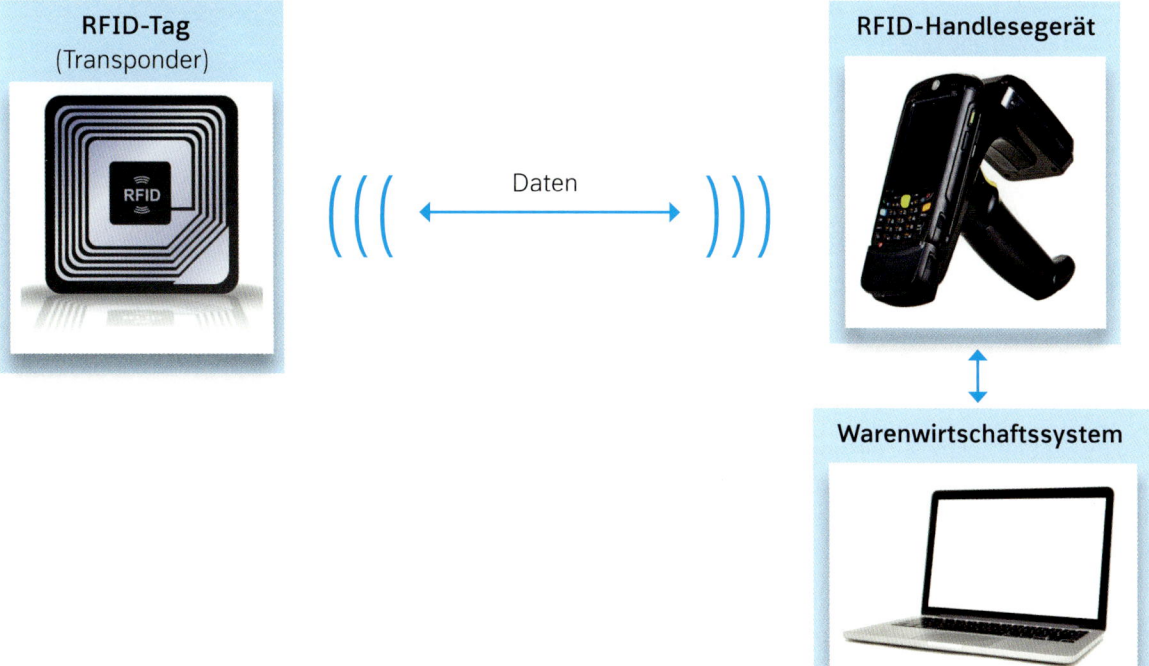

Mit der RFID-Technik kann nun per Funk-Kontrolle lückenlos festgestellt werden, wann ein Artikel an welchem Ort war, wer ihn produziert, transportiert und gelagert hat. Wenn dieses Protokoll z. B. mit den Kühlprotokollen des Lkws oder Kühlhauses verglichen wird, ist herauszufinden, ob der Artikel wirklich ständig ordnungsgemäß gekühlt wurde – oder vielleicht fünf Stunden lang draußen in der Sonne stand.

So zahlreich die Vorteile der RFID-Technik sowohl für Kunden als auch Einzelhändler sind, so negativ können die Auswirkungen auf den Personalbestand im Wareneingang des Einzelhändlers sein, da zahlreiche manuelle Tätigkeiten der Wareneingangskontrolle nun per Funkidentifizierung durchgeführt werden. Allerdings gibt es darüber hinaus weitere Bedenken gegen den Einsatz der RFID-Technologie. Die Möglichkeit genauer Kontrolle kann dazu führen, dass der mit RFID-Chip ausgestattete Artikel auch weiter verfolgt werden kann, selbst wenn er das Geschäft längst verlassen hat. Auf diese Weise kann man die anschließenden Wege der Kundschaft nachvollziehen und verstößt möglicherweise gegen datenschutzrechtliche Bestimmungen.

1.8   Warensicherung

Aufgrund zunehmender Warenverluste durch Diebstahl sichern Einzelhändler verstärkt ihre Waren. Dabei beginnt die Sicherung bereits bei der Zusammenarbeit mit dem Lieferanten. Lkw, Lieferwagen sowie Packstücke werden vom Lieferanten für den Transport verplombt. Nur der Empfänger selbst oder eine von ihm beauftragte Person hat einen Schlüssel zum Öffnen der **Plombe**. Stellt man bei der Anlieferung der Ware fest, dass die Plombe beschädigt ist, so kann man von einer Manipulation ausgehen. Für den Notfall, dass eine Plombe vom Empfänger nicht geöffnet werden kann, sollte der Fahrer mit einem versiegelten Umschlag ausgestattet werden, der einen Ersatzschlüssel zum Öffnen der Plombe enthält. Die Benutzung des Ersatzschlüssels muss vom Empfänger quittiert werden.

Die Ware sollte aber nicht nur auf dem Transport vor Diebstahl gesichert werden, sondern auch später im Geschäft. Dazu stehen dem Einzelhändler mechanische und elektronische Verfahren zur Warensicherung zur Verfügung.

▪ Mechanische Warensicherung

An der zu sichernden Ware werden **Farbetiketten** (Ink-Labels) angebracht. Im Inneren dieser Etiketten befinden sich mit Farbe gefüllte Patronen, die bei unsachgemäßer Entfernung aufbrechen und so den Artikel unbrauchbar machen. Farbetiketten werden häufig für Waren verwendet, die außerhalb des Verkaufsraums, z. B. im Eingangsbereich, angeboten werden. Dort dienen sie in erster Linie der Diebstahlabschreckung.

▪ Elektronische Warensicherung

Bei der elektronischen Artikelsicherung werden die Waren mit speziellen Sicherungsetiketten versehen. Nähert sich ein Kunde mit noch unbezahlter Ware einem Antennensystem im Ausgangsbereich, so erfolgt ein akustisches Warnsignal. Erst wenn die Sicherungsetiketten nach dem Bezahlen vom Personal deaktiviert oder entfernt werden, wird an der Schleuse am Ausgang kein Alarm mehr ausgelöst.

Oftmals werden solche Sicherungselemente schon bei der Produktion an das Produkt oder der Produktverpackung teilweise unsichtbar angebracht. In diesem Fall liegt eine sogenannte **Quellensicherung** vor. Weil so das nachträgliche Anbringen der Sicherungsetiketten im Geschäft entfällt, werden Quellensicherungen aus Kostengründen häufig bevorzugt.

Folgende **Warensicherungsetiketten** kommen für die elektronische Warensicherung zum Einsatz:

| Hart-Etiketten | Weit verbreitet ist die Warensicherung durch Hart-Etiketten, bei denen man eine Nadel in eine Manschette sticht. Die Nadel kann nur mithilfe eines speziellen Öffners an der Kasse wieder entfernt werden. Hart-Etiketten sind so robust, dass eine Entfernung per Hand nicht möglich ist. Sie eignen sich jedoch nicht zur Sicherung sämtlicher Waren. So sollten beispielsweise Hemden nicht damit gesichert werden, weil die Entsicherung nur schwierig zu bewerkstelligen ist. Ein Vorteil von Hart-Etiketten ist, dass sie wiederverwendbar sind. |  |

Weich-Etiketten	Um hochwertige Ware nicht unnötig durch die Nadeln von Hart-Etiketten zu beschädigen, verwendet man zunehmend Weich-Etiketten, die an unproblematischen Stellen (z.B. im Hemdkragen) angebracht werden und den Kunden nicht beim Anprobieren stören. Weich-Etiketten sind als Warensicherungen nicht oder nur schwer zu erkennen, weil sie mit einem verborgenen Chip ausgestattet sind. Sie dienen häufig zur Doppelsicherung in Verbindung mit Hartetiketten.	
Klebe-Etiketten	Sowohl zur Warensicherung als auch zur Preisauszeichnung kann man Klebe-Etiketten verwenden, die mit einem Bar-Code ausgestattet sind. Indem sie an der Kasse über einen Deaktivator gezogen werden, kann man die damit ausgestattete Ware leicht entsichern. Ihr Nachteil ist, dass sie nur einmal verwendbar sind.	

Bei besonders hochwertigen Artikeln und Ausstellungsstücken kommt eine weitere Methode der Warensicherung zum Einsatz. Die **Leinensicherung**, die sowohl mechanisch als auch elektronisch eingesetzt werden kann.

Mechanische Leinensicherung	Eine Leine – in Form eines Drahtseils – wird direkt an dem Produkt angebracht und verhindert einen möglichen Diebstahl. Der Kunde kann das Produkt aber immer noch in die Hand nehmen, betrachten und ausprobieren. Stellt er es zurück an seinen Platz, wird das Seil über einen Aufroller automatisch wieder eingerollt.	
Elektronische Leinensicherung	Ein Kabel wird mit dem Produkt und einem Signalgerät verbunden. Wird nun das Kabel durchtrennt oder der Sicherungssensor vom Produkt gelöst, ertönt ein akustisches Warnsignal. Ohne Alarm kann das Kabel nur vom Verkaufspersonal mit einem speziellen Schlüssel gelöst werden.	

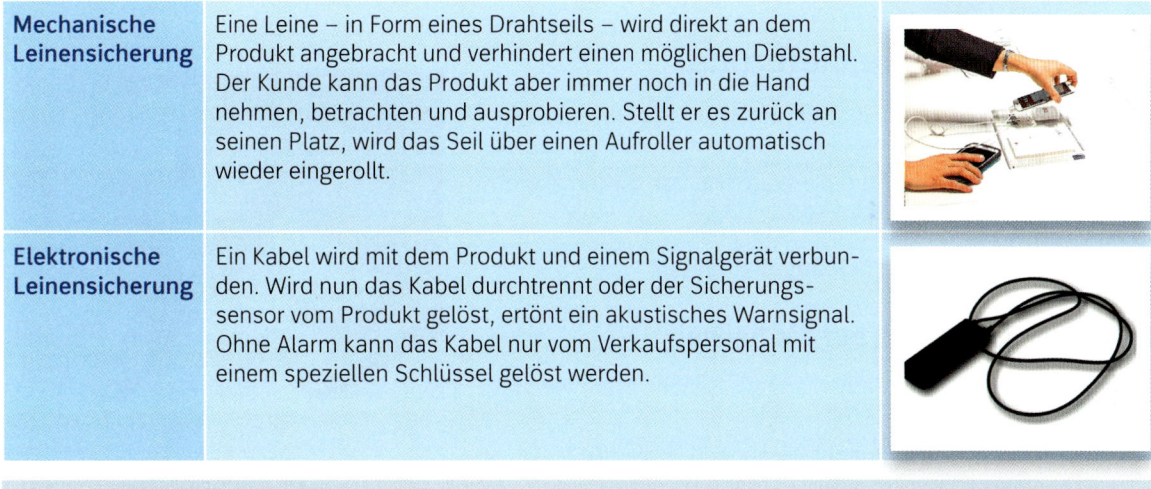

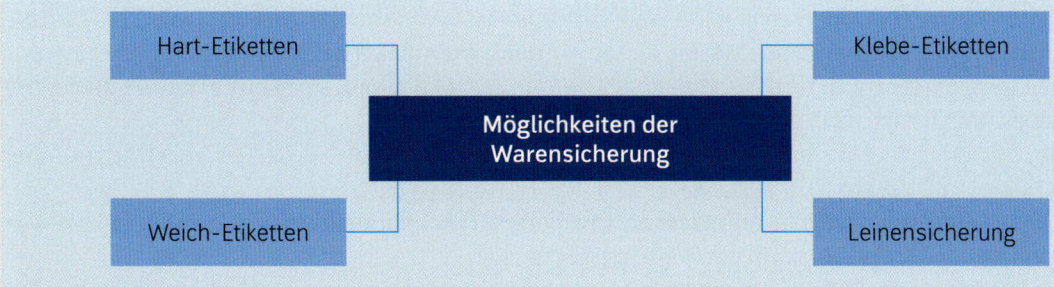

Hart-Etiketten — Klebe-Etiketten

Möglichkeiten der Warensicherung

Weich-Etiketten — Leinensicherung

1.9   Rechnungsprüfung

Die Rechnung für die gelieferten Waren trifft mit der Sendung oder kurze Zeit später mit gesonderter Post ein. Die Rechnung ist in zweierlei Hinsicht zu prüfen: Die **sachliche** Prüfung umfasst den Vergleich der eingegangenen Ware mit dem Angebot des Lieferanten und der Bestellung nach Art, Menge, Preis sowie Lieferungs- und Zahlungsbedingungen. Bei der **rechnerischen** Prüfung werden die Zahlen nachgerechnet.

Zusammenfassung

Wareneingang		
Wareneingangskontrolle:	1. Äußere Prüfung Sofortige Prüfung der Ware bei Anlieferung bezüglich: * Empfängeranschrift * Anzahl der Packstücke * äußerlich erkennbarer Schäden	2. Innere Prüfung Unverzügliche Prüfung der Ware bezüglich: * Art * Menge * Qualität * Beschaffenheit
Retouren:	Ware wird an den Lieferanten zurückgeschickt. Dazu wird ein Retourenschein ausgefüllt.	
Wareneingangserfassung:	Mit speziellen Barcode-Lesegeräten wird der Strichcode (GTIN) auf den Produkten oder Packstücken identifiziert und der Wareneingang im Warenwirtschaftssystem erfasst.	
Warenverräumung:	Die angelieferten Waren werden an den Verkaufs- oder Lagerort gebracht.	
RFID-Technik:	Vollautomatische Kontrolle des Warenflusses durch Funkidentifizierung.	
Warensicherung:	Vermeidung von diebstahlbedingten Warenverlusten: 1. Während der Lieferung durch Verplombung der Packstücke 2. Nach der Anlieferung durch * Farb-, Hart-, Weich- und Klebe-Etiketten * mechanische und elektronische Leinensicherung	

2   Mangelhafte Lieferung

Siehe auch Gewährleistungspflicht des Verkäufers Seite 226

2.1   Mängelarten

Der **Verkäufer** ist verpflichtet, die Ware **frei von Sachmängeln** und **Rechtsmängeln** bereitzustellen.

Es können drei verschiedene **Mängel** auftreten:

■ Mängel im Hinblick auf die Sache

* Mangel in der **Art** (Gattungsmangel): Falsche Ware wird geliefert.
* Mangel in der **Menge** (Quantitätsmangel): Es wurde zu wenig Ware geliefert.
* Mangel in der **Güte** (Qualitätsmangel): Die Ware hat nicht die zu erwartende Qualität.
  – Die **tatsächliche** Beschaffenheit weicht von der **vereinbarten Beschaffenheit** ab. Es fehlen zugesicherte Eigenschaften, z. B. ist ein Radträger auf der Anhängerkupplung als geeignet für drei Räder beschrieben, tatsächlich kann er aber nur zwei Räder tragen.
  – Die Beschaffenheit der Ware dient nicht dem **Zweck**, zu dem sie gekauft wurde. Es wird fehlerhafte oder verdorbene Ware geliefert.
* Mangel in der **Werbung**: Die gelieferte Ware entspricht nicht den Informationen in der Werbung, z. B verbraucht ein Pkw mehr Benzin, als in der Werbung angegeben.
* Mangel in der **Montage**: Der Verkäufer hat die Montage falsch durchgeführt.
* Mangel in der **Montageanleitung**: Die Montageanleitung ist so fehlerhaft, dass der Käufer die Sache nicht montieren kann oder fehlerhaft montiert.

Sachmangel: Die Ware besitzt bei der Übergabe nicht die vereinbarten Eigenschaften.

■ Mängel im Hinblick auf die Rechte

Manchmal liegt zwar kein Sachmangel vor, die Ware ist aber dennoch nicht mangelfrei. Dies ist immer dann der Fall, wenn außer dem Käufer und Verkäufer noch eine andere Person (ein „Dritter") Rechte gegenüber der Sache geltend machen kann. Es liegt dann ein sogenannter **Rechtsmangel** vor.

Dies ist zum Beispiel der Fall, wenn jemand eine gestohlene Sache kauft. Der tatsächliche Eigentümer kann seine Rechte geltend machen und die Sache zurückfordern. Der Käufer hat zu keinem Zeitpunkt das Eigentum erworben.

Rechtsmangel: Bei der Übergabe hat noch ein Dritter Rechte an der Ware.

■ Mängel im Hinblick auf die Erkennbarkeit

* **Offener Mangel:** Er ist sofort bei der Prüfung erkennbar.
* **Versteckter Mangel:** Er ist häufig erst später erkennbar, z. B. wenn die Ware benutzt wird.
* **Arglistig verschwiegener Mangel:** Der Mangel wird vom Lieferanten absichtlich verschwiegen, z. B., dass es sich bei dem Pkw um einen Unfallwagen handelt.

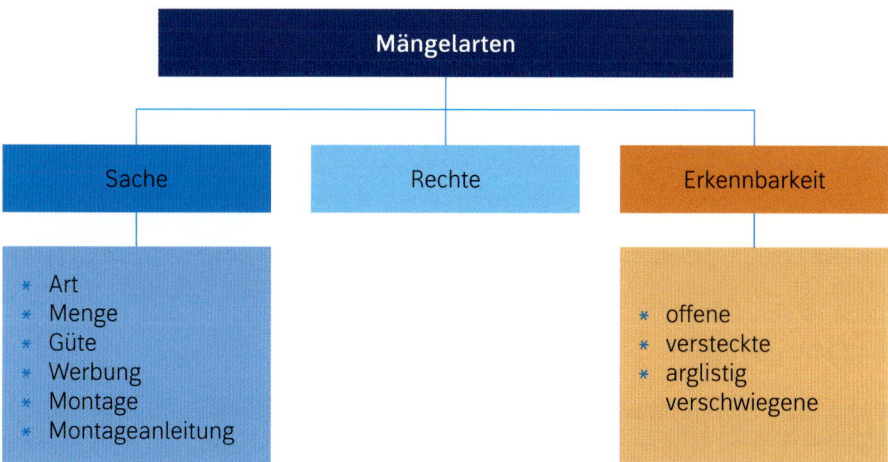

2.2 Mängelrüge

Allein das Vorhandensein eines Mangels reicht noch nicht aus. Der Verkäufer muss auf den Mangel hingewiesen werden, damit der Käufer seine Rechte geltend machen kann. Dafür hat der Käufer allerdings nur eine begrenzte Zeit, sonst verjähren seine Ansprüche. Ist die Frist ohne Mangelrüge abgelaufen, so können die Ansprüche nicht mehr durchgesetzt werden.

■ Rügefristen

Die Dauer der Rügefristen hängt von der Art des Mangels ab sowie davon, zwischen welchen Personen der Vertrag zustande kommt.

Zweiseitiger Handelskauf (Käufer und Verkäufer sind Kaufleute)

* **Offene Mängel:** Der Käufer hat die Ware **unverzüglich**, soweit dies nach ordnungsgemäßem Geschäftsgang möglich ist, auf Güte, Menge und Art zu **prüfen** und zu **rügen**.
* **Versteckte Mängel** muss der Käufer unverzüglich nach Entdeckung, aber innerhalb der gesetzlichen Gewährleistungspflicht von zwei Jahren rügen.

Wenn der Käufer **sofort bei der Übergabe** der Ware den Mangel feststellt, kann er die Annahme ablehnen. Falls er die Ware trotzdem annimmt, hat er sich die Rechte aus der Mängelrüge unverzüglich vorzubehalten. Er lässt sich dann z. B. auf seinem Lieferscheinexemplar den Schaden bestätigen und macht so deutlich, dass er die Ware nur unter Vorbehalt annimmt.

> **Unverzügliche Rüge**
>
> Der Mangel muss rechtzeitig, ohne schuldhaftes Zögern dem Verkäufer angezeigt werden. Im Regelfall gilt eine Frist von ein bis zwei Tagen.

Siehe auch Zweiseitiger Handelskauf Seite 50

Verbrauchsgüterkauf (Der Käufer ist Verbraucher, der Verkäufer ist Kaufmann/Kauffrau)

Bei **offenen und versteckten Mängeln** hat der Käufer eine Gewährleistungsfrist von zwei Jahren. In dieser Zeit muss er dem Käufer den Mangel anzeigen.

Können sich Käufer und Verkäufer bezüglich des Mangels nicht einigen, müssen sie ihre Ansprüche beweisen. Für die zweijährige Gewährleistungsfrist gilt folgende Regelung.

2 Jahre Gewährleistungsfrist	
6 Monate	**18 Monate**
* Wenn innerhalb der ersten **sechs Monate** ein **Sachmangel auftritt**, kann man unterstellen, dass der Mangel bereits bei der Übergabe vorhanden war (**Rückwirkungsvermutung**). * Der **Verkäufer** muss nun **nachweisen**, dass die Ware zum **Zeitpunkt der Übergabe mangelfrei** war (**Beweislastumkehr**). Er muss beweisen, dass der Fehler beim Einkauf des Kunden noch nicht einmal im Ansatz vorgelegen hat.	* In der restlichen Gewährleistungsfrist von **18 Monaten** muss der **Käufer** beweisen, dass die Ware bereits bei der Übergabe mit Mängeln behaftet war. * Der Käufer trägt die Beweislast.

* Bei **gebrauchten Waren** kann die Gewährleistungsfrist auf mindestens **ein Jahr** gekürzt werden.
* Bei **arglistig verschwiegenen Mängeln** gilt eine Verjährungsfrist von **drei Jahren**. Die Verjährungsfrist beginnt mit dem Ende des Jahres, in dem der Käufer den Mangel entdeckt hat.
* Verweigert der Verkäufer die Mängelrüge des Verbrauchers, so muss er beweisen, dass der Verbraucher die Ware beschädigt hat. Um sicherzugehen, sollte jeder Käufer, also auch eine Privatperson, einen Mangel unverzüglich rügen. Unterlässt der Käufer die Mängelrüge, so gilt die Ware als genehmigt.

Rügefristen und Mängelrüge

	Rügefrist für offene Mängel	Rügefrist für versteckte Mängel	Rügefrist für arglistig verschwiegene Mängel
Käufer und Verkäufer sind Kaufleute (zweiseitiger Handelskauf, § 377 HGB)	unverzüglich (d. h. ohne schuldhaftes Zögern)	unverzüglich nach Entdeckung, spätestens innerhalb von zwei Jahren	innerhalb von drei Jahren nach der Entdeckung des Mangels (Beginn am Ende des Jahres)
Verbrauchsgüterkauf (einseitiger Handelskauf) oder beide sind Privatleute (§§ 474–477 BGB)	innerhalb von zwei Jahren nach Lieferung		innerhalb von drei Jahren nach der Entdeckung des Mangels (Beginn am Ende des Jahres)

▪ Form der Mängelrüge

Die **Mängelrüge** kann **formlos** erteilt werden. Üblich ist allerdings im kaufmännischen Bereich **aus Beweisgründen** die **Schriftform**. In der Mängelrüge muss der **Fehler** genau **beschrieben** werden. Die Verärgerung über die mangelhafte Ausführung der Bestellung sollte den Tonfall des Briefs nicht beeinträchtigen.

Möglicher Aufbau einer Mängelrüge:
* Wareneingang und Warenprüfung bestätigen
* Mangel genau beschreiben
* um Stellungnahme bitten bzw. sein Recht geltend machen (einfordern)

▪ Herstellerregress (Unternehmerrückgriff)

Hat nun ein Händler als **Letztverkäufer** vom Verbraucher die Ware wegen eines Mangels zurückgenommen, dann hat er die Möglichkeit, die gleichen Rechte aus der Mängelrüge **gegenüber seinem Lieferanten** wahrzunehmen. Der Mangel muss allerdings schon bei der Übergabe vom Hersteller zum Händler vorhanden gewesen sein.

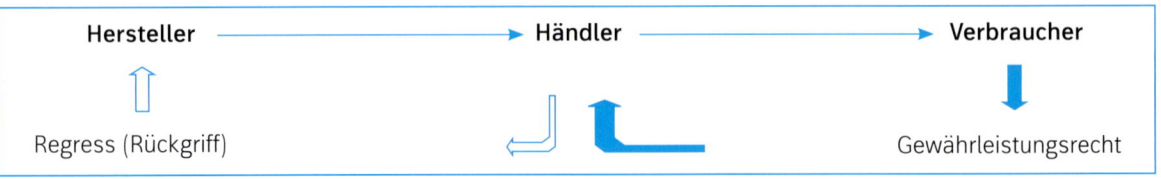

2.3 Die Rechte des Käufers bei Sach- und Rechtsmängeln

Wenn ein Sach- oder Rechtsmangel vorliegt, hat der Käufer in zwei Stufen folgende Rechte:

gesetzliche Gewährleistungsansprüche

Stufe 1 vorrangige Rechte	**Nacherfüllung:** Der Käufer kann in dieser ersten Stufe die Nacherfüllung verlangen. Dabei hat er ein Wahlrecht zwischen: * **Nachbesserung:** Er kann die Reparatur der Ware fordern. * **Ersatzlieferung:** Der Käufer kann eine mangelfreie Ware bzw. Nachlieferung der fehlenden Ware beanspruchen.

Der **Verkäufer** kann die **Nachbesserung verweigern**, wenn damit unverhältnismäßig hohe Kosten verbunden sind, wenn also z. B. die Reparatur eines Haartrockners 30,00 € kosten würde und der Kaufpreis lediglich 20,00 € beträgt.

Mit der Nacherfüllung verbundene **Aufwendungen** (z. B. Transport-, Wege-, Arbeits- und Materialkosten) muss der Verkäufer tragen.

Der Käufer braucht nur **zwei Nachbesserungen** zu akzeptieren. Bei einer Ersatzlieferung ist dem Käufer nur ein Versuch zumutbar.

maximal zwei Nachbesserungsversuche

Hat die Nacherfüllung keinen Erfolg, tritt die Stufe 2 in Kraft.

Stufe 2 nachrangige Rechte	In dieser Stufe hat der Käufer folgende Rechte:
	* **Rücktritt vom Kaufvertrag**
	  Der Käufer kann wegen eines Mangels **vom Kaufvertrag zurücktreten** und erhält, falls die Ware schon bezahlt ist, den Kaufpreis erstattet. Er kann auch eine Gutschrift annehmen.
	* **Minderung** (Herabsetzung des Kaufpreises)
	  Wenn der Käufer die fehlerhafte Ware noch verwenden kann, ist durch eine **Einigung** mit dem Verkäufer auch eine angemessene **Preisminderung** möglich.
	* **Schadenersatz**
	  Der Käufer kann zusätzlich Schadenersatz verlangen, sofern folgende Voraussetzungen vorliegen:
	  – Der Verkäufer muss schuldhaft gehandelt haben (liegt ein Sach- oder Rechtsmangel vor, ist das schon ein schuldhaftes Handeln).
	  – Der Käufer hat eine angemessene Frist zur Nacherfüllung gesetzt, und die Frist ist abgelaufen.
	  Man unterscheidet **zwei Arten** von Schadenersatz:
	  – Schadenersatz **neben Erfüllung** (kleiner Schadenersatz):
	    Der Käufer kann neben der Lieferung der Ware auch verlangen, dass ihm die Kosten für die Eigenleistung erstattet werden, um den Mangel zu beseitigen.
	  – Schadenersatz **anstelle der Lieferung** (großer Schadenersatz):
	    Hierbei kann der Käufer vom Kaufvertrag zurücktreten und Schadenersatz verlangen. Hat der Verkäufer aber schon Teilleistungen erbracht, so muss der Käufer diese zurückgeben.
	* **Ersatz vergeblicher Aufwendungen**
	  Der Käufer kann auf den Schadenersatz verzichten und dafür den Ersatz seiner vergeblichen Aufwendungen verlangen. Beispiel: Ein Einzelhändler hat für den Einbau eines Wasserspenders für Kunden Vorarbeiten in Auftrag gegeben. Der gelieferte Wasserspender ist zweimal vergeblich repariert worden. Nun kann der Einzelhändler den Ersatz für die Vorarbeiten verlangen.

In folgenden Fällen kennt das Gesetz **keine Gewährleistungsansprüche:**
* Der Mangel ist **unerheblich**.
* Der **Käufer** nimmt die Ware **trotz Kenntnis** des Mangels ohne Vorbehalt an und rügt den Mangel nicht, weil es sich z.B. schon um preisreduzierte Artikel handelt.
* Die Ware wurde auf einer **öffentlichen Versteigerung** gekauft.

■ Auswirkungen einer Garantie

Siehe auch
Unterscheidung
Gewährleistung –
Garantie Seite 226

Gibt der Verkäufer eine über die gesetzliche Gewährleistungspflicht von zwei Jahren hinausgehende Garantie, z. B. von fünf Jahren, so gelten die Rechte, die in der Garantieerklärung aufgeführt sind. Die Garantie des Verkäufers kann durch eine Werbeaussage oder durch einen Aufdruck auf der Verpackung des Produkts abgegeben werden. Diese Garantie bezieht sich z. B. auf die Beschaffenheit oder Haltbarkeit einer Ware.

Die Garantie kann auch direkt vom Hersteller gegenüber dem Käufer abgegeben werden.

Beispiel   Ein Küchenhersteller gibt eine Garantie von fünf Jahren auf alle Elektrogeräte.

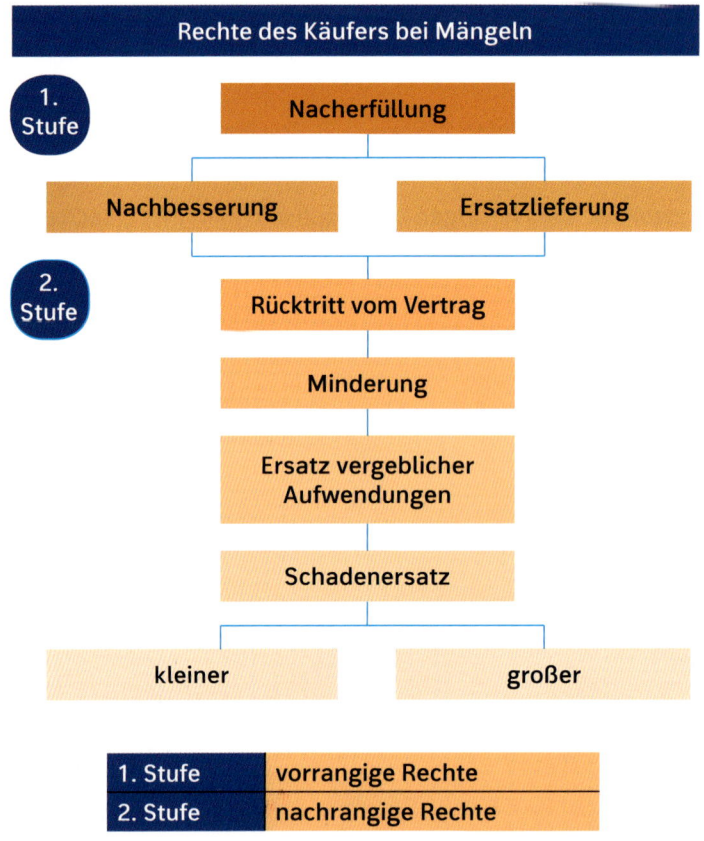

Rechte des Käufers bei Mängeln	
1. Stufe	**Nacherfüllung**
	Nachbesserung **Ersatzlieferung**
2. Stufe	**Rücktritt vom Vertrag**
	Minderung
	Ersatz vergeblicher Aufwendungen
	Schadenersatz
	kleiner großer

1. Stufe	vorrangige Rechte
2. Stufe	nachrangige Rechte

Zusammenfassung

Mangelhafte Lieferung			
Mängelarten:	Sachmangel Der Ware fehlen vereinbarte Eigenschaften bezüglich: ∗ Art ∗ Menge ∗ Güte ∗ Werbung ∗ Montage ∗ Montageanleitung		Rechtsmangel An der Ware kann ein Dritter Rechte geltend machen.
Erkennbarkeit der Sachmängel:	offener Mangel	versteckter Mangel	arglistig verschwiegener Mangel
Rügefristen beim zweiseitigen Handelskauf:	unverzüglich	unverzüglich nach Entdecken	innerhalb von drei Jahren nach Entdecken (Beginn: Ende des Jahres)
Rügefristen beim Verbrauchsgüterkauf:	zwei Jahre		
Rechte des Käufers:	1. Stufe ∗ Nachbesserung ∗ Ersatzlieferung	2. Stufe ∗ Rücktritt vom Vertrag ∗ Minderung ∗ Ersatz vergeblicher Aufwendungen ∗ Schadenersatz	

3 Lieferungsverzug

3.1 Voraussetzungen für den Lieferungsverzug

Ein **Lieferer** gerät in Lieferverzug, wenn er **nicht** oder **nicht rechtzeitig** liefert. Außerdem muss ein **Verschulden** des Lieferanten vorliegen. Manchmal muss der Käufer den Lieferer zusätzlich noch **mahnen**.

■ Fälligkeit

Die Lieferung muss fällig sein. Hierbei ist zu unterscheiden:

* Es wurde **kein Liefertermin vereinbart**. Die Lieferung ist sofort nach Vertragsabschluss fällig. Der Verkäufer ist in diesem Falle verpflichtet, unverzüglich zu liefern.
* Der vereinbarte Liefertermin ist **kalendermäßig bestimmt** oder **bestimmbar**.

> **Beispiele**
> – Lieferung am 30.04.20(0)
> – Lieferung spätestens 10 Tage nach Neujahr

Die **Lieferung** ist nach Ablauf des vereinbarten Termins fällig.

* Es wurde ein Liefertermin vereinbart, der **kalendermäßig nicht bestimmt** werden kann.

> **Beispiele**
> – Lieferung sofort
> – Lieferung so bald wie möglich
> – Lieferung ab März

Die Lieferung ist fällig nachdem sie durch den Käufer angemahnt wurde.

■ Verschulden

Es liegt ein Verschulden des Lieferers vor. Er hat zu spät geliefert und nicht so sorgfältig wie erforderlich gehandelt.

> **Beispiele**
> * Der Lieferer überwacht die Liefertermine nicht sorgfältig genug (fahrlässiges Handeln).
> * Er liefert bewusst ein Einzelstück an einen anderen Kunden, weil dieser für das Produkt einen höheren Preis bezahlt (vorsätzliches Handeln).

■ Mahnung

Hat der Lieferer die fällige Ware nicht geliefert, muss der Käufer ihn in Form einer Mahnung daran erinnern. Mit der Mahnung wird der Lieferer zur Lieferung aufgefordert. Ihm wird dazu eine angemessene Nachfrist gesetzt, um die Lieferung vorzunehmen. Grundsätzlich kann die Mahnung formfrei erfolgen. Zur späteren Beweissicherung ist es allerdings ratsam, die Mahnung schriftlich abzugeben.

In folgenden Fällen kann auf eine Mahnung verzichtet werden:
* Der Liefertermin ist kalendermäßig bestimmt oder bestimmbar.
* Der Lieferer verweigert die Lieferung ausdrücklich (**Selbstinverzugsetzung**).

> **Beispiel**
> Der Lieferer verweigert die Lieferung endgültig, weil er die Ware lieber an einen anderen Kunden ausliefert.

* Der Käufer hat kein Interesse mehr an der Lieferung, weil der Zweck des Kaufes durch den Lieferverzug weggefallen ist (**Zweckkauf**).

> **Beispiel**
> Die bisher nicht gelieferte Ware war für eine bestimmte Verkaufsaktion geplant, die jetzt schon wieder beendet ist.

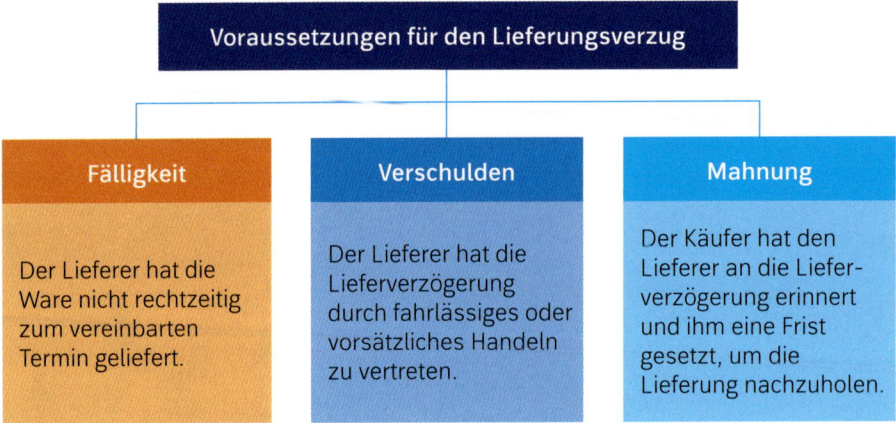

3.2   Rechte des Käufers

Ist der Lieferer in Verzug, so kann der Käufer wahlweise verschiedene Rechte beanspruchen:

* Er kann auf **Lieferung**, d.h. auf **Erfüllung des Vertrages** bestehen.
* Er kann auf **Lieferung** bestehen und **Schadenersatz wegen Verzögerung** geltend machen (Ersatz des **Verzögerungsschadens**).

Beispiel

Ein Lieferer kann den vereinbarten Liefertermin für Prospektware nicht einhalten. Der Prospekt wird daraufhin eine Woche später herausgegeben. Allerdings ist ein Neudruck des Prospekts notwendig. Dem Lieferanten werden die Kosten für den Neudruck berechnet.

* Er kann die Lieferung ablehnen und vom **Vertrag zurücktreten**. Dieses Recht wird der Käufer vor allem dann in Anspruch nehmen, wenn er die Ware bei einem anderen Lieferer preisgünstiger erwerben kann. Es erfordert allerdings, dass der Lieferer gemahnt und ihm eine Nachfrist gesetzt wird. Dabei ist ihm die Ablehnung der Lieferung anzudrohen.
* Er kann die Lieferung ablehnen, vom **Vertrag zurücktreten** und/oder **Schadenersatz anstelle der Leistung (Nichterfüllungsschaden)** verlangen. Auch in diesem Fall ist eine Mahnung (mit Androhung der Ablehnung) einschließlich **Nachfristsetzung** erforderlich. Rücktritt und Schadenersatz kann der Käufer nach seiner Wahl auch zusammen geltend machen.

> Eine Mahnung und Nachfristsetzung ist nicht erforderlich, wenn
> – die Lieferung kalendermäßig bestimmt ist,
> – der Verkäufer die Lieferung verweigert (Selbstinverzugsetzung) oder
> – der Zweck des Kaufes weggefallen ist (Zweckkauf).

Beispiel

Die Prospektware wird unbedingt zum vereinbarten Termin benötigt. Der Einzelhändler kauft die Ware daher bei einem anderen Lieferanten, allerdings zu einem höheren Preis (Deckungskauf). Die höheren Kosten werden dem ersten Lieferer in Rechnung gestellt.

Will man Streitigkeiten über die Höhe des Schadenersatz vermeiden, so empfiehlt es sich, eine Konventionalstrafe zu vereinbaren. Dabei handelt es sich um eine fest zugesagte Geldsumme, die fällig wird, wenn eine vertragliche Verpflichtung nicht eingehalten wird.

Beispiel

Ein Einzelhändler bestellt anlässlich der Neueröffnung seines Geschäfts Fliesen für den Eingangsbereich. Er vereinbart mit dem Handwerksbetrieb eine Vertragsstrafe von 1 000,00 € für jeden Tag, um den der festgelegte Liefertermin überschritten wird.

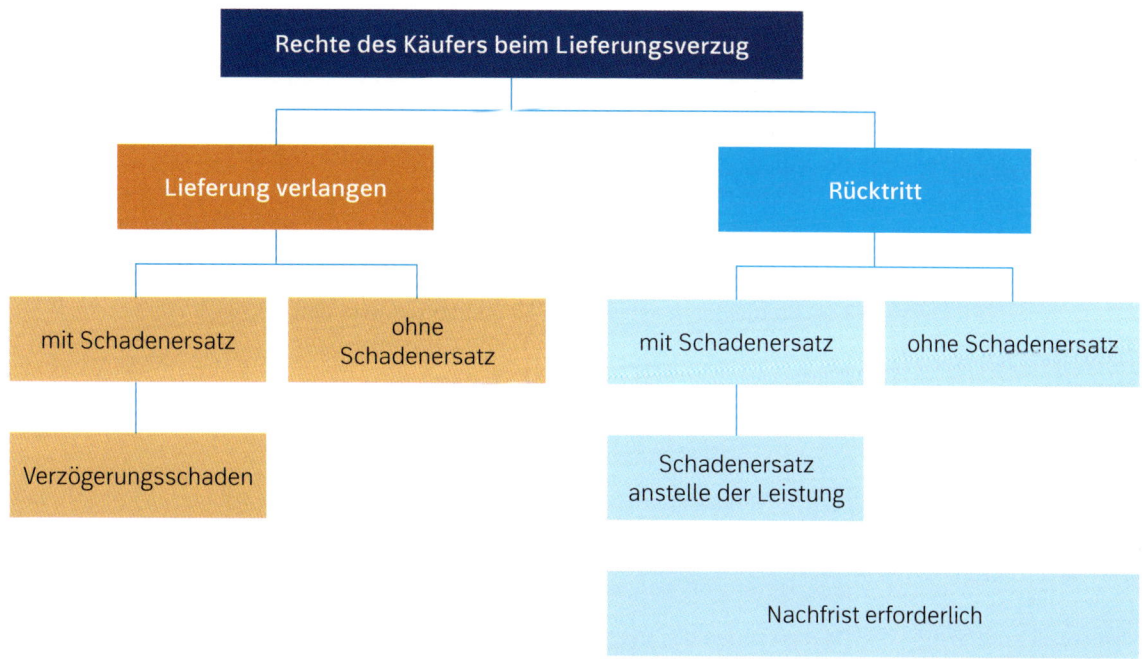

Rechte des Käufers beim Lieferungsverzug

Lieferung verlangen — Rücktritt

mit Schadenersatz — ohne Schadenersatz | mit Schadenersatz — ohne Schadenersatz

Verzögerungsschaden

Schadenersatz anstelle der Leistung

Nachfrist erforderlich

Zusammenfassung

Lieferungsverzug	
Voraussetzungen:	* Die Lieferung ist fällig. * Der Lieferer handelt schuldhaft. * Der Käufer hat die Lieferung angemahnt.
Verzicht auf die Mahnung:	Die Mahnung kann entfallen, wenn: * der Liefertermin kalendermäßig bestimmt oder bestimmbar ist, * der Lieferer die Lieferung verweigert (Selbstinverzugsetzung), * der Zweck des Kaufes nicht mehr vorliegt (Zweckkauf).
Rechte des Käufers:	* Lieferung verlangen (mit oder ohne Schadenersatz) * Rücktritt vom Vertrag (mit oder ohne Schadenersatz)

4   Lagerplanung und Lagereinrichtung

4.1   Aufgaben des Lagers

Beispiele

Siehe auch Zeitausgleichsfunktion und Mengenausgleichsfunktion in „Aufgaben des Einzelhandels" Lernfeld 1

* In einem Baumarkt trifft Aktionsware für die Prospektwerbung der nächsten Woche ein. Die Produkte werden zunächst eingelagert.
* Ein Textilfachgeschäft lagert die eintreffende neue Frühjahrsware so lange ein, bis die erste Winterschlussverkaufswoche beendet ist.
* Die nicht verkauften Weihnachtsartikel werden bis zum Beginn des nächsten Adventgeschäfts ins Lager gebracht.
* In der Getränkeabteilung eines Supermarktes werden zahlreiche Getränkekisten in langer Reihe aufgebaut.

Diese Beispiele zeigen, dass Einzelhandelsgeschäfte Waren lagern müssen, weil zwischen der Beschaffung und dem Absatz von Waren im Regelfall eine gewisse Zeit verstreicht. Nur in Ausnahmefällen werden Waren für einen Kunden direkt bestellt.

Das Lager eines Einzelhandelsgeschäfts hat vor allem folgende Aufgaben:

Aufgaben	Beschreibung
Verkaufsbereitschaft sichern	Der Kundenzustrom und die Nachfrage der Kunden können nur geschätzt werden. Nachfrageschwankungen sind typisch für den Einzelhandel. Damit der Kunde jederzeit die gewünschten Produkte vorfindet, ist ein gewisser Vorrat an Waren unumgänglich. Dies ist auch notwendig, weil bei der Beschaffung von Waren Schwierigkeiten auftreten können, z. B. durch Lieferverzögerungen, Fehllieferungen, Produktionsengpässe und Fehldispositionen des Einzelhändlers.
Preiswürdigkeit signalisieren	Kunden schätzen Geschäfte mit intensiver Auswahl. Auch große Mengen einzelner Produkte (z. B. die Konservenpyramide, Getränkeaufbauten, Waren in loser Schüttung) sind in den Augen des Konsumenten positiv, weil er das Massenangebot mit niedrigen Preisen gleichsetzt.
Mengenvorteile beim Einkauf nutzen	Mit zunehmender Bestellmenge gewähren Lieferanten gewöhnlich Mengenrabatte und andere Einkaufsvorteile (z. B. die Übernahme der Beförderungskosten). Ein Großeinkauf lohnt sich, wenn der Preisvorteil höher liegt als die Kosten, die durch die Lagerung der eingekauften Waren entstehen.
Waren verkaufsfertig machen	Häufig können die angelieferten Waren nicht sofort in die Warenträger eingeräumt werden, weil sie noch für den Verkauf vorbereitet werden müssen. Im (Reserve-)Lager kann dies oft ungestörter geschehen als im Verkaufsraum.

Beispiele

Tätigkeiten mit dem Ziel, Waren verkaufsfertig zu machen:
* Textilien aufbügeln,
* importierte Fahrräder zusammenbauen,
* Waren dekorieren und mit Preisen auszeichnen,
* Obst lagern, bis es reif ist.

4.2 Lagerarten

Einzelhandelsbetriebe verfügen gewöhnlich über zwei Arten von Lagern. Nach der ihnen zugeordneten **Funktion** lassen sich folgende Lager unterscheiden:

■ Verkaufslager

Der Einzelhändler bietet seinen Kunden die Waren im Verkaufsraum an. Die attraktive Darbietung der Produkte ist mitentscheidend für den Verkaufserfolg des Geschäftes, vor allem, wenn die Waren in Selbst- oder Vorwahl angeboten werden. Da die Produkte letztlich auch im Verkaufsraum gelagert werden, spricht man vom „Verkaufslager". In manchen Branchen oder in kleineren Geschäften befindet sich häufig das gesamte Sortiment im Verkaufsraum oder im Schaufenster, z. B. in Uhren-/Schmuckgeschäften.

 **Verkaufslager: Die Ware befindet sich im Verkaufsraum, wo sie auch den Kunden angeboten wird.**

■ Reservelager

Die meisten Einzelhandelsgeschäfte haben in unmittelbarer Nähe des Verkaufsraums noch ein Reservelager. Es dient unterschiedlichen Zwecken:
* Mit Produkten aus dem Reservelager werden Waren im Verkaufsraum ergänzt.
* Noch nicht verkaufsfertige Ware wird zwischengelagert.
* Zurzeit nicht benötigte Saisonware, Extrabestellungen von Kunden, zurückgelegte Ware für die Auslieferung an Kunden, bestimmte Produkte usw. werden im Reservelager untergebracht.

Reservelager: Die Ware befindet sich an einem vom Verkaufsraum getrennten Platz, der für die Kunden nicht zugänglich ist.

Außerdem gibt es verschiedene Bauarten von Lagern. Dabei ist allerdings zu beachten, dass die Qualität der gelagerten Waren nicht unter den baulichen Gegebenheiten leiden darf. Deutlich wird das anhand von Beispielen aus dem Baumarktbereich. Nach der **Bauart** sind Lager aufzuteilen in:

Bauarten	Beschreibung
Offene Lager	Eingezäunte Plätze, auf denen die Waren den Witterungseinflüssen schutzlos ausgesetzt sind. *Beispiele* Lagerung von Granitplatten, Pflastersteinen, Blumenerde in Säcken
Halboffene Lager	Überdachte Flächen, die den Waren ein höheres Maß an Schutz bieten. Sind die Waren entsprechend verpackt, so ist mit einer Qualitätsbeeinträchtigung nicht zu rechnen. *Beispiele* Lagerung von Holzzäunen, Sichtschutzmatten aus Schilfrohr, Gartenpflanzen
Geschlossene Lager	Komplette Gebäude, die in der Regel für die Lagerung der entsprechenden Waren zweckmäßig eingerichtet sind. *Beispiele* Lagerung von Tapeten, Teppichböden, Werkzeugen, Zimmerpflanzen
Speziallager	Lager, die in ihrer Bauart speziell auf bestimmte Waren und deren besonderen Eigenschaften ausgerichtet sind. *Beispiel* Gasflaschencontainer aus einer stabilen, feuerverzinkten Rahmenkonstruktion, witterungsgeschützt und diebstahlsicher durch abschließbare Flügeltore

4.3 Lagerplanung

In der Lagerplanung wird die Struktur des Lagers festgelegt. Das wichtigste Ziel dabei ist, einen optimalen Warenstrom zu gewährleisten. Die Waren sollten reibungslos angenommen und erfasst werden, artgerecht gelagert und bedarfsgerecht in den Verkaufsraum transportiert werden. Zu berücksichtigen ist ferner eine Vielzahl von Vorschriften – etwa im Bereich des Brandschutzes – die unbedingt eingehalten werden müssen. Damit dies alles gelingt, und nicht nachträglich teure bauliche Veränderungen notwendig werden, sind Fachleute einzubeziehen, z. B. speziell ausgebildete Lagerplaner und Architekten.

Folgende Fragen sind im Rahmen der Lagerplanung zu beantworten:

* Welche **Lagergröße** soll gewählt werden, damit das Lager seinen Aufgaben gerecht werden kann?
* In welche **Lagerzonen** ist das Lager aufzuteilen?
* Welche **Lagertechnik** soll zum Einsatz kommen?

■ Lagergröße

Das Lager muss so groß sein, dass es in erster Linie die Verkaufsbereitschaft des Einzelhändlers sichert. Drei Punkte sind hierbei zu beachten:

Einfluss auf die Lagergröße haben ...	Begründung
... die Warenart	Ein Schuhgeschäft, in dem die rechten Schuhe eines Paars im Verkaufslager und die zugehörigen linken Schuhe im Reservelager untergebracht sind, benötigt oft nur ein kleines Reservelager, weil Schuhe wenig Platz einnehmen. Ganz anders stellt sich die Situation in einem Möbelgeschäft dar: Die Produkte sind oft sehr groß und leicht zu beschädigen, wenn sie bewegt werden. Daher benötigen Möbel ein geräumiges Lager.
... die Absatzmenge der Waren	Es ist ein Unterschied, ob ein Elektrofachgeschäft im Durchschnitt alle drei Tage einen LED-Fernseher verkauft oder ein Elektrofachmarkt täglich 15 dieser Geräte absetzt. Die erforderliche Lagerkapazität des Elektrofachmarkts ist um ein Vielfaches größer.

Einfluss auf die Lagergröße haben …	Begründung
… die Lieferzeit der Waren	Die Beschaffungszeit der Waren beeinflusst maßgeblich die Lagergröße. Beträgt die Lieferzeit mehrere Wochen statt einiger Tage, muss eine größere Anzahl an Waren vorrätig gehalten werden. Nur so ist gewährleistet, dass der Kunde jederzeit die gewünschten Produkte vorfindet. Sind Nachfrageschwankungen bei kürzeren Lieferzeiten über eine flexible Bestellung auszugleichen, so gelingt dies bei längeren Lieferzeiten nur durch größere Lagerhaltung.

■ Lagerzonen

Grundsätzlich besteht ein Lager aus drei unterschiedlichen Bereichen. Die einzelnen Lagerzonen erfüllen dabei verschiedene Funktionen innerhalb des Lagerungsprozesses.

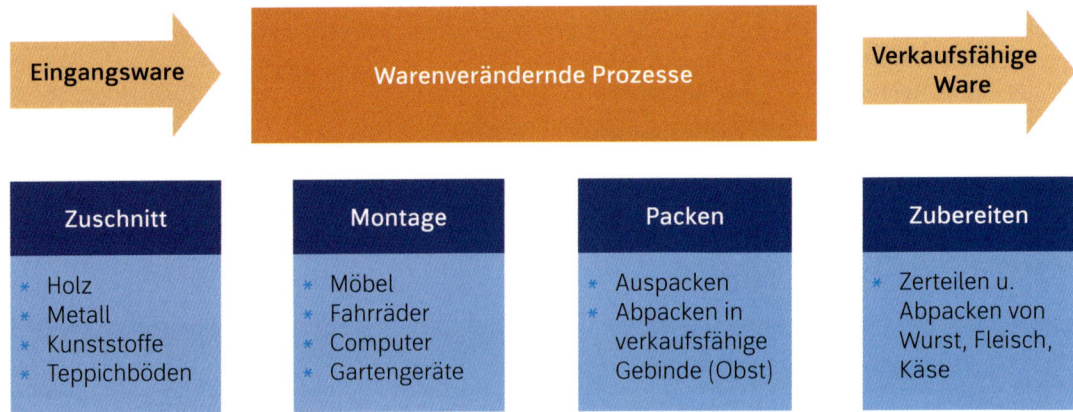

* In der Verladezone befindet sich die Andockstelle für Lkws. Hier werden die angelieferten Waren angenommen, identifiziert, kontrolliert und eingebucht. Für die Abwicklung der Formalitäten mit dem Lkw-Fahrer sowie die Erfassung der Eingangswaren in das Warenwirtschaftssystem gibt es in diesem Bereich häufig einen abgetrennten Raum, der entsprechend eingerichtet ist. Die Verladezone bietet oftmals noch die Möglichkeit, Warenretouren oder Packmittel, wie z. B. Paletten, bereitzustellen, die zum Lieferanten zurückgeschickt werden sollen.
* Das Lagervorfeld befindet sich vor dem eigentlichen Lagerbereich. Ist es erforderlich, die Eingangswaren erst zu bearbeiten, um sie verkaufsfähig zu machen, so kann es dort geschehen.

Verkaufsvorbereitung von Waren

Eingangsware → Warenverändernde Prozesse → Verkaufsfähige Ware

Zuschnitt	Montage	Packen	Zubereiten
* Holz * Metall * Kunststoffe * Teppichböden	* Möbel * Fahrräder * Computer * Gartengeräte	* Auspacken * Abpacken in verkaufsfähige Gebinde (Obst)	* Zerteilen u. Abpacken von Wurst, Fleisch, Käse

* Der **Lagerkern** nimmt die Waren auf, die nicht sofort in den Verkaufsraum gelangen. Der häufigste Grund dafür ist, dass der Warenbestand im Verkaufsraum ausreicht und ein „Nachpacken" noch nicht erforderlich ist. Es kann sich aber auch um Aktionswaren handeln, die erst in Verbindung mit einer zukünftigen Werbemaßnahme angeboten werden. Genauso ist es möglich, dass nach einer Werbeaktion nicht verkaufte Bestände wieder zurück in das Hauptlager wandern, um sie zu einem späteren Zeitpunkt nochmals anzubieten. Außerdem verbringen Saisonwaren, deren Verkauf auf einen bestimmten Zeitraum beschränkt ist, oftmals den Rest des Jahres im Hauptlager.

Anhand eines Beispiels soll die typische Aufteilung eines Lagers mit den Funktionen der einzelnen Zonen dargestellt werden. Der Bauplan zeigt das Lager eines Lebensmittelmarktes.

Vom Lkw ins Lager

Die Fahrer der Lkws, die die Waren anliefern, müssen gut einparken können. Rückwärts fahren sie die Andockstelle ① an, damit der Wagen direkt geleert werden kann. Die Wareneingangstore sollten 2,5 bis 3,0 m breit und 3,0 m hoch sein. Damit die Ware und natürlich auch die Mitarbeiter vor Wind und Wetter geschützt sind, hat die Andockstelle häufig ein Vordach. Eine Rampe vereinfacht das Ausladen, gerade auch bei Lkws ohne Ladebühne.

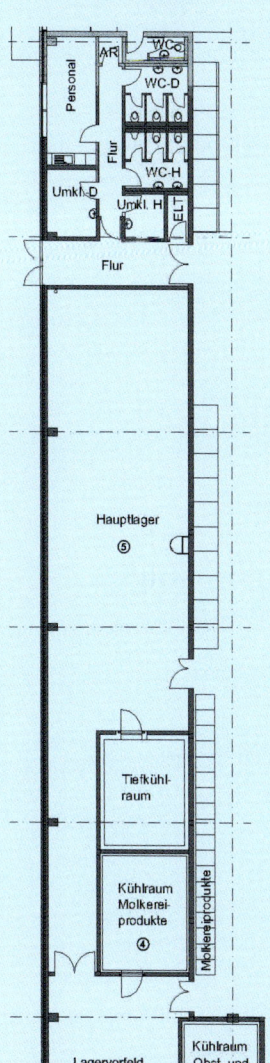

Über die Andockstelle wird der Lkw komplett ausgeladen. Verpackungsmaterial wie Pappe, Papier, Holz oder Folien kann direkt im nebenstehenden Press-Container gesammelt werden.

Die Ware kommt vom Lkw zunächst in das Lagervorfeld ②. Von dort bringen die Mitarbeiter sie entweder direkt in den Verkaufsraum oder in das Hauptlager. Obst und Gemüse werden bei einer Temperatur von 8–10 Grad Celsius in einem eigenen Kühlhaus ③ aufbewahrt. Für Molkereiprodukte gibt es ebenfalls einen separaten Kühlraum ④ mit einer Temperatur von 4 Grad Celsius.

Auch Nacht- oder Frühanlieferung ist möglich. Die Lieferanten haben allerdings nur Zugang zum Lagervorfeld bzw. zu den Kühlräumen und deponieren die Waren entsprechend. Das Hauptlager ⑤ ist nachts verschlossen und durch Alarmanlagen gesichert.

Fleisch wird über einen gesonderten Zugang ⑥ angeliefert. Gibt es den nicht, muss das Lagervorfeld zusätzliche hygienische Auflagen erfüllen und z. B. mit gefliesten Böden und Wänden ausgestattet sein. In der Regel läuft die Fleischanlieferung allerdings nach folgendem Schema: Vom Lkw kommt das Fleisch in die sogenannte „Schleuse" ⑦. Dort entfernen die Mitarbeiter zunächst aus hygienischen Gründen sämtliche Umverpackungen wie Plastikkisten oder Kartons. Von der Schleuse geht es weiter in den „Fleischauffangraum" ⑧, wo die Ware bearbeitet, zerlegt und zerteilt wird. Das Fleisch kommt von dort entweder in den Verkaufsraum oder wird in einem Kühlhaus ⑨ bei 2–4 Grad Celsius deponiert. Nassmüll (Fleischabfälle) ist ebenfalls im Kühlraum in einer geschlossenen Box bis zur Entsorgung aufzubewahren. Geflügel wird aus hygienischen Gründen grundsätzlich separat im Packraum ⑩ verarbeitet und auch in einem eigenen Kühlraum ⑪ gelagert.

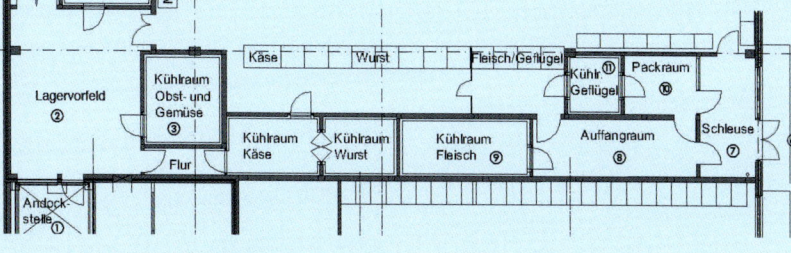

■ Lagertechnik

Mit der Planung der Lagertechnik wird die Art und Weise festgelegt, in der die Waren gelagert werden sollen. Zunächst ist die grundsätzliche Entscheidung zu treffen, ob die Ware überhaupt in Regalen gelagert werden soll.

* Die **Bodenlagerung** kommt ohne Regale aus. Die Waren werden direkt auf dem Boden abgelegt. Entsprechend der Anordnung wird zwischen Blocklagerung und Zeilenlagerung unterschieden.

Bei der **Bodenblocklagerung** werden einzelne Güter übereinandergestapelt und die Stapel zu Blöcken zusammengefasst. So werden z. B. Bierkästen häufig auf diese Art gelagert. Der Zugriff auf die Waren ist hierbei allerdings eingeschränkt.

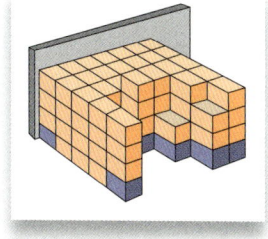

Bodenblocklagerung

Es kann immer nur die oberste Palette des vordersten Stapels entnommen werden. Wenn sich also in den Bierkästen nur eine Sorte Bier befindet, ist die Blocklagerung geeignet.

Sollen die Zugriffsmöglichkeiten vielfältiger sein, z. B. bei Bierkästen unterschiedlicher Sorten, so bietet sich das **Bodenzeilenlager** an. Auch hierbei werden die Waren übereinander gestapelt. Dann werden die Stapel allerdings in Zeilen angeordnet. Die so entstehenden Gänge zwischen den Zeilen ermöglichen einen beliebigen Zugriff auf mehrere Lagergüter. Immer wenn viele unterschiedliche Artikel in kleinen Mengen pro Artikel gelagert werden, bietet sich die Bodenzeilenlagerung an.

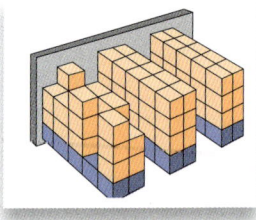

Bodenzeilagerung

* Die **Regallagerung** ist sinnvoll, wenn es sich um empfindliche oder nicht stapelbare Güter handelt oder die Höhe des Lagerraums besser genutzt werden soll. Die Regale können ebenfalls in Blöcken oder Zeilen angeordnet werden. Bei der Zeilenlagerung sollten die Regale so aufgestellt werden, dass sie mit einem Stapler oder Hubwagen jederzeit zügig erreicht werden können. Einzelregale sind zweckmäßig an der Wand, Doppelregale im Raum anzuordnen. Die Breite des Gangs zwischen den Regalen hängt vom Platzbedarf des Transportgeräts ab. Allgemein gilt, je enger die Gänge sind, umso länger dauert das Ein- und Auslagern, weil die Mitarbeiter besser aufpassen müssen, um nichts zu beschädigen.

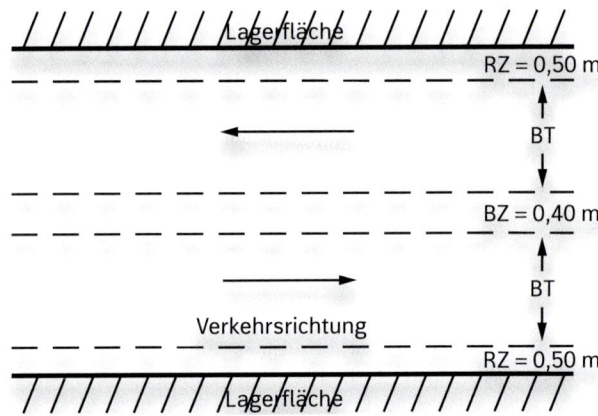

BT: Breite des Transportmittels
RZ: Randzuschlag
BZ: Bewegungszuschlag

Die Mindestbreite eines Gangs hängt im Wesentlichen vom verwendeten Transportmittel ab sowie von der Entscheidung, ob Waren in einer Richtung oder in beiden Richtungen transportiert werden sollen.
Mit Gegenverkehr:

$2 \cdot BT + 2 \cdot RZ + BZ$

Ohne Gegenverkehr:

$BT + 2 \cdot RZ$

Wird der Verkehrsweg nicht so häufig genutzt, können die Bewegungs- und Randzuschläge zusammen bis auf 1,10 m reduziert werden.

Beispiel

Beim Einsatz eines Hubwagens mit einer Betriebsbreite von 0,90 m und intensivem, gleichzeitigem Lastverkehr in beide Richtungen muss der Gang mindestens eine Breite von

$2 \cdot 0,90 \text{ m} + 2 \cdot 0,50 \text{ m} + 0,40 \text{ m} = 3,20 \text{ m}$

haben.

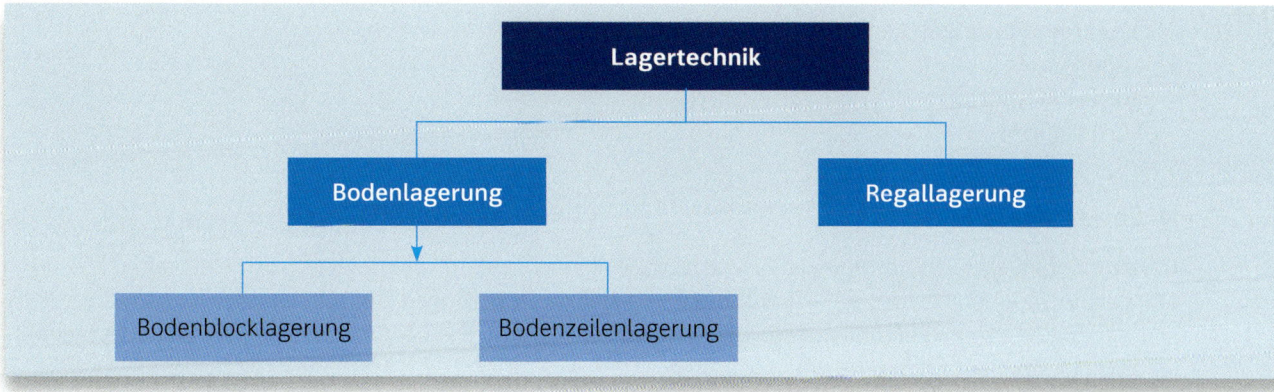

4.4 Lagereinrichtung

Ist die Lagerplanung abgeschlossen, geht es anschließend an die Umsetzung. Um einen reibungslosen Ablauf der Lagerarbeiten sicherzustellen, sind schon bei der Einrichtung einige **grundsätzliche Anforderungen an die Lagerhaltung** zu berücksichtigen.

Grundsatz	Beschreibung
Sauberkeit	Hygiene ist nur ein Grund, warum das Lager stets sauber sein sollte. Nicht nur die Waren, auch die Einrichtungen, Transportmittel und Werkzeuge halten länger, wenn sie regelmäßig gereinigt werden.
Geräumigkeit	Um Waren sauber und übersichtlich lagern zu können, muss ein Lager genügend Platz bieten. Das erleichtert auch die Arbeitsabläufe und erhöht die Sicherheit. Transportmittel wie Hubwagen und Gabelstapler können eingesetzt, Ware muss nicht hin- und hergeräumt werden.
Übersichtlichkeit	Eine gute Organisation spart auch im Lager viel Zeit und Geld. Darum muss ein Lager so gestaltet sein, dass immer klar ist, wo welche Ware steht. Die Kundenberaterin eines Schuhfachgeschäfts muss z. B. in der Lage sein, im Reservelager den zugehörigen linken Schuh schnell zu finden, um ihm dem Kunden zur Anprobe im Verkaufsraum zu übergeben. Dies erfordert eine systematische Anordnung der Waren im Lager, z. B. nach Warengruppen und Größen wie im Verkaufsraum. Hilfreich ist auch, wenn das Prinzip der kurzen Personalwege beachtet wird. Das heißt, Produkte, die häufig benötigt werden, befinden sich besonders nah am Verkaufsraum.
produktgerechte Lagerung	Manche Produkte verlangen besondere Lagerungsbedingungen. Bei Tiefkühlprodukten darf die Tiefkühlkette vom Hersteller bis zum Verbraucher nicht unterbrochen werden. Auch Obst, Fleisch und Fisch sind vor Wärme zu schützen. Papierwaren (Schreibpapier, Bücher usw.) und Textilien vergilben, wenn sie dauerhaft dem Licht ausgesetzt sind. Andere Produkte, wie z. B. Möbel, sind vor Feuchtigkeit zu bewahren. Zu Geschmacksübertragung kann es bei Käse und Fisch kommen. Geschmacksverlust tritt bei unsachgemäßer Lagerung von Kaffee oder Tee auf.
Gefahrenschutz	Waren, von denen Gefahren für Mitarbeiter und für andere Produkte ausgehen, sind besonders sorgfältig zu behandeln. Die Gefahrstoffverordnung schreibt eine Kennzeichnung der Produkte vor. Dies muss auch im Reservelager deutlich sein. Die Mitarbeiter müssen durch Betriebsanweisungen auf die Gefahren aufmerksam gemacht und im sicheren Umgang mit Gefahrstoffen geschult werden. **Gefahrensymbole** nach der Gefahrstoffverordnung:

| Giftig | Minder-giftig | Hochent-zündlich | Explosiv | Leicht-entzünd-lich | Brand-fördernd | Ätzend | Reizend |

Um diese Anforderungen erfüllen zu können, gibt es unterschiedliche Lagereinrichtungen. Bei ihrer Auswahl ist vor allem auf die besonderen Eigenschaften der einzelnen Waren und die räumlichen Gegebenheiten des Lagers zu achten.

Als **Lagereinrichtungen** kommen u. a. zum Einsatz:
* Lagerregale
* Förderhilfsmittel
* Fördermittel

■ Lagerregale

Bewährt haben sich Regalsysteme, die nach dem Baukastensystem konstruiert sind. Die einzelnen genormten Regalkomponenten lassen sich entsprechend den Anforderungen frei miteinander kombinieren. Eine schraubenlose Steckkonstruktion kann die Montage erleichtern. Die Lagerregale sind so schnell aufgebaut, jederzeit ergänzbar und flexibel umzugestalten.

Die im Einzelhandel häufigsten Arten der Regallagerung sind Fachbodenregale, Palettenregale mit der Sonderform des Hochregal-Palettenregals und Kragarmregale.

In **Fachbodenregalen** werden die Waren auf durchgängigen Bodenflächen gelagert. Das wohl bekannteste Beispiel dafür sind Bücherregale.

Das Fachbodenregal bietet sich für nicht stapelbare und sperrige Waren an. Auch lose Güter und Kleinteile sind hier zu finden, dann allerdings in Behältern, Lagerkästen oder Umverpackungen. Da die Platzierung nicht an den Einsatz von Paletten gebunden ist, gilt diese Art der Regallagerung als sehr flexibel.

Bei einem **Palettenregal** befinden sich auf den einzelnen Etagen keine Bodenflächen. Die eingelagerten Waren stehen auf Paletten, die ihrerseits lediglich auf Winkelprofilen oder Regaltraversen abgesetzt sind. Ist ein Palettenregal leergeräumt, kann man von unten nach oben hindurchschauen. Auf den einzelnen Etagen befinden sich keine Bodenflächen.

Ein Vorteil ist der schnelle Zugriff auf die Artikel, da die Waren mithilfe eines Staplers ein- und ausgeladen werden können. Kann die Ware nicht auf einer Palette gelagert werden, findet sie auch in diesem Regal keinen Platz.

Eine Sonderform des Palettenregals ist das **Hochregallager**. In einem eingeschossigen Gebäude erreichen die Regale eine Höhe von 12 bis maximal 50 m. Die Waren werden mit speziellen Hochregalstaplern oder mit automatischen Regalförderzeugen ein- und ausgelagert. Durch ihre hohe Raum- und Flächenausnutzung können Hochregallager den zunehmenden Bedarf an Lagerkapazität besonders gut decken. Im Einzelhandel ist die Hochregallagerung in den Zentrallagern und Logistikzentren zu finden.

Kragarmregale kommen bei der Lagerung von Langgut zum Einsatz. Dabei handelt es sich z. B. um Rohre, Bretter, Balken oder Stangen. Jeder Regalständer ist mit mehreren Kragarmen ausgestattet, auf denen die Güter lagern. Die Kragarme können in der Höhe verstellt werden.

Mithilfe eines Staplers ist ein direkter Zugriff auf jeden Artikel möglich. Aufgrund der Länge und Sperrigkeit der Produkte besteht bei der Entnahme allerdings eine erhöhte Unfallgefahr.

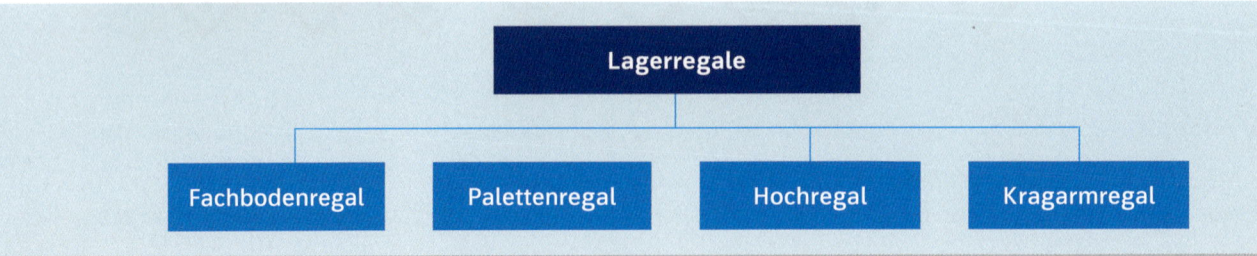

■ Förderhilfsmittel

Förderhilfsmittel ermöglichen häufig erst die Lagerung und den Transport der Waren. Besonders deutlich wird dies bei kleineren Produkten, die in großen Mengen geliefert werden. So befindet sich z. B. Gemüse oft in Kunststoffkästen und wird darin gelagert und später präsentiert. Das erleichtert zum einen die Arbeitsabläufe, schützt zum anderen die Waren vor Beschädigungen.

Förderhilfsmittel	
Paletten	Flachpaletten, Gitterboxpaletten
formstabile Behälter	Kisten, Kartons, Kanister, Fässer, Collicos
forminstabile Behälter	Säcke, Beutel, Netze

Die Auswahl der geeigneten Förderhilfsmittel richtet sich in erster Linie nach den Eigenschaften der Lagergüter sowie der Transport- und Lagerart. Bei der endgültigen Entscheidung spielen aber noch weitere Aspekte eine Rolle.

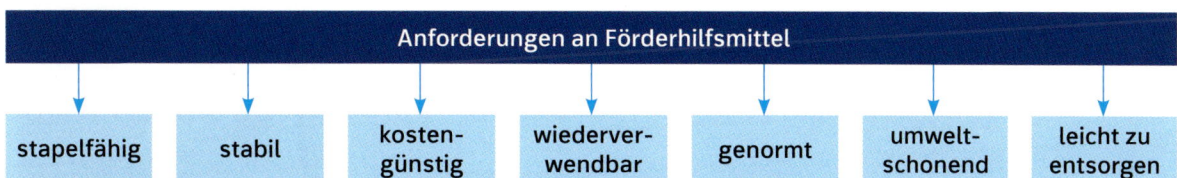

Anforderungen an Förderhilfsmittel

| stapelfähig | stabil | kostengünstig | wiederverwendbar | genormt | umweltschonend | leicht zu entsorgen |

Förderhilfsmittel: Hilfsmittel zur Bildung von Ladeeinheiten, die den Transport der Waren vereinfachen.

■ Fördermittel

Für die Beförderung der Waren innerhalb des Betriebs werden Fördermittel eingesetzt, die den Transport erleichtern oder häufig sogar erst möglich machen. Benötigen die Transportmittel den Lagerboden als Fahrweg (Flur), so handelt es sich um sogenannte **Flurförderzeuge**. Bei der Auswahl der geeigneten Flurförderzeuge spielen die Art und Menge der Güter sowie die Beschaffenheit und Länge der innerbetrieblichen Transportwege eine wichtige Rolle. Sie können per Hand, also manuell, oder maschinell betrieben werden.

Fördermittel: Geräte und Einrichtungen, die dem innerbetrieblichen Lastentransport dienen.

| Stapelkarre | Hubstapler | Rollbehälter |
| Handgabelhubwagen | Handwagen | Rollplatten |

Die **maschinellen Flurförderzeuge** haben einen höheren Automatisierungsgrad, d.h., der Transport der Waren wird verstärkt technisch unterstützt.

Der **Gabelniederhubwagen** wird über eine Batterie betrieben. Er eignet sich besonders für die Be- und Entladung von Lkws sowie auch für den Transport von Paletten über kurze Strecken. Das Transportgut wird nur so weit vom Boden angehoben, wie es für die Beförderung notwendig ist. Da der Gabelniederhubwagen auf engstem Raum bewegt werden kann, ist er im Einzelhandel vielfältig einsetzbar.

Der **Elektro-Hochhubwagen** kann Lasten bis zu einer Höhe von ca. 4 m senkrecht anheben. Insbesondere das Einstapeln von großen Lasten in engen, hohen Regalen ist so möglich. Je nachdem für welche Transportstrecke sie zum Einsatz kommen, gibt es Elektro-Hochhubwagen, die der Benutzer beim Laufen bedient oder auf denen er mitfährt.

Mit dem **Elektro-Gabelstapler** ist eine hohe Umschlagsleistung zu erzielen. Auch für längere Wegstrecken im Innen- und Außenbereich ist er der ideale „Lagerhelfer". Als Dreiradstapler ist er besonders wendig und ermöglicht schnelles Manövrieren. Als Vierradstapler zeichnet er sich durch seine höhere Tragfähigkeit aus. Neben dem Elektrostapler gibt es auch noch Stapler mit Diesel-, Benzin- und Gasantrieb.

Beim **Schubmaststapler** sitzt der Fahrer quer zur Fahrtrichtung. Durch einen nach vorne verschiebbaren Hubmast ist es möglich, die Last vor den Vorderrädern aufzunehmen. Der Mast wird anschließend zurückgezogen, erst dann wird die Ware abtransportiert. Im Vergleich zu Gabelstaplern kommen Schubmaststapler mit geringeren Arbeitsgangbreiten aus. Sie eignen sich somit für das Ein- und Ausladen von Waren in großen Höhen auf engstem Raum.

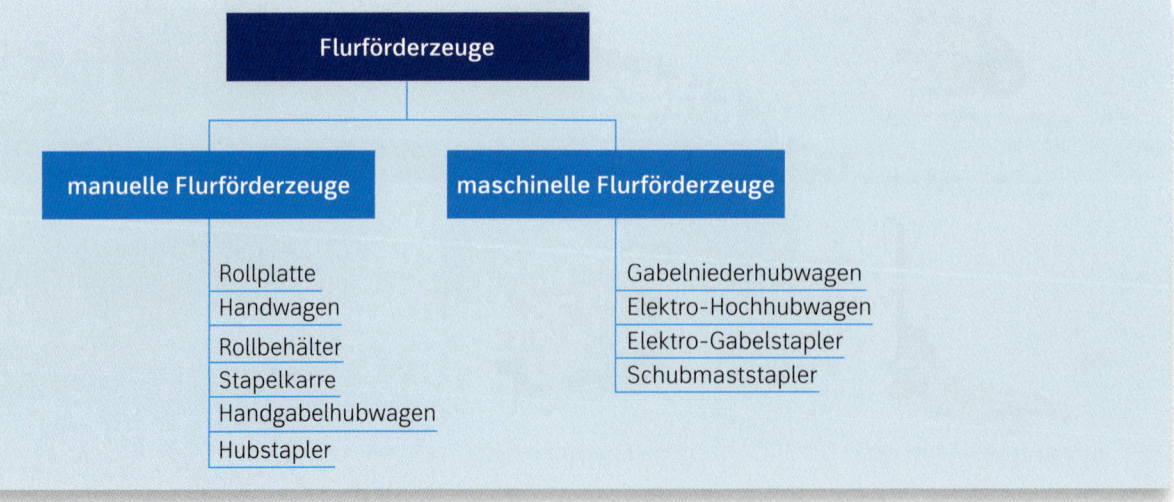

Lagerung im Onlinehandel

Nach der Online-Bestellung durch die Kunden erfolgt der Versand der Waren durch den Onlinehändler. Damit die Versandarbeiten möglichst reibungslos und kostengünstig ablaufen, muss das Lager gut organisiert sein. Die räumliche Gestaltung des Lagers sowie die Handlungsabläufe bei der Versandabwicklung sind dabei den Besonderheiten des Onlinehandels anzupassen.

Chaotische statt geordneter Lagerhaltung

Bei der geordneten (statischen) Lagerhaltung hat jeder Artikel einen festen Platz im Lager. Je nach Abverkauf können so leere oder überfüllte Lagerplätze entstehen. Eine bessere Nutzung der Lagerfläche ermöglicht die chaotische (dynamische) Lagerhaltung. Eintreffende Ware wird zufällig auf im Moment freie Plätze verteilt. Sowohl die Ware als auch der Lagerplatz werden dabei digital erfasst. Das Ziel: Leerräume vermeiden und den Lagerraum optimal nutzen.

Genaue Identifizierung der Lagerplätze

Durch eine eindeutige Zuweisung des Lagerplatzes innerhalb des Warenwirtschaftssystems und/oder des Shop-Systems ist die jederzeitige Verfügbarkeit der Artikel sichergestellt. Über eine Nummerierung ist jeder Lagerplatz genau zu identifizieren. Sollen dann die Waren für die Bestellungen zusammengestellt (kommissioniert) werden, wird automatisch eine Packliste erstellt. Der Kommissionierer sieht auf dieser Liste die Artikelnummern, die Bestellmengen und die Lagerplätze der Waren. Das computergestützte Warenwirtschaftssystems gibt ihm bestenfalls noch die optimalen Laufwege vor, auf denen er die bestellten Waren aus dem Lager entnimmt. So sind auf einem Weg mehrere Kundenbestellungen auf einmal zu kommissionieren (Sammelkommissionierung).

> Shop-System = Online-Shop-Software, mit dessen Hilfe der Händler seine Waren im Internet verkauft.

Versandbereich im Lager

Nach dem Zusammentragen der Artikel müssen diese verpackt werden. Im Versandbereich des Lagers steht dazu geeignetes Verpackungs- und Füllmaterial bereit, das die Waren beim Versand schützt. Den Paketen können aber auch kleine Zugaben oder Werbematerialien beigelegt werden.
Abschließend erfolgt im Versandbereich die Etikettierung der Packstücke und die Bereitstellung für den Versanddienstleister.

Erfassung des Warenbestands

Wareneingänge und Warenausgänge innerhalb des Lagers sind ständig über das Warenwirtschaftssystem zu erfassen. Dazu zählen auch Retouren der Kunden, die im Laufe des Tages wieder im Lager eintreffen. Möglichst in Echtzeit muss der Lagerbestand mit dem Angebot im Onlineshop abgeglichen werden. Sobald zum Beispiel ein bestimmter Artikel im Lager nicht mehr vorhanden ist, sollte er auch im Onlineshop als zurzeit nicht mehr verfügbar gekennzeichnet werden.

> Echtzeit = gleichzeitig zur Realität ablaufende Zeit

Zusammenfassung

Lagerplanung und Lagereinrichtung

Aufgaben des Lagers:	* Verkaufsbereitschaft sichern * Preiswürdigkeit signalisieren * Mengenvorteile beim Einkauf nutzen * Waren verkaufsfertig machen		
Lagerarten:	1. nach Funktion: * Verkaufslager * Reservelager	2. nach Bauart: * offenes Lager * halboffenes Lager * geschlossenes Lager * Speziallager	
Lagergröße:	Die Lagergröße hängt ab von: * der Warenart * den Absatzmengen * der Lieferzeit der Waren		
Lagerzonen:	Verladezone → Ware wird angenommen, kontrolliert und erfasst.	Lagervorfeld → Ware wird verkaufsfertig gemacht.	Lagerkern → Ware wird aufbewahrt, um sie später in den Verkaufsraum zu bringen.
Lagertechnik:	Bodenlagerung * Bodenblocklagerung * Bodenzeilenlagerung	Regallagerung	
Lagergrundsätze:	Ein Lager muss * sauber, geräumig und übersichtlich sein, * eine produktgerechte Lagerung ermöglichen, * den Anforderungen des Gefahrenschutzes genügen.		

Lagerplanung und Lagereinrichtung		
Lagerregale:	Fachboden-, Paletten-, Hoch- und Kragarmregale	
Warentransport:	Der Warentransport im Lager wird häufig erst ermöglicht durch:	
	Förderhilfsmittel → fassen die Ware zu Ladeeinheiten zusammen, z. B. Paletten	Fördermittel → dienen dem Transport der Ware im Lager, z. B. Hubwagen

5   Qualitätssicherung im Lager

Der Lagerbestand im Verkaufs- und Reservelager stellt einen erheblichen Wert für den Einzelhändler dar, den es zu erhalten gilt. Verliert die Ware während der Lagerung an Qualität, ist sie nur noch mit Preisnachlässen oder häufig gar nicht mehr zu verkaufen. Noch schlimmer ist es, wenn nicht einwandfreie Produkte den Laden verlassen. Der entstehende Imageschaden ist kaum wiedergutzumachen. Ein Kunde, der zweimal feststellt, dass seine Frischmilch bereits am Tag des Einkaufs sauer ist, wird künftig wohl in einem anderen Markt einkaufen, und zwar sowohl seine Milch als auch alle weiteren Lebensmittel. Damit es erst gar nicht so weit kommt, sind umfangreiche Lagerarbeiten notwendig, um die Qualität der Waren zu sichern:

* Sicherung der notwendigen Umgebungsbedingungen,
* Pflege der Waren,
* Entnahme von Stichproben bei verderblichen Waren,
* Kontrolle bei Gütern, die modischem oder technischem Wandel unterliegen
  Veraltete Ware ist auszusortieren, Ladenhüter sind zu vermeiden.

Deutlich wird das am **Beispiel der Obst- und Gemüseabteilung**. Sie ist die Eingangspforte und das Aushängeschild eines Lebensmittelgeschäfts und soll dem Kunden Appetit machen – nicht nur auf frisches Obst und Gemüse, sondern auch auf den weiteren Einkauf. Das gelingt nur durch Frische und Qualität. Das Gegenteil bewirken zerdrückte Erdbeeren, schimmelige Äpfel, welker Salat und Schwärme von Fruchtfliegen, die aus den Weintrauben aufsteigen.

> **Qualitätssicherung:** Lagerarbeiten, die eine einwandfreie Beschaffenheit der Waren gewährleisten.

■ Sichern der notwendigen Umgebungsbedingungen

Frische fängt im Lager an. Dabei ist zu beachten, dass die Lebensdauer von Obst und Gemüse von der richtigen Haltung abhängt. Ausnahmsweise lassen sich hier einmal Äpfel und Birnen vergleichen – sie stellen nämlich keine allzu großen Anforderungen an die Umgebungsbedingungen und können z. B. auch im Verkaufsraum „übernachten". Andere Obstarten mögen es kalt. Dabei ist kühl nicht gleich kühl. Während z. B. Melonen, Ananas, Gurken, Paprika, Auberginen und Zucchini im Trockenlager bei zwölf bis 15 Grad frisch bleiben, „überleben" Salate, Blattgemüse am längsten im Kühlhaus bei acht bis zehn Grad. Sinnvoll ist es daher auch, am Morgen nicht gleich das gesamte Tagessortiment dieser empfindlichen Waren in den Verkaufsraum zu schieben. Zum einen verderben sie so eher, zum anderen verführt die Massenpräsentation die Kunden dazu, auf der Suche nach den vermeintlich frischesten Produkten im Obst und Gemüse „herumzuwühlen". Druckempfindliche Sorten verlieren dadurch stark an Qualität. Ein weiterer Aspekt der Umgebungsbedingungen: Manche Obst und Gemüsesorten vertragen sich nicht, so verderben z. B. Gurken in der Nähe von Tomaten schneller, weil diese Ethylen freisetzen.

■ Pflege der Waren

Um die Qualität und Frische zu erhalten, muss das Personal die Ware pflegen. Dabei ist Sorgfalt das oberste Gebot, denn die Ware leidet unter jedem Anfassen und Umlagern. Dennoch müssen z.B. welke Blätter sofort entfernt werden. Während Salat, Spinat und Lauch frisch bleiben, wenn sie hin und wieder mit Wasser besprüht werden, ist es wichtig, dass Artischocken, Gurken, Rosenkohl oder Champignons stets trocken bleiben.

■ Stichproben bei verderblichen Waren

Welke oder gar verschimmelte Waren schrecken nicht nur die Kunden ab, sie sind auch schlecht für das restliche Obst und Gemüse. Schimmelpilze verbreiten sich und verderben weitere Teile der Ware. Weil dies sehr schnell passiert, müssen die Mitarbeiter mehrmals täglich die Waren kontrollieren und Stichproben nehmen. Überreife, angefaulte oder beschädigte Früchte gehören gleich aussortiert. Eventuelle Rückstände wie angetrockneter Fruchtsaft oder „Obstmatsch" müssen dabei selbstverständlich aus hygienischen und qualitativen Gründen sofort entfernt werden. Als Faustregel gilt: Was ich selbst unappetitlich finde, kann ich auch dem Kunden nicht anbieten.

■ Entsorgung von Verpackungsmaterial

Verpackungsabfall enthält Rohstoffe und Energie, die wirtschaftlich genutzt werden können. Wird Abfall nicht sachgerecht entsorgt, gefährdet man damit die Umwelt. Das **Kreislaufwirtschaftsgesetz (KrWG)** will zu einem ökologischen und ökonomischen Umgang mit Abfällen beitragen. Wer Produkte herstellt, verarbeitet oder vertreibt (z.B. der Einzelhandel), trägt zur Erfüllung der Ziele der Kreislaufwirtschaft die Produktverantwortung.

Siehe auch Verpackungsverordnung in Lernfeld 5

Gebrauchtes Verpackungsmaterial

Im Kreislaufwirtschaftsgesetz ist dazu eine fünfstufige Abfallhierarchie verankert:

1. Stufe Vermeidung	Abfälle sollen möglichst vermieden werden. Dies lässt sich z.B. durch die Verwendung langlebiger Produkte erreichen. Mehrweg- und Kreislaufsysteme können ebenfalls helfen, Abfälle zu reduzieren. Grundsätzlich sollen bei der Herstellung und dem Gebrauch von Produkten möglichst wenige und umweltverträgliche Abfälle entstehen.
2. Stufe Vorbereitung und Wiederverwendung	Lässt sich Abfall nicht vermeiden, sollte er wiederverwendet werden. Häufig muss er dafür vorab vorbereitet werden, indem er geprüft, gereinigt oder repariert wird. In einem Secondhand-Laden geschieht dies zum Beispiel mit Textilien.
3. Stufe Recycling	Lassen sich Verpackungsabfälle nicht vermeiden oder wiederverwenden, sind sie zu recyceln. Die in den Abfällen enthaltenen Wertstoffe werden zurückgewonnen und für eine neue Verwendung aufbereitet. Kopierpapier aus Altpapier und Glasflaschen aus Altglas sind Beispiele für eine solche stoffliche Verwertung.
4. Stufe sonstige Verwertung	Lassen sich Abfälle weder vermeiden, wiederverwenden noch recyceln, können sie energetisch verwertet werden. Hauptsächlich werden sie dann als Brennstoffe für die Energieerzeugung genutzt.
5. Stufe Beseitigung	Als letzten Schritt in der Abfallhierarchie steht die Beseitigung von Abfällen. Auf unterschiedlichen Deponien wird der Abfall dauerhaft gelagert.

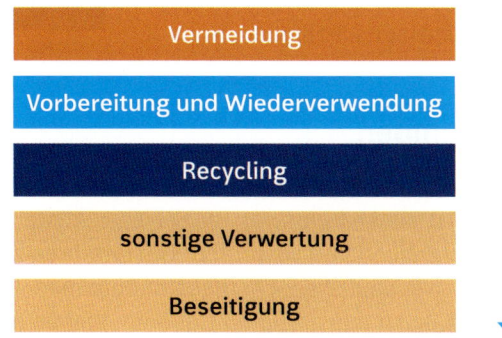

Der Einzelhandel sortiert seine Verpackungsabfälle in der Regel in drei Gruppen:

Papier/Pappe/Karton	Leichtverpackungen (Aluminium, Weißblech, Kunststoffe, Verbundverpackungen)	Glas, getrennt nach den Farben „weiß", „grün" und „braun"

In Papiersortieranlagen wird das Altpapier nach verschiedenen Sorten getrennt und dann zu den Papierfabriken befördert. Die Leichtverpackungen werden ebenfalls nach den verschiedenen Materialien getrennt und anschließend recycelt. Glas wird zunächst von Fremdstoffen gereinigt, zerkleinert und nach Farben fein sortiert. Die Glashütten erstellen aus diesem „Granulat" neue Glasbehälter. Nicht verwertbare Reststoffe werden entsorgt (z. B. in einer Müllverbrennungsanlage).

Zusammenfassung

Qualitätssicherung im Lager	
Lagerarbeiten zur Qualitätssicherung:	* Sichern der notwendigen Umweltbedingungen * Pflege der Waren * Stichproben bei verderblichen Waren * Entsorgung von Verpackungsmaterial
Kreislaufwirtschaft:	Verpackungsabfälle sind in der genannten Reihenfolge: 1. zu vermeiden, 2. wiederzuverwenden, 3. zu recyceln, 4. einer sonstigen Verwertung zuzuführen, 5. zu beseitigen.

6   Sicherheit im Lager

Auch wenn es im Arbeitsalltag immer schnell gehen muss: Die Sicherheit darf im Lager nicht zu kurz kommen. Schließlich lauern dort viele Gefahren. So bewegen die Mitarbeiter eine Menge teils sehr schwerer, bisweilen auch gefährlicher Waren. Dazu werden technische Geräte gebraucht – nützliche Helfer, die bei falscher Anwendung allerdings auch Ursache schwerer Verletzungen sein können. Die Berufsgenossenschaft für Handel und Warenlogistik hat viele Ratschläge, wie sich solche Arbeitsunfälle mit bösen Folgen für die Gesundheit der Mitarbeiter vermeiden lassen. Nachfolgend eine beispielhafte, allerdings nur ausschnittsweise Zusammenstellung der wichtigsten Tipps für sicheres Arbeiten im Lager. Weitere ausführliche Informationen gibt es direkt bei der Berufsgenossenschaft.

Internetseite der Berufsgenossenschaft Handel und Warenlogistik: www.bghw.de

6.1   Arbeiten auf Laderampen

Als Dreh- und Angelpunkt für ein- und ausgehende Waren ist die Laderampe für das Be- und Entladen von Fahrzeugen eingerichtet. Zudem ist sie Verkehrsweg, zeitweiliger Abstell- und Lager- sowie Arbeitsplatz, denn auf der Rampe wird Ware kontrolliert und vorsortiert. Um Gefahren zu vermeiden, ist deshalb umsichtiges Handeln ebenso erforderlich wie bauliche Sicherheitsmaßnahmen. Unfälle belegen, dass es leider an beidem bisweilen mangelt. Stürze, auch aus größeren Höheren, stehen auf der Liste der Arbeitsunfälle an erster Stelle.

Häufige Ursachen für Unfälle:

* Zwischengelagerte Waren stehen buchstäblich im Weg.
* Die Mitarbeiter rangieren unmittelbar an der Rampenkante.
* Rutschige Verkehrswege durch Schmutz, Regen, Glatteis oder Schnee.
* Die Mitarbeiter benutzen nicht die Treppe, sondern springen von der Rampe.
* Bauliche Mängel, z. B. beschädigte Abgänge, fehlende Absturzsicherungen und Beleuchtung.
* Das Lieferfahrzeug ist nicht gegen Wegrollen oder Wegfahren gesichert.

Wichtig ist es also, dass die Sicherheitsanforderungen für Laderampen erfüllt sind. So gelten für Rampen Mindestbreiten. Wird sie nur von Fußgängern genutzt, muss der Verkehrsweg auf der Rampe mindestens 0,8 m breit sein. Rangieren die Mitarbeiter darauf mit manuellen Transportmitteln, kommt ein Sicherheitsabstand von 0,3 m auf beiden Seiten hinzu.

Ungesicherte Rampenkanten sind mit schwarz-gelben Schrägstreifen zu markieren. Selbstverständlich sollten die Verkehrswege auf der Laderampe immer rutsch- und stolperfrei sein. Das heißt, dass die Beschäftigten Abfälle, verschüttete Flüssigkeiten und Ähnliches umgehend entfernen müssen. Für Wind und Wetter ausgesetzte Laderampen ist ein Reinigungs- und Streudienst erforderlich. Wichtig sind auch die Auf- und -abgänge. Treppen müssen gesichert sein und sollten möglichst neben der Entladestelle liegen, um Umwege zu vermeiden.

Spezielle Einrichtungen zum Be- und Entladen helfen, Unfälle zu vermeiden. Der Spalt oder eventuell auch Höhenunterschied zwischen Lkw und Rampe wird mit Ladebrücken bzw. -blechen ausgeglichen. Sie müssen ausreichend breit, rutschhemmend und gegen Verschieben gesichert sein.

Lieferfahrzeuge sind eine weitere Gefahrenquelle. Das fängt schon bei der Rückwärtsanfahrt an. Der Blick in die Außenspiegel gibt dem Fahrer nicht genügend Sicht. Er muss eingewiesen werden. Achtung: Der Einweiser darf niemals zwischen Lkw und Rampe stehen. Beim Be- und Entladen müssen die Fahrzeuge unbedingt gegen Wegrollen gesichert sein. Dazu reicht es nicht, dass der Fahrer die Handbremse anzieht. Die Räder müssen zusätzlich durch Keile festgestellt werden. Wichtig ist, dass Fahrer und Lagermitarbeiter auch in hektischen Situationen nicht vergessen, das Fahrzeug zu sichern.

Unfallvermeidung an Laderampen:

* Angelieferte Waren sind schnell wegzuräumen.
* Die Laderampe muss eine Mindestbreite haben.
* Die Rampenkante ist mit schwarz-gelben Schrägstreifen zu markieren.
* Die Laderampe ist rutsch- und stolperfrei zu halten.
* Rampenaufgänge und Rampenabgänge sind mit Geländern zu sichern.
* Höhenunterschiede zwischen Lkw und Rampe sind mit Ladebrücken oder Ladeblechen auszugleichen.
* Die Lkw müssen gegen Wegrollen gesichert werden.

6.2 Kartonmesser

Zum Öffnen von Kartons werden Kartonmesser in verschiedenen Ausführungen benutzt. Leider kommt es immer wieder zu Arbeitsunfällen, bei denen sich die Mitarbeiter teilweise erheblich verletzen. Die Ursachen für solche Verletzungen liegen neben der falschen Handhabung häufig in der Benutzung ungeeigneter Werkzeuge. Allerdings sind nicht nur Küchen- und Taschenmesser oder gar Scheren, sondern auch Kartonmesser mit fest stehender Klinge eine große Gefahrenquelle.

Kartonmesser mit selbsttätiger Klingensicherung

Um Unfälle zu vermeiden, sollten ausschließlich Kartonmesser mit selbsttätiger Klingensicherung verwendet werden.
Bei diesen Messern ist ausgeschlossen, dass der Benutzer
sich beim Schneidevorgang an der Klinge verletzen kann.
Durch eine Zugfeder wird sichergestellt, dass die Klinge beim
Austritt aus dem Karton sofort wieder in den Messergriff
zurückschnellt.

Noch etwas mehr Schutz bieten Sicherheitsmesser, die mit
einer Klingenschutzkappe ausgestattet sind. Verlässt hierbei
das Messer den Karton, so fährt automatisch eine Klappe
über die Klinge.

Die Auswahl eines geeigneten Messers allein reicht aber noch
nicht aus. Auch der Umgang damit muss überlegt und angemessen sein. Um dies zu gewährleisten, sind die Mitarbeiter
in die Handhabung einzuweisen. Aufgabe des Unternehmers
oder Vorgesetzten ist es, auf Gefahrenquellen hinzuweisen
und Schutzmaßnahmen zu verdeutlichen. Wird die sachge-
rechte Benutzung des Kartonmessers vorab geübt, sind viele
Unfälle zu vermeiden.

Quelle: BGHW, Bonn

6.3   Innerbetriebliche Verkehrswege

Waren müssen innerhalb des Betriebs transportiert werden. Dies geschieht sowohl im Reservelager als auch
im Verkaufsraum. Auf den Verkehrswegen lauert dabei eine Vielzahl von Gefahren. In erster Linie sind es
bauliche Mängel, bewegliche Hindernisse, Feuchtigkeit oder Verschmutzungen auf den Verkehrswegen, die
zu Arbeitsunfällen führen.

■ Bauliche Mängel

Alle Unebenheiten auf den Wegen sind gefährliche Stolperfallen für die Mitarbeiter, aber auch Hindernisse
für die Flurförderzeuge. An einem hochstehenden oder losgelösten Bodenbelag kann z. B. schnell jemand
hängen bleiben und fallen. Ein Loch im Boden hat vielleicht das abrupte Stoppen eines Rollbehälters zur
Folge, was dann wiederum zum Verrutschen oder Herabfallen der Ladung führt.

Maßnahmen zur Unfallverhütung sind hier:
* Vermeidung von Stolperstellen schon bei der Bauplanung,
* Verwendung von langlaufenden, flachen Rampen anstelle von Stufen,
* Auswahl geeigneter Bodenbeläge,
* ausreichende Beleuchtung auf den Verkehrswegen.

■ Bewegliche Hindernisse auf den Verkehrswegen

Obwohl die Wege ausreichend breit sind, kommt es häufig durch das Abstellen von Ware oder Transportmitteln zu Engstellen. Diese können zufällig entstehen, wenn Gegenstände gedankenlos dort abgestellt werden, oder aber bewusst, wenn Verkehrswege als willkommene Erweiterung des Lagerraums genutzt werden. In beiden Fällen sind Unfälle vorhersehbar.

Die Forderung kann hier nur sein, die Wege freizuhalten. Dies gilt vor allem für Flucht- und Rettungswege. Auch Treppen werden häufig als Lager zweckentfremdet. Ein Sturz kann hier erhebliche Verletzungen zur Folge haben.

■ Feuchtigkeit und Verschmutzung

Feuchtigkeit und Verschmutzung machen die Verkehrswege oft zu einer gefährlichen Rutschbahn. Noch nicht getrocknetes Wischwasser und Flüssigkeiten, wie z. B. eine ausgelaufene Milchpackung, bringen die Mitarbeiter häufig aus dem Gleichgewicht. Hineingetragener Regen und Schneematsch tun ihr Übriges.

Das sofortige Beseitigen der Gefahrenquelle ist der beste Schutz. Ist nach der Reinigung der Fußboden noch nicht ganz abgetrocknet, kann ein aufgestelltes Hinweisschild vor der Rutschgefahr warnen. Besonders kritische Stellen, wie z. B. Personal- und Kundeneingänge, sollten mit rutschhemmenden Bodenbelägen versehen werden. Sauberlaufzonen im Eingangsbereich nehmen Feuchtigkeit und Schmutz auf, wenn der Kunde darüber läuft. Der Innenbereich des Geschäfts bleibt somit weitgehend sauber, und die Rutschgefahr wird deutlich verringert.

> **Unfallvermeidung auf innerbetrieblichen Verkehrswegen:**
> * Bauliche Gestaltung stolperfreier und gut beleuchteter Verkehrswege
> * Kein Zustellen der Verkehrswege durch Ware oder andere Gegenstände
> * Sofortige Beseitigung von Feuchtigkeit und Schmutz auf dem Boden, um Ausrutschen zu verhindern.

6.4   Umgang mit Rollbehältern

Besonders im Lebensmitteleinzelhandel spielen Rollbehälter beim Warentransport eine wichtige Rolle. So häufig wie ihr Einsatz sind aber leider auch Arbeitsunfälle mit diesen Behältern. Quetschungen von Händen und Füßen sowie Verletzungen durch umkippende Behälter sind fast an der Tagesordnung. Zurückschnellende Gummispanngurte führen nicht selten zu erheblichen Kopfverletzungen. Die Ursachen dafür liegen in Mängeln am Rollbehälter und an den Verkehrswegen sowie an der nicht sachgemäßen Handhabung.

Sicherheitshalber sollten Rollbehälter nach DIN-Norm verwendet werden, die den Sicherheitsanforderungen entsprechen. Kommt es zu Beschädigungen, sind die Rollbehälter sofort aus dem Verkehr zu ziehen. Erst nach anschließender Reparatur sind sie wieder zu beladen.

Die Verkehrswege stellen immer dann eine Gefahr dar, wenn sie nicht breit genug oder zu steil sind. Im ersten Fall sind Hände oder Füße schnell zwischen Rollbehälter und Türgängen, Wänden oder Regalteilen eingeklemmt. Im zweiten Fall kann eine Rampe zu einer Gefahrenstelle werden. Ist sie zu steil und der Rollbehälter voll beladen, reicht die eigene Körperkraft oft nicht aus, dieses Hindernis zu bewältigen. Im ungünstigsten Fall fällt dann der ganze Behälter samt Ware um. Fünf Prozent Steigung auf der Rampe und eine maximale Ladelast von 300 kg dürfen deshalb nicht überschritten werden. Ist man sich dann immer noch nicht sicher, die Steigung zu schaffen, helfen einem die Kollegen bestimmt nach einer freundlichen Bitte.

Grundsätzlich gilt, dass Rollbehälter, wann immer möglich, mit beiden Händen geschoben werden. Nicht nur das Lenken ist so einfacher, es ist auch sichergestellt, dass der Benutzer auf jeden Fall vorwärts geht. Wurde vorher nicht zu hoch beladen, besteht freie Sicht nach vorne und Hindernisse können frühzeitig erkannt werden.

Unfallvermeidung beim Umgang mit Rollbehältern:
* Nur Rollbehälter verwenden, die den Sicherheitsanforderungen entsprechen.
* Beschädigte Rollbehälter aussortieren.
* Ausreichend breite und nicht zu steile Verkehrswege benutzen.
* Rollbehälter nicht zu voll packen (maximale Ladelast 300 kg).
* Rollbehälter mit beiden Händen schieben.
* Für ausreichend Sicht nach vorne sorgen.

6.5   Brandschutzmaßnahmen

Die Zigarette, die trotz Rauchverbots im Lager geraucht und dann auch noch achtlos weggeworfen wird, kann leicht einen Brand auslösen. Ein Einzelfall wäre das nicht. Brände und Explosionen führen jährlich zu einer Vielzahl von Arbeitsunfällen. Mangelnde Sorgfalt, aber auch Brandstiftung sind die Ursachen.

Ein Bündel von Maßnahmen ist notwendig, um einen ausreichenden Brandschutz zu gewährleisten.

■ Baulicher Brandschutz

Schon bei der Errichtung des Gebäudes sind Brandschutzmaßnahmen durchzuführen. Es sollten vermehrt nicht brennbare Baustoffe verarbeitet werden. Leicht entzündbare Waren gehören in eigene abgetrennte Räume. Die gesamte Verkaufs- und Lagerfläche ist in einzelne Brandabschnitte zu gliedern. Selbstschließende Feuerschutztüren und automatisch schließende Feuerschutzklappen in Lüftungskanälen verhindern ein Übergreifen der Flammen in benachbarte Abschnitte.

■ Technischer Brandschutz

Ist ein Brand einmal ausgebrochen, muss er erkannt, gemeldet und bekämpft werden. Technische Einrichtungen leisten dabei gute Dienste.

Feuerlöscher   Löschschlauch

Wärme-, Flammen- und Rauchmelder signalisieren den Brand und aktivieren in manchen Fällen sogar die automatische Feuerlöschanlage. Neben solchen Sprinkleranlagen sind gut sichtbare und funktionierende Feuerlöscher notwendig. In größeren Gebäuden befinden sich außerdem häufig Wandhydranten, die mit einem Schlauch zum Löschen ausgestattet sind. Rot-weiße Brandschutzzeichen weisen auf ihren Standort hin.

■ Betrieblicher Brandschutz

Neben allen baulichen und technischen Vorkehrungen spielt das menschliche Verhalten vor und während eines Brandes immer noch eine bedeutende Rolle. Hier entscheidet sich häufig, ob sich ein Feuer gefährlich ausdehnen kann und – wenn ja – wie groß der Schaden ausfällt.

Brandschutz

| Bauliche Gestaltung der Verkaufs- und Lagerräume im Sinne des Brandschutzes | Technische Einrichtungen zur Erkennung und Bekämpfung eines Brandes | Betriebliche Vereinbarungen über das Verhalten im Brandfall |

Die Berufsgenossenschaft Handel und Warenlogistik hat zum Brandschutz folgende Verhaltensregeln formuliert:

1. Informieren Sie sich, wo im Betrieb Feuerlöscher und sonstige Löschgeräte sowie Feuermelder vorhanden sind und wie sie bedient werden. Machen Sie sich mit Alarmplänen, Rettungswegen, Notausgängen und Notrufmöglichkeiten vertraut.

2. In Räumen, in denen entzündliche oder selbstentzündliche Stoffe lagern oder anfallen, sind das Rauchen und der Umgang mit offenem Feuer zu unterlassen. Beachten Sie die Sicherheitszeichen.
3. Halten Sie Brandschutztüren ständig geschlossen. Türen, die bei Brandausbruch selbsttätig schließen, dürfen offen stehen. Verstellen Sie diese Türen nicht mit Ware oder anderen Gegenständen.
4. Sorgen Sie dafür, dass leicht entzündliche Stoffe, wie loses Papier und gebrauchtes Verpackungsmaterial, mindestens täglich vom Arbeitsplatz entfernt und an den vorgesehenen Lagerplatz gebracht werden.
5. Sorgen Sie beim Umgang mit brennbaren Flüssigkeiten für ausreichende Belüftung des Raums.
6. Entleeren Sie Aschenbecher nicht in Papierkörbe oder in brennbare Behälter.
7. Lagern Sie keine entzündlichen Stoffe in der Nähe von Leuchten. Achten Sie besonders beim Einsatz von Punktstrahlern auf ausreichenden Abstand zu Waren und Dekorationen, damit diese nicht entzündet werden können. Wickeln Sie kein Papier um Glühlampen.
8. Stellen Sie wärmeerzeugende Geräte wie Bügeleisen und Kochgeräte nicht auf brennbare Unterlagen.
9. Melden Sie Mängel an elektrischen Anlagen und Geräten sofort dem Vorgesetzten.

Zusammenfassung

Sicherheit im Lager			
Arbeiten auf Laderampen:	Laderampen müssen: * ausreichend breit, * rutsch- und stolperfrei, * frei von zuvor angelieferter Ware, * durch Signalmarkierungen und Geländer gesichert und * mit Ladebrücken oder Ladeblechen ausgestattet sein.		
Kartonmesser:	* Nur Kartonmesser mit scharfer und unbeschädigter Klinge verwenden. * Sobald die Klinge im Karton ist, den Daumen vom Klingenschieber nehmen. * Den Karton festhalten, sodass er nicht wackelt, rutscht oder kippt. * Die Klinge nicht zur festhaltenden Hand führen. * Den Klingenwechsel entsprechend der Herstellerangaben durchführen. * Ausgewechselte Klingen nicht in den Papierabfall werfen.		
Innerbetriebliche Verkehrswege:	* Bei der Bauplanung ist auf die Vermeidung von Stolperstellen, geeignete Bodenbeläge, ausreichende Beleuchtung usw. zu achten. * Verkehrswege sind frei von Hindernissen, Feuchtigkeit und Schmutz zu halten.		
Rollbehälter:	* Benutzung ausschließlich intakter und sicherer Rollbehälter. * Maximale Ladelast darf nicht überschritten werden. * Rollbehälter sind beidhändig, mit Sicht nach vorne auf geeigneten Verkehrswegen zu schieben.		
Brandschutz:	baulich: * nicht brennbare Baustoffe * Aufteilung in Brandabschnitte * Feuerschutztüren und Feuerschutzklappen	technisch: * Wärme-, Flammen- und Rauchmelder * Sprinkleranlagen * Feuerlöscher, Löschschlauch	betrieblich: * Verhaltensregeln im Brandfall für die Mitarbeiter

7 Lagerbestandsverwaltung

7.1 Kontrolle des Lagerbestandes

Damit die Warenvorräte eines Einzelhändlers nicht zu groß werden, Engpässe aber rechtzeitig erkannt und beseitigt werden, stehen dem Einzelhändler verschiedene Kontrollmöglichkeiten zur Verfügung.

■ Bestandskontrolle mithilfe des Warenwirtschaftssystems

Ein Warenwirtschaftssystem bietet zahlreiche Möglichkeiten, sich über den **Warenbestand** eines Geschäfts zu informieren. Da die Produkte im Wareneingang und im Verkauf artikelgenau erfasst werden, ist es jederzeit möglich, den Warenbestand abzurufen.

maximale Bestellmenge = Höchstbestand – Mindestbestand

> **maximale Bestellmenge:** Bestellmenge, die bei Erreichen des Meldebestandes ausgelöst wird und die den Warenvorrat bis zum Höchstbestand auffüllt.

Beispiel

Astschere: 22 = 25 – 3

Ein Einzelhändler wird aber nicht schematisch nachbestellen, sondern immer die aktuelle Absatzlage im Auge behalten.

7.2 Der optimale Lagerbestand

Ein großer Warenbestand gewährleistet eine hohe **Verkaufsbereitschaft**. Den Kunden wird dadurch eine große Warenauswahl geboten, **Fehlmengen** treten nur selten auf, und der Einzelhändler nutzt jede Verkaufschance.

Allerdings verursacht die Lagerung von Waren auch **Kosten**. Der Einzelhändler steht vor der schwierigen Aufgabe, Waren in einer Menge vorrätig zu halten, die einerseits die Kunden zufriedenstellt, auf der anderen Seite aber erträgliche Kosten verursacht. Gelingt ihm dies, spricht man vom „**optimalen Lagerbestand**".

> **Fehlmengen:** Produkte, die zwar im Sortiment geführt werden, zum Zeitpunkt der Kundennachfrage aber nicht vorhanden sind.
>
> **Optimaler Lagerbestand:** Warenvorrat, der die Kundennachfrage erfüllt und gleichzeitig niedrige Lagerkosten verursacht.

Lagerkosten entstehen z. B. durch die gelagerte Ware selbst, die eingekauft worden ist und durch Lagerrisiken wie Diebstahl, Verderb (Lagerbestandskosten). Außerdem entstehen Kosten durch den Betrieb des Lagers (z. B. Miete, Heizung, Kühlung, Reparaturen).

Lagerkosten nach den Ursachen siehe auch Seite 90.

```
                        ┌─ Lagerbestandskosten ── Warenkosten, Diebstahl, Verderb, u.a.
        Lagerkosten ────┤
                        └─ Lagerbetriebskosten ── Miete, Heizung, u.a.
```

Siehe Bestellmengendisposition über das Warenwirtschaftssystem, Seite 269.

Onlinehandel – Bestandsüberwachung

Hat ein Einzelhändler ein stationäres Geschäft und einen Onlineshop, werden die Warenbestände durch die Verkäufe in beiden Verkaufskanälen beeinflusst. Daher muss der Einzelhändler sicherstellen, dass alle Verkäufe tagesaktuell erfasst werden. Nur dann hat er einen Überblick über die tatsächlichen Warenbestände. Am sichersten und einfachsten ist es, wenn ein Warenwirtschaftssystem sowohl die stationären Verkäufe als auch die Onlineverkäufe registriert. Dann gibt das Warenwirtschaftssystem immer die aktuellen Bestände wieder. Dazu muss der Onlineshop mit dem Warenwirtschaftssystem über eine (Daten-)Schnittstelle verbunden sein.

Zusammenfassung

Lagerbestandsverwaltung	
Bestandskontrolle:	∗ Warenwirtschaftssystem ∗ Lagerbestandgrößen
Warenwirtschaftssystem:	∗ ermöglicht einfache Bestandskontrolle ∗ vereinfacht Beschaffungsentscheidungen

Lagerbestandsverwaltung	
Lagerbestandsgrößen:	
* Mindestbestand:	Sicherheits-Warenbestand, der eigentlich nicht angetastet werden soll.
* Meldebestand:	* Artikelbestand (Bestellpunkt), der eine Bestellung auslöst. * (Tagesabsatz · Lieferzeit) + Mindestbestand
* Höchstbestand:	Stückzahl eines Artikels, die nicht überschritten werden soll.
* maximale Bestellmenge:	* Höchstbestand – Mindestbestand * Bestellmenge, die bei Erreichen des Meldebestandes ausgelöst wird und die den Warenvorrat bis zum Höchstbestand auffüllt.
Optimaler Lagerbestand:	Warenvorrat, der die Kundennachfrage erfüllt und gleichzeitig niedrige Lagerkosten verursacht.
Fehlmengen:	Produkte, die zwar im Sortiment geführt werden, zum Zeitpunkt der Kundennachfrage aber nicht vorhanden sind.
Lagerkosten:	Lagerbestandskosten + Lagerbetriebskosten

8   Wirtschaftliche Lagerhaltung

Jeder Einzelhändler möchte seinen Kunden immer alle Artikel seines Sortiments anbieten können. Fehlmengen sollten nicht auftreten. Mit einem großen Warenlager, in dem er ständig alle Produkte in großer Zahl vorrätig hält, ist dieses Ziel zu erreichen. Allerdings verursacht ein großes Lager auch hohe Lagerkosten, die eigentlich zu vermeiden sind.

Die Beschaffung und Lagerhaltung der Waren muss also folgender **Forderung** gerecht werden:

Warenfülle im Verkaufslager

> **Trotz ständiger Verkaufsbereitschaft** sollen die **Lagerkosten** möglichst gering gehalten werden.

Die Kontrolle, ob die oben genannte Forderung erreicht wurde, erfolgt durch die Berechnung verschiedener **Lagerkennzahlen**. Das sind Größen, mit denen der Einzelhändler die Wirtschaftlichkeit seiner Lagerhaltung prüfen kann. Er handelt **wirtschaftlich**, wenn er ein günstiges Verhältnis zwischen dem Verkaufsergebnis und den Lagerkosten erzielt.

8.1   Lagerkosten

Die Warenlagerung verursacht vielfältig Kosten. Manche dieser Kosten verändern sich, je nachdem ob gerade viel oder wenig Ware gelagert wird. Diese Kosten, die vom Lagerbestand abhängen, heißen **variable Lagerkosten**.

> **Beispiel**
>
> Hält ein Einzelhändler eine große Menge an Molkereiprodukten vorrätig, kommt es zu höheren Kosten durch Verderb der Ware, als wenn er nur kleinere Mengen lagert.

Andere Kosten sind vom Lagerbestand unabhängig. Sie fallen in immer gleicher Höhe an, egal ob das Lager gerade voll oder leer ist. Man bezeichnet diese Kosten als **fixe Lagerkosten**.

> **Beispiel**
>
> Sind die Lagerräume gemietet, ist eine konstante monatliche Miete zu zahlen, unabhängig davon, wie ausgelastet das Lager gerade ist.

> **Variable Kosten:** Kosten, die von der Menge der gelagerten Waren abhängen.
>
> **Fixe Kosten:** Kosten, die unabhängig von der Menge der gelagerten Waren anfallen.

Eine weitere Unterscheidung der Lagerkosten ist nach ihrer Entstehung möglich. Hierbei wird die Frage beantwortet, wodurch die Kosten verursacht werden. Folgende Einteilung ist zu treffen:

Lagerkosten entstehen durch:	
den **Warenbestand**	* Die gelagerten Produkte müssen beim Lieferanten bezahlt werden, bevor sie an die Kunden weiterverkauft werden. Dadurch wird Kapital gebunden, das dann nicht zinsbringend bei einer Bank angelegt werden kann. Berechnet der Einzelhändler diese Zinsen, weiß er, wie viel Geld ihm bei der Bank entgangen ist. Fr kann dann diese **Zinsen als Kapitalbindungskosten** für die Lagerhaltung ansetzen. * Die gelagerten Güter sind verschiedenen Gefahren ausgesetzt. Diebstahl, Verderb, Unglücksfälle (Brand-, Wasserschäden), aber auch das Veralten von Produkten sind Kosten des **Lagerrisikos**. * Kosten für die **Warenpflege**, z. B. die Verkaufsvorbereitung von Waren
den **Lagerraum**	* Kosten für den **Bau** bzw. **Miete** der Lagergebäude * **Einrichtung** der Lagerräume, z. B. Regale, Kühlräume, Hubwagen * Kosten für die **Lagerbereitschaft**, z. B. Beleuchtung, Heizung, Kühlung, Belüftung * **Instandhaltung**, z. B. Wartung der Flurfördermittel * **Versicherung** der Lagerräume
die **Lagerverwaltung**	* **Personalkosten**, z. B. Löhne, Gehälter und Sozialabgaben für die Mitarbeiter, die im Lager tätig sind. * **Sachkosten**, z. B. computergestütztes Warenwirtschaftssystem und Büromaterial

Beispiel

8.2   Lagerkennzahlen

Nur bei genauer Planung, Steuerung und Kontrolle der Lagerhaltung können die Lagerkosten in einem angemessenen Rahmen gehalten werden. Um hier den Überblick zu behalten und gegebenenfalls Hinweise zur Kostenreduzierung zu erhalten, werden Lagerkennzahlen berechnet.

> **Lagerkennzahlen:** Rechnerische Größen, mit denen die Wirtschaftlichkeit der Lagerhaltung beurteilt wird.

Einstandspreis = Bezugspreis einer Ware siehe Seite 37

■ Wareneinsatz – Umsatz – Warenabsatz

Die Lagerkennzahlen lassen sich aus **Stückzahlen** berechnen oder aus Stückzahlen, die mit **Preisen** bewertet werden. Die Preise können Einkaufs-**(EK-)Preise** oder Verkaufs-**(VK-)Preise** sein.

Verkaufspreise im Einzelhandel sind gewöhnlich **Bruttoverkaufspreise** (einschließlich Umsatzsteuer). Die wesentliche Leistung eines Einzelhandelsgeschäfts besteht im Verkauf der Waren. Solange diese Leistung nicht erbracht worden ist, werden Produkte mit ihren **Einkaufspreisen** (Einstandspreisen, Bezugspreisen) bewertet.

Kalkulation des Bezugspreises	
	Listenpreis
–	Liefererrabatt
=	Zieleinkaufspreis
–	Liefererskonto
=	Bareinkaufspreis
+	Bezugskosten
=	**Bezugspreis**

> **Wareneinsatz:** verkaufte Menge an Waren zu Einstandspreisen
>
> **Umsatz:** verkaufte Menge zu Verkaufspreisen
>
> **Warenabsatz:** verkaufte Menge an Produkten in Stückzahlen

Siehe auch Inventur Seite 96

■ Durchschnittlicher Lagerbestand

Der durchschnittliche Lagerbestand gibt an, welcher Warenbestand innerhalb eines bestimmten Zeitraums im Lager vorhanden ist. Gewöhnlich wird der Zeitraum eines Jahres betrachtet.

> **Durchschnittlicher Lagerbestand:** Kennzahl, die die Menge bzw. den Wert der Waren angibt, die sich über das Jahr im Durchschnitt im Lager befinden.

Häufig werden die Warenbestände nur bei der jährlichen Inventur erfasst. Dann stehen lediglich der Jahresanfangsbestand und der Jahresendbestand für die Berechnung zur Verfügung. Die Waren werden mit ihren Einkaufspreisen bewertet.
Berechnung:

$$\text{Durchschnittlicher Lagerbestand} = \frac{\text{Anfangsbestand} + \text{Endbestand}}{2}$$

Beispiel

Jahresanfang und -ende	Bestände (in €)
01.01.	210 000,00
31.12.	235 000,00

Durchschnittlicher Lagerbestand (in €)
$$= \frac{210\,000,00 + 235\,000,00}{2} = 222\,500,00\ €$$

Ein genaueres Ergebnis ergibt sich, wenn zusätzlich die Endbestände der vier Quartale in die Berechnung einfließen.
Berechnung:

$$\text{Durchschnittlicher Lagerbestand} = \frac{\text{Jahresanfangsbestand} + 4\ \text{Quartalsendbestände}}{5}$$

Beispiel

Quartalsende	Bestände (in €)
31.03.	238 000
30.06.	178 000
30.09.	221 000
31.12.	235 000
Summe	872 000

Durchschnittlicher Lagerbestand (in €)
$$= \frac{210\,000,00 + 872\,000,00}{5} = 216\,400,00\ €$$

Stehen Monatsinventurwerte zur Verfügung, ist die Berechnung des Durchschnittsbestands noch genauer möglich.
Berechnung:

$$\text{Durchschnittlicher Lagerbestand} = \frac{\text{Jahresanfangsbestand} + 12\ \text{Monatsendbestände}}{13}$$

Beispiel

Monatsende	Bestände (in €)	Monatsende	Bestände (in €)
31.01.	218 000	31.07.	202 000
28.02.	215 000	31.08.	211 000
31.03.	238 000	30.09.	221 000
30.04.	243 000	31.10.	248 000
31.05.	220 000	30.11.	219 000
30.06.	178 000	31.12.	235 000
		Summe	2 648 000

Durchschnittlicher Lagerbestand (in €): $= \dfrac{210\,000,00 + 2\,648\,000,00}{13} = 219\,846,15\ €$

Der durchschnittliche Lagerbestand kann für ein einzelnes Produkt und auch für den gesamten Warenbestand errechnet werden. Ebenso kann man die Berechnung auf die Menge (in Stück) oder auf den Wert (Stückzahl · Einstandspreis) beziehen.

Der errechnete durchschnittliche Lagerbestand wird für den Einzelhändler erst durch Vergleiche aussagekräftig. Dann weiß er, wie sich sein Lagerbestand im Lauf der Zeit oder im Vergleich zu anderen Einzelhändlern entwickelt hat.

Jahresvergleich	Der Einzelhändler kann die Entwicklung des durchschnittlichen Lagerbestands im **Jahresvergleich** betrachten und hier insbesondere das Verhältnis zwischen Umsatz und Lagerbestand näher beleuchten.

	A	B	C
1	**Betriebswirtschaftliche Kennzahlen 20(0) - Gesamtbetrieb**		
2		**20(0)**	**Vorjahr**
3	**Geschäftsfläche in m²**	3.540	3.540
4	**Verkaufsfläche in m²**	2.750	2.750
5	**Umsatzerlöse (brutto) in €**	7.741.138	7.490.881
6	**Mitarbeiterzahl**	45	44
7	**Zahl der Kunden (Kundenbons)**	316.082	308.844
8	**Wareneinsatz in €**	4.272.151	4.113.609
9	**Durchschnittlicher Lagerbestand in €**	1.154.636	1.054.772

Würde z. B. der Umsatz sinken, der durchschnittliche Lagerbestand aber steigen, wäre das für einen Einzelhändler ein Warnsignal.

Betriebsvergleich	Von besonderem Interesse sind Zahlen, die aus **Betriebsvergleichen** stammen, weil sie dem Einzelhändler zeigen, wie sein Betrieb im Vergleich zu Mitbewerbern aus der gleichen Branche einzustufen ist.

In der folgenden Übersicht ist der durchschnittliche Lagerbestand in ausgewählten Branchen auf 100 000,00 € Umsatz zu Einstandspreisen (Wareneinsatz) bezogen worden. Dadurch werden die Zahlen für jeden Betrieb vergleichbar.

Branche	Lagerbestand pro 100 000,00 € Wareneinsatz [20(-1)]
Lebensmitteleinzelhandel	7 500,00
Textileinzelhandel	19 700,00
Schuheinzelhandel	27 500,00
Uhren-, Juwelen-, Gold- und Silberwareneinzelhandel	50 900,00
Drogerien	24 000,00
Einzelhandelsgeschäfte gesamt	21 500,00

■ Auswertung der Zahlen am Beispiel des City-Warenhauses Bauer

	Umsatz zu Einstandspreisen (Wareneinsatz) in €	Durchschnittlicher Lagerbestand in €
Vorjahr	4 113 609,00	1 054 772,00
Jahr 20(0)	4 272 151,00	1 154 636,00
Veränderungen in %	+ 3,85	+ 5,41

Durchschnittlicher Lagerbestand pro 100 000,00 € Wareneinsatz:

Vorjahr (ganze Zahlen)

4 113 609,00 €	Wareneinsatz	−	1 054 772,00 € durchschn. Lagerbestand
100 000,00 €	Wareneinsatz	−	x

$$x = \frac{1\,054\,772,00 \cdot 100\,000,00}{4\,113\,609,00} = 25\,641,00\ €$$

Jahr 20(0) (ganze Zahlen)

$$x = \frac{1\,054\,636,00 \cdot 100\,000,00}{4\,272\,151,00} = 27\,027,00\ €$$

Beispiel

Ergebnisse der Auswertung:

 Die durchschnittlichen Lagerbestände pro 100 000,00 € Wareneinsatz sind mit 25 641,00 € und 27 027,00 € in beiden Jahren größer als der Vergleichswert von 21 500,00 €, der für alle Einzelhandelsgeschäfte insgesamt gilt.

 Vom Vorjahr zum aktuellen Jahr ist der durchschnittliche Lagerbestand angestiegen.

 Während der Umsatz des Warenhauses (zu Einstandspreisen) um 3,85 % zunahm, wuchs der durchschnittliche Lagerbestand um 5,41 %.

Der durchschnittliche Lagerbestand des City-Warenhauses hat sich im Vergleich zum Vorjahr und zum Branchendurchschnitt im Einzelhandel negativ entwickelt. Außerdem ist das prozentuale Umsatzwachstum geringer ausgefallen als die prozentuale Zunahme des durchschnittlichen Lagerbestandes.

Beides ist nicht ungefährlich, weil damit auch die Lagerkosten und Lagerrisiken (Veralten, Verderb usw.) vermutlich stärker gestiegen sind als der Umsatz zu Einstandspreisen. Weitere Zahlen aus dem Rechnungswesen müssten hinzugezogen werden, um die tatsächliche Kostenentwicklung zu überprüfen.

Schnelldreher = Rennerartikel, Langsamdreher = Pennerartikel

■ Umschlagshäufigkeit (Lagerumschlag)

Ständig wird neue Ware eingelagert, die anschließend verkauft wird und so das Lager wieder verlässt. Die Geschwindigkeit mit der dies geschieht, wird durch die Umschlagshäufigkeit ausgedrückt. Sie zeigt an, wie oft das Lager im Jahr umgeschlagen wurde, das heißt wie oft es gefüllt und geleert wurde.

> **Umschlagshäufigkeit:** Kennzahl, die angibt, wie oft der durchschnittliche Lagerbestand pro Jahr verkauft (umgeschlagen) wurde.

Berechnung:

> $$\text{Umschlagshäufigkeit} = \frac{\text{Wareneinsatz}}{\text{durchschnittlicher Lagerbestand}}$$

Bei einer Stückbetrachtung: „Warenabsatz" anstelle des „Wareneinsatzes"

Beispiel

Der durchschnittliche Lagerbestand eines Schuhfachgeschäfts betrug 222 500,00 €, der Wareneinsatz 356 000,00 €.

$$\text{Umschlagshäufigkeit} = \frac{356\,000}{222\,500} = 1,6$$

Die Zahl 1,6 bedeutet, dass der durchschnittliche Lagerbestand im Jahr 1,6-mal umgeschlagen (verkauft) worden ist.

Damit die Lagerkosten niedrig gehalten werden, versucht der Einzelhändler einen schnellen Durchgang der Waren durch sein Lager zu erzielen. Je größer die Umschlagshäufigkeit ist, desto weniger Kapital wird im Lager gebunden.

Allerdings kann eine sehr hohe Umschlagsgeschwindigkeit auch auf mangelnde Auswahl für den Kunden hindeuten, weil das Sortiment ausschließlich aus „Schnelldrehern" (im Gegensatz zu „Langsamdrehern") besteht.

Die Umschlagshäufigkeit ist im Einzelhandel sehr unterschiedlich. Lebensmittel-Discounter können z. B. eine Umschlagshäufigkeit von 40 erreichen, während der Wert in Uhrenfachgeschäften vielfach unter 1 liegt. Sortimente, die durch ein Saisongeschäft geprägt sind, z. B. der Textil- oder der Schuheinzelhandel, werden häufig rund zweimal im Jahr umgeschlagen (wegen der Sommer- und Wintersaison).

Durch einen Vergleich mit anderen Betrieben kann ein Einzelhändler die im eigenen Unternehmen erzielte Umschlagshäufigkeit einschätzen.

■ Lagerdauer

Die durchschnittliche Lagerdauer macht deutlich, wie lange die Ware durchschnittlich eingelagert ist, und zwar vom Wareneingang bis zum Verkauf an den Kunden. Je geringer die Lagerdauer ist, desto kürzer wird das eingesetzte Kapital im Lager gebunden.

Durchschnittliche Lagerdauer: Kennzahl, die angibt, wie lange die Ware im Durchschnitt bis zum Verkauf gelagert wird.

Das Jahr wird aus Gründen der Vereinfachung mit 360 Tagen angesetzt.

Berechnung:

$$\text{Durchschnittliche Lagerdauer} = \frac{360 \text{ Tage}}{\text{Umschlagshäufigkeit}}$$

Beispiel

Ein Schuhfachgeschäft hat eine Umschlagshäufigkeit von 1,6 errechnet.

$$\text{Durchschnittliche Lagerdauer} = \frac{360 \text{ Tage}}{1,6} = 225 \text{ Tage}$$

Ein Schuhpaar befindet sich demnach für 225 Tage im Verkaufs- und/oder Reservelager, bis es verkauft worden ist.

Umschlagshäufigkeit und durchschnittliche Lagerdauer hängen miteinander zusammen. Wird ein bestimmter Lagerbestand z. B. zweimal im Jahr umgeschlagen (Umschlagshäufigkeit = 2), so liegt die Ware durchschnittlich ein halbes Jahr (180 Tage) im Lager, bevor sie verkauft wird. Erhöht sich die Umschlagshäufigkeit z. B. auf einen Wert von 3, so beträgt die durchschnittliche Lagerdauer nur noch 120 Tage.

■ Lagerreichweite

Kann ein Lieferant aus irgendwelchen Gründen die nachbestellte Ware nicht liefern, ist es für den Einzelhändler wichtig zu bestimmen, wie lange er noch bei durchschnittlichem Verkauf mit seiner gelagerten Ware auskommt.

Lagerreichweite: Kennzahl, die angibt, wie lange der Lagerbestand bei durchschnittlichem Lagerabgang ausreicht, um die Verkaufsbereitschaft sicherzustellen.

Berechnung:

$$\text{Lagerreichweite} = \frac{\text{Lagerbestand}}{\text{durchschnittlicher Lagerabgang pro Tag}}$$

Beispiel

Am 30. Juni beträgt der Lagerbestand 18 900 Kartons. Durchschnittlich verlassen pro Tag 360 Kartons das Lager.

$$\text{Lagerreichweite} = \frac{18\,900}{360} = 52 \text{ Tage}$$

Der aktuelle Lagerbestand reicht aus, um für 52 Tage die Verkaufsbereitschaft aufrecht zu erhalten.

■ Lagerzinssatz

Kapitalbindung = im Lager gebundene Geldmittel

Die Produkte im Lager binden Kapital, weil die Güter in der Regel beim Lieferanten bezahlt werden müssen, bevor sie verkauft werden können. Die im Lager gebundenen Geldmittel hätte der Einzelhändler auch bei einer Bank zinsbringend anlegen können. Mit der Berechnung des Lagerzinssatzes lässt sich bestimmen, auf wie viel Zinsen der Einzelhändler bei seiner Bank verzichtet hat, weil er das Kapital stattdessen in die gelagerten Waren investiert hat.

Lagerzinssatz: Kennzahl, die die Zinskosten angibt, die durch die gelagerten Waren entstehen.

Berechnung:

$$\text{Lagerzinssatz} = \frac{\text{Jahreszinssatz}}{\text{Umschlagshäufigkeit}}$$

Weil die Umschlagshäufigkeit mit der durchschnittlichen Lagerdauer zusammenhängt (siehe Formel oben), kann man den Lagerzinssatz auch nach folgender Formel berechnen:

$$\text{Lagerzinssatz} = \frac{\text{Jahreszinssatz} \times \text{durchschnittliche Lagerdauer}}{360}$$

Beispiel

In einem Einzelhandelsunternehmen beträgt der Wareneinsatz 600 000,00 €. Der durchschnittliche Lagerbestand ist mit 150 000,00 € anzusetzen; der Bank-Zinssatz lautet 6 %.

Umschlagshäufigkeit: $\dfrac{\text{Jahresverbrauch}}{\text{durchschnittlicher Lagerbestand}} = \dfrac{600\,000,00\ €}{150\,000,00\ €} = 4$

Durchschnittliche Lagerdauer: $\dfrac{360}{4} = 90$ Tage

Lagerzinssatz $= \dfrac{6 \times 90}{360} = 1,5\ \%$

Bei einem durchschnittlichen Lagerbestand von 150 000,00 € entstehen Lagerzinsen in folgender Höhe:

Lagerzinsen $= \dfrac{150\,000,00\ € \times 1,5}{100} = 2\,250,00\ €$

Hätte das Einzelhandelsunternehmen die Geldmittel, die durch die gelagerten Produkte gebunden sind, bei einer Bank angelegt, hätte es dafür 2 250,00 € Zinsen erhalten.

Wirtschaftliche Lagerhaltung im Onlinehandel

Die Lagerung und der Versand von Waren ist im Onlinehandel mit großem Aufwand und hohen Kosten verbunden. Wächst das Onlinegeschäft, wachsen auch der Platzbedarf und der Umfang der Versandarbeiten im Lager. Schnell steht der Onlinehändler dann vor der Entscheidung, ob er alles selbst macht oder vielleicht sogar ganz auf eine eigene Logistik verzichtet.

■ Lagerung und Versand werden vom Onlinehändler selbst durchgeführt

Nur eine lückenlose Organisation aller Abläufe im Lager ermöglicht langfristig die Wirtschaftlichkeit des Onlinegeschäfts. Alle Tätigkeiten zur Abwicklung einer Onlinebestellung müssen reibungslos ineinandergreifen. Voraussetzung ist die entsprechende räumliche Gestaltung des Lagers sowie die Bereitstellung der erforderlichen Förder- und Hilfsmittel. Eine deutliche Zeitersparnis ist durch das Verfahren des **Cross Docking** zu erzielen. Die Ware wird dabei vor der Einlagerung mithilfe eines Barcodescans identifiziert. Stellt sich dabei heraus, dass für einen Artikel bereits eine Onlinebestellung vorliegt, wird er direkt zur Versandstation gebracht und verschickt. Das zeitaufwendige Einlagern entfällt und die Lagerdauer der Ware wird minimiert.

■ Lagerung und Versand werden an externe Dienstleister übertragen (Outsourcing)

Entscheidet der Onlinehändler sich gegen ein eigenes Lager, kann er auf unterschiedliche Modelle des Outsourcings zurückgreifen.

Fulfillment
Beim Fulfillment lagert der Onlinehändler seinen Warenbestand bei einem Fulfillment-Dienstleister ein. Trifft nun eine Bestellung beim Onlinehändler ein, wird diese an den Fulfillment-Dienstleister weitergeleitet. Dort erfolgt dann die Kommissionierung der Ware, der Versand an den Kunden und die Retourenabwicklung. Pro Bestellung oder Tätigkeit ist eine Gebühr an den Fulfillment-Dienstleister zu zahlen. Mit seinem Service „Versand durch Amazon" ist Amazon als namhafter Dienstleister in diesem Bereich vertreten. Der Onlinehändler kann sich aber auch für eine Reihe anderer Anbieter entscheiden.

Dropshipping
Beim Dropshipping geht die Auslagerung noch einen Schritt weiter. Hierbei kauft der Händler die Waren, die er in seinem Onlineshop anbietet, vorab gar nicht mehr ein. Die Artikel verbleiben beim jeweiligen Lieferanten. Trifft nun eine Onlinebestellung ein, wird der Lieferant darüber informiert. Die bestellten Waren werden anschließend im Namen des Onlinehändlers direkt vom Lieferanten zum Kunden versendet.
Vorteilhaft ist die geringe Kapitalbindung, da der Vorabeinkauf der Waren entfällt. Außerdem muss der Onlinehändler keine großen Lagerkapazitäten vorhalten, was ebenfalls Kosten spart. Schwierigkeiten beim Dropshipping treten auf, wenn der Onlinehändler in seinem Shop Waren von mehreren unterschiedlichen Lieferanten anbietet. Der Versand wird dann komplizierter und kostspieliger.

Wirtschaftliche Lagerhaltung		
Wirtschaftliche Lagerhaltung:	Streben nach ständiger Verkaufsbereitschaft bei geringen Lagerkosten	
Lagerkosten:	Unterscheidung nach der:	
	1. Abhängigkeit vom Lagerbestand: variable und fixe Lagerkosten	2. Entstehung: Kapitalbindungskosten, Lagerrisiko, Warenpflege, Bau bzw. Miete des Lagers, Einrichtung, Lagerbereitschaft, Instandhaltung, Versicherung, Personal, Sachkosten
Lagerkennzahlen:	* Wareneinsatz, Umsatz, Warenabsatz: Wie viel Waren wurden verkauft, bewertet zu Einkaufspreisen, Verkaufspreisen und Stückzahlen?	
	* Durchschnittlicher Lagerbestand: Wie viel Waren befinden sich durchschnittlich im Lager?	
	* Umschlagshäufigkeit: Wie schnell werden die gelagerten Waren wieder verkauft?	
	* Durchschnittliche Lagerdauer: Wie lange werden die Waren durchschnittlich gelagert?	
	* Lagerreichweite: Wie lange reicht der Lagerbestand noch aus, wenn keine neue Ware geliefert wird?	
	* Lagerzinssatz: Welche (Zins-)Kosten verursacht die Lagerhaltung?	

9   Inventur

9.1   Begriff

Ein Kaufmann ist gesetzlich verpflichtet, zu Beginn seiner Geschäftstätigkeit und am Ende eines jeden Geschäftsjahres eine Inventur durchzuführen. Mithilfe der Inventur wird festgestellt, über welche **Vermögenswerte** der Kaufmann verfügt und wie hoch seine **Schulden** (= Fremdkapital) sind.

Inventur: Tätigkeit der Erfassung aller Vermögenswerte und Schulden (= Fremdkapital) eines Unternehmens zu einem bestimmten Zeitpunkt.

Anne Kersting hat ein Fachgeschäft für Tierbekleidung eröffnet. Die Inventur, die sie zu Beginn ihrer Geschäftstätigkeit durchführt, liefert ihr folgendes Bild über die Zusammensetzung ihres Vermögens und ihres Kapitals:

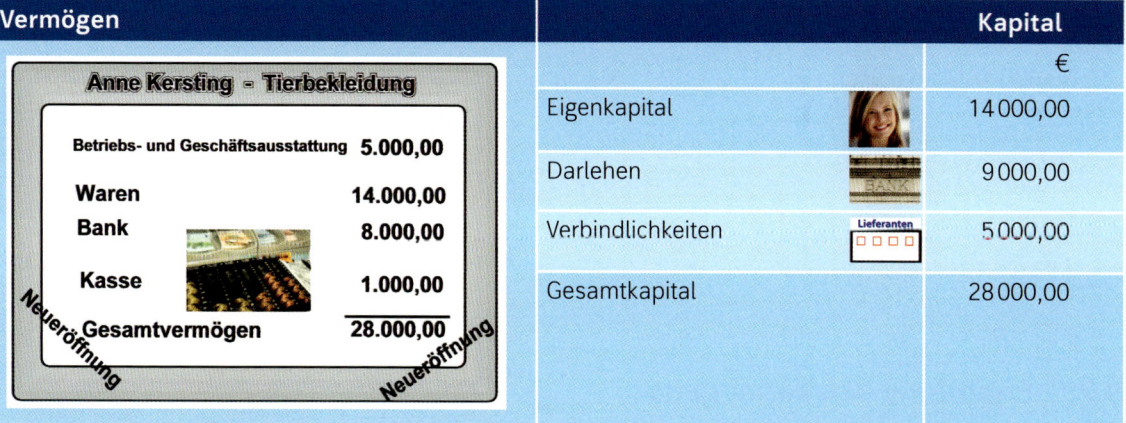

Vermögen		Kapital	
			€
Anne Kersting – Tierbekleidung		Eigenkapital	14 000,00
Betriebs- und Geschäftsausstattung 5.000,00		Darlehen	9 000,00
Waren 14.000,00		Verbindlichkeiten	5 000,00
Bank 8.000,00		Gesamtkapital	28 000,00
Kasse 1.000,00			
Gesamtvermögen 28.000,00			

Das Vermögen beträgt 28 000,00 €:

* Betriebs- und Geschäftsausstattung (z. B. Verkaufsregale, die Kasse, ein Computer): 5 000,00 €,
* die Waren im Geschäft: 14 000,00 €,
* der Bestand auf dem Bankkonto: 8 000,00 €,
* das Bargeld in der Kasse: 1 000,00 €.

Ihre Schulden (das Fremdkapital) belaufen sich auf 14 000,00 €:

* ein Darlehen der Bank 9 000,00 €,
* Verbindlichkeiten gegenüber Lieferern für eingekaufte Waren 5 000,00 €.

Der Unterschied zwischen dem Vermögen und den Schulden ist das, was sie selbst in das Geschäft einge-bracht hat, ihr **Eigenkapital** (14 000,00 €).

Anne Kersting muss am Ende des Geschäftsjahres erneut eine Inventur durchführen, um festzustellen, wie hoch die Vermögenswerte und Schulden nach einem Jahr betrieblicher Tätigkeit anzusetzen sind.

■ Bestandsaufnahme

Die Bestandsaufnahme von Gegenständen (z. B. Waren, Gebäude, Geschäftsausstattung, Fuhrpark) erfolgt durch Zählen, Messen, Wiegen und Schätzen. Sie werden dabei nach Art, Menge und Preis erfasst. Da jeder Gegenstand in Augenschein genommen wird, spricht man auch von **körperlicher Inventur**.

Inventur-tätigkeiten	Beispiele
Zählen	In einem Schreibwarengeschäft sind Kugelschreiber eines bestimmten Typs mehrfach vorhan-den. Die genaue Stückzahl wird durch Zählen festgestellt.
Messen	Ein Textilfachgeschäft verkauft auch Stoffe als Meterware. Von einem angebrochenen Ballen Stoff ist die verbleibende Restmenge zu messen.
Wiegen	Ein Baumarkt führt eine große Auswahl an Schrauben, die in offenen Behältern gelagert werden. Durch Wiegen kann die Stückzahl annähernd ermittelt werden, da es viel zu aufwendig wäre, jede einzelne Schraube zu zählen.
Schätzen	In der Textilabteilung eines Warenhauses sind immer noch Produkte aus der Vorsaison vorrätig. Die Verkäuflichkeit der Ware ist aus modischen Gründen eingeschränkt. Der Wert jedes Produkts muss in Abhängigkeit seines Alters geschätzt werden.

Teilweise ist eine körperliche Bestandsaufnahme nicht möglich. Das gilt für Bestandswerte, die materiell nicht greifbar sind, wie immaterielle Vermögensgegenstände (z. B. Bankguthaben), Forderungen und Ver-bindlichkeiten. Die Höhe dieser Positionen wird anhand von Belegen und Aufzeichnen der Buchführung ermittelt. Die Bestandsaufnahme erfolgt hierbei in Form einer **Buchinventur**.

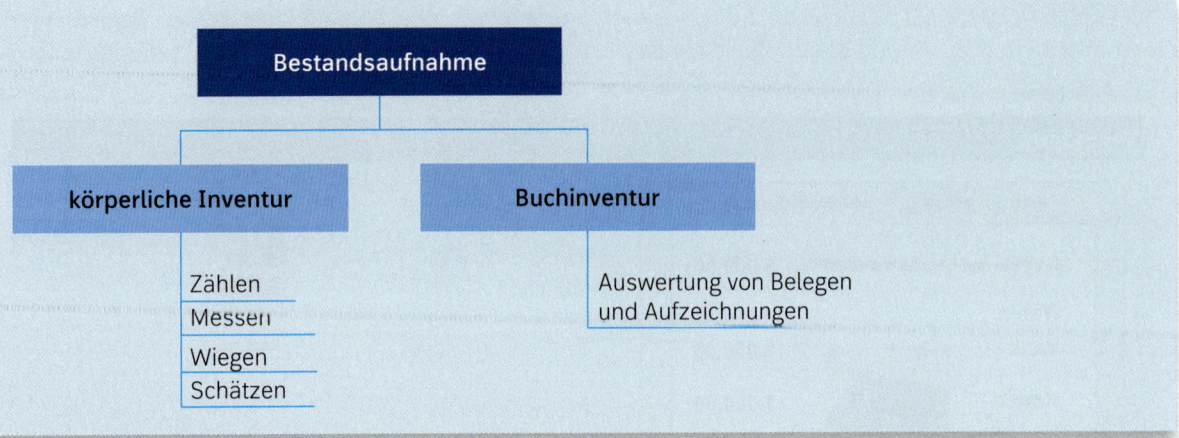

9.2   Ermittlung des Vermögens

■ Warenbestand

Für den Einzelhandel hat die Erfassung und Bewertung des Warenbestands die größte Bedeutung. Er hat so die Möglichkeit, die Höhe des Lagerbestands und das Alter des Warenbestands, allgemein die Verkäuflichkeit der Waren zu ermitteln.

Wegen der Vielzahl der Artikel sollte die zeitaufwändige Wareninventur besonders sorgfältig geplant werden. Folgende Vorgehensweise bietet sich an:

1. In einer Liste wird festgehalten, wo sich Waren befinden (Verkaufslager, Reservelager, Schaufenster, Auswahlsendungen bei Kunden).
2. Fremdes Eigentum wird ausgesondert (geliehene, gemietete Gegenstände, Reparaturaufträge von Kunden, angezahlte, aber nicht abgeholte Ware).
3. Retouren werden an Lieferanten zurückgeschickt.
4. Alle Wareneingänge sind auszupacken und einzusortieren.
5. Inventurlisten werden vorbereitet.
6. Inventurbereiche sind festzulegen und verantwortliche Mitarbeiter zu bestimmen.
7. Die Artikel werden gezählt, gemessen, gewogen oder geschätzt und mit ihren Verkaufspreisen in Inventurlisten eingetragen.

RFID = Radio Frequency Identification („Identifizierung per Funk"), siehe Lernfeld 5

Inventurroboter: Zukünftig werden vermehrt Roboter bei der Inventur eingesetzt. Sind alle Artikel z. B. mit RFID-Chips ausgestattet, kann der Roboter die Warenbestände im „Vorbeifahren" erfassen.

■ Inventurliste

Die Inventurliste besteht aus zwei Teilen:

1. Abschnitt: Warenaufnahme

Im ersten Abschnitt werden die Waren erfasst und beschrieben (Preis, Alter, Zustand). Diese Arbeit wird im Verkaufs- und Reservelager durchgeführt. Für viele Mitarbeiter im Einzelhandelsbetrieb ist diese körperliche Bestandsaufnahme die eigentliche Inventurarbeit.

Inventurliste					
Warengruppe: Textilien	Tag der Aufnahme: 31. Dezember 20(0)				Blatt 12
1. Warenaufnahme					
Nr.	Warenbezeichnung	Stück	Verkaufspreis in €/Stück	Alter (Monate)	Zustand der Ware	Gesamt-Verkaufspreis in €
286	Herren-T-Shirt	10	19,00	6–12	aus Vorsaison	190,00

2. Abschnitt: Bewertung

Im zweiten Teil der Inventurliste werden die aufgenommenen Artikel bewertet. Diese Arbeit wird im Büro des Einzelhändlers erledigt. Die **Bewertung** der Warenbestände erfolgt dabei immer zum Einstandspreis (Bezugspreis, EK-Preis). Solange eine Ware noch nicht verkauft ist, kann sie nur mit dem Einstandspreis in das Vermögen des Einzelhändlers eingehen, weil die entscheidende Leistung des Einzelhandels, der Verkauf der Ware an den Kunden, noch nicht erbracht worden ist.

Außerdem muss geprüft werden, ob die Ware noch die ursprüngliche Verkaufsfähigkeit besitzt. Beschädigte und veraltete Produkte sowie schlecht sortierte Einzelposten (Reststücke) sind in ihrem Wert gemindert. Sie lassen sich gewöhnlich nicht mehr zum ursprünglich kalkulierten Preis verkaufen. Diese Wertminderung wird durch den sogenannten **Teilwertabschlag** zum Ausdruck gebracht.

Inventurliste					
Warengruppe: Textilien				Blatt 12	
2. Bewertung					
Nr.	Gesamt-Verkaufspreis in €	Kalkulations-abschlag in %	Gesamt-Einkaufspreis in €	Teilwert-abschlag in %	Wertansatz für die Inventur (Inventurwert)
286	190,00	45	104,50	25	78,38

Inventurliste: Zusammenfassung der Bestandsaufnahme in Form der Warenbezeichnungen, Mengen und Altersangaben der Artikel sowie der Bewertung der Warenbestände.

Ermittlung des Gesamt-Einkaufspreises mithilfe des Kalkulationsabschlags

In der Inventurliste wird zunächst der Gesamt-Verkaufspreis (als Bruttoverkaufspreis) mithilfe des Kalkulationsabschlags auf den Gesamt-Einkaufspreis (= Bezugspreis) zurückgerechnet.

$$\text{Gesamt-Einkaufspreis} = \frac{190 \cdot (100 - 45)}{100} = 104{,}50 \text{ €}$$

■ Kalkulationsabschlag

Bei der Bestandsaufnahme des Warenlagers ist zwar der Bruttoverkaufspreis aufgrund der Preisauszeichnung bekannt, für die Bewertung des Warenlagers wird aber der Bezugspreis benötigt. Der **Kalkulationsabschlag** ist ein Prozentabschlag, mit dem man den Bezugspreis aus dem Bruttoverkaufspreis errechnet.

In der Lernsituation wird der Begriff „Inventurabschlag" verwendet.

Vorwärtskalkulation	€
Bezugspreis	104,50
+ HKZ **41,48 %**	**43,34**
= Selbstkostenpreis	147,84
+ Gewinnzuschlag **8 %**	**11,83**
Nettoverkaufspreis	159,67
+ Umsatzsteuer **19 %**	**30,34**
Bruttoverkaufspreis	190,00

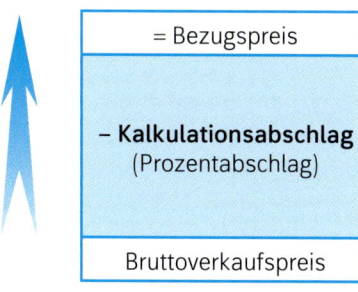

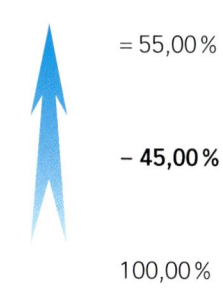

= Bezugspreis = 55,00 %

– **Kalkulationsabschlag** (Prozentabschlag) – 45,00 %

Bruttoverkaufspreis 100,00 %

Kalkulationsabschlag siehe auch Seite 195.

Die Differenz (= Abschlag) zwischen Bruttoverkaufspreis und Bezugspreis beträgt 85,50 €. In die Prozentrechnung umgesetzt bedeutet das:

Bruttoverkaufspreis	190,00 € – 100 %	$\dfrac{100 \cdot 85{,}50}{190{,}00}$ = **45 %**
Abschlag	85,50 € – x %	

$$\textbf{Kalkulationsabschlag} = \frac{100 \times \textbf{Abschlag in €}}{\textbf{Bruttoverkaufspreis}}$$

Ermittlung des Teilwertes mithilfe des Teilwertabschlags

Der Bezugspreis gibt den Wert der Ware wieder, den sie bei der Lieferung hat. Im Laufe der Zeit verliert die Ware allerdings häufig an Wert. Im Beispiel sind die Herren-T-Shirt zwischen 6 und 12 Monate alt und stammen zudem aus der Vorsaison. Da sie nicht mehr zum ursprünglichen Preis verkauft werden können, wurde eine Wertminderung von 25 % angesetzt. Vermindert man den Einkaufspreis (Bezugspreis) um 25 %, erhält man somit den **Teilwert**. Das ist der neue **Inventurwert** für die Herren-T-Shirts, mit dem sie in die Inventurliste geführt werden. Für Teilwertabschläge ist auch der Ausdruck „Abschreibung"/„Abschriften" gebräuchlich.

$$\text{Teilwert} = \frac{104{,}50 \cdot 75}{100} = 78{,}38 \text{ €}$$

Teilwert: Wert, der bei der Inventur für die Ware angesetzt wird, falls die Verkäuflichkeit des Artikels am Inventurtag niedriger ist als zum Zeitpunkt des Einkaufs.

Inventursummenblatt

Das Inventursummenblatt fasst die Inventurwerte der Warenvorräte nach Warengruppen zusammen. Die Bewertung erfolgt zu Einstandspreisen.

Inventursummenblatt			
Nr.	**Warengruppe**	**Inventurlisten Nr.**	**Inventurwert €**
1	Damenschuhe	1–18	320 700,00
2	Herrenschuhe	19–28	155 325,00
3	Kinderschuhe	29–37	123 900,00
4	Pflegemittel	38	6 850,00
Summe			606 775,00

■ Zahlungsmittelbestand

* **Bargeldbestand**
Der Wert des Bargelds wird am Inventurtag an der Kasse durch den Kassenabschluss festgestellt.
* **Guthaben** bei Kreditinstituten (Banken, Sparkassen)
Der Kontoauszug des Kreditinstituts zum Inventurtag weist die Höhe des Zahlungsmittelbestandes auf dem Konto aus.

■ Forderungen gegenüber Kunden

Der Bestand an Forderungen wird dem Konto „Forderungen" entnommen. Es ist auch möglich, die offenstehenden Forderungen mithilfe eines Warenwirtschaftssystems ausweisen zu lassen (Offene-Posten-Liste Kunden).

■ Anlagevermögen

Gegenstände des beweglichen Anlagevermögens hat der Einzelhändler in einem Bestandsverzeichnis aufzuzeichnen. Das Bestandsverzeichnis gibt Auskunft darüber, welche Gegenstände sich im Betrieb befinden, zu welchem Preis sie wann angeschafft worden sind und welche Wertminderung („Abschreibung" oder auch „Absetzung für Abnutzung") sie erfahren haben. Aus dem Bestandsverzeichnis lässt sich außerdem der Inventurwert der Anlagegegenstände zum 31.12. entnehmen, wenn man vom Wert zum Jahresbeginn die Wertminderung des laufenden Jahres abzieht.

Bestandsverzeichnis					
Nr.	**Bezeichnung des Gegenstandes**	**Anschaffungswert €**	**Anschaffungsdatum**	**Wert zum 01.01.20(0) €**	**Wertminderung 20(0) €**	**Inventurwert zum 31.12.20(0) €**
1	Büroschrankwand	12 000,00	13.02.20(-4)	7 200,00	1 200,00	6 000,00
2	Büroschrank	3 000,00	13.02.20(-4)	1 800,00	300,00	1 500,00
3	usw.					

9.3 Ermittlung der Schulden (Fremdkapital)

Die Schulden werden mithilfe der Buchinventur erfasst. Die Darlehensschulden gegenüber der Bank können durch einen Kontoauszug nachgewiesen werden. Die Verbindlichkeiten gegenüber den Lieferern erhält man aus der Buchführung oder aus dem Warenwirtschaftssystem über eine Offene-Posten-Liste. Kontoüberziehungen auf dem laufenden Konto bei Kreditinstituten (Bankschulden) werden über den Kontoauszug nachgewiesen.

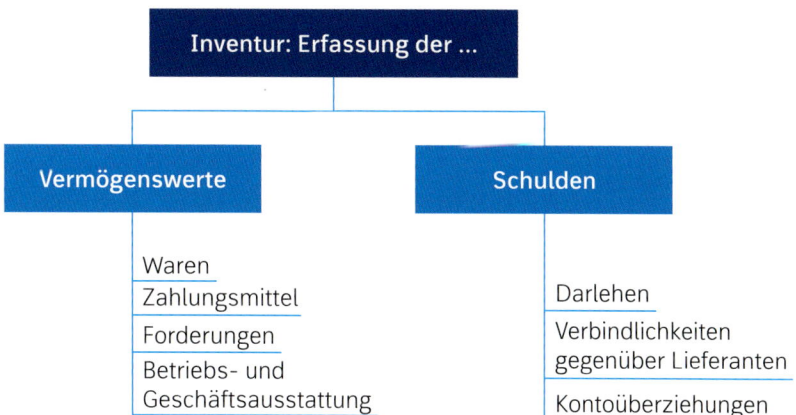

9.4 Inventurverfahren

Steuerliche Vorschriften und das Handelsgesetzbuch lassen verschiedene Inventurverfahren zu, die auch zu unterschiedlichen Inventurzeitpunkten führen können.

■ Stichtagsinventur

Kleinere und mittlere Betriebe haben gewöhnlich als Datum für den Jahresabschluss (Bilanzstichtag) den 31.12. eines Jahres, weil bei ihnen Geschäfts- und Kalenderjahr identisch sind. Der Bilanzstichtag ist der Zeitpunkt, an dem das Geschäftsjahr endet.

Die körperliche Bestandsaufnahme soll zeitnah zum Bilanzstichtag durchgeführt werden. Als zeitnah gilt eine Frist von zehn Tagen vor oder nach dem Bilanzstichtag. Wenn man das Geschäftsjahr abweichend vom Kalenderjahr festlegt, z. B. vom 01.04. bis 31.03. (Zustimmung des Finanzamts ist erforderlich), kann man die Inventur in einer ruhigeren Jahreszeit oder in einer Zeit mit besonders niedrigen Warenbeständen durchführen. In jedem Fall sind die Inventurwerte auf den Bilanzstichtag fortzuschreiben oder zurückzurechnen.

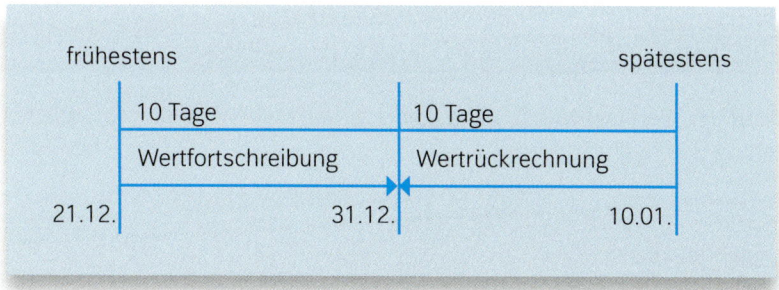

Stichtagsinventur: Die körperliche Bestandsaufnahme erfolgt zeitnah zum Ende des Geschäftsjahres, zum Beispiel am 31.12.

■ Verlegte Inventur

Die Bestandsaufnahme kann auch bis zu drei Monate vor oder bis zu zwei Monate nach dem Bilanzstichtag erfolgen, wenn die Bestandsveränderungen zwischen Aufnahmetag (z. B. 15.10.) und Bilanzstichtag (z. B. 31.12.) fortgeschrieben bzw. zurückgerechnet werden.

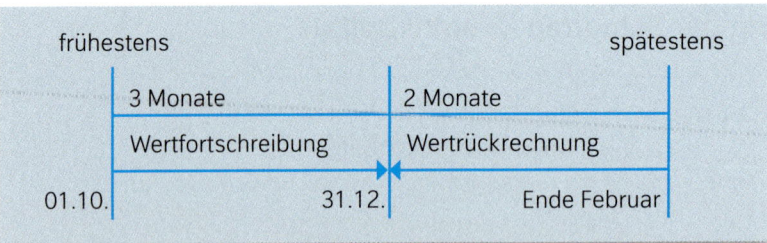

Verlegte Inventur: Die körperliche Bestandsaufnahme erfolgt bis zu drei Monate vor oder zwei Monate nach dem Ende des Geschäftsjahres.

■ Permanente Inventur

Können alle Warenbewegungen nach Datum, Art, Menge und Wert erfasst werden (z. B. mithilfe eines computergesteuerten Warenwirtschaftssystems), kann die körperliche Bestandsaufnahme einzelner Warengruppen auf mehrere Zeitpunkte des Geschäftsjahres verteilt werden (Teilinventuren). Die „Streckung" der Inventur auf mehrere Termine ermöglicht die Ausnutzung verkaufsschwacher Zeiten oder niedriger Bestände bei bestimmten Warengruppen. Zum Bilanzstichtag werden die Buchwerte aus Lagerkarteien oder aus dem Warenwirtschaftssystem als Inventurwerte zugrunde gelegt.

Permanente Inventur: Die körperliche Bestandsaufnahme erfolgt für die einzelnen Warengruppen zu unterschiedlichen Zeitpunkten während des Geschäftsjahres.

■ Fortschreibung bzw. Rückrechnung von Inventurwerten

Wird die Inventur nicht am Bilanzstichtag durchgeführt, ist eine **Fortschreibung** oder **Rückrechnung** der Inventurwerte auf den Bilanzstichtag erforderlich. Dies wird vor allem bei den Warenvorräten nötig, weil sie sich oft täglich ändern.

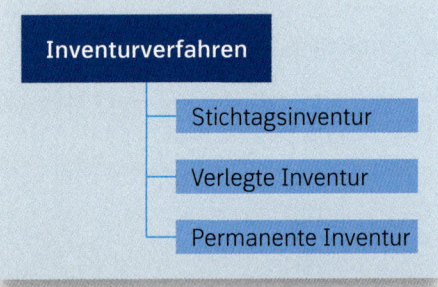

Die **Fortschreibung** des Warenbestandes ist erforderlich, wenn die Inventur vor dem Bilanzstichtag durchgeführt wird. Die Wertveränderungen beim Warenbestand werden bei der Fortschreibung nach folgendem Verfahren errechnet:

Wert des Warenbestandes am Inventurtag (EK-Preise)
+ Wert des Wareneingangs (EK-Preise)
– Wert der bis zum Bilanzstichtag verkauften Waren zu EK-Preisen
= Wert der Warenvorräte am Bilanzstichtag zu EK-Preisen

Bei der **Rückrechnung** der Warenvorräte ist *umgekehrt* zu verfahren. Sie ist erforderlich, wenn die Inventur *nach* dem Bilanzstichtag durchgeführt wird.

Wert des Warenbestandes am Inventurtag (EK-Preise)
– Wert des Wareneingangs (EK-Preise)
+ Wert der bis zum Bilanzstichtag verkauften Waren zu EK-Preisen
= Wert der Warenvorräte am Bilanzstichtag zu EK-Preisen

9.5   Inventurdifferenzen

In der Buchführung eines Einzelhandelsunternehmens werden Soll-Werte erfasst. Ein Blick in das Warenwirtschaftssystem zeigt zum Beispiel den **Soll-Bestand** eines einzelnen Artikels zu einem bestimmten Zeitpunkt. Der **Ist-Bestand** gibt hingegen den zurzeit tatsächlich vorhandenen Warenbestand wieder. Bei der Inventur ermittelte Abweichungen zwischen Soll- und Ist-Beständen werden als **Inventurdifferenzen** bezeichnet.

Inventurdifferenz: Unterschied zwischen buchhalterisch ermitteltem Soll-Bestand und tatsächlich vorhandenem Ist-Bestand einer Ware

Als Verursacher für Inventurdifferenzen kommen Kunden, Mitarbeiter, Lieferanten und Organisationsmängel in Betracht. Kundendiebstähle sind dabei für rund die Hälfte aller Inventurdifferenzen verantwortlich.

Siehe auch
Ladendiebstahl
Seite 239

Aus Sicht des Einzelhändlers sind organisatorische Mängel am einfachsten zu beseitigen. Dazu muss er sich erst einmal einen Überblick verschaffen, welche Organisationmängel zu Inventurdifferenzen führen können:

Bereiche, in denen es zu Inventurdifferenzen kommen kann:	
Wareneingangs-kontrolle	Fehler bei der **Kontrolle des Wareneingangs**: Eingehende Waren werden gewöhnlich mit dem Lieferschein verglichen. Wird eine überhöhte Mengenangabe auf dem Lieferschein nicht bemerkt, und wird der Warenzugang auf der Grundlage des Lieferscheins erfasst, entsteht automatisch eine Inventurdifferenz.
Schwund	**Schwund** wird nicht erfasst: Unverkäufliche Produkte in der Gemüsetheke werden regelmäßig aussortiert und „abgeschrieben". Versäumt es der Einzelhändler, diesen Warenabgang zu buchen, entsteht ein erhöhter Soll-Bestand im Warenwirtschaftssystem.
Warenrückgaben	**Warenrückgaben** werden nicht gebucht: Gibt ein Kunde eine Ware z. B. innerhalb der eingeräumten Umtauschfrist zurück, muss dieser Warenzugang auch im Warenwirt-schaftssystem erfasst werden. Andernfalls ist der Ist-Bestand höher als der Soll-Bestand.
Warenverkäufe	Falsche Erfassung von **Warenverkäufen**: Manche Artikel werden an der Kasse nicht eingescannt, sondern von Hand eingegeben. Wird eine falsche Artikelnummer eingetippt, bucht das System auch vom falschen Bestand ab.
Schreib- und Zählfehler	**Schreib- und Zählfehler** bei der Inventur: Wird z. B. die Schaufensterware bei der Inventur vergessen, wird ein niedrigerer Warenbestand ausgewiesen, als tatsächlich vorhanden ist.

Das Beispiel „Schaufensterware" zeigt, dass Inventurdifferenzen aufgrund organisatorischer Mängel nicht unbedingt zu einem echten Schaden führen. Es wird ein Warenverlust festgestellt, obwohl die Produkte tatsächlich vorhanden sind. Auch wenn z. B. eingehende Ware mit einer zu niedrigen Menge erfasst wird, entsteht eine Inventurdifferenz, ohne dass ein Schaden entstanden ist.

In einen weiteren Schritt muss der Einzelhändler dann konkrete, organisatorische Maßnahmen zur Vermeidung der Inventurdifferenzen durchführen. Dazu zählen:

* Arbeitsanweisungen für die Eingangskontrolle verfassen und deren Einhaltung kontrollieren
* verantwortliche Mitarbeiter für bestimmte Warengruppen benennen und schulen
* Formulare für Abschriften und Warenrückgaben entwerfen und Mitarbeiter in der Handhabung der Formulare unterweisen
* Kassenpersonal regelmäßig schulen
* Warenbestände bei der Inventur durch Zweierteams erfassen (einer zählt, der Zweite schreibt auf und kontrolliert)
* technische Hilfsmittel bei der Inventur nutzen (MDE, Mobile Datenerfassungsgeräte) u. a.

Zusammenfassung

Inventur		
Inventur:	Körperliche und buchmäßige Bestandsaufnahme aller Vermögensteile und Schulden zu einem bestimmten Stichtag	
	Körperliche Inventur: Körperliche Gegenstände werden gezählt, gemessen, gewogen und geschätzt.	Buchinventur: Nicht körperliche Gegenstände werden anhand von Buchführungsunterlagen erfasst.
Inventurliste:	Systematische Zusammenfassung der Warenbestände, in der die Waren mit * ihrer Artikelbezeichnung, dem Alter und Zustand sowie * ihrem Warenwert in Euro aufgelistet werden.	
Inventurverfahren:	1. Stichtagsinventur: zum Ende des Geschäftsjahres 2. Verlegte Inventur: bis zu drei Monate vor oder zwei Monate nach Ende des Geschäftsjahres 3. Permanente Inventur: zu unterschiedlichen Zeitpunkten während des Geschäftsjahres	

Ermittlung des Eigenkapitals

A Vermögen
* Anlagevermögen
* Umlaufvermögen

B Schulden
* Langfristige Schulden
* Kurzfristige Schulden

C Eigenkapital

Zusammenfassung

Inventar	
Inventar:	Verzeichnis, in dem die Inventurwerte in übersichtlicher Form aufgelistet werden.
Aufbau des Inventars:	* Das Inventar gliedert sich in die Abschnitte „A. Vermögen" (unterteilt nach Anlage- und Umlaufvermögen), „B. Schulden" (unterteilt in langfristige und kurzfristige Schulden) und „C. Ermittlung des Eigenkapitals". * Die Vermögenswerte werden nach zunehmender Liquidität geordnet, die Schulden (Fremdkapital) nach ansteigender Fälligkeit.
Anlagevermögen:	Vermögensteile, die dem Unternehmen langfristig dienen.
Umlaufvermögen:	Vermögensteile, die nur kurzfristig im Unternehmen verbleiben.
Schulden:	Fremdkapital eines Unternehmens
Eigenkapital:	Mittel, die der Eigentümer zur Finanzierung des Vermögens bereitgestellt hat.

LERNFELD 8
Geschäftsprozesse erfassen und kontrollieren

1 Private Haushaltsplanung

1.1 Mit dem Einkommen auskommen

Die Verschuldung der privaten Haushalte steigt. Immer mehr Menschen haben Schwierigkeiten, ihren Lebensunterhalt mit ihrem vorhandenen Einkommen zu bestreiten. Die Konsumgewohnheiten von Menschen richten sich nach bestimmten Verhaltensweisen, die man im Laufe der Zeit – z. B. im Elternhaus – durch Lernprozesse erworben hat. Wenn man finanziell auf eigenen Beinen steht, muss man sich fragen, ob bestimmte Konsumgewohnheiten mit dem verfügbaren Einkommen zu bezahlen sind. Langfristig müssen sich Einnahmen und Ausgaben die Waage halten. Andernfalls tappt man – eventuell, ohne es sofort zu merken – in die Schuldenfalle.

Informationen zur Schuldnerberatung, z. B.: www.caritas.de/ onlineberatung/ schulden

■ Bedrohliche Anzeichen

Das finanzielle Gleichgewicht einer Privatperson ist gefährdet, wenn vor allem folgende Sachverhalte zutreffen:

* Die gesamten Einnahmen sind verplant.

* Die Überziehung des Bankkontos steigt ständig an. Zum Ausgleich muss ein Kredit aufgenommen werden.

* Der Betroffene traut sich nicht mehr, sich einen Überblick über seine Einnahmen- und Ausgabensituation zu verschaffen.

* Fällige Zahlungen werden auf den nächsten Monat verschoben, weil kein Geld mehr vorhanden ist.

* Zunehmend wird „mit Karte" (Girocard, Kreditkarte) bezahlt und im Versandhandel bestellt, weil es an Bargeld fehlt.

* Es bestehen Zahlungsrückstände bei Miete und anderen festen Ausgaben (z. B. Energiepauschalen, Versicherungsbeiträge).

Eine mittel- und langfristige Planung der Einnahmen und Ausgaben sowie eine kritische Überprüfung der Konsumgewohnheiten können in einer solchen Situation hilfreich sein.

1.2 Haushaltsbuchführung

Mit einer Haushaltsbuchführung verschafft man sich einen Überblick über die persönliche finanzielle Lage und erkennt Punkte, an denen das Einkaufsverhalten, aber auch die Spargewohnheiten verändert werden müssen. Sie macht ferner deutlich, wie viel Geld monatlich zur freien Verfügung steht, nachdem die festen Ausgaben bestritten sind. Außerdem wird durch eine Haushaltsbuchführung eine realistische Finanzplanung über einen längeren Zeitraum hinweg möglich. Planungsgrundlage der Buchführung ist das Kalenderjahr.

Ein Haushaltsbuch wird z. B. von den Sparkassen angeboten: Geld und Haushalt – Beratungsdienst der Sparkassen www.geld-und-haushalt.de

> **Haushaltsbuchführung:** Erfassung aller Einnahmen und Ausgaben als Grundlage für eine persönliche Finanzplanung

Die Haushaltsbuchführung geht in drei Schritten vor:

1. Erfassung der Einnahmen
2. Erfassung der festen Ausgaben
3. Erfassung der veränderlichen Ausgaben

■ Erfassung der Einnahmen

In einem ersten Schritt werden alle regelmäßigen und unregelmäßigen Einnahmen in den einzelnen Monaten erfasst, also auch einmalige Einnahmen wie Urlaubs- oder Weihnachtsgeld, Zinsen oder Geldgeschenke. Werden alle Einnahmen eines Jahres zusammengestellt, erhält man im Jahresüberblick eine wichtige Planungshilfe, die auch Schwankungen bei den Einnahmen rechtzeitig sichtbar macht.

Einnahmen-Übersicht

Einnahmen-Übersicht									
Einnahmen in €									
Einnahmen-Art	Januar	Febr.	März	April	Mai	Juni	Juli	usw.	Summe
Ausbildungsvergütung	560,00	560,00	560,00	560,00	560,00	560,00	560,00	usw.	
Nebenjob	–	50,00	50,00	50,00	50,00	50,00	–	usw.	
Zuschuss von Oma	–	–	–	–	–	–	100,00	–	
Zinsen									
usw.									
Summe	560,00	usw.							

■ Erfassung der festen Ausgaben

Ausgaben, die sich in der Regel kurzfristig nicht ändern, werden als „feste Ausgaben" bezeichnet. Dazu gehören z. B. Miete, Versicherungsbeiträge und Kostgeld. Auch einmalige oder in größeren Abständen (viertel- oder halbjährlich) anfallende Ausgaben sind zu berücksichtigen, z. B. Vereinsbeiträge, Zeitungsabonnements.

Unregelmäßig anfallende Ausgaben können auch auf das Jahr verteilt werden, indem man den Gesamtbetrag auf die Monate umlegt. Damit werden praktisch Rücklagen für die Einmalzahlung gebildet.

Beispiel Jahresversicherung 288,00 € fällig im Dezember, Ausgabe pro Monat: 24,00 €

Übersicht zu den festen Ausgaben

Feste Ausgaben-Übersicht									
Ausgaben in €									
Ausgaben-Art	Januar	Febr.	März	April	Mai	Juni	Juli	usw.	Summe
Kostgeld	50,00	50,00	50,00	50,00	50,00	50,00	50,00	usw.	
Versicherungen	24,00	24,00	24,00	24,00	24,00	24,00	24,00	usw.	
Sparbetrag	40,00	40,00	40,00	40,00	40,00	40,00	40,00		
Sportverein	30,00	–	–	–	–	–	–	–	
usw.									
Summe									

Die festen Ausgaben geben den bereits verplanten Teil der Einnahmen an. Sie zehren oft den größeren Teil der Einnahmen auf. Daher ist es sinnvoll, sich die festen Ausgaben regelmäßig anzusehen. Ist man wirklich noch aktives Mitglied im Sportverein, sodass die Mitgliedschaft sinnvoll ist? Sind alle Versicherungen notwendig? Kann man vielleicht einmal mit den Eltern über die Höhe des Kostgeldes reden? Gibt es in der Stadt preiswertere Wohnungen?

Feste Ausgaben: Ausgaben, die sich kurzfristig nicht ändern.

■ Erfassung der veränderlichen Ausgaben

Veränderliche Ausgaben schwanken in ihrer Höhe und fallen unregelmäßig an.

Ausgaben für Ernährung, Kleidung, Freizeit usw.

Werden die festen Ausgaben von den Einnahmen abgezogen, erhält man den Betrag, der für die veränderlichen Ausgaben zur Verfügung steht. Der Betrag zeigt auch, was man sich noch leisten kann, wenn man seine festen Zahlungsverpflichtungen erfüllt hat.

> **Veränderliche Ausgaben:** Ausgaben, die in der Höhe schwanken und unregelmäßig anfallen.

Verfügungsbetrag für veränderliche Ausgaben

	Summe Einnahmen	−	Summe feste Ausgaben	=	verfügbar für veränderliche Ausgaben
Januar	560,00	−	144,00	=	416,00
Februar	610,00	−	114,00	=	496,00
usw.		−		=	
Summe		−		=	

Es ist sinnvoll, alle veränderlichen Ausgaben nach Ausgabengruppen geordnet aufzuzeichnen.

Übersicht veränderliche Ausgaben						
Datum		Ernährung, Getränke	Kommunikation (Telefon, Porto)	Kleidung, Schuhe	usw.		
Tag	Mon.	€	€	€	€	€	€
02	Jan.	Getränke 25,00	Porto 5,30				
03		Obst & G. 13,50					
usw.							
Summe							

Die Ausgabengruppen können nach eigenen Vorstellungen gebildet werden. Im Laufe der Zeit gewinnt man einen Überblick über die Ausgabenarten und erkennt eventuelle Einsparmöglichkeiten. So wird es möglich, zukünftig bestimmte Ausgabengruppen gezielt zu verringern.

■ Ermittlung der Differenz zwischen Einnahmen und Ausgaben (Monatsüberschuss)

Am Ende eines jeden Monats stellt man fest, ob die verfügbaren Einnahmen ausreichen, um davon alle Ausgaben zu begleichen. Vielleicht bleibt sogar ein Überschuss – oder man muss erkennen, dass man „über seine Verhältnisse" gelebt hat, weil die Ausgaben die Einnahmen übersteigen und Schulden entstanden sind (z. B. in Form einer Kontoüberziehung).

	€
Summe der Monatseinnahmen	560,00
– feste Ausgaben	144,00
= verfügbar für veränderliche Ausgaben	416,00
– Summe veränderliche Ausgaben	360,00
= Überschuss (+)/Fehlbetrag (–)	+ 56,00

■ Belege aufbewahren

Der Wunsch nach genauem Überblick über Einnahmen und Ausgaben sollte dadurch gestützt werden, dass man alle Belege sammelt. Kontoauszüge, Gehaltsabrechnungen, Rechnungen, Mietvertrag und Versicherungsunterlagen sind Beispiele für Belege, die am besten in einem Ordner der Haushaltsbuchführung hinzugefügt werden.

Zusammenfassung

Private Haushaltsplanung		
Finanzielles Gleichgewicht:	Einnahmen und Ausgaben halten sich die Waage.	
Gefährdungssignale:	✳ alle Einnahmen verplant ✳ Kontoüberziehungen	✳ Ausgabenverschiebungen ✳ Zahlungsrückstände u. a.
Haushaltsbuchführung:	Erfassung aller Einnahmen und Ausgaben als Grundlage für eine persönliche Finanzplanung	
Feste Ausgaben:	Ausgaben, die sich kurzfristig nicht ändern	
Veränderliche Ausgaben:	Ausgaben, die in der Höhe schwanken und unregelmäßig anfallen.	
Monatsergebnis:	Überschuss (Einnahmen > Ausgaben) oder Fehlbetrag (Ausgaben > Einnahmen)	

2   Einnahmen- und Ausgabenplanung im Unternehmen

2.1   Wert- und Informationsströme

Ein Einzelhändler kauft Waren ein und bildet aus diesen Waren ein Sortiment, das er den Kunden zum Kauf anbietet.

Der Einkauf führt zu einem Zugang an Waren (**Güterstrom**) in das Unternehmen, gleichzeitig sind Zahlungen an Lieferanten zu leisten. Geld fließt aus dem Unternehmen (**Geldstrom**).

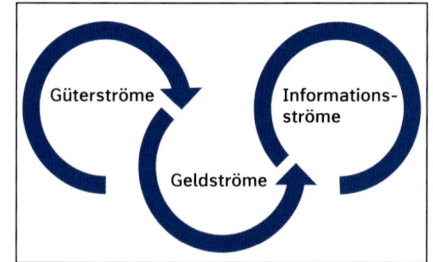

Der Verkauf wiederum führt zu einem Güterstrom aus dem Unternehmen und zu einem Geldstrom in das Unternehmen durch die Zahlungen der Kunden. Wertströme (Geld- und Güterströme) verhalten sich **gegenläufig**.

In beiden Fällen fließen Werte in das Unternehmen hinein oder aus dem Unternehmen hinaus. Sie verändern das **Vermögen** eines Einzelhändlers (Zuflüsse) oder erhöhen seine **Schulden** (Abflüsse).

Wertströme: Güter- und Geldströme führen in Form von Wertzuflüssen oder Wertabflüssen zu einer Veränderung des Vermögens oder der Schulden eines Einzelhändlers.

Beim Verkauf (im Verkaufsgespräch) erfährt der Einzelhändler die Ansprüche der Kunden. Auch die Absatzzahlen zeigen dem Einzelhändler, welche Produkte Kunden bevorzugen. Der Einzelhändler erhält also **Informationen** von seinen Kunden. Diese Informationen kann er an seine Lieferanten weitergeben, damit sie sich besser auf die Kundenansprüche einstellen können. Darüber hinaus erhält der Einzelhändler Angebote, Preislisten oder Lieferbedingungen von seinen Lieferanten. In gleicher Weise wendet sich der Einzelhändler mit Werbung, Sonderangeboten und aktuellen Produktinformationen an seine Kunden. Neben den Geld- und Güterströmen gibt es demnach auch **Informationsströme** in und aus einem Einzelhandelsunternehmen.

Informationsströme im Einzelhandel: Datenaustausch eines Einzelhandelsgeschäftes mit Kunden und Lieferanten.

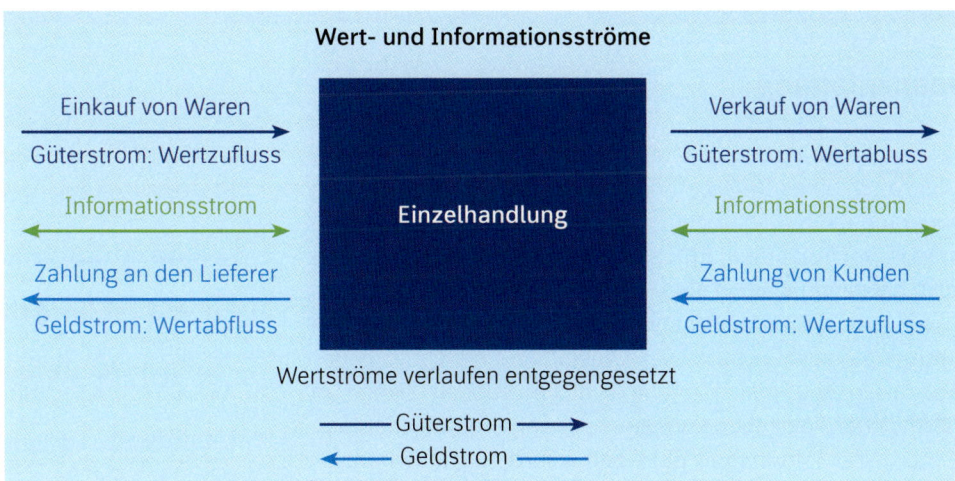

2.2 Abbildung der Wertströme im Rechnungswesen

Das Rechnungswesen hat die Aufgabe, die Wertströme (Güter- und Geldströme), die in einem Einzelhandelsgeschäft anfallen, systematisch zu **erfassen**, **aufzubereiten** und **auszuwerten**.

Belege
Das Rechnungswesen erfasst die Wertströme auf der Grundlage von Belegen. **Belege** enthalten Informationen über Güter- und Geldströme. Sie bilden damit die realen Vorgänge (Geschäftsprozesse, Geschäftsfälle) ab, die sich hinter den Belegen verbergen.

* Kassenabrechnungen
* Eingangsrechnungen von Lieferern
* Ausgangsrechnungen an Kunden
* Gutschriften
* Kontoauszüge der Bank
* Quittungen
* Gehaltsabrechnungen

Beispiele

2.3 Finanzielles Gleichgewicht

Ein Unternehmen muss jederzeit zahlungsbereit (liquide) sein. Dann befindet es sich im finanziellen Gleichgewicht. Die Zahlungsbereitschaft eines Unternehmens ist gesichert, wenn den Ausgaben jederzeit ausreichende Einnahmen, Finanzreserven aus der Vergangenheit und/oder ausreichende Überziehungsmöglichkeiten auf dem Bankkonto gegenüber stehen. Befindet sich ein Einzelhandelsunternehmen in finanziellem Ungleichgewicht, ist der Bestand des Unternehmens gefährdet.

Einnahmen- und Ausgabenströme sind in der Regel nicht gleich hoch. Gerade der Einzelhandel ist oft durch ein Saisongeschäft geprägt. Hohen Einnahmen, z. B. im Weihnachtsgeschäft, folgen häufig geringe Einnahmen in der Nachweihnachtszeit.

gesicherte Zahlungsbereitschaft	
Einnahmen	
Finanzreserven	Ausgaben
Überziehungskredit der Bank	

Die Ausgaben bleiben aber vielfach unverändert, z. B. die Mietzahlung und die Ausgaben für das Personal. Diese Schwankungen müssen rechtzeitig erkannt und es muss entsprechende Vorsorge getroffen werden. Dies geschieht, indem man Finanzreserven bildet oder einen ausreichend hohen Überziehungskredit mit seiner Bank vereinbart.

Finanzielles Gleichgewicht: Der Bestand an Zahlungsmitteln reicht aus, um aktuell bestehende finanzielle Verpflichtungen zu erfüllen. Das Unternehmen ist liquide.

2.4   Finanzplanung

Ein Finanzplan ist eine Übersicht über die voraussichtlichen Einnahmen und Ausgaben eines Unternehmens. Aufgrund von Erfahrungen aus den Vorjahren kann man ungefähr abschätzen, welche Umsätze (und damit welche Einnahmen) im Laufe eines Jahres erzielt werden können. Auch bei den Ausgaben sind Regelmäßigkeiten festzustellen. Die Miete wird z. B. mit dem Vermieter häufig für mehrere Jahre in einer bestimmen Höhe vereinbart. Diese Ausgaben sind fest vorgegebene Größen, die in eine Finanzplanung einfließen können. Zieht man die voraussichtlichen Ausgaben von den zu erwartenden Einnahmen ab, erhält man eine Information über den erforderlichen Finanzierungsbedarf.

Über-/Unterdeckung

Sind die Einnahmen höher als die Ausgaben, ist der Finanzbedarf mehr als gedeckt. Es liegt eine Überdeckung vor. Reichen die Einnahmen aber nicht aus, um alle Ausgaben abzudecken, besteht eine Unterdeckung. Auf einem Bankkonto würde sich eine Überdeckung als Guthaben darstellen, eine Unterdeckung als Überziehung des Kontos.

Voraussichtliche Einnahmen	Voraussichtliche Ausgaben
	Guthaben/Überdeckung

Voraussichtliche Einnahmen	Voraussichtliche Ausgaben
Überziehung/Unterdeckung	

Finanzplan: Übersicht über die voraussichtlichen Einnahmen und Ausgaben eines Unternehmens

Finanzplan (für das Jahr 20(0))				Die Finanzplanung wird gewöhnlich für ein Jahr erstellt.
Geschätzter Jahresumsatz 500 000,00 €				Grundlage sind die Vorjahresumsätze.
Monate		Januar	Februar	usw.	
Umsatz	in %	8	9,5		Auch die geschätzten Monatsumsätze werden aus den Erfahrungen der Monate der Vorjahre festgesetzt.
	in €	40 000,00	47 500,00		
Verbleibende Einnahmen (35 % des Umsatzes) in €		14 000,00	16 625,00		Ein bestimmter Prozentanteil der Einnahmen wird für die Begleichung der Liefererrechnungen benötigt: in diesem Beispiel 65 % der Umsätze. Für die Bezahlung von Ausgaben bleiben 35 % der Einnahmen übrig.
Ausgaben (in €) für					
* Personal		4 000,00	4 000,00		Die Beträge, die für die wichtigsten Ausgaben eines Einzelhandelsgeschäftes vermutlich aufzuwenden sind, lassen sich aus Vorjahreswerten ableiten. Zum Teil sind besondere Ausgaben im Voraus erkennbar (z. B. wenn die Renovierung des Verkaufsraums im November vorgesehen ist).
* Miete, Strom usw.		1 500,00	1 500,00		
* Werbung		1 500,00	3 000,00		
* Steuern			2 000,00		
* Versicherungen u. Ä.		2 000,00	1 500,00		
Rückzahlungen für Bankdarlehen		–	6 000,00		Auch Rückzahlungen von Schulden sind ausgabenwirksam.
Summe Ausgaben		9 000,00	18 000,00		
Guthaben (+)/ Überziehung (–)		+5 000,00	–1 375,00		Zieht man von den voraussichtlichen Einnahmen die zu erwartenden Ausgaben ab, erhält man einen Zahlungsmittelüberschuss oder -fehlbedarf.

Berücksichtigt man noch den aktuellen Stand des Bankkontos, kann mithilfe der Finanzplanung festgestellt werden, wie sich der Finanzmittelbestand auf dem Bankkonto verändert.

Berechnung des Finanzbedarfs 20(0)		
Zeit	**+/–**	**Guthaben (+)/Überziehung (–) in €**
Kontostand Ende Dezember 20(-1)	+	3 000,00
Einnahmen – Ausgaben Januar	+	5 000,00
Kontostand Ende Januar	+	8 000,00
Einnahmen – Ausgaben Februar	–	1 375,00
Kontostand Ende Februar	+	6 625,00
usw.		usw.

Die höchste Kontoüberschreitung gibt an, welche Kreditlinie man mit der Bank aushandeln muss, damit die Bank
* die Kontoüberziehung überhaupt hinnimmt,
* einen günstigeren Zinssatz einräumt als bei einer nicht abgesprochenen Überziehung.

Einnahmen und Ausgaben eines Einzelhandelsgeschäftes können auch einander gegenübergestellt werden, um mehr Übersicht zu bekommen. Dazu werden die Einnahmen auf der linken Seite aufgeschrieben, die Ausgaben auf der rechten.

Der Eröffnungsbestand beinhaltet die Zahlungsmittel, die zu Beginn des betrachteten Zeitabschnitts (z. B. einer Woche) vorhanden sind, etwa als Bestand auf dem Bankkonto und in der Geschäftskasse.

Einnahmen-/Ausgaben-Übersicht					
Einnahmen			**Ausgaben**		
Datum	Vorgang	€	Datum	Vorgang	€
02.01.	Eröffnungsbestand	3 500,00	03.01.	Eine Liefererrechnung wird beglichen	5 400,00
02.01.	Bareinnahmen aus Verkäufen	4 500,00	04.01.	Rückzahlung Bankdarlehen	2 000,00
03.01.	Kunde bezahlt Rechnung	1 400,00	05.01.	Rechnung für Werbeanzeige wird bezahlt	800,00
03.01.	Barverkäufe	3 800,00	06.01.	Liefererrechnung	6 200,00
04.01.	Barverkäufe	4 200,00	06.01.	Schlussbestand	10 500,00
05.01.	Barverkäufe	3 600,00			
06.01.	Barverkäufe	3 900,00			
		24 900,00			24 900,00

Zusammenfassung

Einnahmen- und Ausgabenplanung im Unternehmen	
Wertströme:	* Güter- und Geldströme * Wertzuflüsse oder Wertabflüsse verändern das Vermögen oder die Schulden eines Einzelhändlers
Informationsströme:	Datenaustausch mit Kunden und Lieferanten
Belege:	enthalten Informationen über Güter- und Wertströme
Finanzielles Gleichgewicht:	Der Bestand an Zahlungsmitteln reicht aus, um aktuell bestehende finanzielle Verpflichtungen zu erfüllen.
Finanzplan:	Übersicht über die voraussichtlichen Einnahmen und Ausgaben eines Unternehmens
Überdeckung:	Die Einnahmen sind höher als die Ausgaben.
Unterdeckung:	Die Einnahmen reichen nicht aus, um alle Ausgaben abzudecken.
Finanzbedarfsberechnung:	Methode zur Ermittlung der maximalen Kredithöhe (z. B. in Form einer Kontoüberziehung).

3   Vermögenskonten

3.1   Kassenkonto

Siehe auch Lernfeld 3

■ Kassenbericht

Abgabenordnung
§ 146 Ordnungsvorschriften für die Buchführung und für Aufzeichnungen

Die **Abgabenordnung**, die der korrekten Ermittlung der Steuern dient, sagt aus, dass Kasseneinnahmen und -ausgaben täglich aufgezeichnet werden müssen. Einzelhandelsbetriebe kommen dieser Aufforderung nach, indem sie am Ende eines Geschäftstages einen Kassenbericht erstellen. Darin werden alle Verkäufe des Tages, aber auch sonstige Einnahmen und Ausgaben, die über die Kasse abgewickelt wurden, festgehalten. Mit einer elektronischen Kasse oder Datenkasse lässt sich der Kassenbericht automatisch erstellen, z. B. in Form eines Finanzberichts.

Man kann aber auch einen handschriftlichen Kassenbericht anfertigen oder automatische und handschriftliche Aufzeichnungen miteinander kombinieren.
Am Ende des Geschäftstages geht man bei der **Kassenabrechnung** in zwei Schritten vor:

1. Das vorhandene Bargeld wird gezählt, das Wechselgeld sowie sonstige Einnahmen und Ausgaben des Tages werden hinzu- oder abgerechnet und man erhält somit die tatsächlichen Barverkäufe des Tages (**Ist-Barverkäufe**).

2. Der elektronische Kassenbericht wird ausgedruckt. Das Ergebnis sind die Barverkäufe, wie sie in die Kasse eingegeben oder eingescannt worden sind (**Soll-Barverkäufe**).

Der Vergleich der Ist- und Soll-Zahlen macht Unregelmäßigkeiten beim Kassieren sichtbar.
Als Einnahmen werden alle Geldzugänge in einem Einzelhandelsgeschäft bezeichnet. Entsprechend stellen alle Geldabgänge Ausgaben dar.

> **Kassenbericht: Feststellung aller Barverkäufe eines Tages unter Berücksichtigung sonstiger Einnahmen und Ausgaben.**

Kassenbericht	€	
Kassenschlussbestand	2 500,00	Bestand an Bargeld in der Kasse zum Geschäftsschluss.
+ Ausgaben		Ausgaben sind aus der Kasse bezahlt worden. Sie müssen rechnerisch rückgängig gemacht werden (durch Hinzurechnung), weil die Barverkäufe des Tages ermittelt werden sollen.
* für Wareneinkäufe	200,00	
* für Geschäftsausgaben	100,00	
* Privatentnahmen	100,00	Privatentnahmen sind Entnahmen des Geschäftsinhabers aus der Kasse. Zu den sonstigen Ausgaben zählen vor allem die Kassenabschöpfungen.
* sonstige Ausgaben	2 000,00	
– Wechselgeld	200,00	Das Wechselgeld stammt vom Vortag, daher muss es vom heutigen Bestand abgezogen werden.
= Kasseneingang	4 700,00	Dieser Betrag ist im Laufe des Tages in die Kasse geflossen.
– sonstige Einnahmen	100,00	Es handelt sich nicht um Einnahmen aus Barverkäufen, daher müssen sie vom Kasseneingang abgezogen werden.
= Barverkäufe des Tages	**4 600,00**	**Einnahmen aus den Barverkäufen des Tages**

Kassenabschöpfung: Bargeld, das aus Sicherheitsgründen der Kasse entnommen wird, siehe unten.

Zusammengefasst erhält man die Barverkäufe des Tages durch nebenstehende Rechnung:

> Kassenschlussbestand
> + Ausgaben
> – Wechselgeld
> – sonstige Einnahmen
> _____
> = **Barverkäufe des Tages**

■ Kassendifferenzen

Kassendifferenzen sind Unterschiede zwischen dem Ist- und Soll-Kassenbestand. Dabei kann es sich entweder um einen **Kassenüberschuss** oder um einen **Kassenfehlbetrag** handeln. Ein Überschuss liegt vor, wenn die Ist-Zahl höher liegt als die Soll-Zahl, weil einem Kunden z. B. zu wenig Wechselgeld zurückgegeben wurde. Dann weist die Kasse höhere Barverkäufe aus, als tatsächlich in der Kasse registriert wurden. Bei einem Kassenfehlbetrag ist dem Kunden z. B. zu viel Wechselgeld zurückgegeben worden. In diesem Falle sind die **Ist-Barverkäufe** (ermittelt durch Zählen des Bargeldbestandes und Berücksichtigung weiterer Einnahmen und Ausgaben) niedriger als die im automatischen Bericht der Kasse ausgewiesenen **Soll-Barverkäufe**).

■ Kassenabschöpfung

Aus Sicherheitsgründen wird der Bargeldbestand in den Kassen immer niedrig gehalten. Deshalb entnimmt der Einzelhändler der Kasse in gewissen Abständen die meisten der eingenommenen Geldscheine, sodass in etwa nur noch das Wechselgeld verbleibt. Über den entnommenen Geldbetrag stellt man an der Kasse eine Quittung aus, die der abendlichen Kassenabrechnung beifügt wird.

Kassenabschöpfung: Bargeld, das aus Sicherheitsgründen der Kasse entnommen wird.

Ist-Kassenbestand: Geldbestand, der durch Zählen ermittelt wird.

Soll-Kassenbestand: Geldbestand, der durch die automatische Aufzeichnung der Kasse registriert wird.

Kassendifferenz: Unterschied zwischen dem Ist- und Soll-Kassenbestand

■ Aufbau des Kassenkontos

Das Kassenkonto ist eine tabellarische Gegenüberstellung von Einnahmen und Ausgaben. Es dient der Aufzeichnung aller Bargeldbewegungen. In der Grundform ähnelt das Konto einem „T", darum nennt man es auch „T-Konto".

Siehe auch Vergleich T-Konto/Staffel-konto Seite 120

„Soll" heißt nur linke Seite, „Haben" bedeutet nur rechte Seite.

Konto in allgemeiner Form

1. Kopfzeile	Sie nimmt die Bezeichnung des Kontos auf (z.B. „Kasse"). Die linke Seite des Kontos wird Soll-Seite genannt, die rechte Haben-Seite. Inhaltlich geht es nicht um „sollen" oder „haben". Die Kontenseiten werden aus Tradition so bezeichnet; die Begriffe haben keine weitere Bedeutung.
2. Kopfzeile	Sie gliedert die Textfelder des Kontos in einzelne Spalten (Datum, Text, Eurobetrag), sodass nachzuvollziehen ist, welche Buchung auf dem Konto stattgefunden hat.

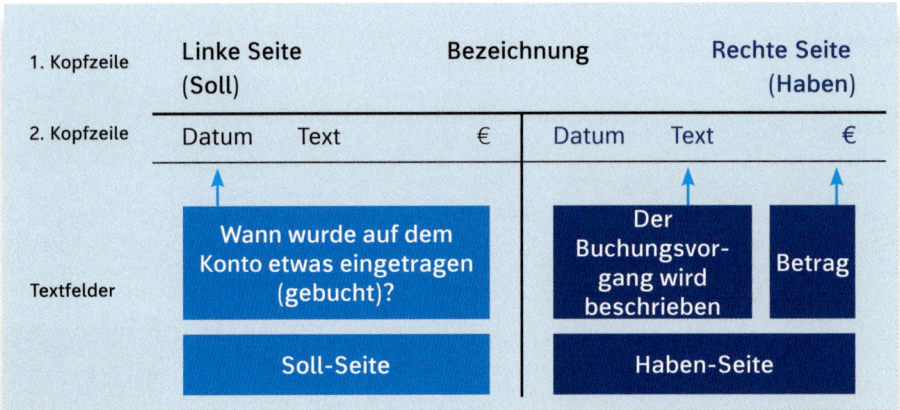

Siehe auch Rechenverfahren „Saldieren" Anhang Seite 277

Das Konto „Kasse" nimmt auf der Soll-Seite die Einnahmen auf. Alle Bargeldzugänge in der Kasse werden als Einnahmen festgehalten. Auf der Haben-Seite werden die Ausgaben gebucht. Zieht man von den Einnahmen die Ausgaben ab (durch Saldieren), erhält man den Schlussbestand.

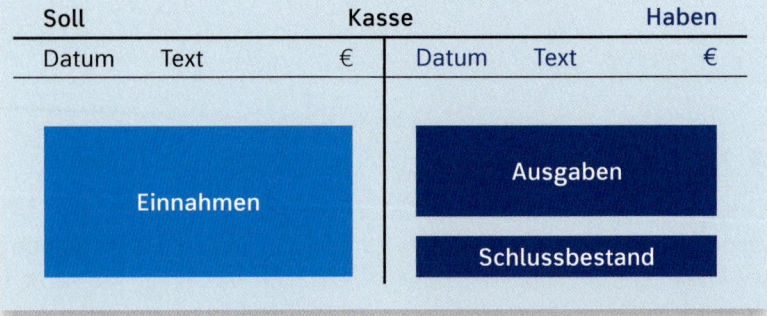

Ein konkretes Kassenkonto könnte (in verkürzter Form) folgendes Aussehen haben:

Soll				Kasse		Haben	lt. KB = laut Kassenbericht
Datum	Text	€	Datum	Text	€		
02.01.20(0)	Eröffnungsbestand	200,00	02.01.20(0)	Ausgaben lt. KB	100,00		
02.01.20(0)	Barverkäufe	4 000,00	02.01.20(0)	Bankeinzahlung	3 800,00		
03.01.20(0)	Barverkäufe	6 000,00	03.01.20(0)	Ausgaben lt. KB	200,00		
04.01.20(0)	Barverkäufe	5 000,00	03.01.20(0)	Bankeinzahlung	6 000,00		
			04.01.20(0)	Ausgaben lt. KB	150,00		
			04.01.20(0)	Bankeinzahlung	4 800,00		
			04.01.20(0)	Schlussbestand	150,00		
		15 200,00			15 200,00		

■ Kontobewegungen

Betrachtet man das oben stehende Konto genauer, lassen sich die Bewegungen (Buchungen) auf dem Konto wie folgt beschreiben:

Soll-Seite

Am 02.01.20(0) wird das Konto mit einem Bargeldbestand von 200,00 € eröffnet. Der Betrag stammt aus dem Vorjahr, weil am 02.01. ein neues Geschäftsjahr begonnen wird. Der **Eröffnungsbestand** kann auch aus dem Vormonat oder der Vorwoche stammen, je nach dem Zeitraum, der betrachtet wird. Am 02., 03. und 04.01.20(0) kommen drei Beträge durch Barverkäufe in die Kasse. Eröffnungsbestand und **Zugänge** betragen zusammen 15 200,00 € (= Kontosumme).

> **Soll-Seite:** Die Soll-Seite des Kassenkontos nimmt den Eröffnungsbestand **und die** Mehrungen **an Bargeld (Einnahmen) auf.**

Haben-Seite

Am 02.01.20(0) sind 100,00 € aus der Kasse bezahlt worden. Die Höhe der **Ausgaben** wurde dem Kassenbericht vom 02.01.20(0) entnommen. Aus dem Kassenbericht ist in der Regel auch erkennbar, dass an diesem Tag 3 800,00 € aus der Kasse genommen (= Ausgabe) und zur Bank gebracht worden sind. Die gleichen Buchungen (mit anderen Beträgen) fanden auch am 03. und 04.01.20(0) statt. Am 04.01. wurde das Konto abgeschlossen. Die Differenz zwischen Einnahmen und Ausgaben beträgt 150,00 € (= **Schlussbestand**). Dieser Schlussbestand ist der Eröffnungsbestand, wenn am 05.01. das Konto „Kasse" wieder neu eröffnet wird.

> **Haben-Seite:** Die Haben-Seite des Kassenkontos nimmt die **Minderungen** an Bargeld **(Ausgaben) und den Schlussbestand auf.**

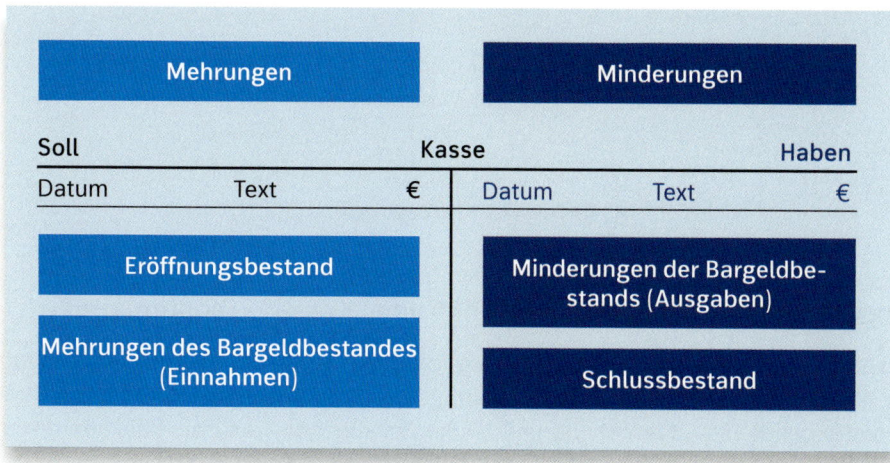

Zwischensalden

Möchte man den täglichen Schlussbestand an Bargeld aus dem Konto ermitteln, ist eine Nebenrechnung erforderlich, weil man nicht jeden Tag das Kassenkonto abschließen und am nächsten Tag wieder eröffnen möchte. Konten werden im Regelfall für ein ganzes Geschäftsjahr geführt.

Der Kassenschlussbestand für den 02.01.20(0) lässt sich z. B. folgendermaßen ermitteln (siehe nebenstehend):

Eröffnungsbestand	200,00
+ Barverkäufe	4 000,00
= Summe Einnahmen	4 200,00
− Ausgaben laut Kassenbericht	100,00
− Bankeinzahlung (Kassenabschöpfung)	3 800,00
= Schlussbestand	300,00

3.2   Bankkonto

■ Aufbau des Bankkontos

Das Bankkonto gleicht in vieler Hinsicht dem Kassenkonto:

* Der Eröffnungsbestand steht auf der Soll-Seite.

* Dort werden auch die Mehrungen des Zahlungsmittelbestandes gebucht.

* Die Haben-Seite nimmt die Minderungen auf.

* Der Schlussbestand steht ebenfalls auf der Haben-Seite.

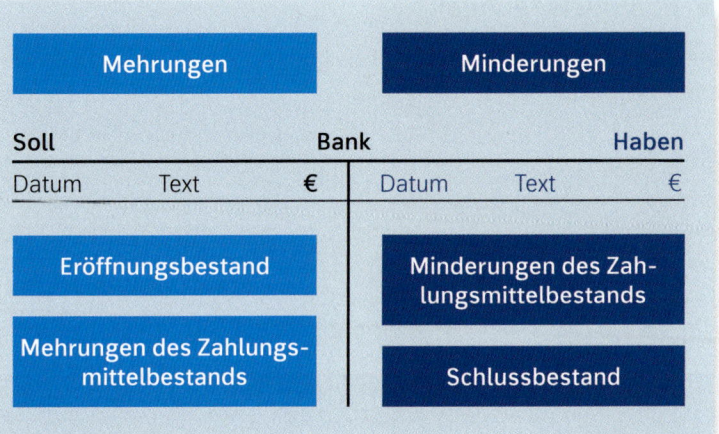

■ Buchungen auf dem Bankkonto

Wird Bargeld auf das Bankkonto eingezahlt, ist der Betrag auf der Soll-Seite des Bankkontos zu buchen, weil sich der Bestand an Zahlungsmitteln auf dem Bankkonto erhöht (Mehrung). Bezahlt der Einzelhändler eine Rechnung des Lieferers mit einer Banküberweisung, verringert sich der Bestand auf dem Bankkonto; der Betrag ist demnach auf der Haben-Seite festzuhalten (Minderung).

Bankkonto (Ausschnitt)

Soll			Bank		Haben
Datum	Text/Gegenkonto	€	Datum	Text/Gegenkonto	€
02.01.20(0)	Eröffnungsbestand	2 0000,00	02.01.20(0)	Überweisung Werbeanzeige	400,00
02.01.20(0)	Kasse	3 800,00	02.01.20(0)	Überweisung Lief.-Rechn.1283	12 000,00
03.01.20(0)	Kasse	6 000,00	03.01.20(0)	Überweisung Versicherung	300,00

■ Bewegungen zwischen den Konten „Bank" und „Kasse" – Kontenanruf

Wenn Geld aus der Kasse genommen und zur Bank gebracht wird (Kassenabschöpfung), sind zwei Konten betroffen: Auf dem Bankkonto nimmt der Zahlungsmittelbestand zu (Mehrung), auf dem Kassenkonto nimmt der Bargeldbestand ab (Minderung). Einer Soll-Buchung auf dem Bankkonto steht folglich eine Haben-Buchung auf dem Kassenkonto gegenüber. Die Beziehung zwischen den beiden Konten wird sichtbar gemacht, indem im Konto „Bank" auf das Konto „Kasse" und umgekehrt verwiesen wird. Diesen Verweis nennt man Anruf des Kontos (**Kontenanruf**). Das zweite Konto wird auch als Gegenkonto bezeichnet.

Soll	Bank					Haben
Datum	Text/Gegenkonto	€	Datum	Text/Gegenkonto		€
02.01.20(0)	Eröffnungsbestand	20 000,00	02.01.20(0)	Überweisung Werbeanzeige		400,00
02.01.20(0)	**Kassen**abschöpfung	3 800,00	02.01.20(0)	Überweisung Lief.-Rechn.1244		12 000,00

„Anruf" des Gegen-
kontos „Kasse"

Gegenkonto = Konto, auf
dem die 3 800,00 € ebenfalls
gebucht worden sind.

Soll	Kasse					Haben
Datum	Text/Gegenkonto	€	Datum	Text/Gegenkonto		€
02.01.20(0)	Eröffnungsbestand	200,00	02.01.20(0)	Ausgaben lt. KB		400,00
02.01.20(0)	Barverkäufe	4 000,00	02.01.20(0)	**Bank**einzahlung		**3 800,00**

Anruf des Gegenkontos „Bank",
auf dem die 3 800,00 € eingezahlt
und gebucht worden sind.

Im Beispiel unten wurden 3 800,00 € der Kasse entnommen und auf das Bankkonto eingezahlt.
Durch den Kontenanruf werden die Beziehungen zwischen den Buchungen sichtbar. Vor allem bei der Fehlersuche ist dies von großer Bedeutung. Dieser Sachverhalt soll an einem bildhaften Beispiel deutlich gemacht werden. Hanna und René stehen miteinander in Beziehung, indem sie sich gegenseitig „anrufen".

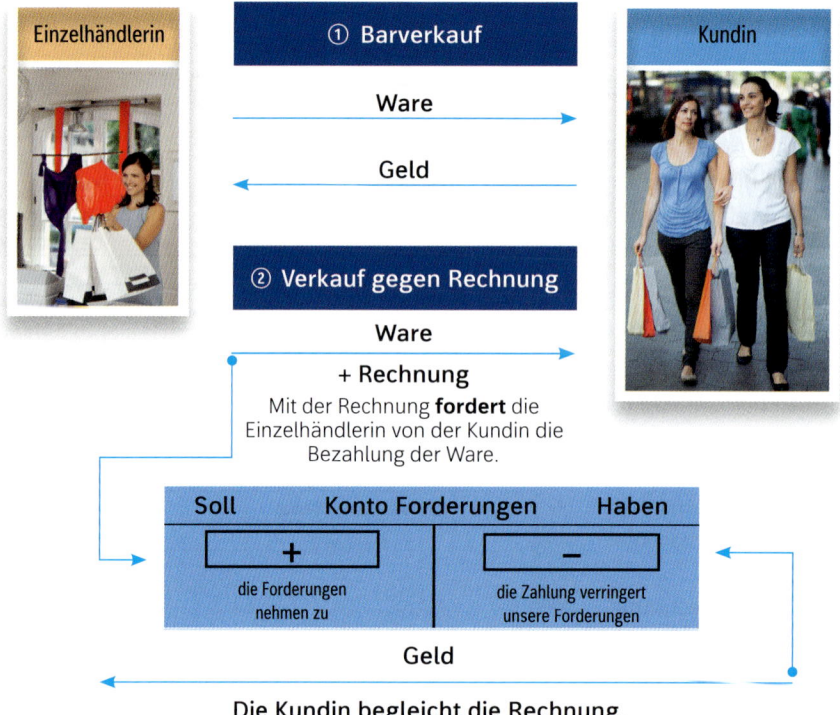

Die Kundin begleicht die Rechnung.

Über die noch ausstehende Zahlung hat das Unternehmen aus Kontrollgründen Buch zu führen.

Barverkauf: Der Kunde bezahlt seine Ware sofort.

Ziel- oder Kreditverkauf: Dem Kunden wird eine Zahlungsfrist (ein Zahlungsziel) gesetzt.

Forderungen: Forderungen sind zukünftige Einnahmen eines Einzelhändlers; sie bezeichnen den Rechtsanspruch auf Bezahlung einer Leistung.

■ Kontobewegungen

Das Kundenkonto „Arnold" dient dazu, die Zahlungen dieses Kunden zu überwachen. Auf dem Konto „Forderungen" werden **alle Zielverkäufe** und **alle Zahlungen** zum Ausgleich offenstehender Rechnungen festgehalten.
Folgender Fall soll die Kontobewegungen verdeutlichen:

Im Regelfall wird der Kunde seine Bank beauftragen, den Rechnungsbetrag auf das Konto des Bürofachgeschäfts zu überweisen. Der Betrag wird demnach dem Bankkonto des Einzelhändlers gutgeschrieben. Gleichzeitig verringern sich die Forderungen des Einzelhändlers gegenüber dem Kunden.

Zahler	Rechtsanwaltsbüro Gerd Arnold
Empfänger	Rosen Bürobedarf
Lieferung	10000 Blatt Papier
Rechnungs-Nummer	2245/20(0)
Betrag	144,00 €

Stellt man diesen Geschäftsfall auf Konten dar, ergibt sich folgendes Bild:

Mehrungen **Minderungen**

Soll				Bank	Haben
Datum	Text	€	Datum	Text	€
01.11.	Eröffnungsbestand ①	45 476,00	01.11.	Miete ③	4 200,00
02.11.	Bareinzahlung ②	4 370,00	03.11.	Eingangsrechnung ER 544/02 ④	18 450,00
03.11.	Überweisung (AR 2.240)	3 624,00	05.11.	Eingangsrechnung ER 537/02	22 375,00
03.11.	Bareinzahlung	4 988,00		usw.	
05.11.	Bareinzahlung	3 298,00			
06.11.	Bareinzahlung	3 565,00			
07.11.	**Überweisung (AR 2.245)**	**144,00**	⑤		
	usw.				

Mehrungen **Minderungen**

Soll				Forderungen	Haben
Datum	Text	€	Datum	Text	€
01.11. ⑦	Eröffnungsbestand	34 710,00	03.11.	Banküberweisung (AR 2.240)	3 624,00
05.11. ⑧	AR Nr. 2.252	670,50	05.11.	Banküberweisung (AR 2.241)	8 265,00
10.11.	AR Nr. 2.253	1 490,00	**07.11.**	**Banküberweisung (AR 2.245)**	**144,00** ⑥
16.11.	AR Nr. 2.254	2 566,00	10.11.	Kasse (AR 2.242) ⑨	346,50
19.11.	AR Nr. 2.255	780,00	18.11.	Kasse (AR 2.243)	450,00
20.11.	AR Nr. 2.256	950,00	20.11.	Banküberweisung (AR 2.246)	7 140,00
22.11.	AR Nr. 2.257	344,00	21.11.	Banküberweisung (AR 2.247)	6 700,00
24.11.	AR Nr. 2.258	5 795,00	24.11.	Banküberweisung (AR 2.249)	3 288,50
26.11.	AR Nr. 2.259	285,00	29.11.	Banküberweisung (AR 2.248) ⑩	2 465,00
30.11.	AR Nr. 2.260	3 455,00	30.11.	Schlussbestand ⑪	18 622,50
		51 045,50			51 045,50

Erläuterungen

① Schlussbestand aus dem Vormonat
② Geld aus der Geschäftskasse (Kassenabschöpfung)
③ Mietzahlung durch Banküberweisung

④ Wir begleichen eine Liefererrechnung.

⑤ Die Banküberweisung des Kunden Arnold vermehrt den Bestand auf dem Bankkonto um 144,00 €. Zugänge werden auf einem Vermögenskonto im Soll gebucht.

⑥ Der Kunde Arnold hat noch mehrere Rechnungen von uns offenstehen. Die Rechnung über 144,00 € hat er nun bezahlt. Unsere Forderungen ihm gegenüber verringern sich um diesen Betrag. Minderungen auf einem Vermögenskonto werden im Haben gebucht.

⑦ Der Eröffnungsbestand gibt die unbezahlten Rechnungen aus den Vormonaten wieder. Das sind Rechnungen, bei denen die eingeräumte Zahlungsfrist (im Beispiel 30 Tage) noch nicht abgelaufen ist. Eventuell haben Kunden es versäumt, ihre Rechnungen zu begleichen.

⑧ Alle Rechnungsverkäufe werden auf dem Konto „Forderungen" festgehalten. Die Ausgangsrechnungen (AR) werden durchgehend nummeriert.

Siehe auch
Kassenabrechnung
Seite 115 und
Lernfeld 3

⑨ Gelegentlich zahlen Kunden ihre Rechnungen auch bar an der Kasse im Einzelhandelsgeschäft.

⑩ Im Laufe des Novembers zahlen die Kunden, die ihre Rechnung im Monat Oktober erhalten haben.

⑪ Der Schlussbestand gibt an, in welcher Höhe noch unbezahlte Rechnungen vorliegen. Der Schlussbestand ist der Eröffnungsbestand des nächsten Monats.

■ Vermögenskonten

Alle Werte, die ein Unternehmen besitzt (z. B. Bargeld, Bankguthaben, Forderungen), bezeichnet man als Vermögen. Die Vermögenswerte und deren Veränderungen werden auf Vermögenskonten (z. B. dem Kassenkonto) festgehalten.
Neben den drei bisher betrachteten Vermögenspositionen gibt aber auch weitere Vermögenswerte eines Einzelhändlers:

Vermögenskonten
Forderungen
Bank
Kasse
Gebäude
Fahrzeuge
Geschäftsausstattung
Waren

* Eventuell ist der Einzelhändler Eigentümer des Geschäftsgebäudes.
* Im Regelfall verfügt er über ein Fahrzeug für Wareneinkauf und Warenzustellung.
* Die Ausstattung des Geschäftes mit Warenträgern stellt einen Vermögenswert dar.
* Von erheblichen Wert sind oft die dargebotenen Waren (das Sortiment).

Vermögenskonten haben einen einheitlichen Aufbau

Auf den Vermögenskonten stehen der Eröffnungsbestand und die Mehrungen der Vermögenswerte auf der Soll-Seite. Die Haben-Seite nimmt die Minderungen der Vermögenswerte und den Schlussbestand auf.

	Mehrungen			Minderungen
Soll		**Vermögenskonten**		**Haben**
Eröffnungsbestand		Minderungen		
Mehrungen		Schlussbestand		

Zusammenfassung

Vermögenskonten	
Kassenbericht:	Feststellung aller Barverkäufe eines Tages unter Berücksichtigung sonstiger Einnahmen und Ausgaben Einnahmen: alle Geldzugänge Ausgaben: alle Geldabgänge
Ist-Kassenbestand:	Geldbestand, der durch Zählen ermittelt wird
Soll-Kassenbestand:	Geldbestand, der durch die automatische Aufzeichnung der Kasse registriert wird
Kassendifferenz:	Unterschied zwischen dem Ist- und Soll-Kassenbestand

Vermögenskonten		
Kassenkonto:	Soll-Seite:	Eröffnungsbestand und Mehrungen
	Haben-Seite:	Minderungen und Schlussbestand
Bankkonto:	Aufbau/Kontobewegung: wie Kassenkonto (Vermögenskonto)	
Kontenanruf:	Macht Beziehungen zwischen den Buchungen sichtbar	
Forderungen:	* zukünftige Einnahmen eines Einzelhändlers * Rechtsanspruch auf Bezahlung einer Leistung	
Ziel-/Kreditverkauf:	Dem Kunden wird eine Zahlungsfrist (ein Zahlungsziel) gesetzt.	
Kundenkonto:	Personenkonto, dient der Überwachung der Kreditkäufe eines Kunden	
Sammelkonto Forderungen	Nachweis aller Kreditverkäufe an Kunden	
Vermögenskonto:	Konto, das die Werte eines Unternehmens dokumentiert	
* Arten:	* Kasse * Bank * Forderungen * Gebäude	* Fuhrpark * Geschäftsausstattung * Waren

4 Kapitalkonten

4.1 Grundlagen

■ Kapital – Vermögen

Anne hat eine Idee: Sie möchte ein Spezialgeschäft für Tierbekleidung gründen. Seit Abschluss ihrer Ausbildung zur Kauffrau im Einzelhandel arbeitet sie in einem Zoofachgeschäft. Dort hat sie die Ansprüche der Kunden kennengelernt und ist der festen Überzeugung,
dass ein solches Einzelhandelsgeschäft ein Erfolgsmodell werden
könnte – klein, aber fein und selbstständig. „Kind, für ein Geschäft
brauchst du Kapital", sagt ihre Oma, mit der sie wichtige Entscheidungen immer bespricht. 6 000,00 € hat Anne gespart, Oma will 4 000,00 €
dazugeben (schenken!).

„Das ist ja schon mal ein Anfang", denkt Anne, „aber das reicht nicht."
Annes Bank bewilligt ihr ein Darlehen von 5 000,00 €, nachdem sie ihr
Geschäftskonzept in einem Gespräch ausführlich dargestellt und an
einem Seminar für Unternehmensgründer der Industrie- und Han-
delskammer teilgenommen hat.
Ein Ladenlokal in einer Seitenstraße konnte zu günstigen Bedingungen gemietet werden.
Anne betrachtet nun ihre Finanzlage: Ihr eigenes Kapital beträgt
10 000,00 €, das von der Bank geliehene, fremde Kapital beläuft sich
auf 5 000,00 €, zusammen also 15 000,00 €.

Das Ladenlokal ist noch leer. Anne hat die gesamten 15 000,00 € vom Bankkonto abgehoben und in einer
dicken Brieftasche untergebracht. „Das ist jetzt meine Geschäftskasse", sagt Anne. „Am 01.07. ist Eröffnung."

Mit einer Menge Bargeld in der Kasse kann Anne ihr Erfolgsmodell aber nicht verwirklichen. Warenträger und Waren müssen beschafft werden, damit man den Kunden auch attraktive Produkte anbieten kann. Die Ladenausstattung (Wandregale, Vitrinen, eine Verkaufstheke und eine elektronische Kasse)

Vermögen	Kapital	
Anne Kersting – Tierbekleidung		€
Kasse 15 000,00	eigenes Kapital	10 000,00
	Kapital von der Bank (fremdes Kapital)	5 000,00
	Gesamtkapital	15 000,00

kann sie gebraucht erwerben. Das Warenangebot ist ihr aus der Tätigkeit im Zoofachgeschäft bekannt, die Verbindung zu den Lieferern lässt sich also leicht herstellen.

Nach diesen Anschaffungen sieht das Vermögen bereits anders aus:

Vereinfachend wird angenommen, dass alle Anschaffungen bar bezahlt werden.

Vermögen	Kapital	
Anne Kersting – Tierbekleidung		€
Warenträger 2 000,00 (Betriebs- und Geschäftsausstattung) **Waren 9 000,00** **Kasse 4 000,00** **Gesamtvermögen 15 000,00**	eigenes Kapital	10 000,00
	Kapital von der Bank (fremdes Kapital)	5 000,00
	Gesamtkapital	15 000,00

Allerdings: Was soll Anne mit 4 000,00 € in der Kasse? Die meisten Zahlungen wickelt sie über das Bankkonto ab. Sie zahlt daher 3 000,00 € wieder auf ihr Bankkonto ein und lässt nur 1 000,00 € in ihrer Geschäftskasse.

Vermögen	Kapital	
Anne Kersting – Tierbekleidung		€
Warenträger 2 000,00 (Betriebs- und Geschäftsausstattung) Waren 9 000,00 Bank 3 000,00 Kasse 1 000,00 Gesamtvermögen 15 000,00	eigenes Kapital 	10 000,00
	Kapital von der Bank (fremdes Kapital)	5 000,00
	Gesamtkapital	15 000,00

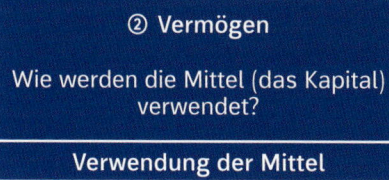

Fertig! Die Kunden können kommen. Anne hält nun diesen Stand des Kapitals und des Vermögens in ihrer Buchführung fest.

Vermögenskonten		Kapitalkonten	
	€		€
Betriebs- und Geschäftsausstattung	2 000,00	Eigenkapital	10 000,00
Waren	9 000,00	Darlehen	5 000,00
Bank	3 000,00		
Kasse	1 000,00		
Gesamtvermögen	**15 000,00**	**Gesamkapital**	**15 000,00**

Das Ergebnis ihrer Aufzeichnungen fasst sie noch einmal zusammen: „Ich habe für mein Geschäft ein **Kapital** in Höhe von 15 000,00 € aufgebracht, davon sind 10 000,00 € mein **Eigenkapital**. 5 000,00 € hat die Bank als Darlehen (**Fremdkapital**) bereitgestellt. Diese Mittel habe ich dazu verwandt, um mein Geschäft mit einer Ladeneinrichtung auszustatten (2 000,00 €) und ein Sortiment zusammenzustellen (9 000,00 €). Den Rest halte ich als Finanzreserve auf meinem Bankkonto und in meiner Kasse. Mein **Gesamtvermögen** beträgt 15 000,00 €.

Kapital: Mittel (Eigen- und Fremdkapital), die in ein Unternehmen eingebracht werden.
Vermögen: Werte im Unternehmen, die von den eingesetzten Mitteln angeschafft worden sind.

② Vermögen	① Kapital
Wie werden die Mittel (das Kapital) verwendet?	Woher kommen die Mittel, die in ein Unternehmen investiert werden?
Verwendung der Mittel	**Herkunft der Mittel**

Die einzelnen Vermögenswerte werden auf Konten festgehalten, z. B. der Bestand an Bargeld auf dem Kassenkonto. Ebenso verfährt man mit den Kapitalbeträgen. Die Höhe des Eigenkapitals wird auf dem Konto „Eigenkapital" erfasst.

Vermögenskonten	**Kapitalkonten**

■ Aufbau von Kapitalkonten

Wie die Vermögenskonten, so haben auch die Kapitalkonten einen einheitlichen Aufbau. Auf den Kapitalkonten stehen der Eröffnungsbestand und die Mehrungen der Kapitalwerte auf der Haben-Seite. Die Soll-Seite nimmt die Minderungen der Kapitalwerte und den Schlussbestand auf.

Damit bewegen sich die Kapitalkonten **spiegelbildlich** (entgegengesetzt) zu den Vermögenskonten

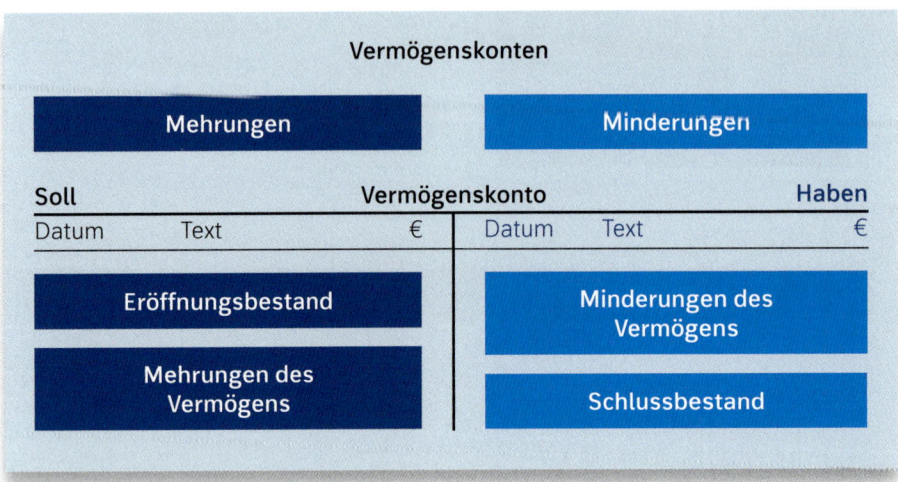

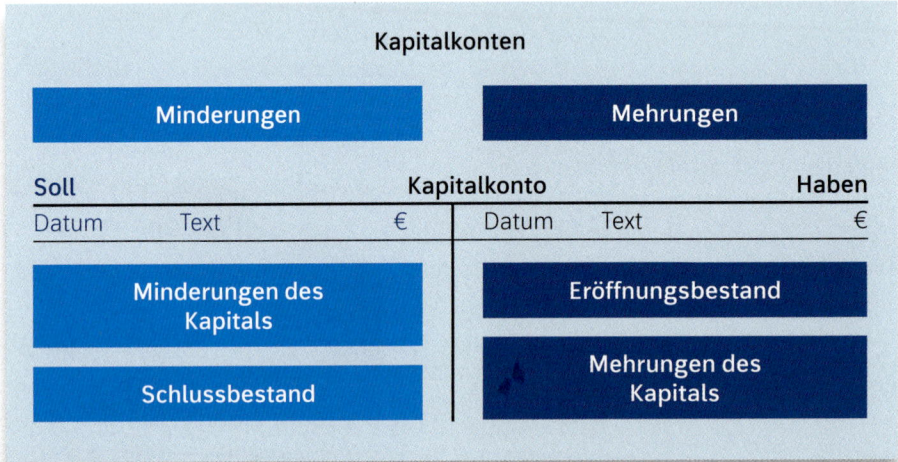

 **Kapitalkonto:** Konto, das die Herkunft der investierten Mittel eines Unternehmens dokumentiert

■ Bestandskonten

Bestandskonten geben Auskunft über den Bestand an Vermögenswerten und Kapital. Die oben genannten Vermögenskonten (z. B. Betriebs- und Geschäftsausstattung, Waren, Forderungen, Bank und Kasse) sowie die Kapitalkonten (z. B. Eigenkapital, Darlehen) gehören zu den Bestandskonten.

Buchungen, die nur die Vermögenskonten betreffen, führen lediglich zu Verschiebungen des Vermögensbestands. Wenn z. B. der Kasse ein Geldbetrag entnommen und auf das Bankkonto eingezahlt wird, ändert sich das Vermögen des Einzelhändlers nicht, weil Geldbestände lediglich hin- und hergeschoben werden. Ebenso verhält es sich, wenn eine Forderung durch eine Banküberweisung beglichen wird: Aus der Forderung, die für den Einzelhändler bereits Vermögen darstellt, wird ein Betrag auf dem Bankkonto, der ebenfalls zum Vermögen des Einzelhändlers zählt.

Vermögenswerte auf ausgewählten Konten		Geschäftsfall	Veränderte Vermögenswerte auf ausgewählten Konten	
	€			€
Forderungen	24 600,00		Forderungen	24 600,00
Bank	13 800,00	Der **Kasse** werden 6 300,00 € entnommen und auf das Konto **Bank** eingezahlt.	**Bank**	**20 100,00**
Kasse	6 500,00		**Kasse**	**200,00**
Gesamtvermögen	44 900,00		Gesamtvermögen	44 900,00

Vermögenswerte auf ausgewählten Konten		Geschäftsfall	Veränderte Vermögenswerte auf ausgewählten Konten	
	€			€
Forderungen	24 600,00		**Forderungen**	**23 200,00**
Bank	13 800,00	Ein Kunde begleicht eine Rechnung über 1 400,00 € durch eine Überweisung auf unser Bankkonto	**Bank**	**21 500,00**
Kasse	6 500,00		Kasse	200,00
Gesamtvermögen	44 900,00		Gesamtvermögen	44 900,00

Diese Überlegungen gelten auch für Buchungen, die nur Kapitalkonten berühren.

Bestandskonten: Sie geben Auskunft über den Bestand an Vermögenswerten und Kapital.

4.2 Darlehen

Benötigt ein Einzelhändler einen größeren Geldbetrag, um z. B. sein Unternehmen zu erweitern, wendet er sich in der Regel an seine Bank und beantragt einen Bankkredit. Da größere Investitionen gewöhnlich über einen längeren Zeitraum finanziert werden müssen, gewährt die Bank in solchen Fällen – sofern aus Sicht der Bank die Rückzahlung des Kredits gesichert erscheint – ein Darlehen. Dabei handelt es sich um einen **langfristigen Kredit**, den die Bank in einer Summe zur Verfügung stellt. Der Einzelhändler wird mit der Bank in einem Darlehensvertrag die Rückzahlung (**Tilgung**) in Teilbeträgen vereinbaren, z. B. in Monatsraten über fünf Jahre. Sobald eine planmäßige Tilgung eines Kredits möglich ist, wird man sich aus Kostengründen meistens für das Darlehen entscheiden.

Das Konto Darlehen ist ein **Kapitalkonto**. Weil mit Darlehen Vermögenswerte langfristig finanziert werden und das Geld von Fremden (z. B. von Banken) zur Verfügung gestellt wird, sind Darlehen **langfristiges Fremdkapital**. Damit der Kreditnehmer problemlos über das Geld verfügen kann, stellt ihm die Bank das Geld normalerweise auf seinem laufenden Bankkonto (**Kontokorrentkonto**) zur Verfügung.

■ Kontokorrentkredit

Eine andere Form des Bankkredits ist der Kontokorrentkredit. Dabei gestattet die Bank dem Inhaber eines laufenden Kontos, das Bankkonto bis zu einem vereinbarten Betrag zu überziehen. Da die Bank das Geld ständig bereithalten muss, ist der Kontokorrentkredit teurer als das Darlehen. Man benutzt den Kontokorrentkredit i. d. R., um Schwankungen bei den Einnahmen und Ausgaben zu überbrücken oder um Vermögensgegenstände kurzfristig zu finanzieren. Der Kontokorrentkredit für ein Unternehmen entspricht dem **Überziehungskredit** (Dispositionskredit) auf dem laufenden Konto eines Arbeitnehmers.

Aus Vereinfachungs-
gründen werden die
Zinszahlungen für das
Darlehen nicht
beachtet.

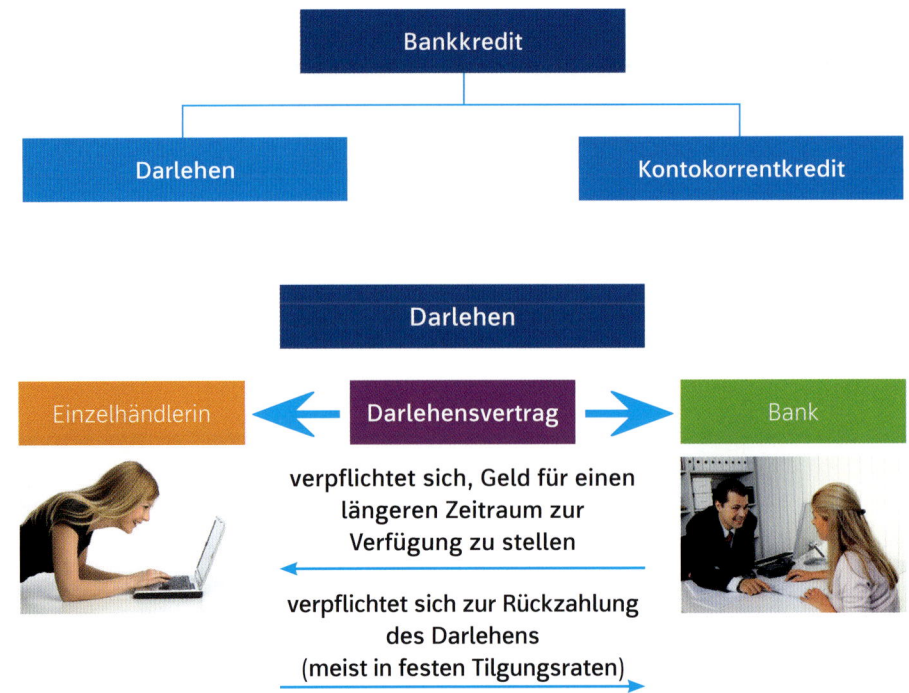

Buchungstechnisch sind von dem Darlehensvertrag bei der Einzelhändlerin zwei Konten betroffen:

1. Der Darlehensbetrag wird zunächst auf dem Konto **Bank** als Mehrung gebucht, weil sich der Bestand auf dem Bankkonto um den Darlehensbetrag erhöht. Das Konto „Bank" ist ein Vermögenskonto, folglich ist im Soll zu buchen.

2. Der Betrag wird ferner auf dem Konto **Darlehen** festgehalten, weil die Einzelhändlerin eine Rückzahlungs-verpflichtung eingegangen ist. Der Betrag ist auf der Haben-Seite zu buchen, weil es sich bei dem Konto Darlehen um ein Kapitalkonto handelt. Mehrungen werden auf Kapitalkonten im **Haben** gebucht. Ab dem vereinbarten Zeitpunkt ist das Darlehen regelmäßig zu tilgen. Auf dem Konto Darlehen ist jederzeit fest-zustellen, welchen Betrag die Einzelhändlerin noch an die Bank zu bezahlen hat.

Beispiel

Die Einzelhändlerin Anne Kersting vereinbart mit ihrer Bank, dass das bestehende Darlehen von 5 000,00 € um weitere 4 000,00 € erhöht wird, weil sie am Tag nach der Eröffnung ihres Geschäfts feststellt, dass die Ladeneinrichtung verbessert werden muss. Die Bank stellt die 4 000,00 € am 02.07.20(0) auf dem laufenden Bankkonto zur Verfügung.

Soll			Bank		Haben
Datum	**Text/Gegenkonto**	**€**	**Datum**	**Text/Gegenkonto**	**€**
01.07.	Eröffnungsbestand	3 800,00			
02.07.	Darlehen	4 000,00		Vermögenskonto	

Soll			Darlehen		Haben
Datum	**Text/Gegenkonto**	**€**	**Datum**	**Text/Gegenkonto**	**€**
			01.07.	Eröffnungsbestand	5 000,00
Kapitalkonto			02.07.	Bank	4 000,00

Darlehen: Langfristiger Kredit einer Bank

Kontokorrentkredit: Vereinbarte Überziehungsmöglichkeit zur Überbrückung von kurzfristigen Liquiditätsschwankungen auf dem laufenden Bankkonto

■ Aufbau des Darlehenskontos

Da es sich bei dem Konto Darlehen um ein Kapitalkonto handelt, bucht man die Mehrungen auf der Haben-Seite und die Minderungen auf der Soll-Seite.

Minderungen			Mehrungen
Soll		**Darlehen**	**Haben**
Minderungen		Eröffnungsbestand	
Schlussbestand		Mehrungen	

Die Darlehenserhöhung hat Auswirkungen auf die Kapital- und Vermögensstruktur eines Unternehmens. Betrachtet man noch einmal das Beispiel des Geschäfts für Tierbekleidung oben, so ergibt sich folgendes Bild:

Kapital- und Vermögenszusammensetzung zur Geschäftseröffnung am 01.07.20(0):

Vermögen		Kapital	
Anne Kersting – Tierbekleidung			€
Warenträger (Betriebs- und Geschäftsausstattung)	2 000,00	Eigenkapital	10 000,00
Waren	9 000,00	Fremdkapital (Darlehen)	5 000,00
Bank	3 000,00		
Kasse	1 000,00		
Gesamtvermögen	15 000,00	Gesamtkapital	15 000,00

Veränderung der Kapital- und Vermögensstruktur nach der Erhöhung des Darlehens:

Auf der Kapitalseite erhöht sich das Fremdkapital um 4 000,00 € auf 9 000,00 €.

Beim Vermögen verändert sich der Betrag auf dem Konto Bank entsprechend von 3 000,00 € auf 7 000,00 €.

Vermögen		Kapital	
Anne Kersting – Tierbekleidung			€
Warenträger (Betriebs- und Geschäftsausstattung)	2 000,00	Eigenkapital	10 000,00
Waren	9 000,00	Fremdkapital (Darlehen)	9 000,00
Bank	7 000,00		
Kasse	1 000,00		
Gesamtvermögen	19 000,00	Gesamtkapital	19 000,00

Sobald die Geschäftsinhaberin die neuen Mittel für den Einkauf von Gegenständen zur Ladeneinrichtung verwendet, kommt es zu einem Tausch zwischen den Vermögenspositionen „Betriebs- und Geschäftsausstattung" und „Bank".

4.3   Verbindlichkeiten

Unternehmen, die Waren, Dienstleistungen, Einrichtungsgegenstände und vieles andere mehr einkaufen, erhalten gewöhnlich eine Rechnung über die gelieferten Leistungen. Nur in seltenen Fällen verlangt der Lieferer die Bezahlung bei Übergabe der Ware (Lieferung gegen Nachnahme) oder sogar eine Zahlung vor der Lieferung (Vorauszahlung). Im Regelfall haben Einzelhändler und Lieferer eine langjährige Beziehung, die eine vertrauensvolle Zusammenarbeit ermöglicht. Die Beziehungen zwischen dem Einzelhändler und seinem Lieferer sind mit dem Verhältnis des Einzelhändlers zu seinem Kunden vergleichbar, wenn der Einzelhändler Waren gegen Rechnung verkauft.

Siehe Verkäufe gegen Rechnung Seite 120

| Einkauf von Waren und Dienstleistungen | Verkauf von Waren und Dienstleistungen |

Lieferer — **Einzelhändler** — **Kunde**

Ware + Lieferschein
Rechnung
Anspruch auf Bezahlung der
Rechnung

Ware + Lieferschein
Rechnung
Anspruch auf Bezahlung der
Rechnung

Durch die Lieferung der Ware hat der Einzelhändler eine Schuld gegenüber dem Lieferer. Diese Schuld nennt man **Verbindlichkeit.**

Durch die Lieferung der Ware hat der Einzelhändler eine **Forderung** gegenüber dem Kunden. Er kann die Begleichung der Rechnung fordern.

| Verbindlichkeiten | Forderungen |

Weil der Lieferer Ware liefert, auf die Bezahlung aber wartet, spricht man auch vom Lieferantenkredit.

Der Einzelhändler muss diese Verbindlichkeit gewöhnlich nicht sofort begleichen. Lieferer gewähren dem Einzelhändler häufig eine Frist, um Rechnungen zu bezahlen. Üblich sind Fristen von 30 oder 60 Tagen. Das bedeutet, der Lieferer finanziert den Einkauf des Einzelhändlers bis zur Bezahlung der Rechnung. Er stellt dem Einzelhändler damit Kapital zur Finanzierung des Vermögens zur Verfügung. Da das Kapital von außen kommt, handelt es sich um Fremdkapital. Wegen der relativ kurzen Fälligkeit von Verbindlichkeiten spricht man von **kurzfristigem Fremdkapital**.

 **Verbindlichkeiten:** Zahlungsverpflichtungen des Einzelhändlers gegenüber seinen Lieferanten aufgrund von Lieferungen für Waren und Dienstleistungen

■ Aufbau des Kontos „Verbindlichkeiten"

Wie beim Konto Darlehen, so handelt es sich beim Konto „Verbindlichkeiten" ebenfalls um ein Kapitalkonto. Man bucht die Mehrungen (wenn Waren bei einem Lieferer eingekauft werden) auf der Haben-Seite und die Minderungen (wenn z.B. eine Liefererrechnung bezahlt wird) auf der Soll-Seite.

Minderungen		Mehrungen
Soll	**Verbindlichkeiten**	**Haben**
Minderungen	Eröffnungsbestand	
Schlussbestand	Mehrungen	

Beispiel   Eine Liefererrechnung über 1 500,00 € wird am 02.07.20(0) durch eine Überweisung von unserem Bankkonto beglichen. Das bedeutet, auf dem Konto Verbindlichkeiten ist im Soll zu buchen, weil sich die Verbindlichkeiten vermindern und Minderungen auf einem Kapitalkonto auf der Soll-Seite stehen. Auch das Konto „Bank" vermindert sich. Da es sich dabei aber um ein Vermögenskonto handelt, ist die Verringerung des Bestandes an Zahlungsmitteln auf dem Bankkonto im Haben zu buchen.

Soll			Verbindlichkeiten			Haben
Datum	Text/Gegenkonto	€	Datum	Text/Gegenkonto	€	
02.07.	Bank	1 500,00	02.06.	Einkauf von Waren	1 500,00	

Kapitalkonto ➡

Soll			Bank			Haben
Datum	Text/Gegenkonto	€	Datum	Text/Gegenkonto	€	
01.07.	Eröffnungsbestand	3 000,00	02.07.	Verbindlichkeiten	1 500,00	
01.07.	Kasse	3 500,00				

⬅ **Vermögenskonto**

Anne Kersting – Tierbekleidung

Anne möchte ihr Warenangebot vergrößern. Einer ihrer Lieferer ist bereit, ihr eine Zahlungsfrist von 90 Tagen einzuräumen,

* weil er die Geschäftsgründung unterstützen möchte, um sich so eine dauerhafte Kundin zu sichern,

* weil er weiß, dass gerade in der Gründungsphase eines Unternehmens die Finanzmittel knapp sind. Durch die lange Zahlungsfrist ist seine Kundin aber in der Lage, den größten Teil der eingekauften Ware in dieser Zeit zu verkaufen und von dem Geld die Rechnung zu bezahlen.

Anne kauft daher Waren für 5 000,00 € ein. Sie erhält darüber eine Rechnung. Folglich steigen ihre Verbindlichkeiten um diesen Betrag. Gleichzeitig kann sie aber auf der Vermögensseite einen um 5 000,00 € gestiegenen Warenbestand ausweisen (von 9 000,00 € auf 14 000,00 €).

> **Konto Verbindlichkeiten:** Konto, das die Zahlungsverpflichtungen gegenüber den Lieferanten dokumentiert

Betrachtet man die aktuelle Zusammensetzung des Kapitals und des Vermögens genauer (siehe unten), so ist festzustellen:

Kapitalzusammensetzung

* Der Eigenkapitalanteil der Geschäftsinhaberin Anne Kersting liegt unverändert bei 10 000,00 €.

* Auch das Darlehen der Bank (9 000,00 €) ist seit der letzten Erhöhung (siehe oben) nicht mehr verändert worden.

* Hinzugekommen sind Verbindlichkeiten (als Fremdkapital) gegenüber dem Lieferer.

* Insgesamt hat sich damit das Kapital, mit dem das Vermögen finanziert wird, auf 24 000,00 € erhöht.

Kapital	
Eigenkapital Anne Kersting	10 000,00
Fremdkapital	
– Darlehen	9 000,00
– Verbindlichkeiten	5 000,00
Summe	24 000,00

Vermögenszusammensetzung

* Der Wert der **Betriebs- und Geschäftsausstattung** (Ladeneinrichtung) ist seit der letzten Veränderung von 2 000,00 € auf 5 000,00 € gestiegen.

* Der **Warenbestand** weist nun dank des Lieferantenkredits (Warenlieferung mit einem Zahlungsziel von 90 Tagen) einen Wert von 14 000,00 € aus.

* Auf dem **Bank**konto befinden sich 4 000,00 €. Das zusätzliche Darlehen der Bank über 4 000,00 € (Erhöhung von 5 000,00 € auf 9 000,00 €, siehe oben) ist auf dem Bankkonto gutgeschrieben, dann aber mit 3 000,00 € für die Verbesserung der Ladeneinrichtung verwendet worden.

* In der **Kasse** befinden sich weiterhin 1 000,00 €.

* Insgesamt hat Anne Kersting in ihrem Geschäft Vermögenswerte von 24 000,00 €.

Das Vermögen von 24 000,00 € hat Anne mit 10 000,00 € eigenen Mitteln (Eigenkapital) finanziert. Die übrigen 14 000,00 € haben ihre Bank und ein Lieferer (als Fremdkapital) beigesteuert. Beide wollen ihr Geld natürlich zurück haben. Also muss sich Anne anstrengen, in ihrem Geschäft so viel Geld zu erwirtschaften, dass sie die Til-

Vermögen		Kapital	
Anne Kersting – Tierbekleidung			€
Warenträger (Betriebs- und Geschäftsausstattung)	5 000,00	Eigenkapital	10 000,00
Waren	14 000,00	Fremdkapital (Darlehen)	9 000,00
Bank	4 000,00		
Kasse	1 000,00	Verbindlichkeiten	5 000,00
Gesamtvermögen	24 000,00	Gesamtkapital	24 000,00

gungsraten für das Bankdarlehen und (in 90 Tagen) die Rechnung des Lieferers (ihre Verbindlichkeiten) pünktlich begleichen kann. Hoffentlich lacht sie dann immer noch so fröhlich! Schließlich muss das Geschäft zusätzlich auch ihren Lebensunterhalt sichern.

4.4   Eigenkapital

■ Anne Kersting: Eigenkapitalerhöhung

Anne Kersting hat einmal ausgerechnet, welchen Anteil die einzelnen Kapitalbestandteile am Gesamtkapital haben. Vor allem interessierte sie der Anteil ihres Eigenkapitals am Gesamtkapital (die Eigenkapitalquote). Das Ergebnis gibt ihr ein wenig zu denken.

Kapital		Anteil am Gesamtkapital
Konten	€	in %
Eigenkapital	10 000,00	41,67
Darlehen	9 000,00	37,50
Verbindlichkeiten	5 000,00	20,83
Summe	24 000,00	100,00

24 000,00 € – 100 %

10 000,00 € – x

$$x = \frac{100 \cdot 10\,000,00}{24\,000,00} = 41,67\,\%$$

Zwar hat sie vom Mitarbeiter ihrer Bank erfahren, dass viele Einzelhandelsunternehmen eine deutlich geringere Eigenkapitalquote haben, zum Teil nur 10 %. Trotzdem möchte Anne ihren Anteil am Gesamtkapital noch etwas erhöhen, nämlich auf mindestens 50 % des Gesamtkapitals – aber wie?

Oma, Eltern, Freund – alle könnten sich großzügig zeigen, denn Anne will, dass man ihr das Geld schenkt. Schulden – so meint sie – habe sie schon genug. Am Ende sind 4 000,00 € zusammengekommen (Oma war sehr spendabel, ihre Eltern ebenfalls, das Verhältnis zu ihrem Freund ist jetzt ein wenig getrübt). Sie zahlt die 4 000,00 € auf ihr Bankkonto ein und hält die Veränderungen in ihrer Buchführung fest.

Vermögen		Kapital	
Anne Kersting – Tierbekleidung			€
Warenträger (Betriebs- und Geschäftsausstattung)	5 000,00	Eigenkapital	14 000,00
Waren	14 000,00	Fremdkapital (Darlehen)	9 000,00
Bank	8 000,00		
Kasse	1 000,00	Verbindlichkeiten	5 000,00
Gesamtvermögen	28 000,00	Gesamtkapital	28 000,00

„So" – denkt Anne – „nun bin ich als selbstständige Einzelhändlerin gut gerüstet: eine attraktive Ladeneinrichtung, die zum Verweilen einlädt, ein komplettes, hochaktuelles Sortiment und Finanzreserven von 9 000,00 € auf dem Bankkonto und in meiner Geschäftskasse. Jetzt müssen nur noch die Kunden das Geschäft stürmen, damit es in der Kasse klingelt. Dann kann ich die Liefererrechnung sicher bald bezahlen und die Tilgungsraten für das Darlehen pünktlich von meinem Bankkonto abbuchen lassen.

Die Hälfte meines Vermögens habe ich durch Eigenkapital finanziert. Die andere Hälfte kann ich vermutlich schnell zurückzahlen – es sei denn, das Geschäft läuft besser als erwartet und ich möchte neu investieren (z. B. in eine noch schönere und größere Ladenausstattung, noch mehr Auswahl für die Kunden). Dann werde ich wohl wieder mit meiner Bank wegen eines neuen Darlehens verhandeln müssen. Aber bei der hohen Eigenkapitalquote hat die Bank wahrscheinlich keine Bedenken, mir ein neues Darlehen zu geben. Schau'n wir mal."

> **Eigenkapital:** Anteil am Gesamtkapital, der vom Eigentümer in das Unternehmen eingebracht wird.
>
> **Eigenkapitalquote:** Anteil des Eigenkapitals am Gesamtkapital in Prozent

■ Aufbau des Kontos „Eigenkapital"

Wie bei den Konten „Darlehen" und „Verbindlichkeiten", so handelt es sich beim Konto „Eigenkapital" ebenfalls um ein Kapitalkonto. Man bucht die Mehrungen auf der Haben-Seite und die Minderungen auf der Soll-Seite.

	Minderungen				Mehrungen
Soll			**Eigenkapital**		**Haben**
Minderungen			Eröffnungsbestand		
Schlussbestand			Mehrungen		

Anne Kersting

Die Erhöhung des Eigenkapitals bedeutet eine Mehrung des Eröffnungsbestandes von 10 000,00 € auf 14 000,00 €. Gleichzeitig werden die 4 000,00 € auf dem Bankkonto eingezahlt, was ebenfalls eine Mehrung auf diesem Konto darstellt. Das Bankkonto ist ein Vermögenskonto. Auf Vermögenskonten stehen Mehrungen im Soll. Das Eigenkapitalkonto ist ein Kapitalkonto, die Mehrung wird daher auf der Haben-Seite festgehalten.

Soll			Bank		Haben
Datum	Text/Gegenkonto	€	Datum	Text/Gegenkonto	€
01.07.	Eröffnungsbestand	4 000,00			
02.07.	Eigenkapital	4 000,00		← Vermögenskonto	

Soll			Eigenkapital		Haben
Datum	Text/Gegenkonto	€	Datum	Text/Gegenkonto	€
	Kapitalkonto →		01.07.	Eröffnungsbestand	10 000,00
			02.07.	Bank	4 000,00

Bedeutung einer hohen Eigenkapitalquote

Die Bedeutung einer hohen Eigenkapitalquote wird vor allem an zwei Stellen sichtbar:

1. Zur Absicherung ihrer Kredite erwarten die Banken stets, dass auch ein angemessenes Eigenkapital vorhanden ist. Wird diese Quote unterschritten, werden neue Kredite i. d. R. nur noch im Anschluss an eine Eigenkapitalerhöhung gewährt. Die Banken gehen in ihren Überlegungen davon aus, dass ein Unternehmer, der eigene Mittel in sein Unternehmen investiert hat, seine Entscheidungen auch mit der nötigen Umsicht und Vorsicht trifft. Eine hohe Eigenkapitalquote schafft demnach Sicherheit für ein Unternehmen, weil eine Unternehmenskrise leichter mit fremden Mitteln aufgefangen werden kann.

Auf den betreffenden Konten ergibt diese Kontierung später folgendes Bild:

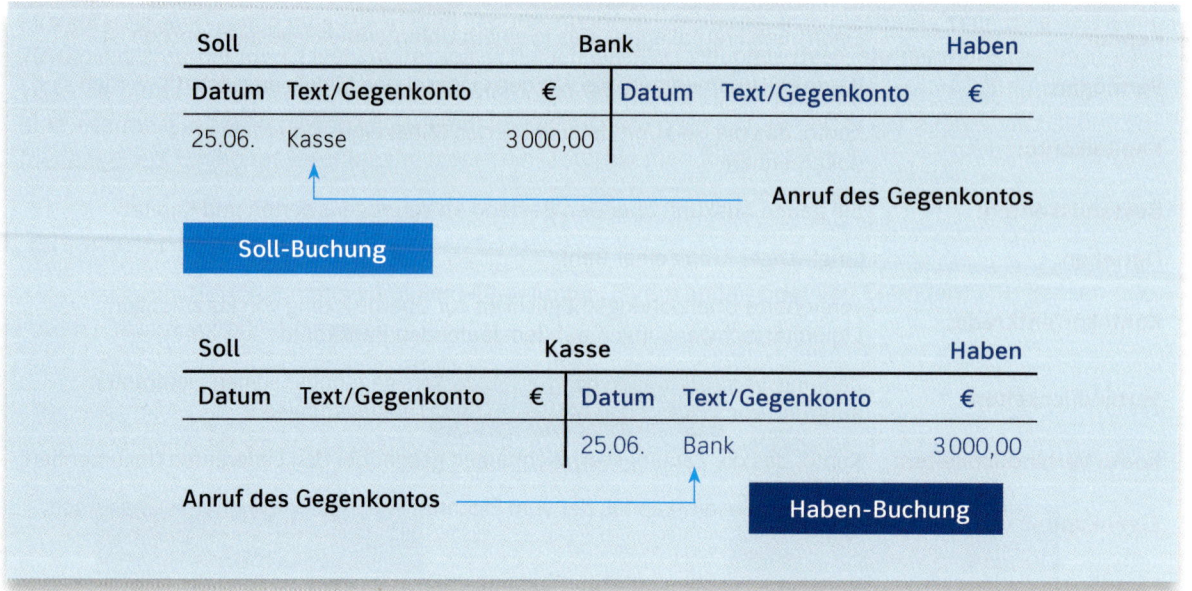

■ Buchungssatz

Die Frage, auf welchem Konto im Soll und auf welchem Konto im Haben zu buchen ist, ist für eine korrekte Buchführung von entscheidender Bedeutung. Das auf Seite 140 dargestellte Schema führt schrittweise zur Lösung dieser Frage. Das Ergebnis ist eine Anweisung, welcher Betrag auf welchem Konto im Soll und auf welchem Konto im Haben zu buchen ist. Diese Anweisung nennt man „Buchungssatz".

 **Buchungssatz:** Anweisung, welcher Betrag auf welchem Konto im Soll und auf welchem Konto im Haben zu buchen ist.

Es ist zu beachten, dass unbedingt zunächst die Soll-Buchung, dann die Haben-Buchung zu nennen ist.

 **Buchungsregel:** erst Soll, dann Haben

Einfacher Buchungssatz
Beim einfachen Buchungssatz löst ein Geschäftsfall Wertbewegungen auf zwei Konten aus, nämlich einmal im Soll und einmal im Haben.

Geschäftsfall
Kassenabschöpfung über 3 000,00 €

Buchungssatz:	Bank Soll 3 000,00 €
	Kasse Haben 3 000,00 €

Kontierung

Kontierung			
Konten		€	
Soll	Haben	Soll	Haben
Bank		3 000,00	
	Kasse		3 000,00

Zusammengesetzter Buchungssatz

Beim zusammengesetzten Buchungssatz werden durch einen Geschäftsfall Wertbewegungen auf mindestens drei Konten hervorgerufen.

Geschäftsfall

Der Kasse werden 3 000,00 € entnommen (Kassenabschöpfung). 2 000,00 € werden auf das Konto Bank eingezahlt, 1 000,00 € auf das Konto Postbank.

> Viele Betriebe haben mehr als ein Geschäftskonto, z. B. ein Konto bei der Stadtsparkasse (Konto „Bank") und ein Konto bei der Postbank.

Buchungssatz:	Bank Soll 2 000,00 €	
	Postbank Soll 1 000,00 €	Kasse Haben 3 000,00 €

Kontierung

Kontierung			
Konten		€	
Soll	Haben	Soll	Haben
Bank ①		2 000,00 ②	
Postbank ③		1 000,00 ④	
	Kasse ⑤		3 000,00 ⑥

Die Reihenfolge des Eintrags in die Kontierungsfelder sollte sich nach dem Buchungssatz richten (siehe Kreiszahlen ① bis ⑥).

■ Schema zur Entwicklung von Buchungssätzen am Beispiel Kassenabschöpfung

Geschäftsfall/Beleg (Nr.)	Welche Konten werden durch den Geschäftsfall angesprochen	Um welche Kontenart handelt es sich?	Wie verändern sich die Kontobestände/-werte?	Auf welcher Kontoseite wird gebucht?		Buchungsregel:	Kontierung			
				Soll	Haben		Konten		Betrag	
							Soll	Haben	Soll	Haben
1 (Kassenabschöpfung)	Kasse	Vermögenskonto	Minderung		X		Bank		3 000,00	
	Bank	Vermögenskonto	Mehrung	X				Kasse		3 000,00

Erst Soll → dann Haben → Erst Soll → dann Haben

Geschäftsfall/Beleg: Belege werden i. d. R. betriebsintern durchnummeriert.

Welche Konten werden durch den Geschäftsfall angesprochen: Aus dem Beleg bzw. aus dem Geschäftsfall, der sich hinter dem Beleg verbirgt, ist erkennbar, welche Konten angesprochen werden müssen.

Beispiel: Geld wird der Kasse entnommen und auf dem Bankkonto eingezahlt, also Kasse und Bank (die Reihenfolge spielt hier noch keine Rolle).

Um welche Kontenart handelt es sich: Es ist nach Vermögens- und Kapitalkonten zu unterscheiden.

Beispiel: Kasse und Bank sind Vermögenskonten.

Wie verändern sich die Kontobestände/-werte: Die Art der Kontenbewegung ist zu bestimmen: Minderung oder Mehrung.

Beispiel: Der Kasse wird Geld entnommen: Minderung. Auf dem Bankkonto wird Geld eingezahlt: Mehrung.

Auf welcher Kontoseite wird gebucht: Aus der Kontenart (Vermögens- oder Kapitalkonto) und der Art der Kontobewegung (Mehrung oder Minderung) ergibt sich, ob im Soll oder Haben zu buchen ist.

Beispiel: Kasse: Vermögenskonto, Minderung, Haben. Bank: Vermögenskonto, Mehrung, Soll

Buchungsregel: Für die Kontierung ist die Reihenfolge von größter Bedeutung. Hier ist zunächst festzuhalten, welches Konto die Soll-Buchung aufnimmt, dann ist das Konto zu nennen, auf dem im Haben gebucht wird.

Kontierung: In den Betragsspalten werden die Beträge genannt, die auf der Soll- bzw. Haben-Seite zu buchen sind. Die Reihenfolge (erst Soll, dann Haben) ist zu beachten. Letztlich muss das Kontenbild (Bank Soll/Kasse Haben) dem Betragsbild (Soll 3000,00 €, Haben 3000,00 €) entsprechen.

Beispiel: Soll-Buchung auf dem Bankkonto (Mehrung eines Vermögenskontos) Haben-Buchung auf dem Konto „Kasse" (Minderung eines Vermögenskontos).

Beispiel: Bank 3 000,00 € im Soll, Kasse 3 000,00 € im Haben

5.2 Grundbuch

Alle Geschäftsfälle werden in zeitlicher Reihenfolge sortiert und im Grundbuch festgehalten. Das Grundbuch dokumentiert demnach alle Geschäftsvorfälle eines Unternehmens, wie sie im Laufe eines Geschäftsjahres zeitlich nacheinander angefallen sind.

Grundbuch				
Jahr 20(0)	Konten		€	
Datum	Soll	Haben	Soll	Haben
02.01	Bank		3 000,00	
		Kasse		3 000,00
03.01	Bank		2 000,00	
	Postbank		1 000,00	
		Kasse		3 000,00
usw.				
		Betragskontrolle		

Grundbuch: Dokumentation der Geschäftsfälle in zeitlicher Reihenfolge

■ Betragskontrolle

Sobald alle Geschäftsfälle im Grundbuch erfasst worden sind, ist es ratsam, in den Betragsspalten die Soll- und Haben-Beträge zu addieren. Da immer doppelt gebucht wird (Soll-Buchung + Haben-Buchung), müssen die Beträge der Soll- und Haben-Spalte übereinstimmen. Andernfalls liegt ein Buchungsfehler vor, der sofort korrigiert werden kann.

5.3 Hauptbuch

■ Einrichtung und Führung der Konten

Die Eintragungen des Grundbuchs (zeitlich geordnet) werden auf Konten übertragen, die nach sachlichen Gesichtspunkten gebildet werden, z. B. die Konten Kasse, Bank, Forderungen, Eigenkapital, Darlehen usw. Alle **Vermögens**- und **Kapitalkonten**, die in einem Unternehmen notwendig sind, werden im Hauptbuch eingerichtet. Somit sind alle Geschäftsfälle eines Geschäftsjahres im Hauptbuch nach Sachbereichen erkennbar, z. B. alle Vorgänge, die Kassenbewegungen oder Bewegungen auf dem Bankkonto, die Höhe der Forderungen gegenüber Kunden oder die Höhe der Verbindlichkeiten gegenüber Lieferern betreffen. Weil die Buchungen im Hauptbuch nach sachlichen Gesichtspunkten gebildet werden, nennt man die Konten des Hauptbuchs auch **Sachkonten**.

Beispiel

Soll			Bank		Haben
Datum	Text/Gegenkonto	€	Datum	Text/Gegenkonto	€
01.07.	Eröffnungsbestand	4 000,00	02.07.	Verbindlichkeiten	1 500,00
02.07.	Kasse	3 800,00			

Soll			Kasse		Haben
Datum	Text/Gegenkonto	€	Datum	Text/Gegenkonto	€
01.07.	Eröffnungsbestand	4 000,00	02.07.	Bank	3 800,00

Soll			Eigenkapital		Haben
Datum	Text/Gegenkonto	€	Datum	Text/Gegenkonto	€
			01.07.	Eröffnungsbestand	10 000,00

Soll			Verbindlichkeiten		Haben
Datum	Text/Gegenkonto	€	Datum	Text/Gegenkonto	€
02.07.	Bank	1 500,00	02.06.	Einkauf von Waren	1 500,00

Hauptbuch: Dokumentation der Geschäftsfälle nach sachlichen Gesichtspunkten

Geschäftsfälle

zeitliche Ordnung: Grundbuch

sachliche Ordnung: Hauptbuch

■ Eröffnung der Konten

Für die Führung eines Einzelhandelsgeschäfts ist ein gewisses Kapital erforderlich (Eigen-/Fremdkapital), das zur Finanzierung von Vermögenswerten verwendet wird. Mit diesen Eröffnungsbeständen beginnt das Geschäftsjahr eines Einzelhandelsunternehmens. Durch die Geschäftstätigkeit im Verlauf des Jahres verändern sich die Beträge. Am Ende des Geschäftsjahres verbleiben Schlussbestände auf den Vermögens- und Kapitalkonten, die wiederum die Eröffnungsbestände des Folgejahres bilden.

Beispiel

Konto „Kasse"

1. Am 1. Geschäftstag des Jahres (2. Januar 20[0]) wird das Konto mit 200,00 € (Wechselgeld) eröffnet.

2. Im Laufe des Geschäftstages werden durch Barverkäufe 3 100,00 € eingenommen. Außerdem werden 3 000,00 € aus der Kasse genommen und auf das Bankkonto eingezahlt.

4. Am Ende des Geschäftstages sind noch 300,00 € in der Kasse.

5. Am nächsten Tage entstehen durch Barverkäufe Einnahmen von 4 100,00 € usw. bis zum Schluss des Geschäftsjahres am 31.12.20(0).

6. Am 31.12.20(0) befinden sich 400,00 € in der Kasse. Dies ist der Schlussbestand auf dem Konto Kasse für das laufende Geschäftsjahr.

7. Im neuen Geschäftsjahr 20(+1) wird das Kassenkonto mit einem Bestand von 400,00 € eröffnet (= Schlussbestand aus dem Vorjahr).

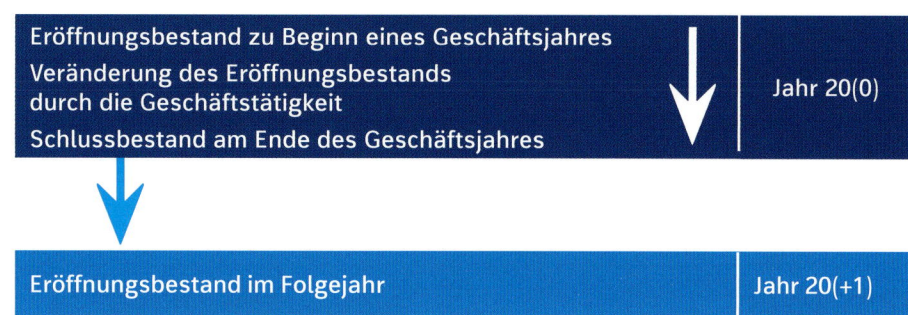

Eröffnungsbestand zu Beginn eines Geschäftsjahres		
Veränderung des Eröffnungsbestands durch die Geschäftstätigkeit		Jahr 20(0)
Schlussbestand am Ende des Geschäftsjahres		

Eröffnungsbestand im Folgejahr	Jahr 20(+1)

Im Beispiel rechts wäre das Konto Kasse am 2. Januar 20(0) mit 200,00 € zu eröffnen. Im Laufe des Geschäftstages werden durch Barverkäufe 3 100,00 € eingenommen.

Soll	Kasse				Haben
Datum	Text/Gegenkonto	€	Datum	Text/Gegenkonto	€
02.01.	Eröffnungsbestand	200,00			
02.01.	Barverkäufe	3 100,00			

■ Übertragung von Grundbucheintragungen in das Hauptbuch

Am Beispiel der Kassenabschöpfung soll dieser Vorgang deutlich gemacht werden:

Grundbuch				
Jahr 20(0)	Konten		€	
Datum	Soll	Haben	Soll	Haben
02.01	Bank		3 000,00	
		Kasse		3 000,00

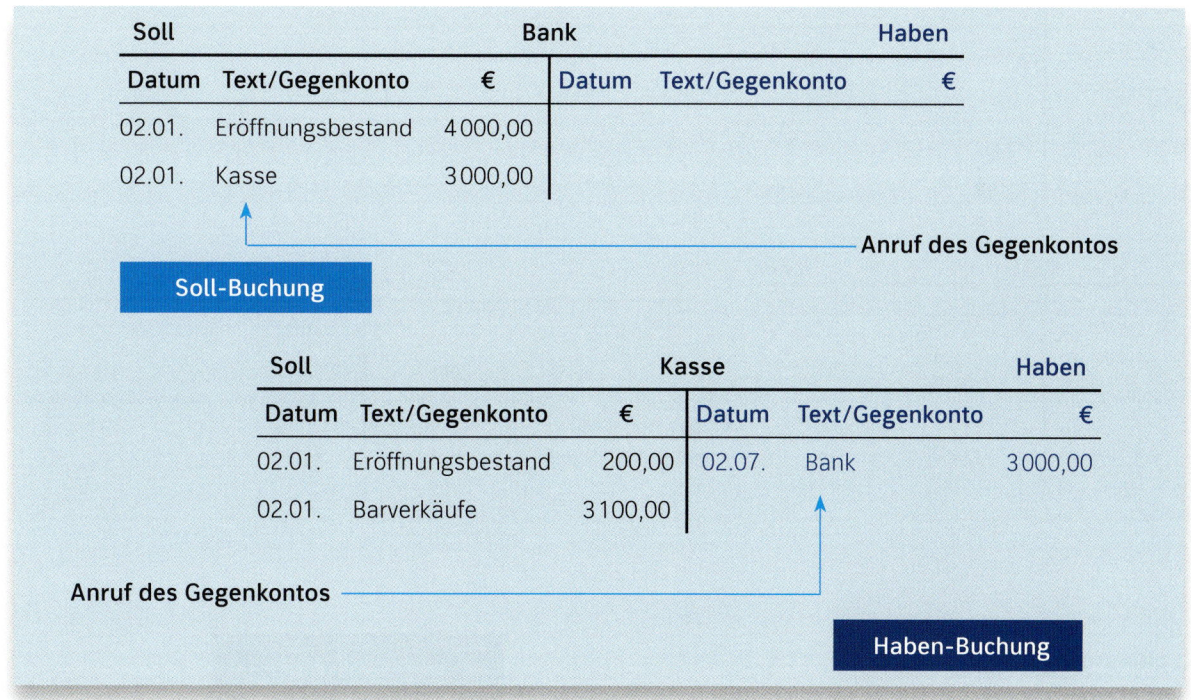

Soll	Bank				Haben
Datum	Text/Gegenkonto	€	Datum	Text/Gegenkonto	€
02.01.	Eröffnungsbestand	4 000,00			
02.01.	Kasse	3 000,00			

Anruf des Gegenkontos

Soll-Buchung

Soll	Kasse				Haben
Datum	Text/Gegenkonto	€	Datum	Text/Gegenkonto	€
02.01.	Eröffnungsbestand	200,00	02.07.	Bank	3 000,00
02.01.	Barverkäufe	3 100,00			

Anruf des Gegenkontos

Haben-Buchung

■ Abschluss des Hauptbuchs

Am Ende eines Geschäftsjahres, am 31.12.20(0), sind alle Vermögens- und Kapitalkonten abzuschließen und die Salden auf das Schlussbestandskonto umzubuchen. Mit diesen Schlussbeständen stehen gleichzeitig die Eröffnungsbestände für das kommende Geschäftsjahr zur Verfügung.

Ein Geschäftsjahr muss nicht mit dem Kalenderjahr übereinstimmen.

Bekanntlich stehen die Schlussbestände auf den Vermögenskonten nach dem Saldieren auf der Haben-Seite. Bei den Kapitalkonten ergeben sich die Schlussbestände auf der Soll-Seite. Als Gegenbuchung für den Saldo ist auf den Konten das **Schlussbestandskonto (SBK)** anzugeben.

Die Grundzüge des Hauptbuchabschlusses sollen in Form eines Wochenabschlusses sichtbar gemacht werden. Computergestützte Buchungsprogramme lassen es jederzeit zu, ein Hauptbuch ohne großen Aufwand abzuschließen.

Vermögenskonten

Mehrungen / Minderungen

Betriebs- und Geschäftsausstattung

Soll			Haben		
Datum	Text/Gegenkonto	€	Datum	Text/Gegenkonto	€
11.11.	Eröffn.-Bestand	80 000,00	17.11.	SBK	80 000,00
		80 000,00			80 000,00

Waren

Soll			Haben		
Datum	Text/Gegenkonto	€	Datum	Text/Gegenkonto	€
11.11.	Eröffn.-Bestand	60 000,00	17.11.	SBK	60 000,00
		60 000,00			60 000,00

Forderungen

Soll			Haben		
Datum	Text/Gegenkonto	€	Datum	Text/Gegenkonto	€
11.11.	Eröffn.-Bestand	20 000,00	11.11.	Bank	4 000,00
			14.11.	Kasse	1 000,00
			17.11.	SBK	15 000,00
		20 000,00			20 000,00

Bank

Soll			Haben		
Datum	Text/Gegenkonto	€	Datum	Text/Gegenkonto	€
11.11.	Eröffn.-Bestand	27 000,00	12.11.	Verbindlichkeiten	2 000,00
11.11.	Kasse	6 000,00	13.11.	Darlehen	20 000,00
11.11.	Forderungen	4 000,00	16.11.	Darlehen	2 000,00
15.11.	Kasse	3 000,00	17.11.	Verbindlichkeiten	13 000,00
16.11.	Kasse	4 000,00	17.11.	SBK	11 000,00
17.11.	Kasse	4 000,00			
		48 000,00			48 000,00

Kasse

Soll			Haben		
Datum	Text/Gegenkonto	€	Datum	Text/Gegenkonto	€
11.11.	Eröffn.-Bestand	18 800,00	11.11.	Bank	6 000,00
14.11.	Forderungen	1 000,00	15.11.	Bank	3 000,00
			16.11.	Bank	4 000,00
			17.11.	Bank	4 000,00
			17.11.	SBK	2 800,00
		19 800,00			19 800,00

Kapitalkonten

Minderungen / Mehrungen

Eigenkapital

Soll			Haben		
Datum	Text/Gegenkonto	€	Datum	Text/Gegenkonto	€
17.11.	SBK	133 800,00	11.11.	Eröffn.-Bestand	103 800,00
			17.11.	Darlehen	30 000,00
		133 800,00			133 800,00

Darlehen

Soll			Haben		
Datum	Text/Gegenkonto	€	Datum	Text/Gegenkonto	€
13.11.	Bank	20 000,00	11.11.	Eröffn.-Bestand	70 000,00
16.11.	Bank	2 000,00			
17.11.	Eigenkapital	30 000,00			
17.11.	SBK	18 000,00			
		70 000,00			70 000,00

Verbindlichkeiten

Soll			Haben		
Datum	Text/Gegenkonto	€	Datum	Text/Gegenkonto	€
12.11.	Bank	2 000,00	11.11.	Eröffn.-Bestand	32 000,00
17.11.	Bank	13 000,00			
17.11.	SBK	17 000,00			
		32 000,00			32 000,00

Schlussbestandskonto (SBK)

Soll			Haben		
Datum	Text/Gegenkonto	€	Datum	Text/Gegenkonto	€
17.11.	BGA	80 000,00	17.11.	Eigenkapital	133 800,00
17.11.	Waren	60 000,00	17.11.	Darlehen	18 000,00
17.11.	Forderungen	15 000,00	17.11.	Verbindlichkeiten	17 000,00
17.11.	Bank	11 000,00			
17.11.	Kasse	2 800,00			
		168 800,00			168 800,00

Soll-Ist-Abgleich

Bilanz siehe Seite 147

Die Buchwerte (Soll-Werte) des Schlussbestandskontos müssen stets mit den Werten des Inventars (Ist-Werte) des betreffenden Geschäftsjahres übereinstimmen. Auf der Grundlage des Inventars wird die **Schlussbilanz** erstellt. Das **Schlussbestandskonto** hingegen ist das Abschlusskonto des Hauptbuchs.

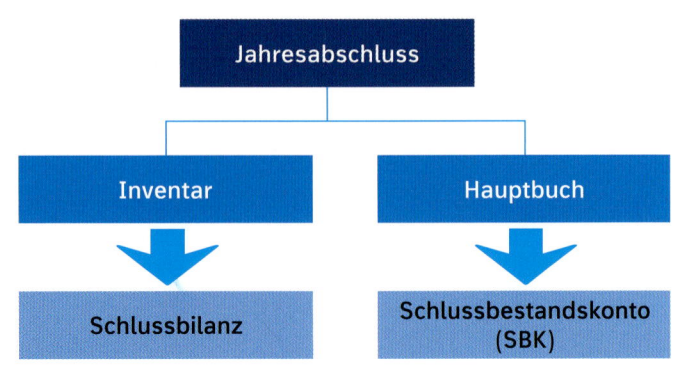

■ Arten von Bestandsveränderungen

Geschäftsvorfälle kann man daraufhin betrachten, wie sie die Bestände im Schlussbestandskonto beeinflussen. Betrachtet man z. B. eine Kassenabschöpfung, so verringert sich der Bestand an Bargeld in der Kasse und der Bestand auf dem Bankkonto erhöht sich. Da es sich in beiden Fällen um Vermögenskonten handelt, befinden sich ihre Salden (Schlussbestände) auf der Soll-Seite des Schlussbestandskontos. Eine Kassenabschöpfung bewirkt demnach eine Erhöhung des Schlussbestands auf dem Bankkonto und eine entsprechende Verminderung des Schlussbestands auf dem Kassenkonto. Im Schlussbestandskonto erscheint die Kassenabschöpfung als ein Tausch von Beträgen auf der Soll-Seite.

Beispiel

Bestand auf dem Kassenkonto: 5 600,00 €
Bestand auf dem Bankkonto: 20 000,00 €
Abschöpfung: 5 000,00 €

Werden die Konten nach der Buchung der Abschöpfung abschlossen und die Salden zum Schlussbestandskonto übertragen, ergibt sich folgendes Bild:

Soll		Schlussbestandskonto				Haben
Datum	Text/Gegenkonto	€	Datum	Text/Gegenkonto	€	
31.12.	Betriebs- und Gesch.-A.	150 000,00	31.12.	Eigenkapital	265 600,00	
31.12.	Waren	600 000,00	31.12.	Darlehen	285 000,00	
31.12.	Forderungen	30 000,00	31.12.	Verbindlichkeiten	255 000,00	
31.12.	**Bank**	**25 000,00**				
31.12.	**Kasse**	**600,00**				
		805 600,00			805 600,00	

Der Geschäftsvorgang führte zu einem Soll-Tausch auf dem Schlussbestandskonto. Insgesamt lassen sich vier Arten von Bestandsveränderungen unterscheiden:

Art	Beschreibung	Beispiel
1. Soll-Tausch (Aktiv-Tausch)	Der Geschäftsfall führt nur zu einer Veränderung auf der Soll-Seite des Schlussbestandskontos. Die Kontensumme ändert sich nicht.	Entnahme von Bargeld aus der Geschäftskasse und Einzahlung des Betrags auf das Bankkonto. Bankkonto + Kasse –
2. Haben-Tausch (Passiv-Tausch)	Nur die Haben-Seite des Schlussbestandskontos wird durch diesen Vorgang beeinflusst. Die Kontensumme bleibt wieder unverändert.	Die Geschäftsinhaberin bringt Eigenkapital aus Ersparnissen in das Unternehmen ein und tilgt damit ein Darlehen. Eigenkapital + Darlehen –
3. Soll-Haben-Mehrung (Aktiv-Passiv-Mehrung)	Der Geschäftsfall verändert die Soll- und die Haben-Seite, und zwar durch eine Mehrung auf beiden Seiten. Die Kontosumme erhöht sich.	Ein Einzelhändler nimmt ein Darlehen auf und lässt sich den Betrag auf dem Bankkonto gutschreiben. Bank + Darlehen +
4. Soll-Haben-Minderung (Aktiv-Passiv-Minderung)	Der Geschäftsfall betrifft wiederum beide Kontenseiten, allerdings durch Minderungen. Die Kontensumme wird kleiner.	Ein Einzelhändler begleicht eine Liefererrechnung (Verbindlichkeit) durch eine Banküberweisung. Verbindlichkeiten – Bank –

Die Begriffe „Aktiv" und „Passiv" stammen aus der Bilanz, siehe Seite 148

5.4 Rechtsvorschriften

■ Grundsätze ordnungsgemäßer Buchführung (GoB)

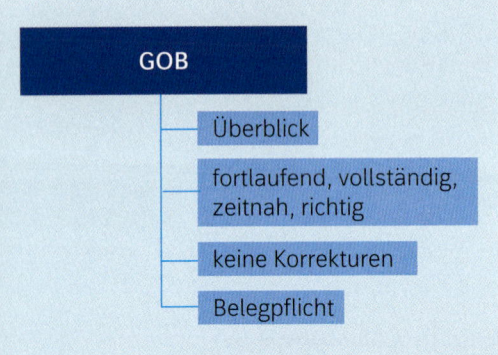

Die Buchführung eines Betriebs muss den Grundsätzen ordnungsgemäßer Buchführung (GoB) entsprechen, d.h., sie muss so geführt werden, dass ein buchführungskundiger Dritter (z. B. ein Betriebsprüfer des Finanzamts oder der Sachbearbeiter einer Bank) sich in kurzer Zeit einen Überblick über die wirtschaftliche Lage des Unternehmens machen kann.

1. Die Buchführung muss klar und übersichtlich sein und einen **Überblick** über die Geschäftslage ermöglichen.

2. Die Geschäftsfälle sind **fortlaufend**, **vollständig**, **zeitnah** und **richtig** aufzuzeichnen.

3. Die Eintragungen dürfen nicht **gelöscht** oder durch Radieren und Überschreiben **unleserlich** gemacht werden.

4. Jede Buchung erfordert einen **Beleg** als Nachweis.

Keine Buchung ohne Beleg

Belege lassen sich in **Eigenbelege** (z. B. ein Kassenbericht) und **Fremdbelege** (z. B. die Rechnung eines Lieferanten) unterscheiden.

In der Schul-Buchführung muss aus Platzgründen oft auf Buchungsbelege verzichtet werden.

Gesetzliche Aufbewahrungsfristen in der Buchführung

Um die wirtschaftliche Entwicklung in seinem Unternehmen richtig beurteilen zu können, muss der Einzelhändler die Unterlagen der Buchführung geordnet aufbewahren. Wie lange der Einzelhändler diese Unterlagen aufbewahrt, hängt einerseits von seinem eigenen Interesse ab, andererseits schreibt der Gesetzgeber im Handelsgesetzbuch Mindestaufbewahrungsfristen vor:

Siehe auch Inventar, Bilanz, Seite 104 und 147

* Die **sechsjährige Aufbewahrungsfrist** gilt für alle Handelsbriefe. Das sind Briefe (empfangene Briefe und Kopien der Antworten), die sich auf ein Handelsgeschäft beziehen. Für den übrigen Schriftverkehr (z. B. in Personalangelegenheiten, Schriftverkehr mit Behörden) gibt es keine gesetzlich vorgeschriebenen Aufbewahrungsfristen.

* Die **zehnjährige Aufbewahrungsfrist** gilt für Handelsbücher (Grundbuch, Hauptbuch), Inventare, Bilanzen und Buchungsbelege.

Zusammenfassung

Buchungstechnik		
Doppelte Buchführung:	Jeder Geschäftsfall wird im Soll und im Haben gebucht.	
Buchungssatz:	Anweisung, wie ein Geschäftsfall zu buchen ist.	
	einfacher:	zwei Konten sind betroffen
	zusammengesetzter:	auf mindestens drei Konten wird gebucht
Buchungsregel:	erst Soll, dann Haben	
Grundbuch:	Dokumentation der Geschäftsfälle in zeitlicher Reihenfolge	
Hauptbuch:	Dokumentation der Geschäftsfälle nach sachlichen Gesichtspunkten	
Hauptbuchabschluss:	Zusammenführen der Salden aus den Vermögens- und Kapitalkonten	
Bestandsveränderungen:	* Soll-Tausch * Haben-Tausch	* Soll-Haben-Mehrung * Soll-Haben-Minderung

Buchungstechnik		
GoB:	* Überblick * fortlaufend, vollständig, zeitnah, richtig	* kein Löschen u. Ä. * keine Buchung ohne Beleg
Aufbewahrungsfristen:	6 Jahre:	Handelsbriefe
	10 Jahre:	Handelsbücher (Grundbuch, Hauptbuch, Inventare, Bilanzen, Belege)

6   Bilanz

Inventur

Ein Kaufmann ist gesetzlich verpflichtet, zu Beginn seiner Geschäftstätigkeit und am Ende eines jeden Geschäftsjahres eine Inventur durchzuführen. Mithilfe der **Inventur** wird festgestellt, über welche **Vermögenswerte** der Kaufmann verfügt und wie hoch seine **Schulden** (= Fremdkapital) sind.

Inventar

Das **Inventar** ist ein Verzeichnis, das die Inventurwerte in übersichtlicher Form aufnimmt. Zum Inventar gehören auch die verschiedenen Listen über Warenvorräte, Forderungen usw. Das Inventar ist in drei Abschnitte aufgeteilt:
A. Vermögen
B. Schulden
C. Ermittlung des Eigenkapitals

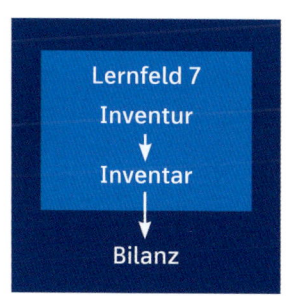

Siehe auch ausführliche Darstellung von Inventur und Inventar Seite 96 und 104

Siehe auch Vermögen und Kapital Seite 104

Einzelhandelsgeschäft Anne Kersting – Tierbekleidung

Beispiel

Siehe auch Informationen zu Anne Kersting Seite 125

Inventar des Tierbekleidungs-Fachgeschäfts Anne Kersting Grünstraße 14, 40212 Düsseldorf zum 31.12.20(0)		
	€	€
A. Vermögen		
I. Anlagevermögen		
Geschäftsausstattung lt. Anlagenliste		5 000,00
II. Umlaufvermögen		
1. Warenvorräte lt. Inventurlisten Nr. 1 bis 3		
Gruppe I	8 000,00	
Gruppe II	4 000,00	
Gruppe III	2 000,00	14 000,00
2. Bankguthaben bei der Volksbank Düsseldorf		8 000,00
3. Kassenbestand		1 000,00
Summe des Vermögens		28 000,00
B. Schulden		
I. Langfristige Schulden		
Darlehen bei der Volksbank Düsseldorf		9 000,00
II. Kurzfristige Schulden		
Verbindlichkeiten lt. Verbindlichkeitenliste		5 000,00
Summe der Schulden		14 000,00
C. Ermittlung des Eigenkapitals		
Summe des Vermögens		28 000,00
– Summe der Schulden		14 000,00
Eigenkapital		14 000,00
Düsseldorf, den 31.12. 20(0) *Anne Kersting*		

> **Inventur:** Feststellung der Vermögenswerte und Schulden eines Unternehmens
>
> **Inventar:** Verzeichnis über die Inventurwerte

6.1 Vom Inventar zur Bilanz

Nach § 242 HGB (Handelsgesetzbuch) müssen Einzelhändler nach Ablauf eines Geschäftsjahres neben dem Inventar eine Bilanz erstellen. Die Bilanz ist die **Kurzfassung des Inventars**, die einen raschen Überblick über das Vermögen und das Kapital des Einzelhändlers gewährt.

■ Unterschiede zwischen Inventar und Bilanz

Die Bilanz unterscheidet sich vom Inventar nur durch Form und Umfang. Das Inventar wird in **Staffelform** erstellt, die Bilanz hat **T-Konto-Format**. Im Gegensatz zum Inventar werden in der Bilanz Vermögen und Kapital des Einzelhändlers nicht mengenmäßig und detailliert aufgelistet. Die Bilanz fasst gleichartige Vermögensteile und gleichartige Kapitalteile zu einzelnen Bilanzpositionen zusammen:

> **Bilanz:** Kurzfassung des Inventars im T-Konto-Format für einen schnellen Überblick über das Vermögen und die Schulden eines Unternehmens

6.2 Bilanzaufbau

■ Aktivseite der Bilanz (Aktiva)

Die Aktivseite der Bilanz enthält alle Vermögensteile des Unternehmens. Sie wird unterteilt in **Anlagevermögen** und **Umlaufvermögen**. Die Vermögensteile des Anlagevermögens stellen die Grundlage für die Betriebsbereitschaft des Unternehmens dar. Zum Umlaufvermögen zählen alle Vermögenswerte, die sich durch den Verkauf von Waren verändern.

> Anlagevermögen + Umlaufvermögen = Gesamtvermögen

Die Anordnung der einzelnen Vermögensposten richtet sich **nach zunehmender Flüssigkeit** (Liquidität), d. h., es erfolgt eine Gliederung vom schwer verkaufbaren Grundstück bis hin zum „besonders flüssigen" Bargeld.

■ Passivseite der Bilanz (Passiva)

Die Passivseite der Bilanz enthält das Kapital des Unternehmens. Sie wird unterteilt in Eigenkapital und Fremdkapital (Schulden des Unternehmens).

> Eigenkapital + Fremdkapital = Gesamtkapital

Die **Gliederungsvorschrift** der Passivseite ist die **Fälligkeit**, d. h., das Kapital, das am ehesten zurückzuzahlen (fällig) ist, steht an letzter Stelle auf der Passivseite.

Aktiva	Bilanz		Passiva
Anlagevermögen Umlaufvermögen	Eigenkapital Fremdkapital		
	zunehmende Liquidität		zunehmende Fälligkeit

Aktiva	Bilanz des Textilfachgeschäftes Steiner GmbH zum 31.12.20(0)			Passiva	
		€			€
I.	**Anlagevermögen**		I.	**Eigenkapital**	230 138,00
	1. Grundstücke	200 000,00			
	2. Gebäude	370 000,00	II.	**Fremdkapital**	
	3. Fuhrpark	22 000,00		**1. Langfristige**	
	4. BGA	114 600,00		**Schulden**	
				Darlehen	370 000,00
II.	**Umlaufvermögen**			**2. Kurzfristige**	
				Schulden	
	1. Waren	110 000,00		2.1 Verbindlichkeiten	255 600,00
	2. Forderungen	34 758,00		2.2 Postbank	18 300,00
	3. Bank	22 470,00			
	4. Kasse	210,00			
		874 038,00			**874 038,00**
Ort, Datum, Unterschrift					

Beispiel

Zum Vergleich: Anne Kersting – Tierbekleidung

Ihre Zusammenstellung des Vermögens und des Kapitals entspricht im Aufbau einer Bilanz.

Aktiva	Bilanz des Fachgeschäfts Anne Kersting		Passiva
Vermögen		**Kapital**	
Anne Kersting – Tierbekleidung			€
Warenträger (Betriebs- und Geschäftsausstattung)	5 000,00	Eigenkapital	14 000,00
Waren	14 000,00	Darlehen	9 000,00
Bank	8 000,00	Verbindlichkeiten	5 000,00
Kasse	1 000,00		
Gesamtvermögen	28 000,00	Gesamtkapital	28 000,00

Lediglich die äußere Form müsste noch etwas angepasst werden:

Aktiva	Bilanz des Fachgeschäfts Anne Kersting zum 31.12.20(0)			Passiva	
		€			€
I.	**Anlagevermögen**		I.	**Eigenkapital**	14 000,00
	BGA	5 000,00			
			II.	**Fremdkapital**	
II.	**Umlaufvermögen**			**1. Langfristige**	
				Schulden	
	1. Waren	14 000,00		Darlehen	9 000,00
	2. Bank	8 000,00		**2. Kurzfristige**	
	3. Kasse	1 000,00		**Schulden**	
				Verbindlichkeiten	5 000,00
		28 000,00			**28 000,00**
Ort, Datum, Unterschrift					

Unterschreiben der Bilanz
Die Bilanz ist mit Datum zu versehen und darf nur vom Geschäftsinhaber persönlich unterschrieben werden.

Begriffszuordnung in der Bilanz
Der Aktiv- und Passivseite der Bilanz werden in Abhängigkeit von verschiedenen Auswertungsgesichtspunkten folgende Begriffe zugeordnet:

Aktivseite	Passivseite
= Vermögensseite	= Kapitalseite
= Mittelverwendungsseite	= Mittelherkunftsseite
= Investitionsseite	= Finanzierungsseite

Zusammenfassung

Bilanz		
Inventur:	Feststellung der Vermögenswerte und Schulden eines Unternehmens	
Inventar:	Verzeichnis über die Inventurwerte	
Bilanz:	Kurzfassung des Inventars für einen schnellen Überblick über das Vermögen und die Schulden eines Unternehmens	
Bilanzaufbau:	Aktivseite:	Anlage- und Umlaufvermögen (Gliederung nach Liquidität) = Vermögensseite, Mittelverwendungsseite, Investitionsseite
	Passivseite:	Eigen- und Fremdkapital (Gliederung nach Fälligkeit) = Kapitalseite, Mittelherkunftsseite, Finanzierungseite
Formvorschiften:	∗ T-Konto-Format ∗ Datum und Unterschrift des Geschäftsinhabers	

7   Bilanzvergleich

7.1   Bilanzgleichungen

„bilancia" (ital.) = Waage

In der Bilanz müssen die Aktiv- und die Passivseite wertmäßig übereinstimmen. Somit ergeben sich folgende Bilanzgleichungen auf der Grundlage der Bilanz des Fachgeschäftes Tierbekleidung Anne Kersting:

Siehe Bilanz von Anne Kersting auf Seite 151

	Beispielzahlen Anne Kersting
Bilanzsumme = Summe der Aktiva = Summe der Passiva	28 000,00 = 28 000,00
Aktiva = Passiva	28 000,00 = 28 000,00
Vermögen = Kapital	28 000,00 = 28 000,00
Vermögen = Eigenkapital + Fremdkapital	28 000,00 = 14 000,00 + 14 000,00
Vermögen − Fremdkapital = Eigenkapital	28 000,00 − 14 000,00 = 14 000,00
Anlagevermögen + Umlaufvermögen = Eigenkapital + Fremdkapital	5 000,00 + 23 000,00 = 14 000,00 + 14 000,00

Aktiva	Bilanz des Fachgeschäfts Anne Kersting zum 31.12.20(0)				Passiva
		€			€
I. Anlagevermögen			I. Eigenkapital		14 000,00
II. BGA		5 000,00			
			II. Fremdkapital		
Umlaufvermögen			1. Langfristige Schulden		
			Darlehen		9 000,00
1. Waren		14 000,00	2. Kurzfristige Schulden		
2. Bank		8 000,00			
3. Kasse		1 000,00	Verbindlichkeiten		5 000,00
		28 000,00			28 000,00
Ort, Datum, Unterschrift					

7.2 Veränderungsbilanz

Die Veränderungsbilanz stellt die Bilanzzahlen mehrerer Jahre systematisch gegenüber. In einer separaten Spalte wird die Veränderung jeder Bilanzposition festgehalten. Man spricht in solchen Fällen auch vom **Zeitvergleich der Bilanzen**. Durch diesen Vergleich erhält der Einzelhändler ein genaues Bild über die Höhe der Veränderungen bei Vermögen und Kapital. Ferner werden auch Verschiebungen (Wertbewegungen) auf der Aktiv- und Passivseite deutlich.

Aktiva			Veränderungsbilanz				Passiva
	Wert 20(-1)	Wert 20(0)	Veränderung in €		Wert 20(-1)	Wert 20(0)	Veränderung in €
Fuhrpark	2 144,00	18 860,00	16 716,00	Eigenkapital	175 360,00	235 466,00	60 106,00
BGA	227 355,00	234 555,00	7 200,00	Darlehen	293 000,00	295 000,00	2 000,00
Waren	583 300,00	634 578,00	51 278,00	Verbindlichketten	330 048,00	323 735,00	–6 313,00
Forderungen	14 785,00	34 664,00	19 879,00	Bankschulden	42 059,00	77 781,00	35 722,00
Postguthaben	10 450,00	7 436,00	–3 014,00				
Kasse	2 433,00	1 889,00	–544,00				
	840 467,00	931 982,00	91 515,00		840 467,00	931 982,00	91 515,00

> **Veränderungsbilanz: Zeitvergleich von (zwei) Bilanzen mit dem Ziel, Veränderungen des Vermögens und der Schulden sichtbar zu machen.**

7.3 Aufbereitete Bilanz

Aus der Bilanz lassen sich wichtige Informationen über die Vermögens- und Kapitalsituation eines Unternehmens gewinnen. Zur besseren Beurteilungs- und Vergleichsmöglichkeit werden zusammengehörende Bilanzpositionen nach bestimmten Gesichtspunkten aufbereitet.

■ Prozentuale Auswertung der aufbereiteten Bilanz

Um die Aussagefähigkeit der aufbereiteten Bilanz zu erhöhen, werden Prozentsätze in die Bilanz eingetragen. Die Bilanzsumme wird immer mit 100 % angesetzt; die einzelnen Bilanzposten werden in Prozent der Bilanzsumme ausgedrückt. Die Prozentzahlen lassen sich mithilfe des Dreisatzes ermitteln.

8   Erfolgsermittlung

8.1   Bestandsveränderungen

Bisher wurden ausschließlich Bestandsveränderungen betrachtet. Sie geben Auskunft über den Bestand an Vermögenswerten und Kapital. Vorgänge, die nur die Bestandskonten betreffen, führen auch lediglich zu **Bestandsveränderungen**. Wenn z. B. der Kasse ein Geldbetrag entnommen und auf das Bankkonto eingezahlt wird, ändert sich das Vermögen des Einzelhändlers nicht, weil Geldbestände lediglich hin und her geschoben werden. Auch wenn gleichzeitig Vermögens- und Kapitalkonten betroffen sind, z. B. bei der Tilgung eines Darlehens durch Banküberweisung, ist der Einzelhändler unmittelbar nicht betroffen.

Beispiel

Teilweise Tilgung eines Darlehens über 20 000,00 € durch Banküberweisung.

Schlussbestandskonto vor der Tilgung:

Soll				Schlussbestandskonto				Haben
Datum	Text/Gegenkonto	€			Datum	Text/Gegenkonto	€	
17.11.	Betriebs- und Gesch.-A.	84 000,00			17.11.	Eigenkapital	180 000,00	
17.11.	Waren	140 100,00			17.11.	**Darlehen**	**126 000,00**	
17.11.	Forderungen	18 050,00			17.11.	Verbindlichkeiten	17 300,00	
17.11.	**Bank**	**47 425,00**						
17.11.	Postgiro	24 100,00						
17.11.	Kasse	9 625,00						
		323 300,00					323 300,00	

Schlussbestandskonto nach der Tilgung:

Soll				Schlussbestandskonto				Haben
Datum	Text/Gegenkonto	€			Datum	Text/Gegenkonto	€	
17.11.	Betriebs- und Gesch.-Ausstattung	84 000,00			17.11.	Eigenkapital	180 000,00	
17.11.	Waren	140 100,00			17.11.	**Darlehen**	**106 000,00**	
17.11.	Forderungen	18 050,00			17.11.	Verbindlichkeiten	17 300,00	
17.11.	**Bank**	**27 425,00**						
17.11.	Postgiro	24 100,00						
17.11.	Kasse	9 625,00						
		303 300,00					303 300,00	

Zwar hat der Einzelhändler weniger Geld(-vermögen) auf seinem Bankkonto, gleichzeitig hat er aber auch geringere (Darlehens-)Schulden bei seiner Bank. Die Kontensumme auf dem Schlussbestandskonto nimmt ab, das **Eigenkapital** des Einzelhändlers (das, was ihm gehört) bleibt aber gleich. Der Einzelhändler ist weder „ärmer" noch „reicher" geworden.

Geschäftsfall	Auswirkungen
Kassenabschöpfung	Das Vermögen auf dem Bankkonto nimmt zu. Das Vermögen auf dem Kassenkonto nimmt ab.
Tilgung eines Darlehens durch Banküberweisung	Das Vermögen auf dem Bankkonto nimmt ab. Die Schulden (Fremdkapital) auf dem Darlehenskonto nehmen im gleichen Maße ab.

Bestandsveränderungen: Geschäftsvorgänge, die lediglich die Bestandskonten betreffen.

8.2 Erfolgsveränderungen

Eine Änderung für den Einzelhändler persönlich tritt erst bei erfolgswirksamen Vorgängen ein. Sie liegen vor, wenn der Einzelhändler Erträge erzielt oder wenn Aufwendungen entstehen.

Aufwendungen	Erträge

Die Erfolgsrechnung ist eine Aufwands- und Ertragsrechnung. Aufwendungen und Erträge eines Geschäftsjahres (oder z. B. eines Monats) werden einander gegenüber gestellt; durch Saldieren wird der Erfolg (Gewinn oder Verlust) ermittelt.

Erfolgsveränderungen: Geschäftsvorgänge, die Aufwendungen und Erträge betreffen.

■ Aufwendungen

Als „Aufwendungen" bezeichnet man den Verbrauch von Gütern und Dienstleistungen, ausgedrückt in Euro.

Beispiel

Mietzahlung für die Geschäftsräume
Ein Einzelhändler zahlt die Geschäftsmiete gewöhnlich für einen Monat im Voraus. Er kauft damit eine Dienstleistung ein, nämlich die Nutzung der Verkaufsräume. Die Miete stellt für ihn zunächst einen **Aufwand** dar, der notwendig ist, damit er als Einzelhändler tätig werden kann. Die Aufwendungen machen den Einzelhändler „ärmer", er muss zunächst Geld für die Verkaufsräume bezahlen. Dadurch, dass der Vermieter die Verkaufsfläche zur Verfügung stellt, kann der Einzelhändler seinen Kunden aber ein Sortiment anbieten und Waren verkaufen. Diese Verkäufe führen zu **Umsatzerlösen** (**Erträgen**), die ihn „reicher" machen.

Beispiele für Aufwendungen des Einzelhändlers

Geschäftsfall	Einkauf/Verbrauch einer Ware oder Dienstleistung (Aufwendungen)	Ziel	
Miete wird durch Banküberweisung bezahlt.	Nutzung des Verkaufsraums	In diesem Verkaufsraum Waren darzubieten und zu verkaufen	Jeder Einzelhändler hat das Ziel, Waren zu verkaufen, damit er Umsatzerlöse (**Erträge**) erwirtschaftet. Bei entsprechender Kalkulation der Produkte verbleibt für den Einzelhändler ein Gewinn.
Gehaltszahlung an die Angestellten	Nutzung der Arbeitsleistung der Mitarbeiter	Die Mitarbeiter sind behilflich, die Waren kundengerecht zu präsentieren und zu verkaufen.	
Eine Rechnung über eine **Werbeanzeige** in der örtlichen Tageszeitung trifft ein.	Die Werbewirkung der Tageszeitung wird genutzt, um Kunden auf das Sortiment aufmerksam zu machen.	Kunden sollen in das Geschäft gelockt werden, damit sie Waren kaufen.	
Wir erhalten von unserem Lieferer eine Rechnung über gelieferte **Waren**.	Einkauf von Waren, die den Ansprüchen der Kunden gerecht werden	Die Attraktivität des Sortiments soll Kunden veranlassen, in unserem Geschäft einzukaufen.	

Aufwendungen: Verbrauch von Gütern und Dienstleistungen

■ Aufwendungen für Waren

Die Aufwendungen für die Produkte, die in einem Einzelhandelsgeschäft angeboten werden, bilden den größten Aufwandsposten für einen Einzelhändler. Der Einkauf der richtigen Produkte zum richtigen Zeitpunkt und zum richtigen Preis ist auch die entscheidende Voraussetzung für den erfolgreichen Betrieb eines Einzelhandelsgeschäfts.

Siehe auch Rohergebnis Seite 156

Die Aufwendungen für Waren werden auch als **Wareneinsatz** bezeichnet. Es handelt sich dabei um den Betrag, den der Einzelhändler für die verkauften Produkte aufgewendet (eingesetzt) hat.

Aufwendungen für Waren (Wareneinsatz): Betrag, den der Einzelhändler für die verkauften Produkte aufgewendet hat.

■ Erträge

Erträge sind Wertzuflüsse aus der Geschäftstätigkeit eines Einzelhändlers. Einzelhändler erzielen Erträge vor allem durch den Verkauf von Waren. Da der Verkauf von Waren und Dienstleistungen der Umsatzsteuer unterliegt, sind nur die Nettobeträge als Ertrag anzusehen.

Weitere Erträge können z. B. durch die Vermietung von Geschäftsflächen an Shop-Betreiber (Bäckerei, Fotoladen u. a.) oder auch für die Vermietung von Teilen des Parkplatzes (Imbissstand) entstehen. Darüber hinaus fallen häufig Zinserträge durch die Anlage aktuell nicht benötigter Finanzmittel an. **Miet- und Zinserträge** werden hier aber nicht weiter betrachtet.

Erträge: Wertzuflüsse aus der Geschäftstätigkeit des Einzelhändlers, vorzugsweise in Form von Netto-Verkaufserlösen.

8.3   Rohergebnis

Nettoverkaufspreis = Verkaufspreis ohne Umsatzsteuer

Betrachtet man das einzelne Produkt, so ist das Rohergebnis der Unterschied zwischen dem Bezugspreis und dem Nettoverkaufspreis. Dehnt man die Betrachtung auf alle innerhalb eines Jahres (oder eines Monats) verkauften Produkte aus, ergibt sich das Rohergebnis aus der Differenz zwischen **Netto-Umsatzerlösen** und **Wareneinsatz**.

Beispiel

Rennsport-Fahrrad, Bezugspreis 1 000,00 €,
Bruttoverkaufspreis 2 142,00 €

Bezugspreis (EK-Preis)	1 000,00	1 000,00	Bezugspreis für das eingekaufte Produkt	für den Lieferer
		800,00] **Rohergebnis**		800,00 € bleiben zunächst für den Einzelhändler.
Netto-Verkaufspreis	1 800,00			
Brutto-Verkaufspreis	2 142,00	342,00	Umsatzsteuer	für das Finanzamt

Rohergebnis: Differenz zwischen Nettoverkaufspreis und Bezugspreis (stückbezogen) oder: Differenz zwischen Netto-Umsatzerlösen und Wareneinsatz (alle verkauften Produkte)

Der Einzelhändler erhält vom Kunden für ein Fahrrad 2 142,00 €. Davon gehören dem Finanzamt 342,00 € Umsatzsteuer. 1 000,00 € hat der Einzelhändler an seinen Lieferer für den Einkauf des Fahrrads zu bezahlen. Ihm bleiben demnach noch 800,00 € als Differenz zwischen dem Bezugspreis und dem Nettoverkaufspreis. Das ist das Rohergebnis, das durch den Verkauf eines Fahrrads erzielt wird.

Überträgt man die Grafik auf **alle verkauften Produkte**, ändern sich nur die Zahlen und die Begriffe.
Annahme: Der Einzelhändler verkauft im Monat 20 Fahrräder zu dem oben genannten Preis.

Wareneinsatz	20 000,00	20 × 1 000,00 = 20 000,00	Wert der verkauften Produkte zu Bezugspreisen (EK-Preisen)
		16 000,00] **Rohergebnis**	
Netto-Umsatzerlöse	36 000,00	36 000,00	Wert der verkauften Produkte zu Netto-Verkaufspreisen
		6 840,00	Umsatzsteuer
Brutto-Umsatzerlöse	42 840,00	42 840,00	

Siehe unten Ermittlung des Gewinns (Reinergebnis)

Für die 20 **verkauften** Fahrräder erhält der Einzelhändler von seinen Kunden 42 840,00 €. Das Finanzamt hat Anspruch auf die Umsatzsteuer in Höhe von 6 840,00 € (abzüglich der vom Einzelhändler selbst gezahlten Vorsteuer). Als **Einkaufspreis** (Bezugspreis, Einstandspreis) hat der Einzelhändler für die 20 Fahrräder 20 000,00 € an die Lieferer bezahlt. Ihm verbleiben demnach 16 000,00 € als Rohergebnis. Davon hat der

Einzelhändler alle Aufwendungen (für Personal, Miete, Werbung, Energie usw.) zu bezahlen. Was übrig bleibt, ist der Gewinn des Einzelhändlers.

Einzelprodukt		Alle verkauften Produkte einer Periode	
Bezugspreis (Einstandspreis)	Preis, den der Einzelhändler für die Beschaffung einer Ware aufwenden muss	**Wareneinsatz**	Wert der verkauften Waren zu Einstands-(Bezugs)preisen innerhalb einer betrachteten Periode (Jahr, Vierteljahr, Monat, Woche))
Netto-Verkaufspreis	Verkaufspreis ohne Umsatzsteuer	**Netto-Umsatzerlöse**	Erlöse für die verkauften Produkte zu Verkaufspreisen ohne Umsatzsteuer
Brutto-Verkaufspreis	Endpreis, zu dem eine Ware im Geschäft angeboten wird. Der Preis enthält die Umsatzsteuer.	**Brutto-Umsatzerlöse**	Erlöse für die verkauften Produkte zu Verkaufspreisen einschließlich Umsatzsteuer

Periode = bestimmter Zeitabschnitt

Nach Preisangabenverordnung hat der Einzelhandel seine Produkte einschließlich Umsatzsteuer auszuzeichnen.

Das Rohergebnis ist für den Einzelhändler eine sehr wichtige Größe, weil er davon alle **Aufwendungen** bestreiten muss, die bei der Führung seines Geschäfts anfallen: Gehälter für das Personal, Miete für den Geschäftsraum, Aufwendungen für Werbung, Kommunikation, Energie und vieles mehr.

Zum Schluss, wenn alle Aufwendungen bezahlt sind, sollte auch noch ein Gewinn für den Einzelhändler übrig bleiben. Letztlich ist demnach das Rohergebnis die **Quelle des Gewinns**. Ein unzureichendes Rohergebnis lässt keinen Gewinn für den Einzelhändler übrig. Vielleicht reicht das Rohergebnis nicht einmal aus, alle Aufwendungen zu decken. Dann kommt es zu einem **Verlust**. Das Rohergebnis ist auch ein wichtiger **kurzfristiger** Erfolgsmaßstab, weil Netto-Umsatzerlöse und Wareneinsatz schnell zu ermitteln sind. Die weiteren Aufwendungen (siehe oben) sind hingegen schwerer zu ermitteln oder liegen erst am Ende einer Periode konkret vor.

Zur Unterscheidung:

Absatz: Verkaufte Menge an Produkten in Stückzahlen.

Umsatz: Verkaufte Menge an Produkten zu Verkaufspreisen.

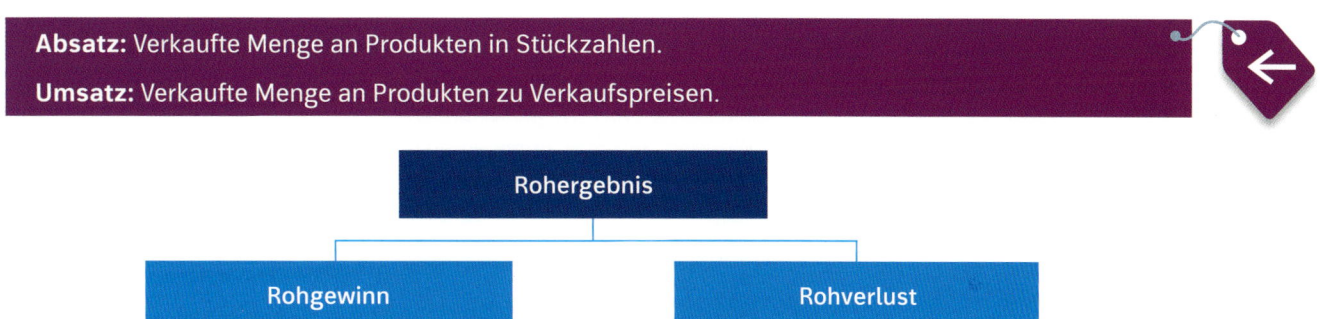

```
                    Rohergebnis

        Rohgewinn              Rohverlust
```

■ Berechnung des Nettoverkaufspreises

Da im Einzelhandel die Ware brutto ausgezeichnet wird, muss die Umsatzsteuer von einem vermehrten Grundwert (119 % oder 107 %) berechnet werden. Der Nettobetrag entspricht dann 100 %.

Vor der Preisauszeichnung der Ware

				€
Nettobetrag der Ware	=	100 %	=	**Grundwert**	3,00
+ 19 % Umsatzsteuer	=	19 %	=	**Prozentwert**	0,57
Bruttobetrag der Ware	=	119 %	=	**vermehrter Grundwert**	3,57

Um den Nettobetrag zu erhalten, wenn nur der Bruttobetrag bekannt ist, muss „rückwärts" gerechnet werden.

Mithilfe des Dreisatzes kann der Nettobetrag ermittelt werden:

Bruttobetrag	119 % = 3,57 €
Nettobetrag	100 % = x %

$$x = \frac{3,57 \cdot 100}{119} = 3,00 \text{ € Nettobetrag}$$

8.4   Reinergebnis

Als „Wareneinsatz" werden die Aufwendungen des Einzelhändlers für die verkauften Waren bezeichnet. Diese Aufwendungen sind für ein Einzelhandelsgeschäft zwar der bedeutendste Aufwandsposten, aber bei Weitem nicht der einzige. Im Rahmen der geschäftlichen Tätigkeit entstehen viele weitere Aufwendungen (Gehälter, Miete, Telekommunikation, Werbung, Büromaterial usw.) Diese Aufwendungen nennt man „Handlungskosten".

 **Handlungskosten:** Aufwendungen, die mit der Führung eines Einzelhandelsgeschäfts anfallen.

Die wichtigsten Handlungskosten sind folgende:

Aufwendungen für Geschäftsräume	Aufwendungen für den Unterhalt der Geschäftsräume, z. B. Energie, Wasser, Müllabfuhr, Leuchtmittel und Reinigung
Gehälter	Bruttoarbeitsentgelte der Angestellten sowie weitere freiwillige oder vertraglich vereinbarte Zusatzleistungen (z. B. Kantinenzuschuss)
Miete	Aufwendungen, die an den Vermieter für die Überlassung des Verkaufsraums, des Lagers und des Büros zu leisten sind
Büromaterial	Aufwendungen für Formularblöcke, Geschäftspapier, Instandhaltung von Büromaschinen, Büromöbeln usw.
Telekommunikation	Aufwendungen für Telefon, Fax, Internet usw.
Werbung	Aufwendungen für Anzeigen, Prospekte, Plakate, Beiträge für Werbegemeinschaften, Honorare für Marktforschungsinstitute, Entgelte für gelegentliche Werbehelfer usw.
Zinsen	zu zahlende Zinsen für Darlehensaufnahme, Kontoüberziehung usw.
Übrige Aufwendungen	Sammelposition für verschiedene Aufwendungen, die wenig bedeutsam sind oder im Schulunterricht nicht näher betrachtet werden

 **Reinergebnis (Gewinn):** Differenz zwischen den Aufwendungen und den Erträgen eines Unternehmens.

In einem Einzelhandelsgeschäft entstehen Erträge vor allem in Form von Umsatzerlösen. Als Aufwendungen fallen der Wareneinsatz und die Handlungskosten an.
Das Reinergebnis einer Periode ermittelt man wie folgt:

Netto-Umsatzerlöse (Erträge)	
– Wareneinsatz (Aufwendungen)	oder in kürzerer Darstellung
= Rohergebnis	Erträge
– Handlungskosten (Aufwendungen)	– Aufwendungen
Reinergebnis	= Reinergebnis

Ein Reingewinn ergibt sich, wenn die Erträge größer sind als die Aufwendungen. Übersteigen die Aufwendungen die Erträge, liegt ein Reinverlust vor.

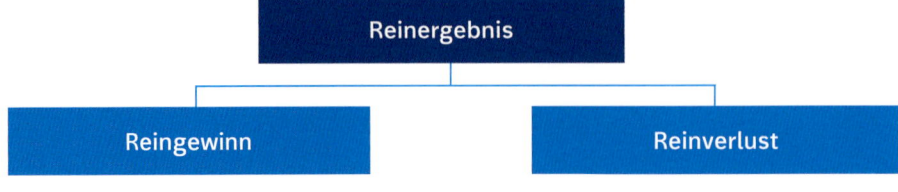

▪ Umsatzrentabilität

Betrachtet man, wie viel für einen Einzelhändler von 100,00 € Bruttoumsatzerlösen an Gewinn übrig bleibt, erhält man die **Umsatzrentabilität**. Je höher die Umsatzrentabilität ausfällt, umso ertragskräftiger ist das Einzelhandelsunternehmen.

Umsatzrentabilität = Umsatzrendite

Beispiel

Das Tierbekleidungs-Fachgeschäft Anne Kersting erwirtschaftet einen Jahresgewinn von 10 000,00 € bei einem Jahresumsatz (Bruttoumsatzerlöse) von 200 000,00 €.
Berechnung der Umsatzrentabilität:
200 000,00 € = 100 %
 10 000,00 € =   x %

$$\text{Umsatzrentabilität} = \frac{100 \cdot 10\,000,00\ €}{200\,000,00\ €} = 5\,\%$$

Umsatzrentabilität: Prozentualer Anteil des Gewinns an den Bruttoumsatzerlösen.

8.5 Berechnung des Erfolgs

In der Erfolgsrechnung werden Aufwendungen und Erträge gegenüber gestellt mit dem Ziel, den Erfolg der betrieblichen Tätigkeit zu ermitteln. Am Ende steht das Betriebsergebnis als Reingewinn oder Reinverlust. Als Verfahren zur Errechnung des Betriebsergebnisses steht die tabellarische oder die kontenmäßige Ergebnisrechnung zur Verfügung.

▪ Tabellarische Ergebnisrechnung

In diesem Falle stellt der Einzelhändler aus seinem Warenwirtschaftssystem und aus der Buchführung alle Aufwendungen und Erträge zusammen und berechnet – beginnend mit den Umsatzerlösen – das Reinergebnis einer Periode. Ausgangspunkt sind hier die Bruttoumsatzerlöse, weil sich viele Kennzahlen, die aus der Ergebnisrechnung gewonnen werden, auf die Bruttoumsatzerlöse beziehen.

Siehe auch Kennzahlen Seite 167 ff.

	A	B	C
1			
2	**Ergebnisrechnung**	**€**	
3	Brutto-Umsatzerlöse	333 200,00	Erträge
4	- Umsatzsteuer 19 %	53 200,00	
5	= Netto-Umsatzerlöse	280 000,00	Erträge
6	- Wareneinsatz	164 000,00	Aufwendungen
7	**= Rohergebnis**	**116 000,00**	
8	- Aufwendungen für Geschäftsräume	4 872,00	
9	- Gehälter	50 344,00	
10	- Miete	14 616,00	
11	- Büromaterial	3 248,00	Aufwendungen
12	- Telekommunikation	6 496,00	(Handlungskosten)
13	- Werbung	8 120,00	
14	- Zinsen	4 872,00	
15	- übrige Aufwendungen	11 368,00	
16	**= Reinergebnis (Gewinn)**	**12 064,00**	
17			

Ergebnisrechnung

Beispiel

Aus den Brutto-Umsatzerlösen wird zunächst die Umsatzsteuer herausgerechnet (im Beispiel 19 %). Dabei ist der Bruttowert mit 119 % anzusetzen. Die Netto-Umsatzerlöse verbleiben dem Einzelhändler, da die Umsatzsteuer an das Finanzamt abgeführt werden muss. Von diesem Betrag ist zunächst der Wareneinsatz abzuziehen. Das ist der Wert der verkauften Produkte zu Einstands- (Bezugspreisen). Das Zwischenergebnis ist das Rohergebnis. Davon sind alle Handlungskosten abzuziehen, die bei der Führung des Einzelhandelsgeschäfts in der betrachteten Periode angefallen sind. Der verbleibende Betrag gehört dem Einzelhändler. Es ist sein **Gewinn**. Übersteigen die Handlungskosten das Rohergebnis, entsteht ein **Verlust**.

Ergebnistabelle in Kurzform

　 Bruttoumsatzerlöse
− Umsatzsteuer

= Nettoumsatzerlöse
− Wareneinsatz

= Rohergebnis
− Handlungskosten

= Reinergebnis (Gewinn)

Zusammenfassung

Erfolgsermittlung	
Bestandsveränderungen:	Geschäftsvorgänge, die lediglich die Bestandskonten betreffen.
Erfolgsveränderungen:	Geschäftsvorgänge, die Aufwendungen und Erträge betreffen.
Aufwendungen:	Verbrauch von Gütern und Dienstleistungen
Aufwendungen für Waren (Wareneinsatz):	Betrag, den der Einzelhändler für die verkauften Produkte aufgewendet hat.
Erträge:	Wertzuflüsse aus der Geschäftstätigkeit des Einzelhändlers, vorzugsweise in Form von Netto-Verkaufserlösen.
Rohergebnis:	Differenz zwischen Nettoumsatzerlösen und Wareneinsatz oder: Differenz zwischen Netto-Verkaufspreis und Bezugspreis
Handlungskosten:	Aufwendungen, die mit der Führung eines Einzelhandelsgeschäfts anfallen.
Reinergebnis:	Differenz zwischen den Aufwendungen und den Erträgen eines Unternehmens
Umsatzrentabilität:	Prozentualer Anteil des Gewinns an den Bruttoumsatzerlösen

9   Ergebnisrechnung auf Konten

9.1   Erfolgskonten

Ab einem Umsatz über 500 000,00 € oder einem Gewinn über 50 000,00 € sind Unternehmen buchführungspflichtig. Das heißt, alle Wertbewegungen sind aufzuzeichnen (auf Konten oder über eine Buchführungssoftware). Hier wird ausschließlich die Buchführung auf Konten betrachtet. Neben den Bestandskonten werden auch Erfolgskonten geführt, auf denen die Aufwendungen und Erträge festgehalten werden. Aufwendungen und Erträge verändern das Eigenkapital.

   **Aufwendungen mindern das Eigenkapital, Erträge mehren das Eigenkapital.**

Siehe auch
Bestandskonten
Seite 128

Erfolgswirksame Vorgänge werden aber nicht auf dem Konto Eigenkapital gebucht, weil dadurch das Konto unübersichtlich würde. Stattdessen bucht man auf **Unterkonten**, die eine genauere Betrachtung der einzelnen Aufwendungen und Erträge ermöglichen.

Siehe auch Konto
Eigenkapital
Seite 134

Die Unterkonten des Kontos Eigenkapital nennt man **Erfolgskonten**. Sie bewegen sich wie das Eigenkapitalkonto, d. h., Aufwendungen (z. B. Aufwendungen für Waren) werden auf der Soll-Seite gebucht (Eigenkapitalminderung), Erträge (z. B. Umsatzerlöse) auf der Haben-Seite (Eigenkapitalmehrung).

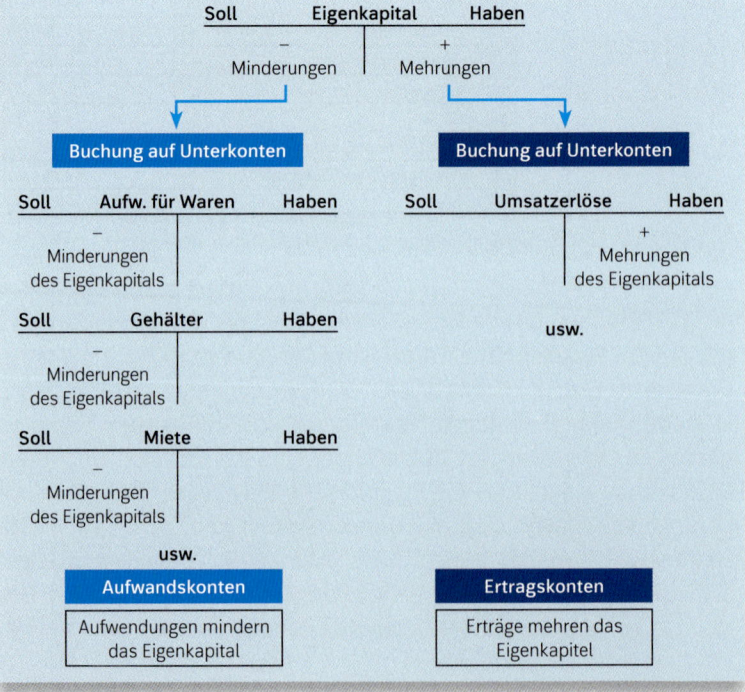

   **Erfolgskonten:** Unterkonten des Kontos Eigenkapital, die Aufwendungen und Erträge aufnehmen und das Eigenkapital verändern.

9.2 Buchung auf Erfolgskonten

■ Buchung des Wareneinkaufs

Wareneinkäufe werden im Regelfall durch eine **Eingangsrechnung** dokumentiert. Der Beleg enthält vor allem Informationen über die Zusammensetzung des Preises für die bezogenen Produkte.

Siehe auch Umsatzsteuer Lernfeld 11

Tiemann Import und Export GmbH	Postfach 36 47 22525 Hamburg Telefon: 040 510-0 Telefax: 040 511-200

Biker-Shop
Oberstraße 17
40878 Ratingen

Rechnung Nr.: 012788			03.11.20(0)	
Kunden-Nr: 0102	Auftrag vom 02.11.20(0)	Versand: frei Haus Lieferung: 02.11.20(0)		
Menge/Stück Artikel-Nr. Bezeichnung		Einzelpreis: €		Gesamtpreis €
5 FS 2012 Mountainbike		1 000,00		5 000,00

Zahlungsziel: 30 Tage ab Rechnungsdatum netto Kasse
Bankverbindung: Stadtsparkasse Hamburg BIC: GENODEF1S11, IBAN: DE42 2069 0500 0032 0875 54

Der Preis für die eingekauften Waren beträgt 5 000,00 €. Dieser Betrag ist als Aufwand zu buchen (Konto Aufwendungen für Waren). Weil der Betrag erst in 30 Tagen an den Lieferer zu überweisen ist, entsteht dem Lieferer gegenüber eine Verbindlichkeit. Auf dem Kapitalkonto Verbindlichkeiten wird die Mehrung im Haben gebucht. Im Grundbuch ergibt sich folgendes Bild:

Grundbuch

Jahr 20(0)	Konten		€	
Datum	Soll	Haben	Soll	Haben
03.11.	Aufwendungen für Waren		5 000,00	
		Verbindlichkeiten		5 000,00

Die Übertragung der Buchung auf die Konten des Hauptbuches zeigt folgendes Ergebnis:

Hauptbuch

Minderung des Eigenkapitals

Soll		Aufwendungen für Waren			Haben
Datum	Text/Gegenkonto	€	Datum	Text/Gegenkonto	€
03.11.	Verbindlichkeiten	5 000,00			

Soll-Buchung

Mehrung der Verbindlichkeiten

Soll		Verbindlichkeiten			Haben
Datum	Text/Gegenkonto	€	Datum	Text/Gegenkonto	€
			03.11.	Aufwdg. für Waren	5 000,00

Haben-Buchung

■ Buchung weiterer Aufwendungen

Die übrigen Aufwendungen (Gehälter, Miete, Werbung usw.) werden in ähnlicher Weise erfasst wie der Wareneinkauf. Es sind lediglich andere Konten betroffen.

Beispiel

Die Gehälter für die Mitarbeiter/-innen in Höhe von 6 500,00 € werden am Monatsende durch Banküberweisung ausgezahlt.

Grundbuch

Jahr 20(0) Datum	Konten		€	
	Soll	Haben	Soll	Haben
29.11.	Gehälter		6 500,00	
		Bank		6 500,00

Die Gehaltszahlung mindert das Eigenkapital des Einzelhändlers, daher ist auf dem Konto Gehälter im Soll zu buchen. Auch auf dem Konto Bank ist eine Verminderung festzustellen. Minderungen auf einem Vermögenskonto stehen im Haben.

■ Buchung des Warenverkaufs

Siehe auch Unterscheidung Vermögens- und Kapitalkonten Seite 125

Verkäufe von Waren werden auf dem Erfolgskonto **Umsatzerlöse** erfasst. Über das Gegenkonto entscheidet die Art des Verkaufs: Barverkäufe erfordern das Konto Kasse, Verkäufe gegen Rechnung nimmt das Konto Forderungen auf. Das Konto Umsatzerlöse ist ein Unterkonto des Kontos Eigenkapital. Verkäufe von Waren mehren das Eigenkapital eines Einzelhändlers. Mehrungen auf einem Kapitalkonto stehen auf der Haben-Seite. Da Unterkonten sich wie die übergeordneten Konten bewegen, muss auf dem Konto Umsatzerlöse im Haben gebucht werden.

Beleg 1: Rechnung über den Verkauf eines Produktes

Beleg 2: Finanzbericht über die Barverkäufe des Tages

Biker-Shop	40878 Ratingen Oberstraße 17 Tel.: 02102 82330-0 FAX: 02102 82330-143
Herrn Dietmar Hauser Speyerweg 15 40229 Düsseldorf	Datum: 07.05.20(0) Bestellung vom: 03.05.20(0)

Rechnung Nr. 1568/20(0)   **Kunden-Nr. 142**

Menge	Bezeichnung	Einzelpreis €	Gesamtpreis €
1	Timbuk Reiserad	1 500,00	1 500,00

Wir gewähren ein Zahlungsziel von 30 Tagen nach Rechnungsdatum.

Bankverbindung: Commerzbank Düsseldorf, Konto 5244032000 BLZ 300 400 00 BIC: COBADEDDXXX IBAN: DE81 3004 0000 5243 032000

Kassenbericht	
Biker-Shop Oberstraße 17 40878 Ratingen Tel. 02102 82330-0	
07.05.20(0) MON	
Finanzbericht	
Gesamtbetrag	3 500,00 €
Anzahl Artikel	84
Anzahl Kunden	32
Umsatz pro Kunde	109,38 €
Nr.	0143
Zeit	19:05

Die Umsatzsteuer wird an dieser Stelle noch nicht betrachtet.

Beleg 1: Es handelt sich um eine Ausgangsrechnung (Rechnung des Biker-Shops an einen Kunden). Auf dem Konto Forderungen ist eine Soll-Buchung erforderlich, weil sich die Forderungen des Einzelhändlers gegenüber seinen Kunden erhöhen; Mehrungen auf einem Vermögenskonto stehen im Soll. Auf dem Konto Umsatzerlöse wird im Haben gegengebucht.

Beleg 2: Hier handelt es sich um den Finanzbericht einer elektronischen Kasse anlässlich des Kassenabschlusses am Ende eines Geschäftstages. Der Bericht weist die Barverkäufe des Tages aus. Das heißt, die 3 500,00 € stellen einen Geldzugang in der Kasse dar. Auf dem Konto Kasse ist demnach im Soll zu buchen (Mehrung auf einem Vermögenskonto). Das Konto Umsatzerlöse ist wiederum das Gegenkonto (auf der Haben-Seite).

Grundbuch

Grundbuch				
Jahr 20(0)	**Konten**		**€**	
Datum	**Soll**	**Haben**	**Soll**	**Haben**
07.05.	Forderungen		1 500,00	
		Umsatzerlöse		1 500,00
07.05.	Kasse		3 500,00	
		Umsatzerlöse		3 500,00

Hauptbuch (für den Verkauf gegen Rechnung)

Mehrung auf einem Vermögenskonto

Soll			Forderungen		Haben
Datum	Text/Gegenkonto	€	Datum	Text/Gegenkonto	€
07.05.	Umsatzerlöse	1 500,00			

Soll-Buchung

Mehrung des Eigenkapitals

Soll			Umsatzerlöse		Haben
Datum	Text/Gegenkonto	€	Datum	Text/Gegenkonto	€
			07.05.	Forderungen	1 500,00

Haben-Buchung

9.3 Abschluss der Erfolgskonten

Aufwendungen und Erträge bestimmen den Erfolg eines Unternehmens. Das **Gewinn- und Verlustkonto** (**GuV-Konto**) dient dazu, den Erfolg zu ermitteln. Dazu werden die Aufwands- und Ertragskonten abgeschlossen und die Salden auf das GuV-Konto übertragen.

> **Gewinn- und Verlustkonto:** Sammelkonto, das die Salden der Aufwands- und Ertragskonten aufnimmt und der Ermittlung des Reinergebnisses dient.

Die wichtigste Position auf der Aufwandsseite sind die Aufwendungen für die verkauften Waren (**Wareneinsatz**). Im Rahmen der geschäftlichen Tätigkeit entstehen viele weitere Aufwendungen (Gehälter, Miete, Werbung, usw.). Diese Aufwendungen nennt man **Handlungskosten**.

Buchungstechnisch sind am Ende einer Geschäftsperiode alle Aufwandskonten (Aufwendungen für Waren, Handlungskosten) und das Ertragskonto (Umsatzerlöse) über das GuV-Konto abzuschließen. Durch Saldieren des GuV-Kontos wird der Differenzbetrag zwischen den Aufwendungen und Erträgen, nämlich das **Reinergebnis** errechnet.

Siehe auch Erfolgsermittlung Seite 154

Das Reinergebnis ist das, was dem Einzelhändler am Schluss eines Geschäftsjahres aus seiner unternehmerischen Tätigkeit verbleibt. Ein Gewinn vermehrt sein Eigenkapital, ein Verlust vermindert es. Daher wird der Saldo des Gewinn- und Verlustkontos zum Eigenkapitalkonto abgeschlossen.

Siehe auch Abbildung unten

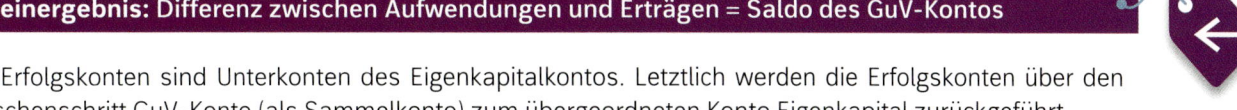

> **Reinergebnis:** Differenz zwischen Aufwendungen und Erträgen = Saldo des GuV-Kontos

Die Erfolgskonten sind Unterkonten des Eigenkapitalkontos. Letztlich werden die Erfolgskonten über den Zwischenschritt GuV-Konto (als Sammelkonto) zum übergeordneten Konto Eigenkapital zurückgeführt.

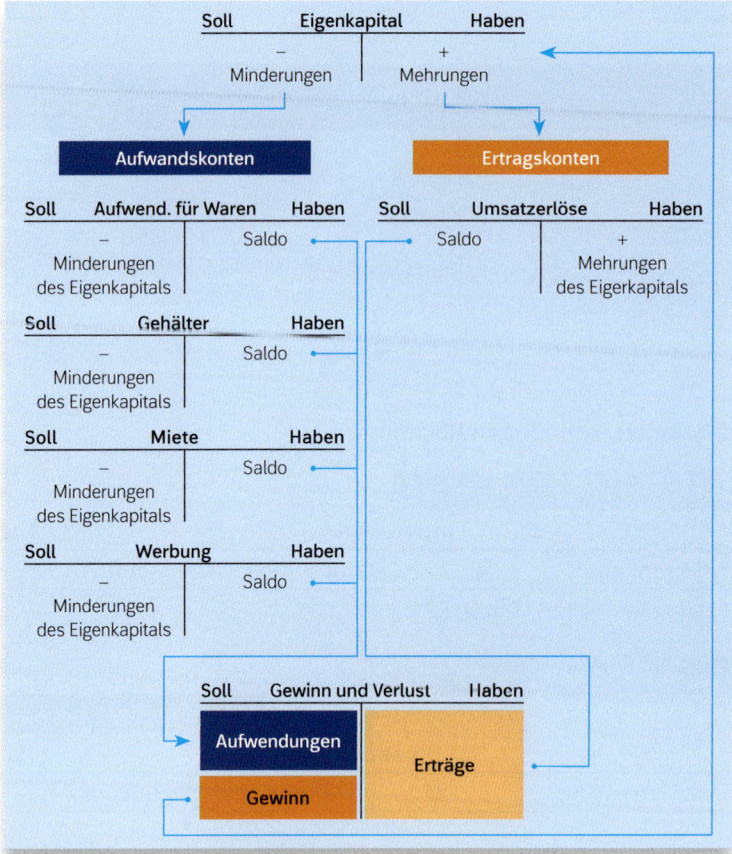

Ein **Reingewinn** ergibt sich, wenn die Erträge größer sind als die Aufwendungen. Übersteigen die Aufwendungen die Erträge, liegt ein **Reinverlust** vor.

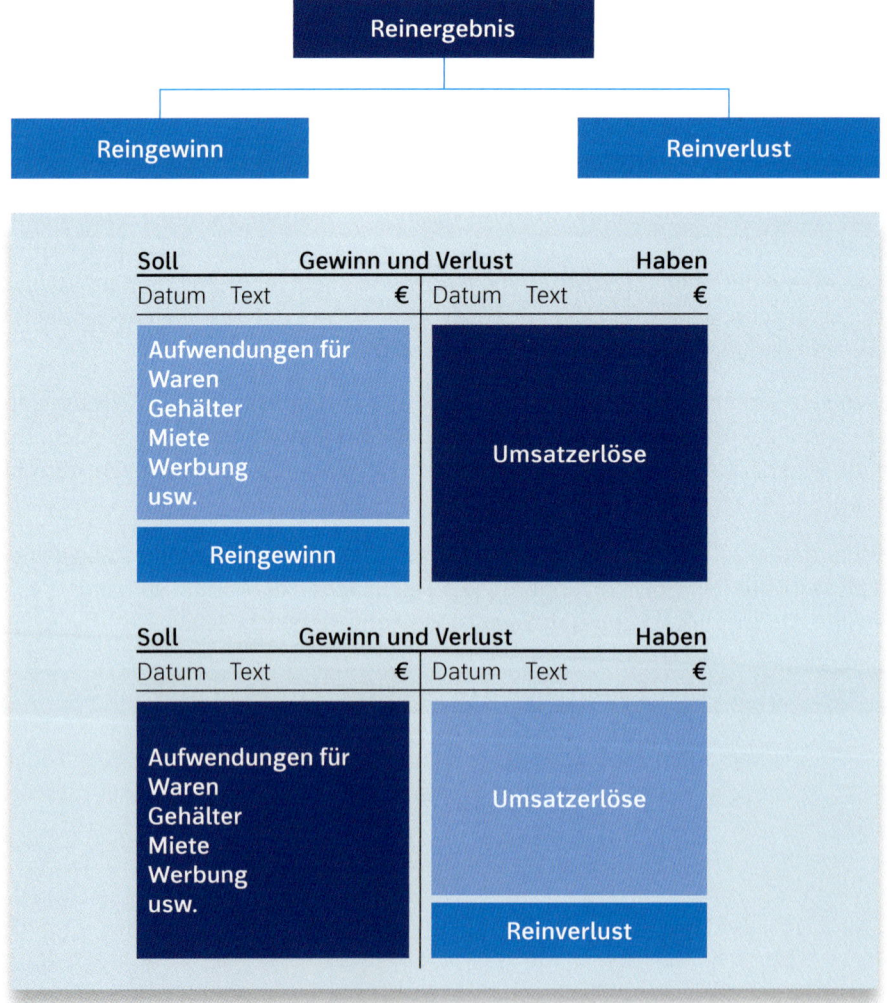

9.4 Erfolgsermittlung durch Eigenkapitalvergleich

Der Unternehmenserfolg (ein Gewinn oder ein Verlust) wird am Ende des Geschäftsjahres auf dem Konto Eigenkapital gebucht. Daher kann man den Erfolg eines Unternehmens auf einfache Weise durch einen Vergleich des Eigenkapitals in zwei aufeinanderfolgenden Jahren berechnen.

Vergleicht man die Vorjahresbilanz 20(-1) mit der aktuellen Bilanz 20(0) des Tierbekleidungsgeschäftes von Anne Kersting, so weisen die Eigenkapitalbeträge eine Differenz von 18 000,00 € aus. Das ist der Gewinn, den Anne im aktuellen Jahr 20(0) erzielt hat.

Aktiva	Bilanz des Fachgeschäftes Anne Kersting zum 31.12.20(0)		Passiva
	€		€
I. Anlagevermögen		I. Eigenkapital	32 000,00
Betriebs- und Geschäftsausstattung	8 500,00		
II. Umlaufvermögen		II. Fremdkapital	
1. Waren	32 000,00	Darlehen	8 000,00
3. Bank	14 150,00	Verbindlichkeiten	15 000,00
5. Kasse	350,00		
	55 000,00		55 000,00

Aktiva	Bilanz des Fachgeschäftes Anne Kersting zum 31.12.20(-1)		Passiva
	€		€
I. Anlagevermögen		I. Eigenkapital	14 000,00
Betriebs- und Geschäftsausstattung	5 000,00		
II. Umlaufvermögen		II. Fremdkapital	
1. Waren	14 000,00	Darlehen	9 000,00
3. Bank	8 000,00	Verbindlichkeiten	5 000,00
5. Kasse	1 000,00		
	28 000,00		28 000,00

Eigenkapital 20(0) aktuelles Jahr	32 000,00 €
Eigenkapital 20(-1) Vorjahr	14 000,00 €
Gewinn	**18 000,00 €**

9.5 Auswertung der GuV-Rechnung

Der Einzelhändler kann dem Gewinn- und Verlustkonto wertvolle Informationen über seinen Geschäftserfolg entnehmen. Folgende Fragen kann er z. B. anhand des unten stehenden GuV-Kontos beantworten:

1. Wie viel Geld habe ich durch den Verkauf von Waren eingenommen?	320 000,00 €
2. Wie viel habe ich selbst für die verkauften Waren bezahlen müssen (Wareneinsatz)?	185 000,00 €
3. In welcher Höhe sind im Geschäftsjahr Handlungskosten entstanden?	112 300,00 €
4. Welchen Gewinn habe ich erwirtschaftet?	22 700,00 €
5. Wie hoch ist das Rohergebnis?	135 000,00 €

Die Fragen 1, 2 und 4 können beantwortet werden, indem man die entsprechenden Beträge aus dem Konto heraussucht. Die Höhe der Handlungskosten erhält man, indem alle Aufwendungen außer dem Wareneinsatz addiert werden (Aufwendungen für Geschäftsräume, Gehälter usw.). Das Rohergebnis errechnet man, indem man von den Umsatzerlösen den Wareneinsatz abzieht.

Soll	Gewinn und Verlust 20(0)		Haben	
	€			€
Aufwendungen für Waren	185 000,00	Umsatzerlöse		320 000,00
Aufwendungen für Geschäftsräume	4 900,00			
Gehälter	55 400,00			
Miete	14 000,00			
Büromaterial	3 600,00			
Telekommunikation	5 400,00			
Werbung	12 300,00			
Zinsen	5 100,00			
übrige Aufwendungen	11 600,00			
Reinergebnis (Gewinn)	22 700,00			
	320 000,00			320 000,00

Besonders ergiebig ist eine Auswertung des GuV-Kontos, wenn man die Zahlen aus dem Vorjahr zum Vergleich hinzuzieht und die Abweichungen in den Werten genauer betrachtet.

Soll	Gewinn und Verlust 20(-1)		Haben	
	€			€
Aufwendungen für Waren	164 000,00	Umsatzerlöse		280 000,00
Aufwendungen für Geschäftsräume	4 800,00			
Gehälter	50 500,00			
Miete	14 000,00			
Büromaterial	3 500,00			
Telekommunikation	6 500,00			
Werbung	8 100,00			
Zinsen	4 800,00			
übrige Aufwendungen	11 200,00			
Reinergebnis (Gewinn)	12 600,00			
	280 000,00			280 000,00

Eine tabellarische Gegenüberstellung der Zahlen erleichtert die Auswertung.

	20(0)	20(-1)	Abweichung in €	Abweichung in %
Umsatzerlöse	320 000,00	280 000,00	40 000,00	14,29
Wareneinsatz	185 000,00	164 000,00	21 000,00	12,80
Handlungskosten	112 300,00	103 400,00	8 900,00	8,61
Gewinn	22 700,00	12 600,00	10 100,00	80,16
Rohergebnis	135 000,00	116 000,00	19 000,00	16,38

Welche Erkenntnisse kann der Einzelhändler aus dem Vergleich der beiden GuV-Konten gewinnen?

* Die Umsatzerlöse sind um 40 000,00 € oder 14,29 % im Vergleich zum Vorjahr gestiegen.

* Der Wareneinsatz für die verkauften Produkte erhöhte sich aber nur um 12,8 %, d. h., der Einzelhändler konnte günstiger einkaufen als im Vorjahr; evtl. ließen sich die eingekauften Waren aber auch zu höheren Preisen verkaufen, sodass die Umsatzerlöse stärker stiegen als der Wareneinsatz.

* Die Handlungskosten sind gestiegen, aber deutlich weniger als die Umsatzerlöse und der Wareneinsatz.

* Eine besonders kräftige Steigerung ist beim Gewinn festzustellen. Gestiegene Umsätze bei geringer gestiegenem Wareneinsatz und maßvoller Steigerung der Handlungskosten beeinflussen den Gewinn positiv.

* Aus dem Rohergebnis müssen die Handlungskosten und der Gewinn bestritten werden. Der mäßige Anstieg des Wareneinsatzes schafft ein höheres Rohergebnis und letztlich einen deutlich gestiegenen Gewinn.

In einem nächsten Schritt kann sich der Einzelhändler auch die Handlungskosten genauer anschauen. Auffällig sind z. B. die kräftig gestiegenen Aufwendungen für Werbung:

	20(0)	20(-1)	Abweichung in €	Abweichung in %
Werbung	12 300,00	8 100,00	4 200,00	51,85

Vermutlich besteht ein enger Zusammenhang zwischen den höheren Werbeaufwendungen und der Steigerung der Umsatzerlöse.

Zusammenfassung

Ergebnisrechnung auf Konten	
Aufwendungen:	mindern das Eigenkaptal
Erträge:	mehren das Eigenkapital
Erfolgskonten:	Unterkonten des Kontos Eigenkapital, die Aufwendungen und Erträge aufnehmen und das Eigenkapital verändern
Buchung auf Erfolgskonten:	* Aufwendungen im Soll * Erträge im Haben
GuV-Konto:	* Sammelkonto, das die Salden der Aufwands- und Ertragskonten aufnimmt und der Ermittlung des Reinergebnisses dient * informiert über den Geschäftserfolg
Abschluss Erfolgskonten:	* Salden der Aufwandskonten → Soll-Seite des GuV-Kontos * Salden der Ertragskonten → Haben-Seite des GuV-Kontos
Reinergebnis:	Saldo des GuV-Kontos (Reingewinn oder Reinverlust)
Eigenkapitalvergleich:	Verfahren zur Erfolgsermittlung (bei zwei aufeinanderfolgenden Jahren)

10 Kennzahlen

10.1 Arten von Kennzahlen

Siehe auch Lernfeld 1

Kennzahlen informieren den Einzelhändler in konzentrierter Form über einen zahlenmäßig erfassbaren betriebswirtschaftlichen Tatbestand. Sie lassen sich grob nach den betriebswirtschaftlichen Produktionsfaktoren des Einzelhandels gliedern in Kennzahlen, die

* die menschliche Arbeitskraft,
* die Ware oder
* den Verkaufsraum (Standort) betreffen.

Für die unten stehenden Beispiele werden folgende Daten verwendet:

Brutto-Umsatzerlöse	333 200,00	€
Verkaufsfläche	80	m²
Anzahl der Mitarbeiter	2	
eingesetzte Arbeitsstunden	4 060	Stunden
Anzahl der Kunden(bons)	10 150	Stück
Wareneinsatz	164 000,00	€
Durchschnittlicher Lagerbestand	82 000,00	€

Kennzahlen: verdichten zahlenmäßig erfassbare betriebswirtschaftliche Tatbestände zu Informationen über die Führung eines Unternehmens

■ **Mitarbeiterbezogene Kennzahlen**

Die wichtigste Kennzahl in diesem Bereich ist die **Personalleistung**. Sie gibt an, welcher Brutto-Umsatz durchschnittlich von jedem Mitarbeiter erwirtschaftet worden ist. Betrachtet man Abteilungsumsätze und vergleicht sie miteinander, wird die Kennzahl aussagekräftiger.

Berechnung:

$$\text{Personalleistung} = \frac{\text{Brutto-Umsatzerlöse}}{\text{Anzahl der Mitarbeiter}} = \frac{333\,200,00\ €}{2} = \mathbf{166\,600,00\ €}$$

Die **Stundenleistung** bringt zum Ausdruck, welcher Umsatz durchschnittlich von jedem Mitarbeiter in einer Arbeitsstunde erwirtschaftet worden ist. Dazu benötigt man eine Information über die eingesetzten Arbeitsstunden.

Berechnung:

$$\text{Stundenleistung} = \frac{\text{Brutto-Umsatzerlöse}}{\text{Anzahl der Arbeitsstunden}} = \frac{333\,200,00\ €}{4\,060} = \mathbf{82,07\ €}$$

Der **Durchschnittsbon** oder der Umsatz je Kundeneinkauf gibt an, welchen Betrag jeder Kunde bei einem Einkauf im Durchschnitt ausgibt. Ein hoher Bon-Betrag zeugt davon, dass den Kunden das Sortiment zusagt, weil sie umfangreiche Einkäufe tätigen. Gleichzeitig lässt diese Zahl auf die Stärke der Kundenbindung schließen. Niedrige Bon-Beträge deuten auf Gelegenheitskäufer hin oder auf Kunden, die sich lediglich die Sonderangebote aus dem Sortiment herauspicken, weil ihnen das restliche Sortiment nicht zusagt.

Berechnung:

$$\text{Durchschnittsbon} = \frac{\text{Brutto-Umsatzerlöse}}{\text{Anzahl der Kundenbons}} = \frac{333\,200,00\ €}{10\,150} = \mathbf{32,83\ €}$$

■ **Warenbezogene Kennzahl**

Siehe auch ausführlich in Lernfeld 7

Die Umschlagshäufigkeit gibt an, wie oft der durchschnittliche Lagerbestand verkauft (umgeschlagen) worden ist. Die Kennzahl wird gewöhnlich auf der Basis des Einkaufspreises ermittelt. Daher setzt man den durchschnittlichen Lagerbestand (zu Einkaufspreisen) zum Wareneinsatz in Beziehung, der ebenfalls mit Einkaufspreisen bewertet wird.

$$\text{Umschlagshäufigkeit (Lagerumschlag)} = \frac{\text{Wareneinsatz}}{\text{durchschnittlicher Lagerbestand}} = \frac{164\,000,00\ €}{82\,000,00\ €} = \mathbf{2}$$

■ **Raumbezogene Kennzahlen**

Die **Flächenleistung** eines Geschäfts kann auf zweierlei Art ausgedrückt werden: Die **Geschäftsfläche** eines Einzelhandelsbetriebs ist die gesamte zur Verfügung stehende Raumfläche, d. h. der Verkaufsraum (**Verkaufsfläche**) und die Nebenflächen wie Verwaltungsräume, Lager, Garagen. Den Umsatz pro m² Verkaufsfläche ermittelt man, indem man die Umsatzerlöse durch die Verkaufsfläche teilt. Bei der Berechnung der Geschäftsfläche verfährt man entsprechend.

$$\text{Flächenleistung} = \frac{\text{Brutto-Umsatzerlöse}}{\text{Verkaufsfläche}} = \frac{333\,200,00\ €}{80\ m^2} = \mathbf{4\,165,00\ €/m^2}$$

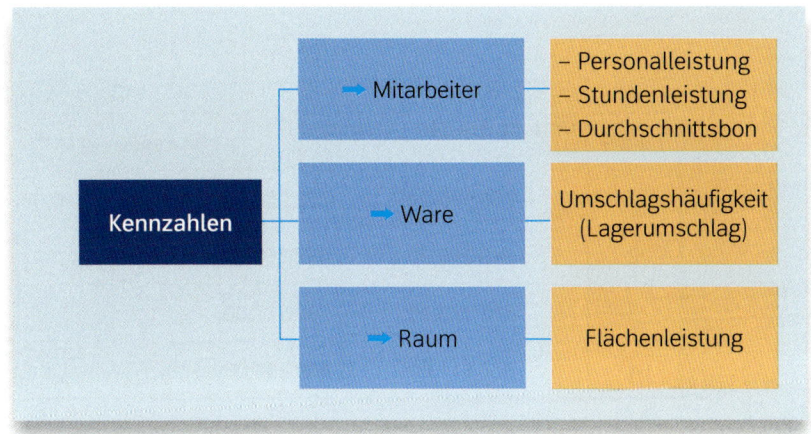

10.2 Aufgaben von Kennzahlen

Kennzahlen dienen dazu, den wirtschaftlichen Erfolg eines Einzelhandelsgeschäfts näher zu bestimmen, erleichtern aber auch ein zielgerichtetes Verhalten des Einzelhändlers und seiner Mitarbeiter für zukunftsbezogene Entscheidungen. Stellt ein Einzelhändler z.B. fest, dass die Personalleistungen seiner Mitarbeiter äußerst unterschiedlich ausfallen, wird er sich in einem persönlichen Gespräch um Klärung der Ursachen bemühen.

Außerdem wird er Überlegungen anstellen, wie durch Verhaltensänderungen eine Angleichung der Personalleistung erreicht werden kann.

Zusammenfassung

Kennzahlen		
Definition:	verdichtete und zahlenmäßig erfassbare betriebswirtschaftliche Tatbestände	
Arten:	→ Mitarbeiter:	∗ Personalleistung ∗ Stundenleistung ∗ Durchschnittsbon
	→ Ware:	∗ Umschlagshäufigkeit (Lagerumschlag)
	→ Raum:	∗ Flächenleistung
Aufgaben:	∗ Erfolgsbeschreibung ∗ Entscheidungshilfsmittel	

11 Vergleichszahlen

Der Jahresumsatz und der erzielte Gewinn eines Geschäftsjahres sind z.B. wichtige Größen, um den Erfolg eines Einzelhandelsgeschäfts zu messen und Planungsgrößen für die Zukunft zu bekommen. Für sich allein genommen sind die Zahlen aber oft nicht sehr aussagekräftig. Erst im Vergleich mit Vorjahresergebnissen oder mit Geschäften aus der eigenen Branche wird sichtbar, ob ein Einzelhandelsunternehmen wirtschaftlich geführt worden ist. Abgesehen von großen Kapitalgesellschaften veröffentlichen Mitbewerber aber keine Umsatz- und Gewinnzahlen. Bestimmte betriebswirtschaftliche Kennzahlen werden jedoch regelmäßig veröffentlicht oder innerhalb von Verbundgruppen zum Betriebsvergleich genutzt.

Vergleichszahlen: Daten zur Planung, Steuerung und Kontrolle des eigenen Unternehmens

11.1 Zeitvergleich

Siehe auch Anwendung der Prozentrechnung bei Vergleichen, Anhang, Seite 275

Zeitvergleiche sind innerbetriebliche Vergleiche. Dabei werden bestimmte Kennzahlen aus unterschiedlichen Zeiträumen miteinander verglichen. Ziel ist es, einen Entwicklungsprozess zu erkennen. Dies gelingt am besten, wenn mehrere Perioden, z.B. zwei Jahre, miteinander verglichen werden. Bei der Berechnung prozentualer Veränderungen ist der Ursprungswert (der vorherige Wert) mit 100 % gleichzusetzen.

	A	B	C	D
1	**Filiale**	**Umsatz Vorjahr in €**	**Umsatz 20(0) in €**	**Abweichung in %**
2	1	769 585,00	722 755,00	−6,09
3	2	1 345 056,00	1 452 118,00	
4	3	837 773,00	739 577,00	
5	4	438 511,00	480 637,00	

Beispiel

Filiale 1 hatte im Vorjahr einen Umsatz von 769 585,00 €. Dieser Wert ist mit 100 % gleichzusetzen. Zu berechnen ist die Abweichung, also die Differenz zwischen 769 585,00 € und 722 755,00 € (= −46 830,00 €).

$$769\,585,00\ € = 100\,\%$$
$$46\,830,00\ € = x$$

$$x = \frac{100 \cdot 46\,830,00\ €}{769\,585,00\ €} = 6,09\,\%,\ \text{wegen der Umsatzminderung} - \mathbf{6,9\,\%}$$

Zeitvergleich: innerbetrieblicher Vergleich von betriebswirtschaftlichen Größen unterschiedlicher Zeiträume

11.2 Soll-(Plan-)Ist-Vergleich

Auch hierbei handelt es sich um einen innerbetrieblichen Vergleich. Ein Einzelhändler setzt sich bestimmte Ziele für verschiedene Kennzahlen. Diese Plan-Vorgaben werden regelmäßig auf ihren Erreichungsgrad hin überprüft. Dazu nimmt man die tatsächlich realisierten Zahlen, die Ist-Zahlen, zum Vergleich.
Der Ursprungswert, also der Plan- oder Soll-Wert, ist mit 100 % anzusetzen.

	A	B	C	D
1		**Plan**	**Ist**	**Abweichung**
2	**Monate**	**Umsatz (brutto)**	**Umsatz (brutto)**	**in %**
3	Januar	68 600,00	65 170,00	−5
4	Februar	53 900,00	49 049,00	−9
5	März	71 000,00	63 190,00	−11
6	April	79 800,00	68 628,00	−14

Beispiel

Plan-Ist-Vergleich der Januar-Zahlen
Der Plan-Umsatz für Januar ist mit 100 % gleichzusetzen. Die Abweichung zum Ist-Umsatz soll in Prozent berechnet werden. 68 600,00 € − 65 170,00 € = −3 430,00 €

$$68\,600,00\ € = 100\,\%$$
$$3\,430,00\ € = x$$

$$x = \frac{100 \cdot 3\,430,00\ €}{68\,600,00\ €} = 5,00\,\%,\ \text{wegen der Umsatzminderung} - \mathbf{5,0\,\%}$$

Soll-Ist-Vergleich: innerbetrieblicher Vergleich von geplanten betriebswirtschaftlichen Größen mit den tatsächlich realisierten

11.3 Betriebsvergleich

Durch Einzelhandelsverbände, Fachzeitschriften und Universitäten werden regelmäßig typische Zahlen von Einzelhandelsbetrieben, z.B. Umsätze, Anzahl der Beschäftigten, betriebliche Aufwendungen usw. gesammelt. Aus diesen Zahlen ermittelt man Durchschnittswerte für die einzelnen Branchen.

Durchschnittszahlen 20(-1)	Möbelbranche	Lebensmittelbranche
1. Umsatz in Mio. €	6,4	1,7
2. Geschäftsfläche in m²	5653	456
3. Beschäftigte	22	6,6
4. Handlungskosten in % des Umsatzes	33	21,4
5. Personalaufwendungen in % der Gesamtaufwendungen	46	35
usw.		

Diese Informationen können auch detaillierter vorliegen. Wichtig ist es z. B. für einen Einzelhändler, einen Überblick zur Vergleichbarkeit seiner Handlungskosten zu bekommen. Regelmäßig werden Vergleichszahlen über die Höhe von Handlungskosten im Verhältnis zum Umsatz veröffentlicht. Da in diesem Fall Prozentwerte vorliegen, kann ein Einzelhändler diese Zahlen in einfacher Form auf seine eigenen Handlungskosten übertragen.

Beispiel

Ein Einzelhändler, der – wie unten dargestellt – Handlungskosten in Höhe von 31,2 % seiner Brutto-Umsatzerlöse hat, während seine Mitbewerber (wie an den Branchenvergleichszahlen festzustellen ist) lediglich 26,5 % der Umsatzerlöse für Handlungskosten aufwenden müssen, hat Anlass zu großer Sorge. Offensichtlich können die Mitbewerber ihr Leistungsangebot zu deutlich niedrigeren Kosten erstellen.

Vor allem die auffälligen Abweichungen bei den Gehältern und der Miete sollten den Einzelhändler veranlassen, diese Aufwandspositionen zu überprüfen und nach Möglichkeiten zur Kostensenkung zu suchen.

Brutto-Umsatzerlöse	333 200,00		
Handlungskosten	**€**	**in Prozent der Umsatzerlöse**	**Branchenzahlen zum Vergleich**
Aufwendungen für Geschäftsräume	4 872,00	1,5	1,0
Gehälter	50 344,00	15,1	12,00
Miete	14 616,00	4,4	3,5
Büromaterial	3 248,00	1,0	1,0
Telekommunikation	6 496,00	1,9	2,0
Werbung	8 120,00	2,4	3,0
Zinsen	4 872,00	1,5	1,0
Übrige Aufwendung	11 368,00	3,4	3,0
Summe	103 936,00	31,2	26,5

Betriebsvergleiche sind daher Hilfsmittel zur Planung, Steuerung und Kontrolle eines Unternehmens.

Betriebsvergleich: Vergleich wichtiger betriebswirtschaftlicher Größen mit anderen Betrieben aus der gleichen Branche

Zusammenfassung

Vergleichszahlen	
Definition:	Daten zur Planung, Steuerung und Kontrolle des eigenen Unternehmens
Zeitvergleich:	innerbetrieblicher Vergleich von betriebswirtschaftlichen Größen unterschiedlicher Zeiträume
Soll-Ist-Vergleich:	innerbetrieblicher Vergleich von geplanten betriebswirtschaftlichen Größen mit den tatsächlich realisierten
Betriebsvergleich:	Vergleich wichtiger betriebswirtschaftlicher Größen mit anderen Betrieben aus der gleichen Branche

LERNFELD 9
Preispolitische Maßnahmen vorbereiten und durchführen

1 Preispolitik

1.1 Einflussgrößen

Die **Preispolitik** umfasst alle Maßnahmen des Einzelhändlers, die mit der Ermittlung und Festsetzung des Verkaufspreises zusammenhängen. Langfristig gesehen ist es das Ziel der Preispolitik, mit den Umsätzen einer Geschäftsperiode die Kosten zu decken und einen Gewinn zu erzielen.

Ein Einzelhändler kann nur dann eine aktive Preispolitik betreiben, wenn er seine Preise auch wirklich unabhängig festsetzen kann. Sein Handlungsspielraum wird aber in der Praxis durch verschiedene **Einflüsse** eingeschränkt:

Biker-shop

Artikel-Nr.: 3457753
Style: Jacke
Colour: 124
Size: 40

~~199,00 €~~

189,00 €

* Zahl und Marktmacht der **Mitbewerber:** Bei starker Konkurrenz ist es z.B. schwer, Preiserhöhungen durchzusetzen.

* **Kaufkraft und Einkaufsverhalten** der Kunden: Verfügen die Kunden im Einzugsbereich eines Geschäfts über ein relativ geringes Einkommen oder reagieren die Kunden sehr preisempfindlich, werden Preiserhöhungen erschwert.

* **Preisempfehlungen** der Hersteller: Grundsätzlich ist der Einzelhändler an diese Empfehlungen nicht gebunden, Abweichungen nach unten können aber „Schwierigkeiten" z.B. bei der zukünftigen Belieferung nach sich ziehen.

Siehe auch Preisempfehlungen Lernfeld 5

* bestimmte **Rechtsvorschriften:** z.B. Gesetz gegen unlauteren Wettbewerb (UWG), Verordnung über Preisangaben

Siehe auch Wettbewerbsrecht Lernfeld 5

* **Handlungskosten** des Geschäfts: Diese müssen – neben einem angemessenen Gewinn – langfristig gedeckt werden.

> **Preispolitik:** Alle Maßnahmen des Einzelhändlers zur Ermittlung und Festsetzung des Verkaufspreises

■ Grundsätze der Preisgestaltung

In der Praxis orientieren sich Einzelhändler in ihrer Preispolitik gewöhnlich an zwei Prinzipien:
* den Kosten
* den Marktverhältnissen (Nachfrage, Konkurrenz)

Im Falle einer **Kostenorientierung** schlägt der Einzelhändler auf den Bezugspreis seinen Handlungskostenzuschlag, den gewünschten Gewinnzuschlag und die Umsatzsteuer auf. Er erhält dann den Bruttoverkaufspreis, mit dem er sein Produkt auszeichnet. Ausgangspunkt der Preisfestsetzung sind demnach die Einkaufskosten (Bezugspreis) für das Produkt.

Siehe auch Kalkulation des Bruttoverkaufspreises Seite 182

Bei einer **Marktorientierung** fragt sich der Einzelhändler, welcher Preis für ein bestimmtes Produkt am Markt durchsetzbar oder aufgrund der Marktverhältnisse (**Konkurrenz**, **Nachfrageverhalten**) als gegeben anzusehen ist. Der Einzelhändler nimmt das Produkt in sein Sortiment auf, wenn er es zu einem Preis einkaufen kann, der für die Handlungskosten, den gewünschten Gewinn und für die Umsatzsteuer genügend Spielraum lässt. Ausgangspunkt der Preisfestsetzung ist hier der Marktpreis.

Kostenorientierung	Marktorientierung
Welcher Bruttoverkaufspreis ergibt sich bei einem bestimmten Einstandspreis, einem gegebenen Handlungskostenzuschlag, einem gewünschten Gewinnzuschlag und der gesetzlichen Umsatzsteuer?	Welchen Bezugspreis kann ich höchstens bezahlen, wenn am Markt ein bestimmter Bruttoverkaufspreis zu erzielen ist und ich einen gegebenen Handlungskostenzuschlag, einen gewünschten Gewinnzuschlag und die gesetzliche Umsatzsteuer berücksichtigen muss?

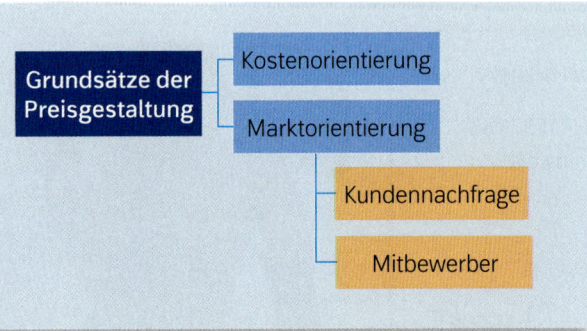

Die beiden Prinzipien werden häufig in einer Mischform angewandt: Grundsätzlich gilt die Kostenorientierung, d. h. die Ermittlung des Bruttoverkaufspreis durch eine Vorwärtskalkulation. Bei Produkten, die von Kunden stark nachgefragt werden oder die aufgrund von technischen, modischen oder sonstigen Eigenschaften besonders attraktiv sind, orientiert sich der Einzelhändler an den Marktverhältnissen und setzt den Preis entsprechend höher an. Umgekehrt lässt oft ein preisaggressiver Mitbewerber in unmittelbarer Nähe keine andere Wahl, als den Preis unterhalb der kostenorientierten Kalkulation festzusetzen.

1.2   Handlungsalternativen

Im Rahmen seiner Preispolitik hat ein Einzelhändler zunächst einige grundlegende Entscheidungen zu treffen:

Auf welchem **Preisniveau** sollen die Produkte angeboten werden?	Er könnte sein Sortiment z. B. im **Niedrigpreisniveau** anbieten (Discounter). Das bedeutet im Regelfall, dass die Produkte nur mit einem geringen Gewinnzuschlag kalkuliert werden können. Auch die Handlungskosten müssen niedrig gehalten werden, mit Konsequenzen für die räumliche und personelle Ausstattung des Geschäfts. Der Geschäftserfolg entsteht über hohe Umsätze zu niedrigen Preisen und geringem Service. Der Einzelhändler könnte aber auch ein **mittleres Preisniveau** wählen und sich auf dem Niveau von Fachgeschäften/Warenhäusern bewegen. Schließlich kann sich der Einzelhändler auch für ein **Hochpreisgeschäft** entscheiden mit einer kleinen, aber zahlungskräftigen Kundschaft als Zielgruppe.
Soll ein **einheitlicher** oder ein **variabler Zuschlag** auf den Einkaufspreis angewendet werden?	Ein Einzelhändler kann jeden Artikel in gleicher Weise kalkulieren (kostenorientierte Preispolitik), indem er auf den Einkaufspreis (Bezugspreis) einen bestimmten Zuschlag für die entstehenden Handlungskosten und für seinen Gewinn aufschlägt und außerdem die Umsatzsteuer addiert. Die Alternative besteht darin, jeden Artikel oder einzelne Warengruppen bzw. Abteilungen gesondert zu betrachten und zu prüfen, welche Preise am Markt jeweils durchsetzbar sind (Marktorientierung). *Beispiel* **Dynamische Preisanpassung** Dank elektronischer Preisauszeichnung am Verkaufsregal können Preise leicht verändert werden. Zunehmend nutzen Einzelhändler diese Möglichkeit und setzen im Tagesverlauf unterschiedliche Preise fest. Was in Onlineshops regelmäßig (und an Tankstellen ständig) geschieht, ließe sich auch z. B. für Obst und Gemüse umsetzen: Preissenkung gegen Abend, um den Verkauf verfallender Produkte zu beschleunigen.
In welcher Form sollen den Kunden **Sonderangebote** gemacht werden?	Ein Einzelhändler kann sich dafür entscheiden, mit **Dauerniedrigpreisen** zu werben oder regelmäßig einzelne Produkte als Sonderangebote herauszustellen. **Dauerniedrigpreise!**

Beispiel Manche Discounter bevorzugen eine Dauerniedrigpreis-Strategie. Andere werben mit häufig stark ermäßigten Sonderangeboten.

Bei **einzelnen Sonderangeboten** ist zu überlegen, wie „aggressiv" man seine Sonderangebotspolitik betreiben will. Denkbar sind Preisabschläge von wenigen Prozentpunkten bis zu Preisen, die lediglich den Bezugspreis decken oder sogar unterhalb des Einstands-(Bezugs-)Preises liegen.

Darüber hinaus kann der Einzelhändler das Instrument der **Preisbündelung** einsetzen. Dabei werden mehrere Produkte zu einem Paket zusammengeschnürt und zu einem Sonderpreis angeboten (z. B. PC mit Drucker, wobei die Summe der Einzelpreise höher liegt als der Paketpreis).

Möglich ist auch sogenanntes **Multibuy**. Dem Kunden werden mehrere (identische) Produkte zum Kauf angeboten, zu bezahlen ist aber eine geringere Menge („Kaufe drei – bezahle zwei!"). Ähnlich verhält es sich bei „**Ankerprodukten**", dabei wird dem Kunden eine Vergünstigung (ein Zusatzprodukt) beim Kauf bestimmter Artikel gewährt.

Beispiel Kauft ein Kunde mindestens zwei Kästen Mineralwasser, erhält er einen Fruchtsaft (eine Küchenrolle, ein Glas u. Ä.) gratis hinzu.

Sollen die Preise einheitlich für **alle Kunden** gelten oder werden bestimmte Kunden bevorzugt?	Sofern eine Abgrenzung von Kundengruppen möglich ist, können auch unterschiedliche Preise verlangt werden (**Preisdifferenzierung**). *Beispiele* * Alle **gewerblichen Kunden** eines Baumarkts (z. B. Handwerker) erhalten einen Preisnachlass von 10 %. * Kunden, die eine **Kundenkarte** besitzen, wird einmal im Monat ein Bonus von 3 % gewährt. * Kunden können **Bonuspunkte** sammeln, die gegen Produktprämien eingetauscht werden oder zu einem Rabatt beim Einkauf führen. * Bestimmten Kunden werden **Einkauf-Coupons** im Wert von 15,00 € zugeschickt oder sie erhalten einen Gutschein für ein bestimmtes Produkt.
Welche Bedeutung hat die **Preisoptik** für das Geschäft?	Generell kann ein Geschäft seine Preise besonders herausstellen (Größe des Preisschildes, Farbe), weil sie z. B. besonders günstig sind. Umgekehrt werden Einzelhändler, die sich vermehrt auf die Qualität der Produkte und die Beratungskompetenz der Mitarbeiter konzentrieren, den Preis eher in den Hintergrund drängen. Des Weiteren ist zu überlegen, ob in der Preisauszeichnung **runde Preise** (sie enden auf 10-Cent-Beträge), **gebrochene Preise** (sie enden mit den Cent-Ziffern 1 bis 9) oder **glatte Preise** (enden auf volle €) eingesetzt werden. Bei den gebrochenen Preisen ist weiterhin zu entscheiden, ob **Schwellenpreise/Eckpreise** (Endziffer 9) bevorzugt werden sollen.

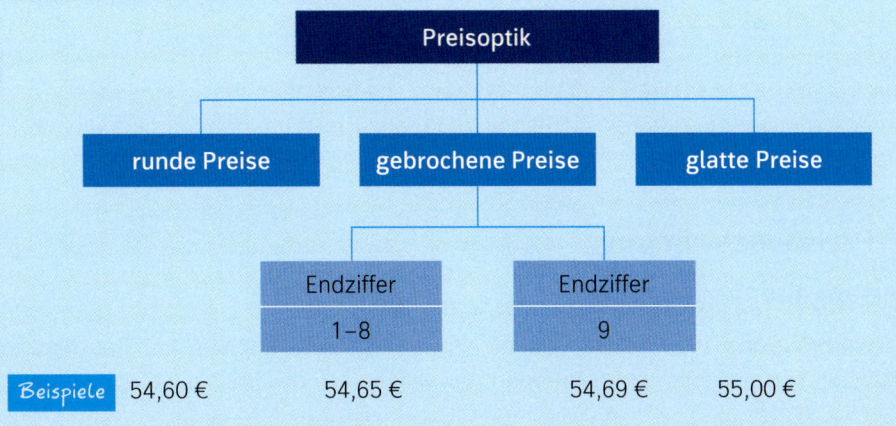

Preisbündelung: Zusammenfassung von Produkten zu einem Paket, das zu einem Gesamtpreis angeboten wird.

Multibuy: Angebot einer bestimmten Anzahl von Produkten, von denen nur ein Teil bezahlt werden muss.

Ankerprodukt: Ware, bei deren Kauf ein Zusatzprodukt gewährt wird.

■ Preisdifferenzierung

Von Preisdifferenzierung spricht man, wenn für gleiche Waren und Dienstleistungen unterschiedliche Preise verlangt werden.

Man unterscheidet vier Arten der Preisdifferenzierung:

Formen der Preisdifferenzierung	Beispiele
1. Räumlich In verschiedenen Gebieten werden für das gleiche Produkt unterschiedliche Preise verlangt.	Ein Filialunternehmen bietet gleiche Produkte in seinen Filialen zu unterschiedlichen Preisen an. Entscheidend ist die jeweilige Marktsituation.
2. Zeitlich Die Nachfrage nach einem Produkt ändert sich im Zeitverlauf.	Gleiche Artikel werden zu bestimmten Zeiten zu unterschiedlichen Preisen herausgestellt, z. B. als zeitlich begrenzte Sonderangebote oder Saisonartikel.
3. Personell Persönliche Unterschiede zwischen den Käufergruppen werden zur Preisgestaltung genutzt.	Handwerker, Mitglieder bestimmter Vereine, Schüler, Studenten, aber auch die eigenen Mitarbeiter erhalten Sonderpreise.
4. Mengenbezogen Zur Absatzsteigerung der Produkte werden Mengenrabatte gewährt.	Nachdem eine Kundin sich in einem Textilfachgeschäft komplett neu eingekleidet hat, erhält sie einen Preisnachlass auf den Einkaufsbetrag.

> **Preisdifferenzierung:** Preisfestsetzung, bei der für gleiche Waren unterschiedliche Preise verlangt werden.

■ Preisgegenüberstellungen

Empfohlene Preise

Siehe auch Preisempfehlung Lernfeld 5

Der Einzelhändler muss sich auch fragen, ob er die vom Hersteller empfohlenen Preise (**„unverbindliche Preisempfehlung"**) übernehmen möchte oder ob er den ausgezeichneten Preisen seine eigene Kalkulation zugrunde legt. Entscheidet er sich für die eigene Kalkulation, kann er die Hersteller-Preisempfehlung sogar nutzen, um durch eine **Gegenüberstellung** beider Preise die Vorteilhaftigkeit seines Angebots zu unterstreichen.

> unverbindliche Preisempfehlung des Herstellers: **1799.-**
>
> # 999.-
> Barpreis
>
> * später zahlen – 0% Zinsen

Durchgestrichene Preise

Von durchgestrichenen Preisen spricht man, wenn alte und neue Preise einander gegenübergestellt werden. Durchgestrichen wird der alte Preis, um das Sonderangebot augenfällig zu machen.

> ~~479.-~~
> **179.⁹⁵**

1.3   Preisauszeichnung

Siehe auch ausführlich in Preisangabenverordnung in Lernfeld 4

■ Preisangabenverordnung

Wer Endverbrauchern Waren oder Dienstleistungen sichtbar anbietet (im Geschäft, im Schaufenster, in Schaukästen, in der Werbung, im Internet), hat diese nach der Preisangabenverordnung wie folgt auszuzeichnen:

* mit dem **Bruttoverkaufspreis** (Preis einschließlich Umsatzsteuer),

* mit dem **Grundpreis** (Preis für 1 Kilogramm, 1 Liter, 1 Kubikmeter oder 1 Quadratmeter der Ware), wenn Ware nach Gewicht, Volumen, Länge oder Fläche angeboten wird. Bei loser Ware genügt die Angabe des Grundpreises. Bei Waren mit geringem Gewicht oder Volumen (bis 250 Gramm/Milliliter) ist der Grundpreis für 100 g oder 100 ml anzugeben. Soweit üblich, ist die Ware

* mit der **Gütebezeichnung** (z. B. Handelsklasse A) und

* mit der **Verkaufseinheit** (z. B. 250 g, 5 kg, 0,7 l) auszuzeichnen.

Auch weitere Preisbestandteile, (z. B. Pfand), sind bei der Preisangabe zu berücksichtigen. Es ist demnach der Preis anzugeben, den der Kunde letztlich zahlen muss, allerdings unabhängig von einer Rabattgewährung.

■ Wettbewerbsrecht

Das Gesetz gegen den unlauteren (unfairen, unehrlichen) Wettbewerb (UWG) verbietet es dem Einzelhändler, den Verbraucher durch falsche Angaben in die Irre zu führen.

Siehe auch ausführlich in Lernfeld 4

Die Preisangabenverordnung und das Wettbewerbsrecht lassen dem Einzelhändler kaum Spielraum, die Preise seiner angebotenen Waren zu „verstecken". Der Gesetzgeber will dem Verbraucher die Möglichkeit zum Preisvergleich geben. Der Einzelhandel soll sich dem Preis- und Leistungswettbewerb stellen.

■ Eckpreise (Schwellenpreise)

Der Preis beeinflusst die Kaufentscheidung des Kunden maßgeblich. Darüber hinaus ist festzustellen: Wird eine bestimmte Preisschwelle (Eckpreis, Schwellenpreis) überschritten, lässt die Kaufbereitschaft des Kunden deutlich nach. Ein („gebrochener") Preis von 99,99 € liegt dann eventuell unterhalb dieser Preisschwelle, während 100,00 € diese überschreiten.

9,99

Generell erscheint ein Preis von z. B. 9,99 € niedriger als einer von 10,00 €, obwohl die tatsächliche Preisdifferenz minimal ist. Leichte Preiskorrekturen können demnach die Kaufbereitschaft der Kunden fördern.

Allerdings ist ein gewisser Abnutzungseffekt bei dieser Art der Preisfestsetzung zu erkennen, weil sie sehr weit verbreitet ist und der Kunde die Absicht, die dahinter steckt, durchschaut. Viele Kunden empfinden diese ungeraden Preise auch als unfair, weil sie Täuschungsversuche vermuten. Daher gehen Einzelhändler heute vielfach dazu über, „glatte", d. h. gerundete Preise zu wählen (10,00 €, 150,00 € u. Ä.), um dem Kunden eine faire Preiskalkulation zu signalisieren.
Andererseits kann der gebrochene Preis dem Kunden zeigen, dass der Einzelhändler „scharf", also mit knapper Gewinnmarge kalkuliert. Wird ein gebrochener Preis festgesetzt, sollte die Preisdifferenz nach unten mit der Höhe des Preises zunehmen.

| 0,99 € anstelle von 1,00 €; 695,00 € statt 700,00 €; 1 985,00 € statt 2 000,00 €. | *Beispiele* |

Letztlich ist festzustellen:

* Der Gesetzgeber zwingt den Einzelhändler zu Preisklarheit und Preiswahrheit.

* Der Preis kann nicht versteckt, sondern muss begründet werden.

* Über einen ungeraden Eckpreis kann die Kaufbereitschaft des Kunden eventuell beeinflusst werden.

* Im Verkaufsgespräch geht es nicht um Rechtfertigung der Höhe des Preises, sondern darum, den Kunden von der Angemessenheit des Preises zu überzeugen.

1.4 Preisdarstellung

Mit der Preisdarstellung will der Einzelhandel den Kunden bei der Wahrnehmung des Preises psychologisch beeinflussen. Es gibt verschiedene Möglichkeiten, Preise optisch günstig erscheinen zu lassen.

* Alle Preise erhalten einheitliche Endziffern, z. B. die „5".

* Die Preise werden „gebrochen", z. B. 9,99 anstelle von 10,00 €.

* Alter und neuer Preis oder die Preisempfehlung des Herstellers und der eigene Preis werden einander gegenübergestellt.

* Der Preis wird attraktiv hervorgehoben (z. B. durch sorgfältig gestaltete Preisschilder, Symbole u. Ä.).

■ Preisschilder

Wenn die vom Gesetzgeber geforderten Mindestangaben erfüllt sind, ist es dem Einzelhändler freigestellt, wie er den Preis am Produkt oder am Verkaufsregal gestaltet. Neben der Preisauszeichnung auf den üblichen Kartonschildern gibt es andere, fantasievolle Möglichkeiten der Preisschildgestaltung.

Beispiele

* Ein Preisschild ist mit Geschenkpapier und Schleife umfasst, damit der Geschenkcharakter des Artikels betont wird.

* fantasievolle Preisauszeichnung auf kleinen Taschenspiegeln, auf Schultafeln, auf einem großen Herbstblatt oder anderen natürlichen Materialien

* Das Preisschild wird einem Thema, das im Schaufenster dargestellt wird, angepasst („Herbst", „Schuljahresbeginn", „Weihnachten").

* Man stellt einen Bezug zum Produkt her: Die Preisschilder an Computern haben die Form eines Computerbildschirms.

* Preisschilder mit verborgener Aussage: Der Preis ist auf einer Taschenrechner-Abbildung angebracht („Für Leute, die rechnen können.").

Onlinehandel – dynamische Preisanpassung

Über **Preisvergleichsportale** (z. B. billiger.de) können Onlinenutzer die Preise ihres Wunschprodukts von verschiedenen Shops vergleichen. Sie haben damit eine sehr gute Preisübersicht.

Auf der anderen Seite sind die Anbieter in der Lage, die Preise ihrer Produkte im Shop sehr schnell zu verändern. Wie bei Tankstellen oder Hotelbuchungen kann man Preise z. B. in Abhängigkeit vom Nachfrageverhalten oder von den Preisen der Mitbewerber anpassen. Man spricht von **dynamischer Preisanpassung** (Dynamic Pricing).

Spezielle Dienstleister übernehmen für Onlinehändler die Aufgabe, Nachfrageschwankungen und Preisveränderungen der Mitbewerber mithilfe einer Software zu beobachten und darauf mit Preisanpassungen zu reagieren. Der Auftraggeber des Dienstleisters muss dazu eine Preisober- und eine Preisuntergrenze für jedes Produkt festlegen, das der Dienstleister beobachten soll.

Beispiel

Ein Onlinehändler möchte bei bestimmten Produkten die Preisführerschaft übernehmen, d. h., der preisgünstigste Anbieter sein. Senken Konkurrenten ihre Preise, verringert die Software des Dienstleisters automatisch die Preise des Onlinehändlers unter das Niveau der Mitbewerber.

Zusammenfassung

Preispolitik			
Definition:	Maßnahmen des Einzelhändlers zur Ermittlung und Festsetzung des Verkaufspreises		
Einflussgrößen:	* Mitbewerber * Kaufkraft der Kunden * Preisempfehlungen (Hersteller)		* Rechtsvorschriften * Kosten des Geschäftes
Preisgestaltung:	* Kostenorientierung (Bezugspreis, Handlungskosten, Gewinn, USt.) * Marktorientierung (Kundennachfrage, Mitbewerber)		
Handlungsalternativen:	Preisniveau:	niedrig, mittel, hoch	
	Zuschlag:	einheitlich, variabel, dynamische Preisbildung	
	Sonderangebote:	* einzelne, Dauerniedrigpreise * Preisbündelung (Produktpaket) * Multibuy (z. B. 2 von 3 bezahlen) * Ankerprodukt (Zusatzprodukt)	
Preisdifferenzierung:	* räumlich * zeitlich	* personell * mengenbezogen	
Preisoptik:	* runde Preise (enden auf 10 Cent) * gebrochene Preise (Cent-Ziffern 1–9; Eckpreise: Endziffer 9) * glatte Preise (volle €)		
Preisgegenüberstellungen:	* empfohlener Herstellerpreis ↔ eigener Preis * durchgestrichener (ehemaliger) ↔ aktueller Preis		

Preispolitik

Preisangabenverordnung:	* Bruttoverkaufspreis * Grundpreis * Gütebezeichnung	* Verkaufseinheit * weitere Preisbestandteile (Pfand)
Wettbewerbsrecht:	Zwang zur Preisklarheit und Preiswahrheit; Verbraucher sollen die Möglichkeit zum fairen Preisvergleich haben	
Preisdarstellung:	Beeinflussung der Preiswahrnehmung durch den Kunden, z. B.:	
	* einheitliche Endziffern * gebrochene Preise	* Preisgegenüberstellungen * attraktive Preisschilder
Onlinehandel::	dynamische Preisanpassung	

2 Bezugskalkulation

Die Bezugskalkulation dient dazu, den Bezugspreis einer Ware zu errechnen. Vom Listeneinkaufspreis werden die Preisnachlässe des Lieferers in Form von Rabatt und Skonto abgezogen. Auf den so ermittelten Bareinkaufspreis werden die entstandenen Bezugskosten hinzugerechnet.

Bezugskalkulation	€		
Listeneinkaufspreis – Rabatt	45,00 4,50	100 % –10 %	
= Zieleinkaufspreis – Skonto	40,50 0,81	90 % →	100 % –2 %
= Bareinkaufspreis + Bezugskosten	39,69 0,31		98 %
= **Bezugspreis**	**40,00**		

Siehe auch Bezugskalkulation Seite 34

Erläuterungen zum Kalkulationsschema

Listeneinkaufspreis	Preis des Lieferanten gemäß seiner Preisliste; der Preis ist von der Rechnung des Lieferanten ablesbar (siehe unten).
Rabatt	Nachlass vom Listeneinkaufspreis einer Ware. Rabatte werden aus unterschiedlichen Gründen gewährt, z. B. Mengenrabatt, Treuerabatt, Sonderrabatt.
Zieleinkaufspreis	Listeneinkaufspreis abzüglich Rabatt, Preis, den der Einzelhändler aufwenden muss, wenn er nicht innerhalb der Skontofrist zahlt.
Skonto	Preisnachlass für vorzeitige Bezahlung des Kaufpreises. Weil zunächst offen bleibt, ob der Käufer innerhalb der Skontofrist bezahlt (häufig innerhalb von 10 Tagen nach Rechnungsdatum), wird Skonto nicht rechnerisch auf der Rechnung ausgewiesen, sondern nur als Zahlungsbedingung (vielfach im Fußtext einer Rechnung).
Bareinkaufspreis	Zieleinkaufspreis vermindert um Skonto; Einkaufspreis des Einzelhändlers, wenn er innerhalb der Skontofrist bezahlt.
Bezugskosten	Kosten, die für die Beförderung (aber auch z. B. für die Versicherung) der eingekauften Ware entstehen.
Bezugspreis	Preis, der dem Einzelhändler letztlich durch den Einkauf der Ware entstanden ist. Die Bezugskosten werden dem Bareinkaufspreis hinzugerechnet.

Bezugskalkulation: Rechenverfahren zur Ermittlung des Preises für die eingekaufte (bezogene) Ware

Grundlage für die Berechnung des Bezugspreises sind die Lieferantenrechnung und eventuell weite Belege, z. B. über entstandene Bezugskosten.

■ Den Bezugspreis aus einer Lieferantenrechnung ermitteln

Rechnung Nr. AB475-12				20.10.20(0)
Menge	Artikel-Nr.	Bezeichnung	Einzelpreis/€	Gesamt-preis/€
10	CB 4411	Etiketten	4,50 ①	45,00
			10 % Rabatt ②	4,50
			Nettobetrag	40,50
			19 % USt. ④	7,70
			Bruttobetrag	48,20
Die Rechnung ist zahlbar innerhalb von 10 Tagen mit 2 % Skonto oder innerhalb von 30 Tagen ohne Abzug ③				

Paketdienst international

Beleg

⑤   **Porto**   **3,69 €**

einschließlich 19 % Umsatzsteuer

21.10.20(0)

Erläuterungen:

① Menge · Einzelpreis = **Listeneinkaufspreis** (siehe Bezugskalkulation oben)

② 10 % Rabatt werden vom Listenpreis abgezogen; man erhält den Zieleinkaufspreis.

③ Wir zahlen innerhalb von 10 Tagen nach Rechnungsdatum und dürfen 2 % Skonto vom **Zieleinkaufspreis** abziehen.
   40,50 € − 2 % Skonto (0,81 €) = 39,69 € (**Bareinkaufspreis**)

④ Die Umsatzsteuer ist für den Einzelhändler Vorsteuer, die er vom Finanzamt erstattet bekommt. Wir können die Umsatzsteuer daher ignorieren, weil sie keinen Einfluss auf den Bezugspreis hat.

⑤ Die Versandkosten für die Etiketten gehen mit ihrem Nettobetrag in die Bezugskalkulation ein, weil die Umsatzsteuer auf dem Beleg für den Einzelhändler wieder Vorsteuer darstellt.
   3,69 € : 119 % · 100 % = 3,10 €
   Die Bezugskosten werden zum Bareinkaufspreis hinzugerechnet und ergebenden endgültigen **Bezugspreis**. Siehe Bezugskalkulation auf Seite 34 und Vorwärtskalkulation unten.

Annahme: Die Paketgebühr in Höhe von 3,69 € (netto 3,10 €) bezieht sich auf mehrere Teilsendungen. Die Etiketten haben nur einen Anteil von 10 %. Folglich betragen die Bezugskosten für die 10 Etiketten 0,31 €.

Zusammenfassung

Bezugskalkulation		
Definition:	Rechenverfahren zur Ermittlung des Preises für die eingekaufte (bezogene) Ware	
Aufbau:	Listeneinkaufspreis:	Preis gemäß Lieferanten-Preisliste
	Rabatt:	Nachlass auf den Listeneinkaufspreis
	Zieleinkaufspreis:	Preis bei Zahlung ohne Skontoabzug
	Skonto:	Preisnachlass für vorzeitige Bezahlung
	Bareinkaufspreis:	Preis bei Zahlung unter Abzug von Skonto
	Bezugskosten:	Kosten für die Beförderung der Sendung
	Bezugspreis:	Preis, den der Einzelhändler letztlich für die eingekaufte (bezogene) Ware bezahlt.
Bezugskosten:	evtl. auf Teilsendungen aufteilen	

3   Vorwärtskalkulation

3.1   Kalkulationsschema

Das Kalkulationsschema im Einzelhandel stellt sich als Kombination von Bezugs- und Verkaufskalkulation dar. Die Bezugskalkulation dient der Berechnung des Bezugspreises. Mit der Verkaufskalkulation berechnet der Einzelhändler den Bruttoverkaufspreis.

Die Vorwärtskalkulation bezeichnet die Kalkulationsrichtung: Ausgehend vom Listeneinkaufspreis wird der Bruttoverkaufspreis berechnet.

	Vorwärtskalkulation	in €		
Bezugskalkulation	Listenpreis – Rabatt	45,00 4,50	100 % – 10 %	
↓	= Zieleinkaufspreis – Skonto	40,50 0,81	90 %	→ 100 % – 2 %
	= Bareinkaufspreis + Bezugskosten	39,69 0,31		98 %
Verkaufskalkulation	**= Bezugspreis** + Handlungskostenzuschlag	**40,00** 26,00	100 % + 65 %	
↓	= Selbstkostenpreis + Gewinnzuschlag	66,00 6,60	165 %	→ 100 % + 10 %
	= Nettoverkaufspreis + Umsatzsteuer	72,60 13,79	100 % + 19 %	← 110 %
	= Bruttoverkaufspreis	**86,39**	**119 %**	

■ Bezugspreis

Siehe auch Bezugskalkulation Seite 34

Das ist der Preis, den der Einzelhändler selbst für die eingekaufte Ware bezahlen muss.

■ Selbstkostenpreis

Der Selbstkostenpreis ist ein Preis, der den Bezugspreis für die Ware und die anteiligen Handlungskosten eines Produkts enthält.

Der Selbstkostenpreis gibt an, welchen Betrag der Einzelhändler selbst für die Ware aufwenden muss, die er verkaufen möchte. Das ist zunächst der Listenpreis für die eingekaufte Ware abzüglich Rabatt und Skonto sowie zuzüglich Bezugskosten (= Bezugspreis).

Wenn der Einzelhändler seinen Kunden diese Waren anbieten will, muss er Mitarbeiter einstellen, Räume anmieten, Energieaufwendungen bezahlen und viele weitere Handlungskosten tragen. Diese werden über den Handlungskostenzuschlag anteilsmäßig auf jedes einzelne Produkt umgelegt.

Radrennschuhe

Bezugspreis für die eingekaufte Ware	40,00 €	
+ Handlungskostenzuschlag z. B. 65 %	26,00 €	 Energie Geschäftsraum Personal
=	66,00 €	**Selbstkostenpreis**

Handlungskosten
* Personalkosten
* Geschäftsmiete
* Energiekosten
* Kosten für Werbung
* Kosten für Büromaterial

Beispiele

Fasst man den Bezugspreis für die Ware und die anteiligen Handlungskosten zusammen, erhält man den Selbstkostenpreis.

Selbstkostenpreis: Bezugspreis der Ware + anteilige Handlungskosten

Nettoverkaufspreis: Verkaufspreis ohne Umsatzsteuer

Umsatzsteuer: Prozentzuschlag auf den Nettoverkaufspreis

Bruttoverkaufspreis: Endpreis, zu dem die Ware vom Einzelhändler angeboten wird.

■ Nettoverkaufspreis

Der Nettoverkaufspreis ist der Verkaufspreis ohne Umsatzsteuer. Er wird ermittelt, indem zum Selbstkostenpreis der Gewinnzuschlag addiert wird.

■ Umsatzsteuer

Die Umsatzsteuer ist ein Prozentzuschlag auf den Nettoverkaufspreis, den der Einzelhändler für alle Lieferungen und Dienstleistungen berechnen und an das Finanzamt abführen muss.

■ Bruttoverkaufspreis

Der Bruttoverkaufspreis ist der Endpreis, zu dem die Ware vom Einzelhändler angeboten wird. Der Preis muss laut Preisangabenverordnung die Umsatzsteuer enthalten. Der Bruttoverkaufspreis ist demnach der Nettoverkaufspreis zuzüglich Umsatzsteuer. Das ist auch der Preis, der auf dem Preisetikett steht (**Auszeichnungspreis**).

Der Einzelhändler ist verpflichtet, die Umsatzsteuer auf alle Waren (und Dienstleistungen) aufzuschlagen. Sie beträgt 19 % der Nettoumsatzerlöse (Lebensmittel und Verlagserzeugnisse 7 %). Die eingenommene Umsatzsteuer hat der Einzelhändler an das Finanzamt abzuführen. Kalkulatorisch sind daher für den Einzelhändler nur die Nettoumsatzerlöse oder die Nettoverkaufspreise von Interesse. Die Differenz zwischen Nettoumsatzerlösen und Selbstkosten ergeben den **Gesamtgewinn** des Einzelhändlers. Der Unterschied zwischen dem Nettoverkaufspreis und dem Selbstkostenpreis ist der **Stückgewinn**.

3.2 Stückkalkulation – Betriebskalkulation

Mit der Stückkalkulation ermittelt der Einzelhändler den Bezugspreis und den Bruttoverkaufspreis einer Ware. Rabatte, Boni und Skonti sind je nach Lieferer unterschiedlich. Der Bezugspreis muss daher für jede Ware gesondert ermittelt werden.

Fasst man die Kalkulationen aller verkauften Produkte eines Geschäftsjahres (oder auch Teile eines Jahres) zusammen, erhält man die Kalkulation des gesamten Betriebs, die **Betriebskalkulation**. Sie informiert den Einzelhändler über den Erfolg seiner Betriebstätigkeit in tabellarischer Form.

Beispiel

Radrennschuhe zum Listeneinkaufspreis von 45,00 €

Stückkalkulation	€	Betriebskalkulation	€
Listeneinkaufspreis	45,00		
– Rabatt	4,50		
= Zieleinkaufspreis	40,50		
– Skonto	0,81		
= Bareinkaufspreis	39,69		
+ Bezugskosten	0,31		
= Bezugspreis	**40,00**	**Wareneinsatz**	**600 000,00**
+ Handlungskostenzuschlag 65 %	26,00	+ Handlungskosten	390 000,00
= Selbstkostenpreis	66,00	= Selbstkosten	990 000,00
+ Gewinnzuschlag 10 %	6,60	+ Gewinn	99 000,00
= Nettoverkaufspreis	72,60	Nettoumsatzerlöse	1 089 000,00
+ Umsatzsteuer 19 %	13,79	+ Umsatzsteuer	206 910,00
= Bruttoverkaufspreis	**86,39**	**= Bruttoumsatzerlöse**	**1 295 910,00**

Erläuterungen:

Handlungskosten: Kosten, die durch den Betrieb eines Einzelhandelsgeschäfts entstehen (Gehälter, Miete, Energie usw.).

Selbstkosten: Alle Kosten, die dem Einzelhändler für die verkauften Produkte entstanden sind (Wareneinsatz + Handlungskosten).

Gewinn: Geldbetrag, der dem Einzelhändler durch den Verkauf seiner Produkte persönlich verbleibt.

Die Zahlen der Betriebskalkulation kann der Einzelhändler seiner Buchführung entnehmen. Besonders einfach ist es, auf die zusammengefassten Zahlen des Gewinn- und Verlustkontos zuzugreifen.

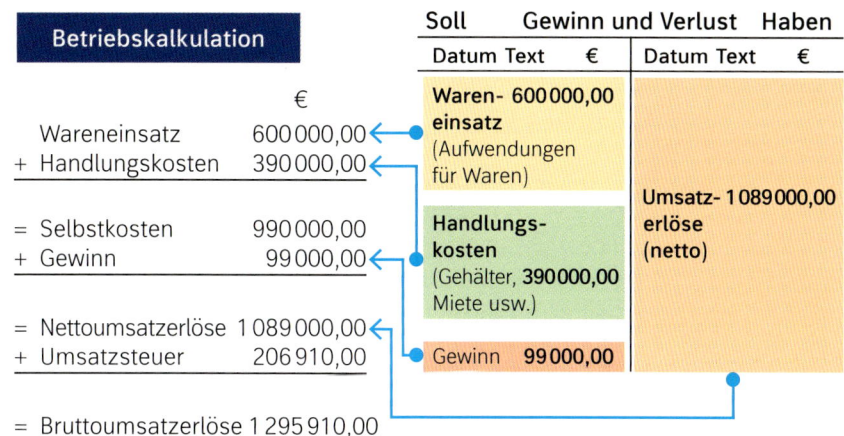

Betriebskalkulation	
	€
Wareneinsatz	600 000,00
+ Handlungskosten	390 000,00
= Selbstkosten	990 000,00
+ Gewinn	99 000,00
= Nettoumsatzerlöse	1 089 000,00
+ Umsatzsteuer	206 910,00
= Bruttoumsatzerlöse	1 295 910,00

Soll	Gewinn und Verlust		Haben	
Datum Text	€	Datum Text	€	
Waren- einsatz (Aufwendungen für Waren)	600 000,00	Umsatz- erlöse (netto)	1 089 000,00	
Handlungs- kosten (Gehälter, Miete usw.)	390 000,00			
Gewinn	99 000,00			

Betriebskalkulation: Kalkulation der Erlöse für alle verkauften Produkten

Kalkulation im Onlinehandel

In einem stationären Geschäft sind Personalkosten und Miete gewöhnlich die bedeutendsten Handlungskosten. Im Onlinehandel fällt keine Miete für ein Geschäftslokal an, allenfalls für ein Lager. Die Personalkosten für die Betreuung des Shops und für den Versand der Artikel sind in der Regel deutlich niedriger als im stationären Handel. Der Onlinehändler, der ausschließlich einen Onlineshop betreibt, muss im Regelfall mit folgenden Größen kalkulieren:

* Bezugspreis für die Ware
* Kosten für den Onlineshop (einmalig beim Kauf des Programms oder laufende Zahlungen)
* Service-/Support-Kosten für die Unterbringung und den Betrieb des Shops auf einem Webserver
* Kosten für Werbung/für eine gute Platzierung bei den Suchmaschinen
* Versandkosten (sofern sie der Käufer nicht trägt)
* Kosten für die Abwicklung von Retouren
* Personalkosten (Shop-Betreuung, Versand)
* Kosten für die Zahlungsabwicklung
* Verkaufsprovision, falls man über einen Marktplatz verkauft
* Gewinn
* Umsatzsteuer

Zusammenfassung

Verkaufskalkulation

Definition:	Kalkulation des Preises, mit dem Produkte im Geschäft ausgezeichnet werden.
Bezugspreis:	Preis, den der Einzelhändler selbst für die eingekaufte Ware bezahlen muss.
Selbstkostenpreis:	Bezugspreis der Ware + anteilige Handlungskosten
Nettoverkaufspreis:	Verkaufspreis ohne Umsatzsteuer
Umsatzsteuer:	Prozentzuschlag auf den Nettoverkaufspreis
Bruttoverkaufspreis:	Endpreis, zu dem die Ware vom Einzelhändler angeboten wird.
Stückkalkulation:	Berechnung des Verkaufspreises einer einzelnen Ware
Betriebskalkulation:	Kalkulation der Erlöse aus allen verkauften Produkten
Handlungskosten:	Kosten, die durch den Betrieb eines Einzelhandelsgeschäfts entstehen.
Selbstkosten:	Alle Kosten, die dem Einzelhändler für die verkauften Produkte entstanden sind.
Gewinn:	Geldbetrag, den der Einzelhändler durch den Verkauf seiner Produkte persönlich erzielt.
Onlinehandel:	abweichende Kalkulation im Vergleich zum stationären Handel

4   Berechnung der Zuschlagssätze

Die Zahlen der Betriebskalkulation sind auch die Grundlage für die Ermittlung der Zuschlagssätze (Handlungskostenzuschlag, Gewinnzuschlag) in der Stückkalkulation.

4.1   Handlungskostenzuschlag (HKZ)

Alle verkauften Produkte müssen die Aufwendungen für das Personal, den Geschäftsraum, die Energie usw. (die Handlungskosten) „tragen". Daher werden in der **Betriebskalkulation** die entstandenen Handlungskosten auf den Einkaufsbetrag der verkauften Produkte (Wareneinsatz) aufgerechnet.

Betriebskalkulation des Vorjahres			Stückkalkulation des laufenden Jahres	
	€			€
Wareneinsatz	600 000,00	100 %	Bezugspreis	40,00
+ Handlungskosten	390 000,00	65 %	+ HKZ 65 %	26,00
= Selbstkosten	990 000,00		= Selbstkostenpreis	66,00

Jedes einzelne Produkt wird in der **Stückkalkulation** mit einem Anteilsbetrag an den Handlungskosten „belastet". Dies geschieht mithilfe eines Prozentzuschlags (**Handlungskostenzuschlag**), der das Verhältnis von Handlungskosten zu Wareneinsatz wiedergibt. Der Wareneinsatz ist dabei mit 100 % gleichzusetzen.

Beispiel

Behauptungssatz: Der Wareneinsatz beträgt 100 %.
Fragesatz: Wie viel Prozent beträgt der Anteil der Handlungskosten am Wareneinsatz?

$$\text{Wareneinsatz} = 100\,\%$$
$$\text{Handlungskosten} = x\,\%$$

$$600\,000,00\,€ = 100\,\%$$
$$390\,000,00\,€ = x\,\%$$

Bruchsatz: $\dfrac{100 \cdot 390\,000,00\,€}{600\,000,00\,€} = 65\,\%$ **Handlungskostenzuschlag**

In der Stückkalkulation wird nun auf den Bezugspreis einer Ware ein Handlungskostenzuschlag von 65 % aufgeschlagen. Man erhält dann den Selbstkostenpreis. Auf diese Weise werden die Handlungskosten auf alle verkauften Produkte umgelegt.
Es ist auch möglich, unterschiedliche Zuschlagssätze zu verwenden, z. B. jeweils für eine Warengruppe.

Handlungskostenzuschlag: Prozentsatz, der die anteiligen Handlungskosten auf jedes einzelne Produkt verteilt.

4.2   Gewinnzuschlag (GZ)

Der Gewinnzuschlag ist ein Prozentsatz, mit dem der Gewinn, den der Einzelhändler mit einem Produkt erzielen möchte, auf den Selbstkostenpreis aufgeschlagen wird.

Preis, den der Einzelhändler selbst für das Produkt aufwenden muss.	Bezugspreis + anteilige Handlungskosten	66,00 €	**Selbstkostenpreis**
Prozentzuschlag auf den Selbstkostenpreis, der dem Einzelhändler als Gewinn verbleibt.	+ Gewinnzuschlag z. B. 10 %	6,60 €	**Gewinnzuschlag**
Verkaufspreis ohne Umsatzsteuer	=	72,60 €	**Nettoverkaufspreis**

■ Festsetzung des Gewinnzuschlags

In einer freien Marktwirtschaft kann jeder Unternehmer seine Preise beliebig hoch ansetzen. Er muss allerdings beachten, dass seine Preise auch am Markt durchsetzbar sind. In der Regel betrachtet der Einzelhändler wieder die Zahlen des Vorjahres. Die Betriebskalkulation des vergangenen Geschäftsjahres macht deutlich, welche Selbstkosten entstanden sind und welcher Gewinn erzielt wurde. Die ausgewiesenen Nettoumsatzerlöse konnten offensichtlich am Markt realisiert werden.

Ein Gewinn von 99 000,00 € entspricht einem Gewinnzuschlag von 10 % auf die Selbstkosten. Übernimmt der Einzelhändler diesen Gewinnzuschlag in das nächste Geschäftsjahr, ergibt sich ein Nettoverkaufspreis von 72,60 € für ein Produkt mit einem Selbstkostenpreis von 66,00 €.

Beispiel	Betriebskalkulation des Vorjahres			Stückkalkulation des laufenden Jahres	
		€			€
	Selbstkosten	990 000,00	100 %	Selbstkostenpreis	66,00
	+ Gewinn	99 000,00	10 %	+ Gewinnzuschlag 10 %	6,60
	= Nettoumsatzerlöse	1 089 000,00		= Nettoverkaufspreis	72,60

Wiederum kann der Einzelhändler von dem Gewinnzuschlag des Vorjahres abweichen und – je nach Geschäftsaussichten – den Gewinnzuschlag heben oder senken.

■ Mindestgewinn

Vielfach entwickelt ein Einzelhändler aber eine bestimmte Vorstellung von einem Mindestgewinn. Dieser Mindestgewinn sollte so hoch sein, dass

* die **Arbeitsleistung** des Inhabers angemessen entlohnt wird,

* das eingesetzte **Eigenkapital** ausreichend verzinst wird und

* eine **Risikoprämie** für das Eigenkapital gewährleistet ist, da es im Unternehmen weniger sicher angelegt ist als auf einer Bank.

Der Mindestgewinn sichert den Fortbestand des Unternehmens.

Unternehmerlohn:	Er ist ein Entgelt für die im eigenen Unternehmen geleistete Arbeit des Einzelhändlers. Seine Höhe regelt kein Tarifvertrag. Als Maßstab kann jedoch das Gehalt herangezogen werden, das der Einzelhändler einem angestellten Geschäftsführer zahlen müsste.
Eigenkapitalverzinsung:	Der Einzelhändler hat Eigenkapital in seinem Geschäft investiert. Hätte er das Geld bei einer Bank angelegt, wären für ihn Zinseinkünfte entstanden. Das im Einzelhandelsbetrieb eingesetzte Eigenkapital muss daher ebenfalls eine Verzinsung erbringen. Die anzusetzende Höhe hängt von der jeweiligen Marktsituation (z. B. der Zinshöhe bei Kreditinstituten) ab.
Risikoprämie:	Die Führung eines Einzelhandelsgeschäftes ist mit Risiken verbunden, weil ein Geschäftserfolg nicht garantiert ist. Die Geldanlage bei einer Bank wäre hingegen weitgehend ohne Risiko. Es ist daher verständlich, dass ein Einzelhändler für das eingesetzte Eigenkapital eine höhere Verzinsung erwartet als bei einer Bank.

Berechnung eines Mindestgewinns

Beispiel

Ein Einzelhändler geht bei der Ermittlung seines Mindestgewinns von folgenden Zahlen aus:

Unternehmerlohn für seine Tätigkeit im Einzelhandelsgeschäft	90 000,00 € pro Jahr
eingesetztes Eigenkapital im Betrieb	150 000,00 €
Zinssatz für Geldanlagen bei seiner Hausbank	4,0 % Pro Jahr
erwartete Risikoprämie	2,0 % Pro Jahr

Berechnung des Mindestgewinns		€
Unternehmerlohn		90 000,00
Eigenkapitalverzinsung	$\dfrac{150 000 00\ € \cdot 4}{100} =$	6 000,00
Risikoprämie	$\dfrac{150 000 00\ € \cdot 2}{100} =$	3 000,00
Mindestgewinn		**99 000,00**

Für das kommende Geschäftsjahr erwartet der Einzelhändler nebenstehende Betriebskalkulation bis zu den Selbstkosten (Plan-Kalkulation).
Berücksichtigt man den Mindestgewinn in der Betriebskalkulation, ergeben sich Nettoumsatzerlöse von 1 089 000,00 €.

Betriebskalkulation	€
Wareneinsatz	600 000,00
+ Handlungskosten	390 000,00
= Selbstkosten	990 000,00
+ Gewinn	**99 000,00**
Nettoumsatzerlöse	1 089 000,00

■ Berechnung des Gewinnzuschlags

Setzt man den Jahresgewinn von 99 000,00 € zu den Selbstkosten ins Verhältnis, erhält man den Prozentsatz, der als Gewinnzuschlag auf die Produkte aufgeschlagen wird.

Beispiel

Behauptungssatz: Die Selbstkosten betragen 100 %.
Fragesatz: Wie viel Prozent beträgt der Anteil des Gewinns an den Selbstkosten?

$$\boxed{\begin{aligned} \text{Selbstkosten} &= 100\,\% \\ \text{Gewinn} &= \quad x\,\% \end{aligned}}$$

$$990\,000,00\ € = 100\,\%$$
$$99\,000,00\ € = \quad x\,\%$$

Bruchsatz: $\dfrac{100 \cdot 99\,000,00\ €}{990\,000,00\ €} = \textbf{10\,\% Gewinnzuschlag}$

In der **Stückkalkulation** wird nun mit einem Gewinnzuschlag von 10 % kalkuliert. Jedes einzelne Produkt trägt folglich mit einem bestimmten Anteil zu dem geplanten Gewinn von 99 000,00 € bei.

Lassen sich die Umsatzzahlen mit den Preisen aus der Plan-Kalkulation realisieren, erhält der Einzelhändler auch den Mindestgewinn als Differenz zwischen Nettoumsatzerlösen und Selbstkosten. Ein Jahresumsatz lässt sich aber nicht exakt vorausplanen. Am Ende des Geschäftsjahres (und durch regelmäßige Monats- und Quartalsabschlüsse) stellt der Einzelhändler fest, ob er seine Mindestgewinnvorstellungen verwirklichen konnte.

Letztlich werden alle Zuschlagssätze für die Stückkalkulation aus der Betriebskalkulation abgeleitet:

Betriebskalkulation	€			Stückkalkulation	€
Wareneinsatz	**600 000,00**			**= Bezugspreis**	**40,00**
+ Handlungskosten	390 000,00	= 65,00 % HKZ →		+ Handlungskostenzuschlag	26,00
= Selbstkosten	990 000,00			= Selbstkostenpreis	66,00
+ Gewinn	99 000,00	= 10,00 % GZ →		+ Gewinnzuschlag	6,60
Nettoumsatzerlöse	1 089 000,00			= Nettoverkaufspreis	72,60
+ Umsatzsteuer	206 910,00	= 19,00 % USt →		+ Umsatzsteuer 19 %	13,79
= Bruttoumsatzerlöse	**1 295 910,00**			**= Bruttoverkaufspreis**	**86,39**

Der Einzelhändler wird den kalkulierten Bruttoverkaufspreis von 86,39 € noch „glätten", z. B. auf 86,90 €. Diese Glättung würde den Bruttoverkaufspreis erhöhen und zu einem höheren Gewinn führen als ursprünglich geplant.

Gewinnzuschlag: Prozentsatz, mit dem der Gewinn, den der Einzelhändler mit einem Produkt erzielen möchte, auf den Selbstkostenpreis aufgeschlagen wird.

■ Soll-/Ist-Betrachtung

Die Zahlen aus der Betriebskalkulation geben den Geschäftsverlauf des zurückliegenden Jahres (Quartals, Monats) wieder. Sollen die Zuschlagssätze für das folgende Geschäftsjahr festgelegt werden, muss der Einzelhändler auch mögliche Veränderungen berücksichtigen und sich z. B. fragen:

* Wie entwickelt sich der Gewinn, wenn die Lieferer ihre Preise erhöhen, sodass der Wareneinsatz z. B. um 5 % steigt?

* Wie hoch sind die Handlungskosten anzusetzen, wenn aufgrund von Tarifverhandlungen die Gehälter der Mitarbeiter um durchschnittlich 3 % steigen?

* Was passiert, wenn der Einzelhändler wegen einer veränderten Wettbewerbssituation seine Bruttoverkaufspreise nicht realisieren kann und umfangreiche Preissenkungen vornehmen muss, sodass sich die Bruttoumsatzerlöse verringern?

Der Einzelhändler wird daher die Zahlen des vergangenen Jahres als Grundlage nehmen und eine Plan-Kalkulation durchführen, die diese Veränderungen aufnimmt. Der Handlungskosten- und/oder der Gewinnzuschlag kann daher höher oder niedriger angesetzt werden als im vergangenen Jahr.

Am Ende des Jahres kann man anhand der Betriebskalkulation erkennen, ob die tatsächlich realisierten Zahlen (Ist-Kalkulation) mit der geplanten Kalkulation übereinstimmen.

Zusammenfassung

Berechnung der Zuschlagssätze	
Handlungskostenzuschlag:	Prozentsatz, der die anteiligen Handlungskosten auf jedes einzelne Produkt verteilt.
Gewinnzuschlag:	Prozentsatz, mit dem der Gewinn, den der Einzelhändler mit einem Produkt erzielen möchte, auf den Selbstkostenpreis aufgeschlagen wird.
Mindestgewinn:	* Unternehmerlohn * Eigenkapitalverzinsung * Risikoprämie
Bruttoverkaufspreis:	Bezugspreis + Handlungskostenzuschlag + Gewinnzuschlag + Umsatzsteuer
Soll-/Ist-Betrachtung:	Die Kalkulation ist zunächst eine Plankalkulation (Soll-Betrachtung). Grundlage ist die Betriebskalkulation des Vorjahres. Am Ende des Geschäftsjahres lässt sich feststellen, ob die Plan-Zahlen erreicht worden sind (Ist-Betrachtung).

5   Rückwärtskalkulation

Bei der Kalkulation des Bruttoverkaufspreises kalkuliert man „vorwärtsschreitend" vom Bezugspreis ausgehend hin bis zum Bruttoverkaufspreis. Wenn hingegen der Bruttoverkaufspreis fest vorgegeben ist, muss der Einzelhändler den Bezugspreis errechnen, den er höchstens zahlen kann, wenn er die geplanten Zuschlagssätze in seiner Kalkulation realisieren will. Das geschieht mithilfe der **Rückwärtskalkulation**.

Rückwärtskalkulation: Stufenweise Berechnung des Bezugspreises, ausgehend vom Bruttoverkaufspreis.

In der Praxis gibt es zahlreiche Anlässe, aus denen der Verkaufsmitarbeiter vom Preis, den er am Produkt vorfindet, auf den Bezugspreis zurückrechnen muss.

Beispiele

1. Ein Kunde hat einen Fehler am Produkt gefunden. Der Kundenberater überlegt mit Blick auf den Bezugspreis, wie weit er dem Kunden einen Preisnachlass gewähren kann.

2. Der Einzelhändler will aus Konkurrenzgründen eine Ware zu 98,00 € anbieten. Er rechnet mit einem Handlungskostenzuschlag von 65 %, einem Gewinnzuschlag von 10 % und 19 % Umsatzsteuer. Zu berechnen ist der höchstens aufwendbare Bezugspreis, damit der Einzelhändler bei dem gegebenen Bruttoverkaufspreis seine geplante Kalkulation verwirklichen kann.

Rechenweg

Vom Bruttoverkaufspreis wird stufenweise rückwärts hin zum Bezugspreis gerechnet. Auf jeder Stufe geht man von einem vermehrten Grundwert aus und errechnet den Grundwert (100 %). Der Grundwert der ersten Stufe ist der vermehrte Grundwert der zweiten Stufe usw.

3. Stufe

165 % – 74,87 €

100 % – x

$$x = \frac{74,87\ € \cdot 100}{165} = 45,37\ €$$

2. Stufe

110 % – 82,35 €

100 %   x

$$x = \frac{82,35\ € \cdot 100}{110} = 74,87\ €$$

1. Stufe

119 % – 98,00 €

100 %   x

$$x = \frac{98,00\ € \cdot 100}{119} = 82,35\ €$$

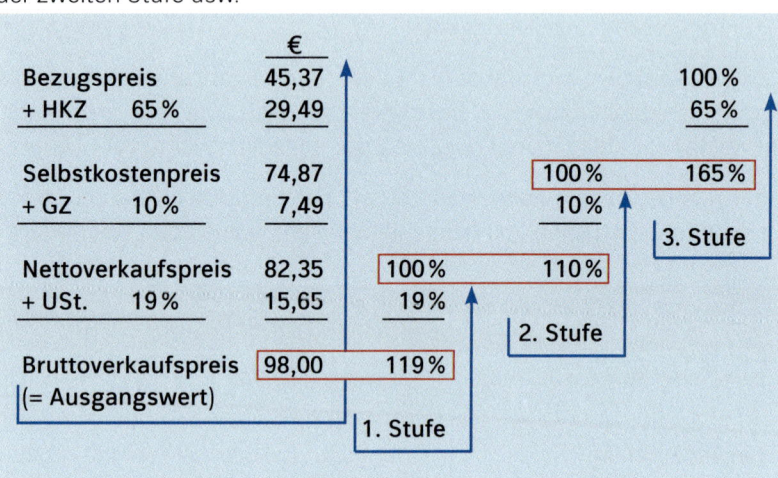

	€	
Bezugspreis	45,37	100 %
+ HKZ 65 %	29,49	65 %
Selbstkostenpreis	74,87	100 % 165 %
+ GZ 10 %	7,49	10 %
Nettoverkaufspreis	82,35	100 % 110 %
+ USt. 19 %	15,65	19 %
Bruttoverkaufspreis	98,00 119 %	
(= Ausgangswert)		

3. Stufe
2. Stufe
1. Stufe

Zusammenfassung

Rückwärtskalkulation	
Definition:	Stufenweise Berechnung des Bezugspreises, ausgehend vom Bruttoverkaufspreis.
Notwendigkeit:	∗ Spielraum für Preisverhandlungen abschätzen ∗ Den aufwendbaren Bezugspreis für ein Produkt berechnen, wenn der Bruttoverkaufspreis durch den Markt vorgegeben ist.
Rechenweg:	Der Bruttoverkaufspreis wird stufenweise rückwärts hin zum Bezugspreis gerechnet.
	Auf jeder Stufe ist der Ausgangswert ein vermehrter Grundwert; gesucht wird der Grundwert (100 %).

6   Differenzkalkulation

Sind sowohl der Bezugspreis als auch der Bruttoverkaufspreis vorgegeben, muss der Einzelhändler prüfen, ob der Verkauf der Ware auch noch einen angemessenen Gewinn abwirft. Diesen Gewinn ermittelt er mithilfe der Differenzkalkulation.

Differenzkalkulation

Selbstkostenpreis
↓
Gewinn-Differenz
↑
Nettoverkaufspreis

Beispiel

Ein Einzelhändler bezieht seine Ware zu einem Bezugspreis von 49,00 €. Der Kalkulation liegt ein Handlungskostenzuschlag von 65 % zugrunde. Er kann den Artikel zu einem Bruttoverkaufspreis von 98,00 € (einschließlich 19 % Umsatzsteuer) verkaufen.

Differenzkalkulation: Rechenverfahren, um den verbleibenden Gewinn zu ermitteln, wenn sowohl der Bezugspreis als auch der Bruttoverkaufspreis vorgegeben sind.

Beispiel

Differenzkalkulation	€		
Bezugspreis	49,00	100 %	gegeben
+ Handlungskostenzuschlag 65 %	31,85	65 %	
= Selbstkostenpreis	80,85	165 %	
+ Gewinn	?		
= Nettoverkaufspreis	82,35	100 %	
+ Umsatzsteuer 19 %	15,65	19 %	
= Bruttoverkaufspreis	98,00	119 %	gegeben

Vorwärtskalkulation

Differenz = 1,50 €

Rückwärtskalkulation

▪ Rechenweg

Zunächst stellt man das Kalkulationsschema für die Stückkalkulation auf und rechnet ausgehend vom Bezugspreis **vorwärts** hin zum Selbstkostenpreis. In einem zweiten Schritt setzt man den Bruttoverkaufspreis in das Kalkulationsschema ein und kalkuliert **rückwärts** zum Nettoverkaufspreis.
Die Differenz zwischen Nettoverkaufspreis und Selbstkostenpreis ist der verbleibende Gewinn.

▪ Rechenschema

Die Differenz zwischen Nettoverkaufspreis und Selbstkostenpreis (= Gewinn) kann auch in Prozent als Gewinnzuschlag auf den Selbstkostenpreis ausgedrückt werden:

Der Einzelhändler muss entscheiden, ob ihm der Gewinn ausreicht, damit das Produkt im Sortiment verbleibt oder neu aufgenommen wird.

Selbstkostenpreis: 80,85 € – 100 %
Gewinn: 1,50 € – ? %
Gewinnzuschlag: $\dfrac{100 \times 1,50\ €}{80,85\ €} = 1,86\ \%$

Differenzkalkulation	
Definition:	Rechenverfahren, um den verbleibenden Gewinn bei vorgegebenem Bezugspreis und gegebenem Bruttoverkaufspreis zu ermitteln.
Anwendung:	Der am Markt durchsetzbare Bruttoverkaufspreis ist gegeben und auch beim Bezugspreis besteht kein Verhandlungsspielraum.
Rechenweg:	Vorwärtskalkulation: vom Bezugspreis bis zum Selbstkostenpreis Rückwärtskalkulation: vom Bruttoverkaufspreis zum Nettoverkaufspreis
Gewinnzuschlag:	Differenzgewinn zum Selbstkostenpreis in Beziehung setzen (Selbstkostenpreis = 100 %).

Zusammenfassung

7 Preisänderungen

7.1 Kalkulatorische Auswirkungen von Preisänderungen

Änderungen des kalkulierten und ausgezeichneten Bruttoverkaufspreises sind im Einzelhandel in der Regel Preisherabzeichnungen (**Preisabschriften**). Sie werden bei der Kalkulation von Sonderangeboten vorgenommen, aber auch bei Reklamationen, als Barzahlungsnachlass oder als Rabatt an Kunden gewährt.

Wird der Bruttoverkaufspreis geändert, ist zugleich die Umsatzsteuer betroffen, weil sie vom vereinbarten Entgelt zu berechnen ist. Daraus ergibt sich ebenfalls eine Änderung des Nettoverkaufspreises.

~~86,95 €~~

Sonderpreis:
79,00 €

Der Selbstkostenpreis eines Artikels wird durch den Bezugspreis und die Handlungskosten bestimmt. Abschriften auf den Bruttoverkaufspreis berühren den Selbstkostenpreis nicht. Darum schlägt sich eine Änderung des Nettoverkaufspreises letztlich auf die Differenz zwischen Nettoverkaufspreis und Selbstkostenpreis, den **Gewinn**, nieder.

Wegen der häufig sehr knappen Kalkulation im Einzelhandel ist mit Preisherabsetzungen sehr vorsichtig umzugehen, weil der Gewinn schnell aufgezehrt ist. Darüber hinausgehende Preisabschriften führen dazu, dass die Handlungskosten nicht mehr vollständig gedeckt werden. Manchmal werden solch umfangreiche Preisabschriften vorgenommen (vor allem bei Sonderangeboten), dass sogar der Bezugspreis der Produkte unterschritten wird.

Beispiel

Auswirkungen einer Preisabschrift

Zunächst wird der Bruttoverkaufspreis durch eine Vorwärtskalkulation ermittelt. In einem weiteren Schritt „glättet" der Einzelhändler den Preis nach seinen Vorstellungen, z. B. zu einem „geraden" Preis von 87,00 € oder zu einem „ungeraden" (gebrochenen) Preis von 86,95 € (wie im Beispiel). Schließlich wird der Preis wegen schlechter Absatzzahlen auf 79,00 € gesenkt.

Der Selbstkostenpreis ist von diesen Preisveränderungen nicht betroffen. Die Auswirkungen zeigen sich bei der Umsatzsteuer, dem Nettoverkaufspreis und – für den Einzelhändler besonders wichtig – beim Gewinn.

1. Vorwärtskalkulation		2. Preisglättung	3. Preisabschrift
Bezugspreis	40,00	40,00	40,00
+ Handlungskostenzuschlag 65 %	26,00	26,00	26,00
= Selbstkostenpreis	66,00	66,00	66,00
+ Gewinnzuschlag 10 %	6,60	**7,07**	**0,39**
= Nettoverkaufspreis	72,60	**73,07**	**66,39**
+ Umsatzsteuer 19 %	13,79	**13,88**	**12,61**
= Bruttoverkaufspreis	86,39	**86,95**	**79,00**

Mit diesen Überlegungen lässt sich auch der preispolitische Spielraum für Preissenkungen ermitteln. Zwei **Preisuntergrenzen** kommen häufig in der Praxis vor:

* Der Einzelhändler senkt den Preis eines Produkts so weit, dass wenigstens die **Selbstkosten** gedeckt sind.

* In besonderen Fällen verzichtet er auf die Deckung der Selbstkosten, möchte aber über den Verkauf zumindest den **Bezugspreis** der Ware wieder hereinbekommen.

1. Vorwärtskalkulation		2. Deckung des Selbstkostenpreises	3. Deckung des Bezugspreises
Bezugspreis	40,00	40,00	40,00
+ Handlungskostenzuschlag 65 %	26,00	26,00	
= Selbstkostenpreis	66,00	66,00	
+ Gewinnzuschlag 10 %	6,60		
= Nettoverkaufspreis	72,60		
+ Umsatzsteuer 19 %	13,79	**12,54**	**7,60**
= Bruttoverkaufspreis	86,39	**78,54**	**47,60**

Eine solche Preisgestaltung kann sich natürlich nur auf einzelne Produkte, z. B. auf Sonderangebote mit zeitlicher Begrenzung, beziehen. Ein Einzelhandelsgeschäft, das in der gesamten Sortimentsbreite und dauerhaft auf die Deckung der Selbstkosten und die kalkulatorische Berücksichtigung eines Gewinns verzichtet, ist wirtschaftlich nicht überlebensfähig.

Aus Betriebsvergleichen kann man erkennen, dass der Gewinn im Einzelhandel oft zwischen 1 % und 5 % vom Bruttoumsatz (Umsatzrendite) liegt.

Betrachtet man beispielhaft die Kalkulation eines Damenrings in einem Uhren-Schmuck-Geschäft, könnte die Kalkulation des Rings wie folgt aussehen:

* Bezugspreis 52,50 €

* Handlungskostenzuschlag 50,53 %

* Gewinn 5,00 € (5 % von Bruttoverkaufspreis)

* Umsatzsteuer 19 %

* Bruttoverkaufspreis 100,00 €

Ring	€	Ring	€
Bezugspreis	52,50	= Bezugspreis	52,50
+ Handlungskosten	26,53	+ Handlungskosten	26,53
= Selbstkostenpreis	79,03	= Selbstkostenpreis	79,03
+ Gewinn	**5,00**	**– Verlust**	**– 3,40**
= Nettoverkaufspreis	84,03	= Nettoverkaufspreis	75,63
+ Umsatzsteuer	15,97	+ Umsatzsteuer	14,37
– Bruttoverkaufspreis	100,00	**= neuer Bruttoverkaufspreis**	90,00
		10 % Rabatt	10,00
		Ursprungspreis	100,00

Die Verringerung des Bruttoverkaufspreises um 10,00 € führt zu einem Nettoverkaufspreis (der dem Einzelhändler nach Abzug der Umsatzsteuer verbleibt) von 75,63 €. Da sich der Bezugspreis durch den Rabatt nicht ändert, entsteht durch den Preisnachlass ein Verlust von 3,40 €. Bei den in der Öffentlichkeit herrschenden Vorstellungen über die Gewinnzuschläge des Einzelhandels handelt es sich gewöhnlich um Fantasiezahlen. Ergebnis: Da im Einzelhandel knapp kalkuliert wird, können schon leichte Preisnachlässe den Gewinn des Einzelhändlers aufzehren.

7.2 Sonderangebote

Sonderangebote sind einzelne Produkte, die häufig zeitlich begrenzt zu einem (meist stark) reduzierten Preis angeboten und werblich besonders herausgestellt werden.

Der Einzelhändler möchte mit Sonderangeboten in der Regel den Absatz bestimmter Produkte **beschleunigen**.

Folgende Gründe könnten z. B. vorliegen:

* Das Mindesthaltbarkeitsdatum bei Lebensmitteln droht abzulaufen.

* Modische Produkte aus der aktuellen Saison müssen beschleunigt abverkauft werden, weil Geld und Platz für neue Ware erforderlich sind.

* Eine Warengruppe/Warenart soll aus dem Sortiment genommen werden; die Restbestände werden als Sonderangebote verkauft. Eventuell sollen Warenbestände vermindert werden, z. B. wegen Umbaus oder wegen Geschäftsaufgabe.

Sonderangebote dienen im Einzelhandel aber auch der **Imagebildung**. Einzelhändler möchten ihr Unternehmen als preisgünstige Einkaufsquelle darstellen. Deshalb werden regelmäßig Prospekte mit Sonderangeboten herausgegeben. Die Produkte für diese Sonderangebote werden vielfach speziell für diesen Zweck eingekauft. Auch Zeitungsanzeigen und Zeitungsbeilagen werden genutzt, um auf Sonderangebote aufmerksam zu machen.

Sonderangebote: Produkte, die zeitlich begrenzt zu einem reduzierten Preis angeboten und werblich besonders herausgestellt werden.

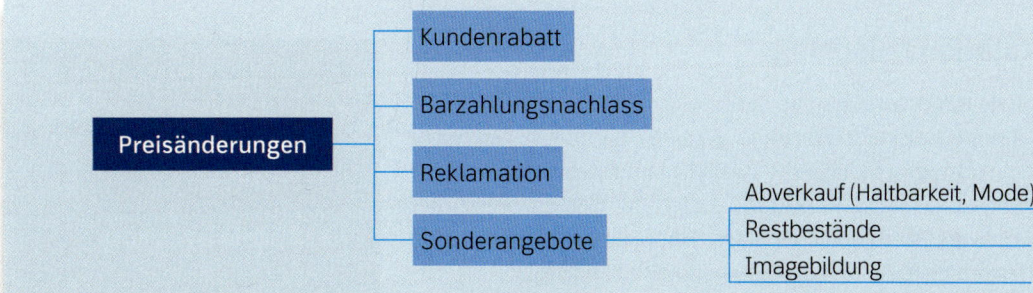

7.3   Kalkulation von Sonderangeboten

Grundsätzlich kann ein Einzelhändler den Preis für seine Sonderangebote beliebig festsetzen. Er muss sich aber über die Auswirkungen von Preisänderungen auf seinen Gewinn im Klaren sein. Aus diesem Grunde sollte er von seinen Sonderangeboten drei Preise kennen, die ihm seinen preispolitischen Handlungsspielraum sichtbar machen:

Normal kalkulierter Bruttoverkaufspreis	Deckung des Selbstkostenpreises	Deckung des Bezugspreises

Bezugspreis
+ Handlungskosten-
  zuschlag
	Bezugspreis
	+ Handlungskosten-
	  zuschlag
		Bezugspreis

= Selbstkostenpreis + Gewinnzuschlag	= Selbstkostenpreis	
= Nettoverkaufspreis + Umsatzsteuer	+ Umsatzsteuer	+ Umsatzsteuer
= Bruttoverkaufspreis	= Bruttoverkaufspreis (Sonderangebotspreis)	= Bruttoverkaufspreis (Sonderangebotspreis)

* den normal kalkulierten Bruttoverkaufspreis,
* den Preis, der die Selbstkosten deckt (Preisuntergrenze 1),
* den Preis, der zumindest den Bezugspreis wieder hereinholt (Preisuntergrenze 2).

Bei der Festsetzung des Sonderangebotspreises ist zu bedenken, dass

* äußerst niedrige Preise auch besonders gut von Kunden wahrgenommen werden,

* die Kalkulationsverluste bei niedrigen Preisen aber besonders hoch sind und

* dass Sonderangebote zu einem Mehrumsatz bei anderen Produkten führen können, die diese Kalkulationsverluste wieder ausgleichen oder sogar übertreffen.

Zusammenfassung

Preisänderungen		
Art:	In der Regel: Preisnachlässe	
Anlässe:	* Kundenrabatt * Barzahlungsnachlass * Reklamation	* Sonderangebote (Abverkauf wegen Gefahr des Veraltens, Restbestände, Imagebildung)
Wirkung:	* Keine Änderung des Selbstkostenpreises * Der Gewinn ist betroffen und wird schnell aufgezehrt (maßvolle Änderungen!)	
Preisuntergrenzen:	1. Selbstkostenpreis + Umsatzsteuer 2. Bezugspreis + Umsatzsteuer	
Sonderangebote:	* Preisuntergrenzen beachten	
	* hohe Preisabschriften	* werden vom Kunden besonders gut wahrgenommen * beeinflussen den Gewinn besonders stark
	* Mehrumsatz kann Kalkulationsverluste ausgleichen	

8   Kalkulationsvereinfachungen: Kalkulationszuschlag und Kalkulationsfaktor

8.1   Kalkulationszuschlag

Da Einzelhandelssortimente häufig sehr umfangreich sind (200 000 Artikel sind in einem Großstadt-Warenhaus keine Seltenheit), wird nicht jedes Produkt einzeln „durchkalkuliert", weil die schrittweise Kalkulation des Bruttoverkaufspreises sehr zeitaufwendig ist. Der Einzelhändler fasst vielmehr die verschiedenen Zuschläge (Handlungskostenzuschlag [HKZ], Gewinnzuschlag [GZ], Umsatzsteuer) zu einem einzigen Prozentzuschlag zusammen. Diesen Prozentzuschlag nennt man **Kalkulationszuschlag**. Er wird auf den Bezugspreis aufgeschlagen, um den Bruttoverkaufspreis zu ermitteln.

Kalkulationszuschlag

Bezugspreis

+ Kalkulationszuschlag

= Bruttoverkaufspreis

Ein Einzelhändler kalkuliert in seinem Geschäft mit 65 % Handlungskostenzuschlag (HKZ), 10 % Gewinnzuschlag (GZ) und 19 % Umsatzsteuer.

Zur Berechnung des Kalkulationszuschlages setzt man zunächst den Bezugspreis vereinfachend mit 100,00 € gleich. Mithilfe der Zuschlagssätze wird dann wie gewohnt der Bruttoverkaufspreis errechnet.

Vorwärtskalkulation	€
Bezugspreis	100,00
+ HKZ **65 %**	**65,00**
= Selbstkostenpreis	165,00
+ Gewinnzuschlag **10 %**	**16,50**
= Nettoverkaufspreis	181,50
+ Umsatzsteuer **19 %**	**34,49**
= Bruttoverkaufspreis	215,99

Kalkulationszuschlag

Bezugspreis	= 100,00 %
+ Kalkulationszuschlag (Prozentzuschlag)	**+ 115,99 %**
= Bruttoverkaufspreis	215,99 %

Handlungskostenzuschlag, Gewinnzuschlag und der Umsatzsteuersatz können nicht einfach addiert werden, weil die Prozentsätze auf unterschiedliche Grundwerte (zunächst Bezugspreis, dann Selbstkostenpreis, schließlich Nettoverkaufspreis) aufgeschlagen werden. Man muss daher den Bezugspreis mit 100 % gleichsetzen und die Differenz zwischen Bezugspreis und Bruttoverkaufspreis als einheitlichen Zuschlag ausdrücken.

Der Unterschied zwischen Bezugspreis und Bruttoverkaufspreis beträgt 115,99 €. In die Prozentrechnung umgesetzt bedeutet das:

Bezugspreis 100,00 € – 100 %
Zuschlag   115,99 € –   x %

$$\text{Kalkulationszuschlag: } x = \frac{100 \cdot 115,99}{100,00} = 115,99\,\%$$

allgemein:

$$\text{Kalkulationszuschlag: } \frac{100 \cdot \text{Zuschlag in €}}{\text{Bezugspreis}}$$

Da der Zuschlag in der Formel aus der Differenz zwischen Bruttoverkaufspreis und Bezugspreis besteht, kann die Formel auch anders dargestellt werden.

$$\text{Kalkulationszuschlag: } \frac{100 \cdot (\text{Bruttoverkaufspreis} - \text{Bezugspreis})}{\text{Bezugspreis}}$$

Kalkulationszuschlag: Zusammenfassung des Handlungskosten- und Gewinnzuschlags sowie des Umsatzsteuersatzes zu einem einheitlichen Prozentsatz, der auf den Bezugspreis aufgeschlagen wird, um den Bruttoverkaufspreis zu berechnen.

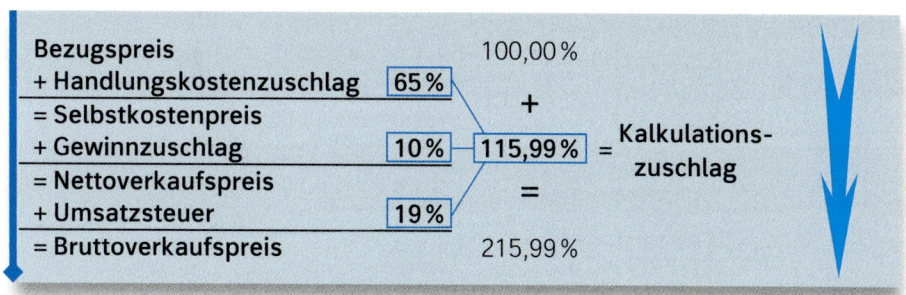

8.2 Kalkulationsfaktor

Eine weitere Vereinfachung der Rechnung stellt der Kalkulationsfaktor dar. Mit diesem Faktor wird der Bezugspreis multipliziert, um den Bruttoverkaufspreis zu erhalten.

> **Kalkulationsfaktor**
>
> Bezugspreis × Kalkulationsfaktor = Bruttoverkaufspreis

Beispiel

Ein Artikel mit einem Bezugspreis von 100,00 € wird für 215,99 € verkauft. Der Einzelhändler rechnet mit einem Kalkulationszuschlag von 115,99 %.

Der Kalkulationsfaktor lässt sich auf zweierlei Weise errechnen:

1. Kalkulationszuschlag ist gegeben

Wenn der Kalkulationszuschlag bereits ermittelt wurde, dient dieser als Ausgangspunkt der Rechnung:

Bezugs-preis	Zuschlag/ Faktor	Bruttover-kaufspreis
100,00 €	+ 115,99 €	= 215,99 €
100,00 €	× 2,1599	= 215,99 €

* Kalkulationszuschlag 115,99 %
  Kalkulationsfaktor   2,1599

* Bei einem Kalkulationszuschlag von 115,99 % ergibt sich für den Kalkulationsfaktor folgende Rechnung:

Bezugspreis	100,00 €	1,00
+ Kalkulationszuschlag	115,99 €	+ 1,1599
Bruttoverkaufspreis	215,99 €	2,1599 Kalkulationsfaktor

Bei der Ermittlung des Kalkulationsfaktors wird der Bezugspreis mit 1,00 gleichgesetzt. Der Kalkulationszuschlag in Euro wird durch 100 dividiert und das Ergebnis zu „1,00" hinzugerechnet.

Das Gleiche gilt, wenn man den Kalkulationszuschlag in Prozent betrachtet: Er wird durch 100 geteilt und das Ergebnis um „1,00" erhöht:

Kalkulationszuschlag	Kalkulationsfaktor	Kalkulationszuschlag	Kalkulationsfaktor
80 %	1,8	250 %	3,5
110 %	2,10	325 %	4,25

Damit die Anwendung des Kalkulationszuschlags und des Kalkulationsfaktors zum gleichen Ergebnis führt, sollte der Faktor mit mindestens vier Stellen angewandt werden.

$$\text{Kalkulationsfaktor} = \frac{\text{Kalkulationszuschlag in Prozent}}{100} + 1$$

2. Bezugspreis und Bruttoverkaufspreis sind gegeben

Wenn Bezugspreis und Bruttoverkaufspreis gegeben sind, lässt sich der Kalkulationsfaktor unmittelbar errechnen:

$$\text{Kalkulationsfaktor} = \frac{\text{Bruttoverkaufspreis}}{\text{Bezugspreis}}$$

> **Kalkulationsfaktor:** Zahl, mit der der Bezugspreis multipliziert wird, um den Bruttoverkaufspreis zu erhalten.

Zusammenfassung

Kalkulationsvereinfachungen: Kalkulationszuschlag und Kalkulationsfaktor	
Kalkulationszuschlag:	Zusammenfassung von Handlungskosten- und Gewinnzuschlag sowie des Umsatzsteuersatzes. Bezugspreis + Kalkulationszuschlag = Bruttoverkaufspreis
Rechenverfahren:	Stufenweise vorgehen, Zuschlagssätze und USt.-Satz nicht addieren
Kalkulationsfaktor:	Zahl, mit der der Bezugspreis multipliziert wird, um den Bruttoverkaufspreis zu erhalten.
Rechenverfahren:	1. Kalkulationszuschlag in Prozent geteilt durch 100 + 1 2. Bruttoverkaufspreis geteilt durch Bezugspreis

9 Kalkulationsabschlag

9.1 Berechnung

Siehe auch Inventur Seite 96

In verschiedenen Situationen muss der Einzelhändler aus einem ihm vorliegenden Bruttoverkaufspreis den Bezugspreis ermitteln. Diese Notwendigkeit ergibt sich z. B. bei der Inventur, wenn vom Bruttoverkaufspreis auf den Bezugspreis zurückgerechnet wird. Hier ist es sinnvoll, den Bezugspreis mit nur einem einzigen Prozentabschlag zu errechnen. Dieser Prozentabschlag vom Bruttoverkaufspreis heißt **Kalkulationsabschlag**.

Kalkulationsabschlag

= Bezugspreis

− Kalkulationsabschlag

Bruttoverkaufspreis

Auch in Preisverhandlungen mit Kunden ist es für den Einzelhändler oft wichtig zu wissen, wie viel er selbst für das Produkt aufgewendet hat. Mit dem Kalkulationsabschlag lässt sich – ausgehend vom ausgezeichneten Preis – der Bezugspreis schnell ermitteln.

Der Kalkulationsabschlag setzt sich aus dem Handlungskostenzuschlag, dem Gewinnzuschlag und dem Umsatzsteuersatz zusammen.

■ Berechnung des Kalkulationsabschlages aus vorliegenden Preisen

Liegen der Bruttoverkaufspreis und der Bezugspreis bereits vor, lässt sich der Kalkulationsabschlag durch eine Dreisatzrechnung ermitteln.

Beispiel

Der Bruttoverkaufspreis für eine Festplatte beträgt 99,00 €; der Bezugspreis lautet 56,00 €.

1. Berechnung der Differenz (Bruttoverkaufspreis minus Bezugspreis)

Bruttoverkaufspreis	99,00 €
− Bezugspreis	56,00 €
= Differenz	**43,00 €**

2. Kalkulationsabschlag in Prozent des Bruttoverkaufspreises

Bruttoverkaufspreis 99,00 € – 100 %
Differenz 43,00 € – x %

$$x = \frac{100 \cdot 43,00\ €}{99,00\ €} = \textbf{43,43 \% Kalkulationsabschlag}$$

■ Berechnung des Kalkulationsabschlages aus den Zuschlagssätzen

Der Handlungskostenzuschlag, der Gewinnzuschlag und der Umsatzsteuersatz werden beim Kalkulationsabschlag in einem gestuften Rechenvorgang zu einem einzigen Prozentsatz zusammengefasst.

Beispiel

Ein Einzelhändler kalkuliert mit 65 % Handlungskostenzuschlag, 10 % Gewinnzuschlag und 19 % Umsatzsteuer. Der Bruttoverkaufspreis wird mit 100,00 € angenommen.

Zur Berechnung des Kalkulationsabschlages setzt man zunächst den Bruttoverkaufspreis mit 100,00 € gleich. Mithilfe der Zuschlagssätze wird dann in der Rückwärtskalkulation der Bezugspreis errechnet:

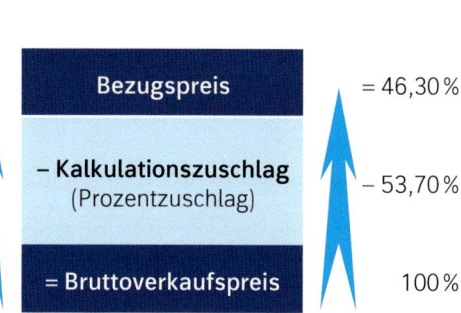

Kalkulationszuschlag	€
Bezugspreis	46,30
+ HKZ **65 %**	**30,09**
= Selbstkostenpreis	76,39
+ Gewinnzuschlag **10 %**	**7,64**
Nettoverkaufspreis	84,03
+ Umsatzsteuer **19 %**	**15,97**
= Bruttoverkaufspreis	100,00

Bezugspreis = 46,30 %

− **Kalkulationszuschlag** (Prozentzuschlag) − 53,70 %

= Bruttoverkaufspreis 100 %

Durch Runden ergibt sich eine leichte Differenz in den Kalkulationszahlen.

Die Differenz (= Abschlag) zwischen Bruttoverkaufspreis und Bezugspreis beträgt 53,70 €. In die Prozentrechnung umgesetzt bedeutet das:

Bruttoverkaufspreis   100,00 € – 100 %
Abschlag   53,70 € –   x %

$$x = \frac{100 \cdot 53,70}{100} = 53,70\,\% \text{ Kalkulationsabschlag}$$

allgemein:
$$\boxed{\text{Kalkulationsabschlag} = \frac{100 \cdot \text{Abschlag in €}}{\text{Bruttoverkaufspreis}}}$$

Da der Abschlag die Differenz aus Bruttoverkaufspreis und Bezugspreis darstellt, gilt auch:

$$\boxed{\text{Kalkulationsabschlag} = \frac{100 \cdot (\text{Bruttoverkaufspreis} - \text{Bezugspreis})}{\text{Bruttoverkaufspreis}}}$$

Die Zusammenfassung des Handlungskosten- und Gewinnzuschlags sowie des Umsatzsteuersatzes zu einem einheitlichen Prozentsatz ergibt – bezogen auf den Bruttoverkaufspreis – 53,70 %.
Wie beim Kalkulationszuschlag dürfen auch hier die Zuschlagssätze nicht einfach addiert werden, weil sich die Prozentsätze jeweils auf unterschiedliche Grundwerte beziehen.

Beispiel

Der Handlungskostenzuschlag (65 %) wird auf den Bezugspreis aufgeschlagen, der Gewinnzuschlag (10 %) auf den Selbstkostenpreis, der Umsatzsteuersatz (19 %) auf den Nettoverkaufspreis (siehe nachfolgende Übersicht).

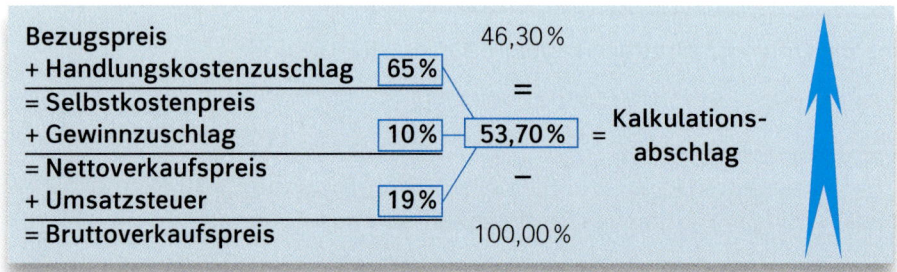

 **Kalkulationsabschlag:** Zusammenfassung von Handlungskostenzuschlag, Gewinnzuschlag und Umsatzsteuersatz zu einem Prozentsatz (Abschlag), der vom Bruttoverkaufspreis abgezogen wird, um den Bezugspreis zu erhalten.

9.2   Anwendung

Wenn der Kalkulationsabschlag errechnet worden ist, kann er angewendet werden, um mithilfe einer einfachen Prozentrechnung vom Bruttoverkaufspreis auf den Bezugspreis zu schließen.

Beispiel

Der Kalkulationsabschlag im Beispiel oben beträgt 53,70 %.
Annahme: Der Bruttoverkaufspreis für ein Produkt beträgt 49,95 €.
Frage: Wie hoch ist der Bezugspreis für die Ware?
Berechnung: 49,95 € – 53,70 % = Bezugspreis
               Der Bruttoverkaufspreis ist mit 100 % gleichzusetzen.

$$49,95\,€ - \frac{49,95\,€ \cdot 53,70}{100} = \mathbf{23,13\,€}$$

Taschenrechner: 49,95 € – 53,70 % = 23,13 €
oder: 49,95 € · 53,70 % [Zwischensumme 26,82] – = 23,13 €

$$\boxed{\text{Bezugspreis} = \text{Bruttoverkaufspreis} - \textbf{Kalkulationsabschlag in \%}}$$

Kalkulationsabschlag	
Definition:	Prozentualer Abschlag vom Bruttoverkaufspreis, um den Bezugspreis zu errechnen.
Abschlag:	Zusammenfassung von Handlungskostenzuschlag, Gewinnzuschlag und Umsatzsteuersatz
Berechnung:	$\dfrac{100 \cdot \text{Abschlag in €}}{\text{Bruttoverkaufspreis}}$
Anwendungen:	Inventur, Preisverhandlungen mit Kunden
Berechnung Bezugspreis:	Bruttoverkaufspreis – Kalkulationsabschlag in % = Bezugspreis

10 Handelsspanne

10.1 Berechnung

Die Handelsspanne ist die Differenz zwischen Bezugspreis und Nettoverkaufspreis, ausgedrückt als Prozentsatz des **Nettoverkaufspreises**. Die Handelsspanne enthält demnach den Handlungskostenzuschlag und den Gewinnzuschlag.

Wie der Name bereits zum Ausdruck bringt, handelt es sich um die Spanne (Differenz), die dem Einzelhändler aus dem Verkauf eines Produkts zunächst verbleibt. Die **Umsatzsteuer** wird – im Gegensatz zum Kalkulationsabschlag – nicht betrachtet, weil sie monatlich an das Finanzamt abgeführt werden muss.

Handelsspanne

= Bezugspreis

– Handelsspanne

Nettoverkaufspreis

> **Handelsspanne:** Zusammenfassung von Handlungskostenzuschlag und Gewinnzuschg zu einem Prozentsatz, der vom Nettoverkaufspreis abgezogen wird, um den Bezugspreis zu erhalten.

■ Berechnung der Handelsspanne aus vorliegenden Preisen

Liegen der Nettoverkaufspreis und der Bezugspreis vor, lässt sich die Handelsspanne durch eine Dreisatzrechnung ermitteln.

Beispiel

Der Nettoverkaufspreis für eine Kaffeemaschine beträgt 86,00 €; der Bezugspreis lautet 38,00 €.

1. Berechnung der Differenz (Nettoverkaufspreis minus Bezugspreis)

Nettoverkaufspreis	86,00 €
– Bezugspreis	38,00 €
= Differenz	**48,00 €**

2. Handelsspanne in Prozent des Nettoverkaufspreises

Nettoverkaufspreis 86,00 € – 100 %
Differenz 48,00 € – x %

$$x = \frac{100 \cdot 48,00 €}{86,00 €} = \textbf{55,81 \% Handelsspanne}$$

■ Berechnung der Handelsspanne aus den Zuschlagssätzen

Sind der Handlungskostenzuschlag und der Gewinnzuschlag bekannt, werden die Zuschläge zu einem einheitlichen Abschlag (Handelsspanne) zusammengefasst.

Beispiel

Ein Einzelhändler kalkuliert mit 65 % Handlungskostenzuschlag und 10 % Gewinnzuschlag. Der Nettoverkaufspreis wird mit 100,00 € angenommen.

Ausgangswert für die Berechnung der Handelsspanne ist nicht wie bei den übrigen Zu- und Abschlägen der Bruttoverkaufspreis, sondern der **Nettoverkaufspreis**: Das Berechnungsverfahren entspricht dem des Kalkulationsabschlags, d. h., der Nettoverkaufspreis wird zunächst mit 100,00 € gleichgesetzt. Dann wird der Bezugspreis durch Rückwärtskalkulation ermittelt:

Handelsspanne	€
Bezugspreis + HKZ **65 %**	55,10 **35,81**
= Selbstkostenpreis + Gewinnzuschlag **10 %**	90,91 **9,09**
Nettoverkaufspreis	100,00

Bezugspreis	= 55,10 %
– Handelsspanne (Prozentabschlag)	– **44,90 %**
= Nettoverkaufspreis	100 %

Die Differenz (= Spanne) zwischen Nettoverkaufspreis und Bezugspreis beträgt 44,90 €. In die Prozentrechnung umgesetzt bedeutet das:

Nettoverkaufspreis   100,00 € – 100 %
Differenz   44,90 € –   x %

$$x = \frac{100 \times 44,90\,€}{100} = \textbf{44,90 \% Handelsspanne}$$

allgemein: $$\textbf{Handelsspanne} = \frac{100 \cdot \text{Spanne in €}}{\text{Nettoverkaufspreis}}$$

Da die Handelsspanne die Differenz aus Nettoverkaufspreis und Bezugspreis darstellt, gilt auch:

$$\textbf{Handelsspanne} = \frac{100 \cdot (\text{Nettoverkaufspreis} - \text{Bezugspreis})}{\text{Nettoverkaufspreis}}$$

Die (stufenweise) Zusammenfassung des Handlungskosten- und des Gewinnzuschlages zu einem einheitlichen Prozentsatz ergibt – bezogen auf den Nettoverkaufspreis – 44,90 %. Eine einfache Addition der Zuschlagssätze führt nicht zum richtigen Ergebnis.

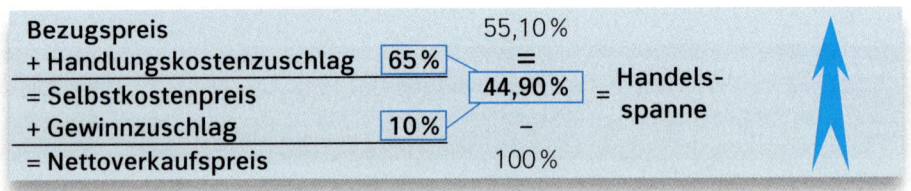

Bezugspreis		55,10 %	
+ Handlungskostenzuschlag	65 %	=	
= Selbstkostenpreis		44,90 %	= Handels- spanne
+ Gewinnzuschlag	10 %	–	
= Nettoverkaufspreis		100 %	

10.2   Rohergebnis

In der Betriebskalkulation (wenn man alle verkauften Produkte zusammenfasst) spricht man von **Rohergebnis** (Rohgewinn). Das Rohergebnis erhält man, wenn man von den Nettoumsatzerlösen den Wareneinsatz abzieht. Die Nettoumsatzerlöse erhält der Einzelhändler von den Kunden (weil die Umsatzsteuer an das Finanzamt abzuführen ist). Den Wareneinsatz hat der Einzelhändler für die verkauften Produkte selbst aufgewandt. Die Differenz bleibt ihm für die Deckung der Handlungskosten und für seinen Gewinn.

Das Rohergebnis entspricht der Handelsspanne.

Rohergebnis: Nettoumsatzerlöse abzüglich Wareneinsatz

Das Rohergebnis ist für den Einzelhändler eine sehr wichtige Größe, weil er davon alle Aufwendungen bestreiten muss, die bei der Führung seines Geschäfts anfallen: Gehälter für das Personal, Miete für den Geschäftsraum, Aufwendungen für Werbung, Kommunikation, Energie und vieles andere mehr. Zum Schluss, wenn alle Aufwendungen bezahlt sind, sollte auch noch ein Gewinn für den Einzelhändler übrig bleiben. Letztlich ist demnach das Rohergebnis die Quelle des Gewinns. Ein unzureichendes Rohergebnis lässt keinen Gewinn für den Einzelhändler übrig. Vielleicht reicht das Rohergebnis nicht einmal aus, alle Aufwendungen zu decken. Dann kommt es sogar zu einem Verlust.

Bei der Beurteilung des betrieblichen Erfolgs und in Vergleichen mit branchengleichen Betrieben stellt die Handelsspanne eine aussagekräftige Vergleichsgröße dar.

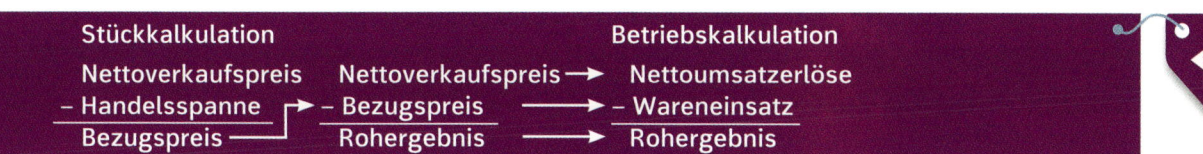

Stückkalkulation | Betriebskalkulation
Nettoverkaufspreis | Nettoverkaufspreis → Nettoumsatzerlöse
– Handelsspanne | – Bezugspreis → – Wareneinsatz
Bezugspreis | Rohergebnis → Rohergebnis

10.3 Zusammenfassende Darstellung der Kalkulationsvereinfachungen

Durch Runden entstehen leichte Abweichungen zu den Zahlen oben.

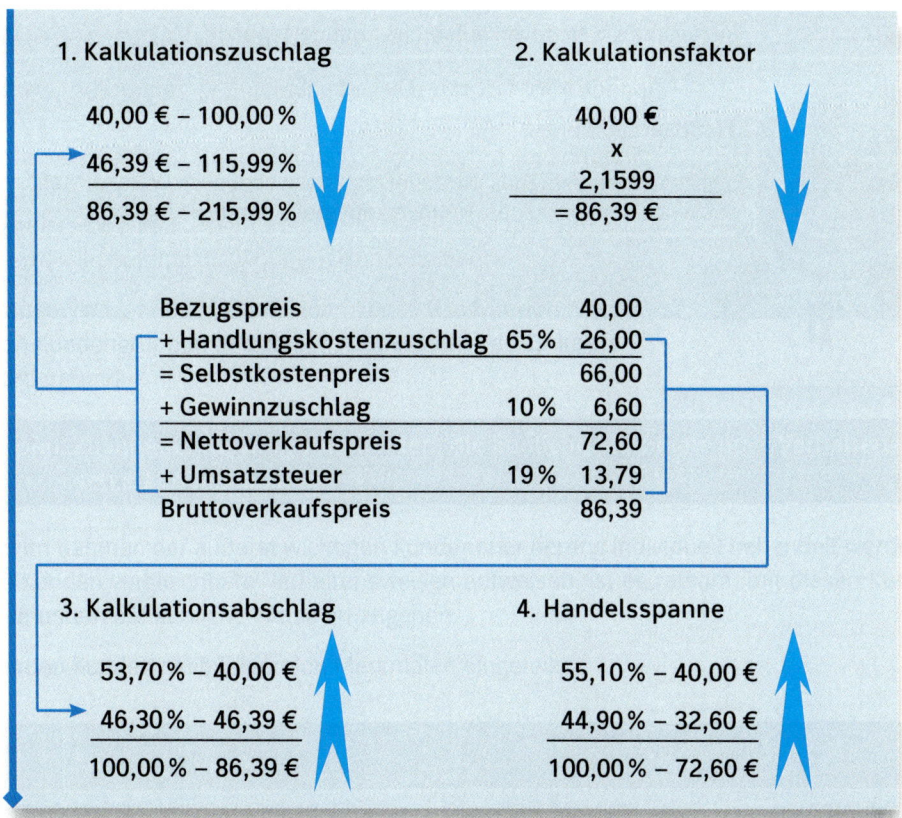

1. Kalkulationszuschlag

40,00 € – 100,00 %

46,39 € – 115,99 %

86,39 € – 215,99 %

2. Kalkulationsfaktor

40,00 €
x
2,1599
= 86,39 €

Bezugspreis		40,00
+ Handlungskostenzuschlag	65 %	26,00
= Selbstkostenpreis		66,00
+ Gewinnzuschlag	10 %	6,60
= Nettoverkaufspreis		72,60
+ Umsatzsteuer	19 %	13,79
Bruttoverkaufspreis		86,39

3. Kalkulationsabschlag

53,70 % – 40,00 €

46,30 % – 46,39 €

100,00 % – 86,39 €

4. Handelsspanne

55,10 % – 40,00 €

44,90 % – 32,60 €

100,00 % – 72,60 €

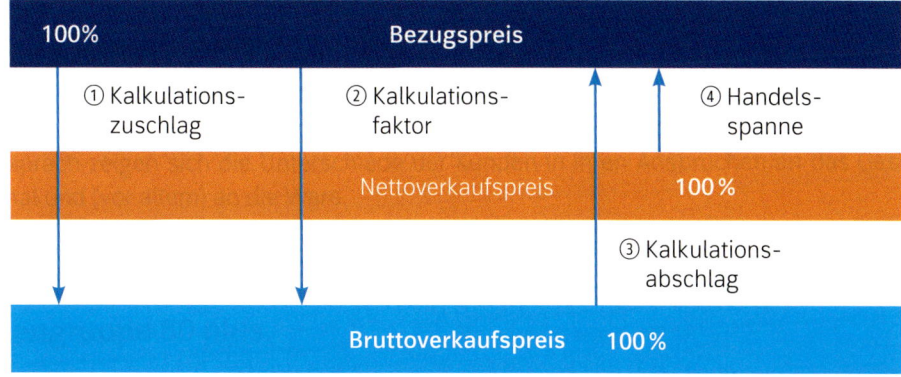

100 % Bezugspreis

① Kalkulationszuschlag ② Kalkulationsfaktor ④ Handelsspanne

Nettoverkaufspreis 100 %

③ Kalkulationsabschlag

Bruttoverkaufspreis 100 %

Bezugspreis + Kalkulationszuschlag = Bruttoverkaufspreis
Bezugspreis · Kalkulationsfaktor = Bruttoverkaufspreis
Bruttoverkaufspreis – Kalkulationsabschlag = Bezugspreis
Nettoverkaufspreis – Handelsspanne = Bezugspreis

■ Anforderungen an Einzelhandelsgeschäfte

Verkaufsraum

Der Verkaufsraum sollte überschaubar sein, ein bekanntes Sortiment besitzen und in der Nähe des Kunden liegen. Wenig Treppenstufen und eine gut nachvollziehbare Kundenwegführung erhöhen das Wohlbefinden der älteren Kunden. Dazu gehören auch eine ausreichende Beleuchtung, gut lesbare Preisschilder, Displays und Wegweiser. Herrscht im Verkaufsraum außerdem noch eine angenehme Einkaufsatmosphäre, frei von Hektik und Stress, hat der Einzelhändler die wichtigsten Ansprüche von Senioren erfüllt.

Produkte

Zunächst wünscht die Generation 50 plus Produkte, die den Alltag erleichtern und sich andeutende körperliche Probleme ausgleichen. Das sind benutzerfreundliche Artikel, die langlebig, zeitlos, gebrauchstüchtig, solide und sicher sind.

Ältere Menschen möchten aber nicht, dass man ihnen spezielle Seniorenprodukte anbietet oder sie ausdrücklich als Senioren anspricht. Das heißt, ältere Kunden suchen Produkte, die zu ihnen passen, die aber nicht speziell als solche gekennzeichnet sind. Seniorengerechte Sortimentsteile dürfen im Gesamtsortiment nicht herausragen.

Einkaufsatmosphäre

Auch ältere Menschen suchen das Einkaufserlebnis. Es sollte sich aber nicht grell, schnell und laut darstellen (wie es junge Kunden mögen), sondern gemächlich, gediegen und komfortabel. Da ältere Kunden viel Zeit haben (und für ihre Kaufentscheidungen auch brauchen), wünschen sie Beratung und Überzeugungsarbeit der Verkaufsmitarbeiter. Die Schwierigkeit der Mitarbeiter liegt darin, dass sie einerseits eine altersgerechte Sorgfalt und Langsamkeit in der Kundenbehandlung an den Tag legen müssen, andererseits den Kunden nicht merken lassen dürfen, dass er als älterer Mensch eine Sonderbehandlung erfährt. Senioren wollen nicht ausgegrenzt und ständig an ihr Alter erinnert werden.

Geschäfte, die sich auf Senioren einstellen, müssen einen höheren und qualifizierteren Betreuungsaufwand für ihre Kunden einkalkulieren. Die kompetente Beratung wird besonders hoch geschätzt; Selbstbedienung ist eher verpönt. Die Ursache liegt auch im Wunsch älterer Kunden nach persönlicher Ansprache, die über das reine Verkaufsgespräch hinausgeht und Probleme des Alltags einschließt.

Senioren schätzen beim Einkauf den persönlichen Kontakt mit bekannten und freundlichen Verkaufsmitarbeitern.

Service

Ältere Menschen gleichen nachlassende Körperkräfte und sich abzeichnende Handicaps mit dem Einkauf von Dienstleistungen aus. Der Einzelhändler muss dies berücksichtigen, indem er seniorengerechte Dienstleistungen anbietet.

Beispiele

* Zustellservice
* Sitzgelegenheiten
* Taxi auf Wunsch bestellen

Dafür verliert der Preis bei vielen Senioren mit zunehmendem Alter an Bedeutung.

Das nachfolgende Beispiel zeigt, wie sich ein Schuhfachgeschäft auf ältere Kunden eingestellt hat.

Beispiel

Ladengestaltung/ Warenpräsentation	
	* Stufen vermeiden
	* für Warenangebot in der 1. Etage Aufzug einbauen
	* helles, freundliches Licht
	* große, gut lesbare Preisschilder
	* großzügig Platz zwischen den Warenträgern lassen (für Gehhilfen, Rollstühle)
	* Produkte nach Marken, Formen und Farben sortieren, um guten Überblick zu schaffen
	* die höherwertigen Produkte in Sicht- und Greifzone präsentieren
	* keine Produkte in der Bückzone

Produktauswahl (Sortiment)	* Markenware verstärkt anbieten * Bequemschuhe bilden Sortimentsschwerpunkt * auch halbe Größen im Sortiment führen * Schuhe für lose Einlagen verstärkt ins Sortiment aufnehmen
Einkaufsatmosphäre	* ruhige Atmosphäre schaffen, die Muße beim Einkaufen signalisiert * viele Sitzplätze einrichten (für den Käufer, aber auch für Begleiter)
Serviceleistungen	* speziell geschultes Personal einsetzen, das vor allem auch bei Fußbeschwerden beraten kann * Kunden zur Auswahl begleiten, Platz anbieten, Schuhe bringen * überall Schuhanzieher griffbereit vorrätig halten und den Kunden anreichen * den Kunden beim Anziehen der Schuhe/beim Schnüren helfen * Reparaturservice einrichten

1.3   Kunden in Convenience-Shops

Die moderne Arbeitswelt stellt immer höhere Anforderungen an die Beschäftigten und wirkt sich verstärkt auf die Lebensweise der Menschen aus. Obwohl die Grenzen zwischen Arbeitszeit und Freizeit durchlässiger werden, führt dies nicht zu einem entspannteren Leben. Ganz im Gegenteil, viele haben verstärkt den Eindruck, ständig „im Einsatz" zu sein. Der Zeitdruck wird spürbar größer und die Organisation des Alltags schwieriger. Deutlich wird dies beispielsweise bei den Essgewohnheiten. Eine große Bevölkerungsgruppe nimmt sich immer weniger Zeit für die Zubereitung von Speisen und das Essen selbst. Häufig wird während der Arbeit auf die Schnelle ein „Happen heruntergeschlungen" oder vermehrt sogar auf dem Arbeitsweg gegessen. Der Wunsch nach Zeitersparnis hat zu einem Konsumtrend geführt, der mit dem Begriff **Convenience** bezeichnet wird.

> **Convenience:** Bestreben der Kunden, Einkauf und Konsum ohne großen Zeitaufwand und mühelos zu erledigen.

Insbesondere im Lebensmittelbereich hat das Convenience-Geschäft eine große Bedeutung erlangt. Hier sind es vor allem die sogenannten **Convenience-Shops**, wie Tankstellen, SB Back-Shops, Bahnhofs-Shops und begehbare Kioske, die den Kunden einen schnellen und flexiblen Einkauf ermöglichen. Convenience-Shops zeichnen sich durch folgende Merkmale aus:

* Verkaufsfläche von bis zu 300 m²

* flaches Sortiment mit 250 bis 3.000 Artikeln

* Sortimentsschwerpunkte bei Tabakwaren, Getränken, Süßwaren, Presse und Snacks

* gute Erreichbarkeit (Convenience-Shops liegen auf dem Weg – an Straßen in Wohngebieten und Innenstädten, an Autobahnen und in Bahnhöfen.)

* lange Öffnungszeiten

* schnelle Abwicklung des Kaufs

* One-Stop-Shopping (Der Kunde muss nur ein Geschäft aufsuchen und kann verschiedene Bedürfnisse aus den Bereichen Handel, Gastronomie und Dienstleistung befriedigen.)

■ Tankstellenshops

Tankstellen verkaufen schon lange nicht mehr ausschließlich Kraftstoffe und Autozubehör. Autofahrer, aber auch Nicht-Autofahrer kaufen an Tankstellen-Shops eine Vielzahl weiterer Produkte.

Welche Angebote besonders geschätzt werden, zeigt die unten stehende Abbildung. Die befragten Kunden halten die genannten Produkte und Leistungen für „sehr wichtig" oder „wichtig".

große Auswahl an gekühlten Getränken in Mehrweggebinden	Backshop mit frischen Backwaren
reibungslose Rücknahme von Pfand-Getränkeverpackungen	große Auswahl an herzhaften Snacks im Backshop
verschiedene heiße Kaffeespezialitäten	große Auswahl an süßen Snacks im Backshop
Menü-Angebote, z. B. ein Snack und ein Getränk zum Sonderpreis	große Auswahl an ungekühlten Getränken in Multipacks, z. B. 4er-Packs, 6er-Packs

Die Vorlieben der Kunden spiegeln sich auch in den Umsatzzahlen des Shop-Geschäftes wider. Neben den Tabakwaren als traditionell deutlich stärkstem Umsatzträger verteilt sich über ein Drittel des Gesamtumsatzes auf unterschiedliche andere Warengruppen.

Der Tankstellen-Shopper

Den Einheitskunden gibt es auch an der Tankstelle nicht. Das dortige Convenience-Angebot wird von Männern und Frauen unterschiedlichen Alters und Bildungsstandes aus allen Berufssparten nachgefragt. Dennoch haben Verbraucherstudien gezeigt, dass die Kunden aufgrund ihres Verhaltens, ihrer Bedürfnisse und Ansichten in einige wenige Gruppen aufzuteilen sind. Die Unterteilung in die folgenden vier Kundengruppen liefert ein umfassendes Verbraucherbild an Tankstellen.

Der Konsumfreudige

Immer unterwegs, immer in Hetze, deshalb wenig Zeit zum Einkaufen – das trifft auf die konsumfreudigsten Tankstellenkunden zu. Als Stadtmenschen kaufen sie an der nächstgelegenen Tankstelle nicht nur „Nahrung" für ihr Auto, sondern am liebsten gleich auch für sich selbst. Schnell vor Ort frühstücken oder Kaffee und belegte Brötchen mitnehmen, fürs Abendessen noch eben ein Fertiggericht und eine Flasche Wein besorgen, der Mutter einen Blumenstrauß mitbringen ... und das alles in einem Stopp. Diese Kunden schätzen das umfangreiche Angebot und die frischen Speisen zum Mitnehmen. Dass sie nebenbei auch noch Zigaretten, Zeitschriften und Süßigkeiten kaufen, versteht sich von selbst. Die Marke und Qualität des Kraftstoffs ist diesen Konsumenten weniger wichtig als das gute Convenience-Angebot.

Der Konstante

Ohne den Convenience-Shop der Tankstelle könnten sie gar nicht leben. Ob bei der Arbeit, an der Schule der Kinder oder daheim, sie kennen die nächste Tankstelle „um die Ecke". Denn dort finden sie auf die Schnelle immer einen Snack zum Mitnehmen oder Schokoriegel gegen den kleinen Hunger. Sie sind die Ersten, die neue Produkte ausprobieren, und favorisieren dabei Markenartikel. Womit sie ihr Auto „füttern", ist diesen Kunden allerdings auch nicht gleichgültig. Sie legen Wert auf Markenprodukte und geben für gute Qualität und umweltfreundliche Produkte auch gern etwas mehr aus.

Der Autoliebhaber

Für ihren Wagen wollen sie nur das Beste, für sich selbst kaufen sie an der Tankstelle aber nur wenig ein. Der wahre Autoliebhaber legt mehr Wert auf hochwertigen Kraftstoff, der aber dennoch möglichst günstig sein soll. Diese Kunden fahren vor, tanken schnell und sind gleich wieder weg. Eine Ausnahme sind Wartungsleistungen, die sie gerne vom Fachpersonal ausführen lassen. Hierbei schätzen sie besonders das technische Wissen der Angestellten. Nur im Notfall nehmen sie von der Tankstelle noch etwas anderes mit.

Der Umweltbewusste

Der ökologisch denkende Kunde legt Wert auf umweltbewusste Produkte und ist auch bereit, dafür einen höheren Preis zu zahlen. Im Tankstellenshop lässt er sich bislang kaum blicken. Schließlich bewegt er aus ökologischen Gründen sein Auto möglichst selten und tankt dementsprechend wenig. Bei diesen Tankstopps nutzt er auch kaum das Convenience-Angebot. Am ehesten kauft er eine Zeitung, vielleicht mal etwas Süßes, ein Eis für die Kinder oder einen Strauß Blumen für die Partnerin.

1.4 Kunden mit speziellen Ernährungsansprüchen

Immer mehr Kunden stehen dem Nahrungsangebot kritisch gegenüber, weil sie z.B. aufgrund einer Lebensmittelunverträglichkeit auf bestimmte Lebensmittel oder Inhaltsstoffe verzichten müssen.

Andere Kunden lehnen z.B. tierische Produkte ab, weil sie durch ihren Konsum nicht zum Tod von Tieren beitragen wollen.

■ Vegetarier

Vegetarier bevorzugen Nahrungsmittel mit pflanzlichem Ursprung. Daneben ernähren sie sich auch von Produkten, die vom **lebenden** Tier stammen, z.B. Milch, Eier und Honig. Produkte von **toten** Tieren (Fleisch, Fisch) lehnen sie ab.

Menschen mit vegetarischer Lebensweise verwirklichen diese Grundsätze aber sehr unterschiedlich. Für manche ist es eine gesundheitsbetonte Abwechslung vom ansonsten normalen Alltag mit Fisch und Fleisch **(Flexitarier).** Andere verstehen darunter ein bewusstes Lebenskonzept, das sich dem Schutz und der Achtung aller Lebewesen verschrieben hat.

spezielle Ernährungsansprüche

- vegetarisch
- vegan
- laktosefrei
- glutenfrei
- frei von Zusatzstoffen
- ohne Gentechnik
- halal (helal)

> **Vegetarier:** Menschen, die nur Nahrungsmitteln pflanzlichen Ursprungs oder von lebenden Tieren verzehren.

■ Veganer

Veganer sind die strengste Untergruppe der Vegetarier. Sie lehnen nicht nur Fleisch, Wurst und Fisch, sondern auch alle anderen vom Tier stammenden Produkte ab, also auch z.B. Eier und Milch. Sie verweigern jede Form der Ausbeutung und Grausamkeit an leidensfähigen Tieren. Dies gilt nicht nur für den Bereich der Nahrungsmittel. Auch Kosmetika, Kleidung, Medikamente und Reinigungsmittel, die tierische Stoffe enthalten (z.B. Leder, Pelz, Wolle) oder an Tieren getestet wurden, gehören dazu.

Beispiele

Beispiele für abgelehnte Produkte	Alternativprodukte
Fleisch, Käse, Eier, Butter/Margarine, Quark, Sahne, Milch, Zucker, Joghurt, Süßigkeiten, Gemüsebrühe (teilweise mit tierischen Bestandteilen)	Tofu (Bohnenquark), Sojagranulat, Sojaschnitze, Sojamehl, Sojasahne, Käseersatzprodukte, Hefeflocken ∗ zum Backen: Bananen, Tomatenmark, Mehl ∗ zum Binden: Agar-Agar, Mehl, vegane Margarine; Kokosmilch

Veganer: Vegetarier, der auf tierische Produkte jeglicher Art verzichtet.

■ Laktoseempfindliche Kunden

Viele Kunden leiden heute an einer Laktoseintoleranz (Milchzuckerunverträglichkeit). Für ca. drei Viertel der Weltbevölkerung ist eine Laktoseunverträglichkeit der Normalfall. Menschen, die Laktose nicht vertragen, fehlt das Verdauungsenzym Laktase. Es wird benötigt, um Milchzucker zu verdauen, der in Milch- und Milchprodukten vorkommt.

Durch eine Umstellung der Ernährung auf milchzuckerarme- und milchzuckerfreie Kost können diese Kunden weitgehend beschwerdefrei leben. Betroffene müssen in der Regel auf wenig verzichten. Der Lebensmitteleinzelhandel bietet heute eine große Auswahl an laktosefreien Produkten, die i.d.R. entsprechend gekennzeichnet sind, z.B. mit „Laktosefrei".

■ Glutenempfindliche Menschen

Gluten, sprich: Gluteen

Bei Kunden, die empfindlich gegenüber Gluten sind, reagiert der Dünndarm negativ auf das in vielen Getreidesorten enthaltene Klebereiweiß. Oft tritt parallel zur Glutenunverträglichkeit eine Laktoseintoleranz auf. Diese Kunden müssen lebenslang auf glutenhaltige Lebensmittel verzichten, d.h., sie müssen Weizen, Roggen, Gerste, Hafer, Dinkel, Grünkern sowie fast alle herkömmlichen Brote und Backmischungen meiden. Frei von Gluten sind folgende Getreide: Reis, Mais, Wildreis, Hirse, Buchweizen, Amaranth, Quinoa.

Zöliakie = Fachbegriff für Glutenunverträglichkeit

Die Deutsche Zöliakie Gesellschaft e.V. führt das Glutenfrei-Symbol als eingetragenes Warenzeichen in Deutschland und vergibt es an nationale Hersteller und Vertriebe glutenfreier Lebensmittel. Bevor ein Lizenzvertrag abgeschlossen werden kann, ist eine Gluten-Analyse der betreffenden Produkte erforderlich.

■ Zusatzstoffe

Siehe auch: www.lebensmittelklarheit.de

Bei fertig verpackten Lebensmitteln muss eine **Zutatenliste** Auskunft über die Zusammensetzung des Produkts geben. Zur Zutatenliste gehören auch **Zusatzstoffe**. Das sind Stoffe, die bei der Herstellung des Lebensmittels verwendet worden sind, z.B. künstliche Aromen, Farbstoffe, Geschmacksverstärker und Konservierungsstoffe. Vielfach reagieren Menschen auf diese Zusatzstoffe empfindlich oder sogar mit Krankheitssymptomen. Die wichtigsten Zusatzstoffe sollen hier vorgestellt werden.

> **Zutaten**
>
> Teig: **Hartweizengrieß,** Trinkwasser, Vollei, Petersilie, Sonnenblumenöl.
>
> Füllung 29%: **Hartweizengrieß,** Trinkwasser, **Frischkäse, Gouda,** Sonnenblumenöl, Bärlauch 7%, Petersilie, jodiertes Speisesalz, Knoblauch, Schnittlauch, Zucker, Gewürze
>
> **Kann Spuren von Senf, Soja und Sellerie enthalten.**

Künstliche Aromen: Aroma ist eine chemische Verbindung, die z.B. einem Lebensmittel einen ihm eigenen Geschmack oder Geruch verleiht. Aromen sind in Lebensmitteln von Natur aus enthalten und entstehen bei der Verarbeitung (z.B. beim Rösten oder Backen). Künstliche Aromastoffe werden chemisch hergestellt und gleichen in Geschmack und Geruch natürlichen Aromen, sind jedoch in ihren Eigenschaften nicht identisch.

Beispiele

Künstliche Aromen:

Ethylvanillin	Vanillinacetat	Anisylaceton
Ammoniumchlorid	Hydroxycitronellaldiethylacetal	Chininsulfat
Hydroxycitronellaldimethylacetal		

Die Lebensmittelindustrie nutzt künstliche Aromen, um eine gleichbleibende Qualität liefern zu können, da natürliche Aromen großen Schwankungen unterliegen.

Allerdings werden mit ihnen auch „billige" Produkte aufgewertet. Unser Geschmackssinn verändert sich durch intensivere künstliche Aromen. So schmeckt Kindern z. B. ein Joghurt mit künstlichem Erdbeeraroma oft besser als einer mit frischen Erdbeeren, weil das künstliche Aroma intensiver schmeckt.

Farbstoffe: Es gibt natürliche Farbstoffe (zum Beispiel Frucht- und Pflanzenextrakte wie Beetenrot oder Spinatextrakt) und künstliche. Künstliche Farbstoffe werden genutzt, um Lebensmittel optisch aufzuwerten. Die meisten künstlichen Farbstoffe sind gesundheitlich unbedenklich. Einige stehen allerdings in Verdacht, Allergien oder Krebs auszulösen. Künstliche Farbstoffe werden mit E-Nummern gekennzeichnet.

Beispiele

Kennzeichnungspflichtige Farbstoffe:

Tartrazin (E 102)	Chinolingelb (E 104)	Gelborange (E 110)
Azorubin (E 122)	Chochenillerot (E 124a)	Allurarrot (E 129)

Geschmacksverstärker: Sie besitzen keinen eigenen Geschmack, sondern werden verwendet, um den Eigengeschmack von Lebensmitteln zu verstärken. Sie wirken appetitanregend. Der Geschmacksverstärker Glutamat (z. B. Mononatriumglutamat, E 621) steht in Verdacht, Kopfschmerzen, Taubheitsgefühle, Schwächegefühle oder Allergien auszulösen. Wissenschaftlich bewiesen ist dies bisher nicht. Wegen der Unsicherheit meiden allerdings viele Kunden diese Geschmacksverstärker.

Konservierungsstoffe erhöhen die Haltbarkeit von Lebensmitteln, indem sie den Verderb durch Schimmelpilze oder Bakterien hinauszögern.

Beispiele

Sorbinsäure (E 200), Citronensäure (E 330), Schwefeldioxid (E 220)

■ Gentechnisch veränderte Lebensmittel

Gentechnisch verändert ist ein Organismus, dessen genetisches Material in einer Weise verändert worden ist, wie es unter natürlichen Bedingungen nicht vorkommt. Weil man nicht genau weiß, welche Auswirkungen der Verzehr von gentechnisch veränderten Lebensmitteln auf den Menschen hat, begegnen viele Verbraucher diesen Lebensmitteln mit großem Misstrauen. Der Gesetzgeber hat festgelegt, dass Lebensmittel, die aus genetisch veränderten Organismen erzeugt wurden, speziell zu kennzeichnen sind.

Beispiel

„Dieses Produkt enthält genetisch veränderte Organismen."

Die Kennzeichnungspflicht bezieht sich allerdings nicht auf Nahrungsmittel wie Milch, Eier und Fleisch, die von Tieren stammen, die mit genetisch veränderten Futtermitteln gefüttert wurden. Nur Tiere aus ökologischem Landbau dürfen grundsätzlich nicht mit genetisch veränderten Futtermitteln gefüttert werden.

Um den Kunden Sicherheit zu geben, können Unternehmen ihre Produkte mit dem „Ohne Gentechnik"-Logo kennzeichnen, wenn die Produkte gesetzlich festgelegte Voraussetzungen erfüllen.

■ Ernährung nach religiösen Vorschriften

Kunden muslimischen Glaubens beachten im Regelfall auch die besonderen Ernährungsvorschriften ihrer Religion. Die Regeln beziehen sich vor allem auf Alkohol und Produkte, die Bestandteile von Schweinefleisch enthalten. Das Schwein als „Allesfresser" gilt Muslimen als unrein (**„haram"** = verboten, unzulässig).

Hersteller kennzeichnen ihre Produkte oft als „halal" (türkisch **„halal"** = zulässig, erlaubt), wenn sie den islamischen Speiseregeln entsprechen.

Beispiele

Die bei Kindern und Erwachsenen beliebten Gummibärchen enthielten in der Vergangenheit durchweg Schweinegelatine. Damit waren sie für Muslime verboten. Neuerdings wird Schweinegelatine vielfach durch andere Rohstoffe ersetzt. Die Hersteller kennzeichnen die Gummibärchen nun als Halal-Produkte.

1.5 Digitale Kunden

Kunden nutzen zunehmend ihren PC, ihren Tablet-Computer oder ihr Smartphone, um in Onlineshops einzukaufen. Vielfach wird der Onlineeinkauf aber mit dem Kauf in einem stationären Geschäft (offline) kombiniert.

Verkaufsmitarbeiter müssen sich daher auf Kunden einstellen, die vorinformiert das Geschäft betreten. Das heißt: Sie kennen bereits die Eigenschaften und Preise des gewünschten Produkts. Auch über Alternativen haben sie schon Informationen.

Wer sind digitale Kunden (Smart Shopper, Smart Natives, Generation Z)?

* Ihr Alter liegt vorzugsweise zwischen 18 und 25 Jahren. Diese Grenze verschiebt sich aber immer weiter nach oben.

* Das Kaufverhalten ist vor allem zweigeteilt: Bestimmte Produkte wie z. B. Bücher werden weitgehend online gekauft, Lebensmittel aber (immer noch) vor allem im stationären Lebensmitteleinzelhandel.

Influencer =
Personen mit hohem
Ansehen, die ihre
Bekanntheit für
Werbebeiträge nutzen

* Insbesondere in den Bereichen Mode und Elektro kombiniert der Kunde die beiden Einkaufsstätten.

> **Generation Z**
> Zu ihr zählen Menschen, die (etwa) zwischen 1997 und 2012 geboren wurden.
>
> **Merkmale**
> * aufgewachsen z. B. mit Smartphone, WhatsApp, Spotify, YouTube, Twitter, Instagram und Snapchat
> * organisiert mit dem Smartphone alle Lebensbereiche
> * kommuniziert mit anderen immer und überall
> * reagiert sofort und direkt
> * kauft gern in sozialen Netzwerken (z. B. auf Facebook und Instagram) und folgen dem Rat von Influencern
> * wollen Produkte aber auch zunehmend persönlich erfahren, schätzen daher auch den stationären Einzelhandel

* Die Kunden nutzen als Informationsquellen vorzugsweise Testberichte und Produktbewertungen sowie Preisvergleichsportale im Internet.

* Es ist nicht ungewöhnlich, dass diese Kunden im Geschäft ihre Internetsuche fortsetzen und Aussagen oder Angebote von Verkaufsmitarbeitern überprüfen und vergleichen, d. h., sie nutzen vor, während und nach dem Besuch im stationären Geschäft digitale Kanäle.

schnorren = erbetteln

■ Beratungsschnorrer

Siehe auch
Seite 249

Leider kehren manche digitale Kunden ihr Einkaufsverhalten auch um: Sie lassen sich in einem stationären Geschäft beraten und kaufen dann im Internet. Der Einzelhändler erhält für seine Beratungsleistung keinen Gegenwert. Man spricht auch von Beratungsschnorrern.

■ Verhalten im Verkauf

Wenn ein Kunde im Anschluss an eine Nachforschung im Internet (Internet-Recherche) das Geschäft betritt, ist ein wesentlicher Teil eines Verkaufsgesprächs bereits erledigt, nämlich die Produktvorstellung (Warenvorlage) und die Information über Produkteigenschaften sowie den Preis. In der Regel hat der Kunde auch schon einen Produktvergleich durchgeführt und Bewertungen von anderen Kunden eingeholt. Das Verkaufsgespräch muss diese Vorinformationen des Kunden berücksichtigen.

* Der Verkaufsmitarbeiter könnte z. B. zunächst die Ansprüche des Kunden klären, indem er nach dem Verwendungszweck für das Produkt fragt.

* Im nächsten Schritt sollte festgestellt werden, welches Produkt/welche Produkte aus der Onlineauswahl dem Kunden am besten gefallen haben.

* Eventuell muss die Verfügbarkeit der Ware geklärt werden (ist das Produkt im Geschäft vorrätig?).

* Ist die Ware vorhanden, besteht die Möglichkeit, das bevorzugte Produkte auch körperlich vorzustellen, es dem Kunden in die Hand zu geben, es z. B. anzuprobieren (Textilien), auszuprobieren (Technik) oder zu kosten (Lebensmittel).

* Das ausgewählte Produkt könnte in den Verwendungszusammenhang gestellt werden, den der Kunde genannt hat, damit der Kunde vom Nutzen des Produkts überzeugt wird.

* Schließlich ließe sich über eine Preisbegründung die Kaufentscheidung herbeiführen.

Kundengruppen	
Merkmale:	Geschlecht, Alter, Geschäftstreue, Lebenssituation
50 plus:	gesundheitsorientiert, aber mit hoher Lebensfreude und oftmals hohem Einkommen
* Verkaufsraum:	* überschaubar, bekanntes Sortiment, leichte Erreichbarkeit aller Produkte
	* nachvollziehbare Kundenwegführung, gute Beleuchtung, gute Erkennbarkeit
	* frei von Hektik und Stress
* Produkte:	* benutzerfreundlich, langlebig, zeitlos, gebrauchstüchtig und sicher * altersgerecht, aber nicht speziell für ältere Kunden ausgewiesen
* Atmosphäre:	* zurückhaltend, hoher Beratungsaufwand, persönliche Ansprache
* Service:	* Dienstleistungen zum Handicap-Ausgleich anbieten
Kunden im Convenience-Shops:	Kunden, die schnelles und bequemes Einkaufen und eine einfache Nutzung von Produkten schätzen.
spezifische Ernährungs-ansprüche:	* Vegetarier: Nahrungsmittel pflanzlichen Ursprungs und von lebenden Tieren * Veganer: keinerlei tierische Produkte
	* Laktoseempfindlichkeit: Unverträglichkeit von Milchzucker
	* Glutenempfindlichkeit: Unverträglichkeit bestimmter Getreidesorten
	* Ablehnung von Zusatzstoffen in der Nahrung (z. B. Geschmacksverstärker) * Ablehnung von gentechnisch veränderten Lebensmitteln
Digitale Kunden:	kombinieren den Onlineeinkauf mit dem stationären Geschäft (online + offline)
	* eher jünger * produktabhängige Wahl (z. B. Lebensmittel durchweg [noch] stationär)
	* Informationsquellen: online (Testberichte, Bewertungen, Vergleichsportale)
	* Beratungsschnorrer: Offlineberatung, Onlineeinkauf

2 Verwendungsbezogene Argumentation

2.1 Grundverwendung – Spezialverwendung

Unter Verwendungszweck wird nicht die (selbstverständliche) Grundverwendung eines Artikels verstanden (mit einem Fotoapparat kann man fotografieren, mit einem Mobiltelefon telefonieren). Verwendungszwecke sind vielmehr Nutzungsmöglichkeiten eines Produkts, die spezielle Abwandlungen der Grundverwendung darstellen.

* Die Kundin wünscht einen Fotoapparat für Familienfeiern und für den Urlaub.
* Der Hobbyfotograf möchte seine Kamera einsetzen, um Tierbilder zu machen.
* Eine Fotografin benötigt eine Kamera für ihre Berufstätigkeit.
* Der Bauherr braucht eine Kamera, um den Baufortschritt zu dokumentieren.

Erst aus diesen speziellen Verwendungszwecken einer Ware ergeben sich unterschiedliche Ansprüche an sie, die ein Kundenberater in der Verkaufsargumentation aufgreifen kann.

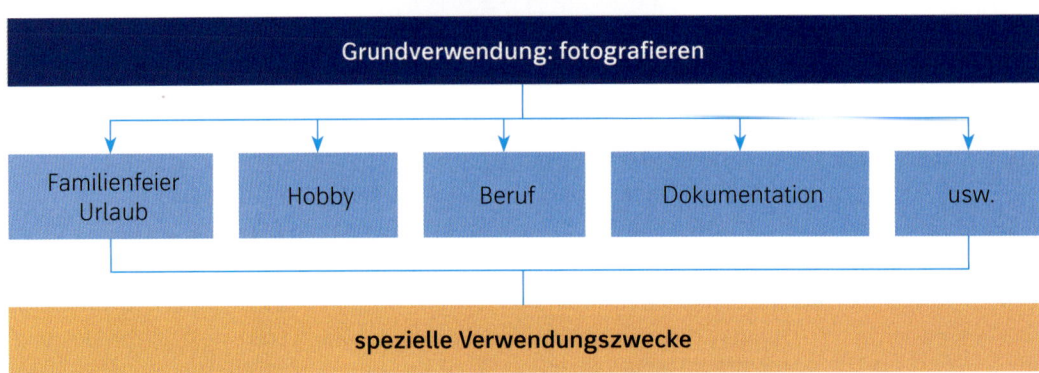

Grundverwendung: fotografieren

| Familienfeier Urlaub | Hobby | Beruf | Dokumentation | usw. |

spezielle Verwendungszwecke

Beispiele

* Die Kundin, die den Fotoapparat gelegentlich privat nutzen will, ist vielleicht mit einem preisgünstigen Fotoapparat zufrieden, der einfach zu handhaben ist.
* Der Berufsfotograf stellt hingegen allerhöchste Ansprüche an die Leistungsfähigkeit des Geräts.

 **Verwendungszweck: Abwandlungen der Grundverwendung eines Produkts**

Beispiel

für die verschiedenen Verwendungszwecke von Produkten:

Autositzbezug	Armband	DVD-Player
* zur Schonung der Sitze	* für jeden Tag	* für eine Werkstatt (Hintergrundmusik)
* zur Verschönerung der Innenausstattung	* für festliche Anlässe	* für hochwertige Musikaufnahmen
* zum Klimaausgleich (zum Wärmen oder zum Kühlen, z. B. bei schwarzer Innenausstattung)	* als Geldanlage	* repräsentatives Gerät für das Wohnzimmer
	* als Kombinationsstück zu vorhandenem Schmuck	* für Jugendliche
	* als Geschenk	* als Geschenk

Informationen über die Probleme der Kunden bei der unterschiedlichen Nutzung der Produkte erhalten Kundenberater ständig von den Kunden selbst, wenn sie die Verkaufsgespräche als Informationsquellen nutzen. Natürlich hat es die Kundenberaterin in einem Sportartikelgeschäft leichter, Skier zu verkaufen, wenn sie selbst diese Sportart beherrscht. Ein Mitarbeiter im Baumarkt, der mit Farbe und Pinsel umzugehen weiß, wird im Verkaufsgespräch über die Verwendung einer bestimmten Farbsorte eher als kompetenter Gesprächspartner akzeptiert.

2.2 Verwendungszweck als Anspruchsbündel

Nennt eine Kundin einen Verwendungszweck (z. B. Gummistiefel für ihren Sohn, die er auch im Schnee anziehen kann), so erwartet sie von einem fachlich versierten Kundenberater, dass dieser die Ansprüche kennt, die mit dem Verwendungszweck verbunden sind. Die Kundin geht auch davon aus, dass der Kundenberater ein Produkt vorlegen kann, welches Eigenschaften aufweist, die den Artikel besonders für den genannten Verwendungszweck geeignet machen. In der Verkaufsargumentation verbindet der Kundenberater die Produkteigenschaften mit den Ansprüchen der Kundin und greift dabei regelmäßig den Verwendungszweck auf, um den Kunden von der Eignung des Produkts für diesen Verwendungszweck und von dem Nutzen, den das Produkt bietet, zu überzeugen.

 **Ein Verwendungszweck ist ein Anspruchsbündel.**

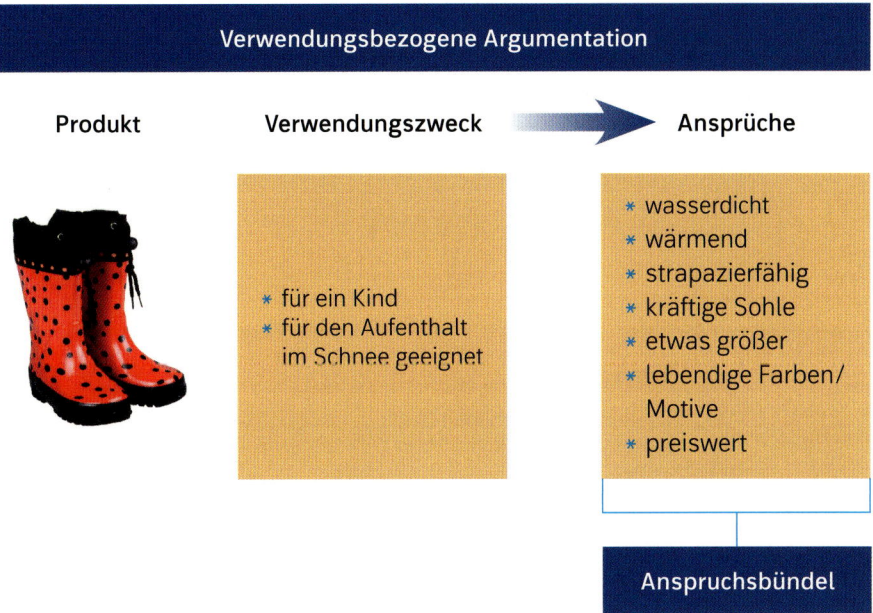

2.3 Verwendungsbezogene Argumentation

Verwendungs(zweck)bezogenes Argumentieren erfordert Einfühlungsvermögen in die Situation des Kunden. Nur so erfasst die Verkaufsmitarbeiterin alle Ansprüche, die mit dem genannten Verwendungszweck verbunden sind. Darüber hinaus hat ein Verkaufsmitarbeiter dem Kunden stets den Nutzen des Produkts für den Verwendungszweck deutlich zu machen.

Verwendungsbezogene Argumentation: Verkaufsargumentation, die auf ein Anspruchsbündel gerichtet ist und den Nutzen eines Produkts für den genannten Verwendungszweck deutlich macht.

Beispiel

Eine Kundin wünscht Gummistiefel, mit denen sich ihr Sohn auch im Schnee aufhalten kann.

Geeignete Produkteigenschaften	* des **Materials**: Obermaterial aus wasserdichtem Gummi, dicke Hartgummisohle, Futter aus wärmendem Synthetikmaterial
	* der **Maße**: statt der genau passenden Größe eine Nummer größer anbieten, damit auch bei dickeren Socken ausreichend Platz für die empfindlichen Kinderfüße bleibt
	* der **Farbe**: Stiefel in kräftigem Rot mit schwarzen Punkten gefallen Kindern besonders gut.

Kundenberaterin:	*„Darf ich Ihnen einmal unsere reichhaltige Auswahl an Gummistiefeln zeigen?"*
Kundin:	„Ja, bitte."
Kundenberaterin:	*„Gummistiefel sind absolut wasserdicht und auch für Kinder unverwüstlich."*
Kundin:	„Ja, das ist wohl auch erforderlich. Aber Gummistiefel wärmen doch nicht."
Kundenberaterin:	*„Ja, in reinen Gummistiefeln bekäme Ihr Sohn im Winter kalte Füße. Diese Stiefel haben jedoch ein Innenfutter aus Synthetik. Das Material hält Füße besonders warm. Zudem kann das Futter oben am Bein fest verschlossen werden, sodass kein Schnee eindringen kann. Ihr Sohn behält in diesen Stiefeln trockene und warme Füße. Gefütterte Gummistiefel sind genau das Richtige, wenn Ihr Sohn damit im Schnee spielen will."*
Kundin:	„Ja, Sie haben recht."
Kundenberaterin:	*„Ihr Sohn wird im Winter sicher dickere Socken anziehen."*
Kundin:	„Auf jeden Fall. Größe 32 war ihm aber jetzt schon etwas zu klein."
Kundenberaterin:	*„Dann empfehle ich Ihnen Größe 34. Damit wird er die Stiefel den ganzen Winter tragen können. Wenn Sie das Futter auslösen, haben Sie sogar passende Stiefel für den Sommer. Eventuell ist dann eine Einlage erforderlich."*

Kundin:	„Das ist sehr praktisch."
Kundenberaterin:	*„Wir führen diese Stiefel in Grau, Rot und Blau. Alle haben hübsche Verzierungen, die Kinder besonders lieben."*
Kundin:	„Diese roten Stiefel mit schwarzen Punkten gefallen mir ganz gut. Dabei bleibe ich." usw.

Zusammenfassung

Verwendungsbezogene Argumentation	
Grundverwendung:	die selbstverständliche Nutzungsmöglichkeit eines Produkts (Fotoapparat zum Fotografieren)
Verwendungszweck:	* Abwandlung der Grundverwendung eines Produkts * Anspruchsbündel
Verwendungsbezogene Argumentation:	Ist auf ein Anspruchsbündel ausgerichtet und macht die Eignung des Produkts für den Verwendungszweck deutlich.

3   Verkauf bei Hochbetrieb

Zum Bedauern des Einzelhandels kommen Kunden nicht gleichmäßig in die Geschäfte, sondern sehr unregelmäßig. Während in den Morgenstunden manchmal gähnende Leere herrscht, drängeln sich Kunden in den Abendstunden. Ein **Textilfachgeschäft** stellt z. B. folgende Zeiten mit Hochbetrieb fest:

* täglich zwischen 16:30 und 18:00 Uhr
* samstags zwischen 11:30 und 14:30 Uhr
* im Dezember (Weihnachtsgeschäft)
* 15. März bis 15. April (Beginn Frühjahr-Sommer-Saison)
* 15. September bis 15. Oktober (Beginn Herbst-Winter-Saison)

Grundsätzlich gilt, dass vor Feiertagen, an Wochenenden und anlässlich von Sonderaktionen (z. B. Prospektwerbung) sowie zu Saisonbeginn ein großer Kundenansturm zu erwarten ist.

Vorbereitende Maßnahmen
Durch organisatorische Maßnahmen können die Belastungen bei Hochbetrieb verringert werden.

Beispiele

* Personaleinsatz erhöhen
* Warenträger rechtzeitig auffüllen
* warenpflegerische Arbeiten während des Hochbetriebs vermeiden und sich auf die Bedienung der Kunden konzentrieren

Trotzdem bleiben Einkauf und Verkauf bei Hochbetrieb für Kunden und Verkaufsmitarbeiter eine Herausforderung.

Probleme der Kunden

mangelnde Wahrnehmung:	Auch wenn viele Kunden im Verkaufsraum sind, erwartet jeder einzelne von ihnen, dass er von Verkaufsmitarbeitern zumindest wahrgenommen wird.
Wartezeiten:	Gewöhnlich haben Kunden wenig Zeit. Es stört sie daher, wenn sie lange warten müssen.
Reihenfolge:	Kunden ärgern sich, wenn sie nicht in der Reihenfolge bedient werden, in der sie das Geschäft betreten haben.
Arbeitsgeschwindigkeit:	Es bringt Kunden zur Weißglut, wenn das Personal in einer Hochdrucksituation seine Arbeitsgeschwindigkeit nicht entsprechend erhöht („Immer mit der Ruhe!").

Probleme der Verkaufsmitarbeiter

unterschiedliche Wünsche:	Verkaufsmitarbeiter sehen sich häufig einer Vielzahl ungeduldiger Kunden ausgesetzt, denen man unmöglich alles recht machen kann.
Egoismus:	Verkaufsmitarbeiter haben oft das Gefühl, dass die Kunden sich nicht situationsgerecht verhalten. Sie äußern in einer Stress-Situation komplizierte Wünsche oder verlangen eine besonders intensive Beratung. Beim Personal entsteht der Eindruck, dass sich Kunden generell egoistisch aufführen.

■ Verhaltensregeln

Wahrnehmung:	Allen Kunden zeigen, dass man sie wahrgenommen hat, z. B. durch Blickkontakt und Zunicken.
Wartezeiten:	Wartezeiten lassen sich entschärfen, wenn man Kunden so lange produktbezogen beschäftigt, bis man sich ihnen wieder zuwenden kann. Eine Entschuldigung fördert das Verständnis der Kunden.
Reihenfolge:	Unbedingt die richtige Reihenfolge bei der Bedienung im Auge behalten. Wenn man den Überblick verloren hat, kann man ruhig nachfragen („Wer ist als nächster an der Reihe?"). Ausnahmen (z. B. quengelndes Kind) mit den übrigen Kunden abstimmen.
Arbeitsgeschwindigkeit:	Beratungen kurz halten, dabei zügig arbeiten, ohne in Hektik zu verfallen. Das signalisiert den Kunden: Es geht voran!
generelles Verhalten:	Freundlich bleiben und den Überblick behalten.

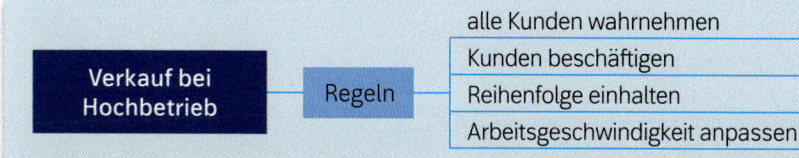

■ Doppel-/Mehrfachbedienung

Sind viele Kunden im Geschäft, kommt es häufig vor, dass Kunden nicht mehr einzeln und in der Reihenfolgebedient werden können, in der sie das Geschäft betreten haben. Dann nimmt nicht selten mehr als ein Kunde die Aufmerksamkeit eines Mitarbeiters in Anspruch.

Beispiele

* Während ein Kunde einen Artikel an- oder ausprobiert, erscheint die Kundenberaterin unbeschäftigt und wird von einem zweiten Kunden angesprochen.

* Ein Kunde drängt sich („platzt") in ein bestehendes Verkaufsgespräch.

* Ein Kunde verhält sich auffällig und stört die Verkaufsatmosphäre, weil er ungeduldig ist. Um ihn zu beruhigen, wird mit ihm ein Verkaufsgespräch begonnen.

Verhaltensregeln

Siehe auch Lernfeld 2

Folgendes Vorgehen ist zu empfehlen:

* Es gilt der Grundsatz, dass der **Erstkunde** immer **Vorrang** hat.

* Sich beim Erstkunden **entschuldigen** und ihn um **Erlaubnis** bitten, sich um den zweiten Kunden (kurz) kümmern zu dürfen. Ein günstiger Zeitpunkt liegt immer vor, wenn der Erstkunde ohnehin mit der Ware beschäftigt ist.

* Den Anspruch des Zweitkunden ermitteln und ihn in eine Situation bringen, dass er eine Vorauswahl treffen oder sich mit einem Produkt **beschäftigen** kann. Man kündigt seine baldige Rückkehr an und entschuldigt sich.

* Bei der Rückkehr zum Erstkunden **bedankt** man sich für dessen Geduld.

Beispiel

In einem Textilfachgeschäft: Eine Kundin steht vor dem Spiegel und betrachtet die neue Hose. Sie hat noch eine weitere Hose zur Auswahl mit in die Kabine genommen. Eine zweite Kundin wendet sich an die Kundenberaterin:

Kundin 2:	„Können Sie mir einmal eben behilflich sein?"
Kundenberaterin:	*(Wendet sich an die 1. Kundin:) „Entschuldigen Sie, darf ich mich kurz um die Kundin kümmern?"*
Kundin 1:	„Ja, gerne." (zur 2. Kundin:) „Wie kann ich Ihnen behilflich sein?"
Kundin 2:	*„Ich suche eine helle Jeans in Größe 40."*
Kundenberaterin:	„Unsere Sommerjeans finden Sie dort links auf dem Ständer. Zu Ihrer Größe gibt es eine reichliche Auswahl. Wenn Sie sich schon einmal umschauen würden. Ich komme gleich wieder zu Ihnen."
Kundin 2:	*„Danke, ich schaue mir die Auswahl an."*
Kundenberaterin:	(zur 1. Kundin:) „Danke, dass Sie gewartet haben. Die dunkelblaue Hose passt perfekt. Wollen Sie die hellblaue auch noch anprobieren?" usw.

Doppelbedienung: gleichzeitige Bedienung von zwei Kunden

Vor allem in Geschäften mit **Selbstwahl** werden Verkaufsmitarbeiter während des Hochbetriebs oft von mehreren Kunden gleichzeitig angesprochen (**Mehrfachbedienung**). Dann ist es besonders wichtig, sich diesen schnell wechselnden Verkaufssituationen konzentriert und flexibel zu stellen. Dabei sollte die Verkaufsmitarbeiterin nicht nur warten, bis sie von Kunden angesprochen wird, sondern auch aktiv das Verhalten der Kunden beobachten und von sich aus auf Kunden mit Einkaufsproblemen zugehen.

Mehrfachbedienung: Mehrere Kunden werden in knappen Verkaufsgesprächen parallel beraten oder erhalten durch kurze Informationen die gewünschten Auskünfte.

Vorrang für Erstkunden			sich auf jeden Kunden einstellen
Entschuldigung/Erlaubnis holen	Doppel-bedienung →	**Verkauf bei Hochbetrieb**	
Zweitkunden beschäftigen/Rückkehr ankündigen		← Mehrfach-bedienung	Rat suchende Kunden ansprechen
Dank an Erstkunden			

Zusammenfassung

Verkauf bei Hochbetrieb	
Hochbetrieb:	vorzugsweise vor Feiertagen, an Wochenenden und anlässlich von Sonderaktionen sowie zu Saisonbeginn
Vorbereitung:	∗ Personaleinsatz erhöhen ∗ warenpflegerische Arbeiten vorziehen ∗ Warenträger rechtzeitig auffüllen
Wahrnehmung:	durch Blickkontakt und Zunicken Aufmerksamkeit signalisieren
Wartezeiten:	Kunden möglichst beschäftigen
Reihenfolge:	unbedingt einhalten; eventuell nachfragen
Arbeitsgeschwindigkeit:	an den Hochbetrieb anpassen; zügig, aber ohne Hektik
generelles Verhalten:	trotz schwieriger Situation freundlich bleiben, Überblick behalten
Doppelbedienung:	gleichzeitige Bedienung von zwei Kunden
∗ **Regeln:**	∗ Erstkunde hat Vorrang. ∗ Zweitkunden beschäftigen, Rückkehr ankündigen ∗ sich entschuldigen, Erlaubnis einholen ∗ beim Erstkunden bedanken
Mehrfachbedienung:	Mehrere Kunden kurz parallel beraten oder knappe Informationen geben
∗ **Regeln:**	∗ sich flexibel auf die verschiedenen Kunden einstellen ∗ Rat suchende Kunden auch aktiv ansprechen

4   Kunde in Begleitung

■ Gründe für einen gemeinsamen Einkauf

Es gibt verschiedene Gründe, warum Kunden mit einem Begleiter das Geschäft betreten.

* Partner kaufen gerne zusammen ein und empfinden einen Einkauf als gemeinsames Erlebnis.

* Partner kaufen zusammen ein, aber nur ein Partner ist am Kauf interessiert.

* Über den Kauf höherwertiger und/oder langlebiger Produkte treffen Partner/Familienangehörige eine gemeinsame Entscheidung.

* Kinder werden beim Einkauf von Spielsachen, Kinderbekleidung u. Ä. von ihren Eltern oder einem Elternteil begleitet, weil die Unterstützung beim Einkauf notwendig ist.

* Kunden bringen fachmännische Unterstützer mit in das Verkaufsgespräch ein, weil sie sich wegen des Produkts oder aus geschmacklichen Gründen unsicher fühlen.

Verkaufssituationen
Grundsätzlich lässt sich zwischen drei Arten von Kundeneinkäufen in Begleitung unterscheiden:

1. **Ein Kunde kauft für den Begleiter**
   Bei dem Begleiter handelt es sich häufig um den Partner oder um ein Kind (das kann auch ein Jugendlicher sein). Ältere Menschen werden ebenfalls oft von Begleitern beim Einkauf unterstützt.

2. **Der Kunde und der Begleiter kaufen gemeinsam**
   Auch hier sind es vorzugsweise Partner. Es kann sich aber auch um Freunde oder um Verwandte handeln.
   Zwei Fälle sind zu unterscheiden:

   * Der Begleiter ist am Einkauf interessiert (z. B. kauft ein Paar gemeinsam einen Schrank ein).

   * Der Begleiter zeigt kein oder wenig Interesse (z. B. interessiert sich der Ehemann nicht für das Dekorationsmaterial, das seine Frau zur Verschönerung der Wohnung einkauft).

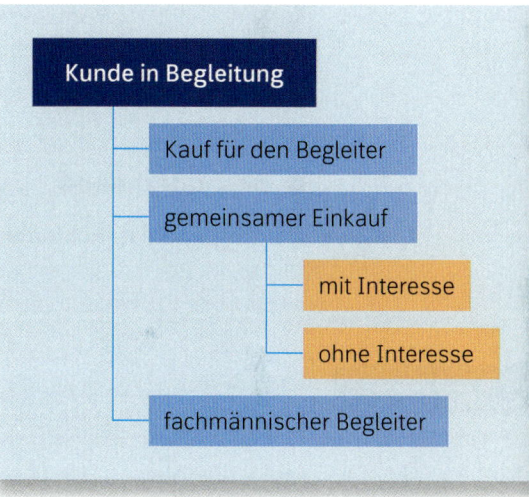

3. **Der Begleiter ist fachmännischer Einkaufsberater**
   Häufig ist es ein Freund oder ein Bekannter, der die Kaufentscheidung unterstützen soll.

■ Grundlegende Verhaltensweisen

In allen drei Fällen (mit Ausnahme des nicht interessierten Begleiters) hat der Kundenberater vor allem eine wichtige Aufgabe:

Kunde und Begleiter müssen zufriedengestellt werden.

Folglich sind auch Kunde und Begleiter in der Verkaufsargumentation über den Nutzen zu informieren, den das Produkt erbringt. Am Ende des Verkaufsgesprächs müssen beide vom Produktwert überzeugt sein. Im Einzelnen ist folgendes Vorgehen zu empfehlen:

* Zu Beginn des Verkaufsgesprächs sollte sofort mit beiden Kunden **Kontakt** aufgenommen werden, d. h., beide sind zu begrüßen und zu beiden wird Blickkontakt gesucht.

* Die **Anspruchsermittlung** muss ebenfalls beide Kunden einschließen.

Ein Paar betritt die Textilabteilung eines Warenhauses.   Beispiel

Kundenberater: „Guten Morgen, was kann ich für Sie tun?" (Der Blick des Kundenberaters wechselt von Kunde 1 zu Kunde 2.)

Beispiel

Kunde 1 „Wir suchen einen Jogginganzug für meinen Mann. Er sollte aber nicht wie ein Trainings-anzug aussehen."

Kundenberater: (zu Kunde 2) „Ich kann Ihnen Freizeitanzüge in dezenter Farbgebung zeigen und etwas sport-lichere Jogginganzüge, z. B. diesen in Marine-Weiß-Rot mit durchgehendem Reißverschluss im Oberteil, Schubtaschen mit Reißverschluss sowie Kontraststreifen an den Ärmeln."

Kunde 2: „Ja, ein bisschen sportlich soll er schon ausschauen, aber vielleicht nicht so bunt."

* In der **Verkaufsargumentation** müssen beide Kunden gleichmäßig beachtet und in ihren Meinungen be-rücksichtigt werden.

* Auch bei der **Warenvorlage** sollten beide Kunden Gelegenheit erhalten, das Produkt anzusehen, es an-zufassen und eventuell auszuprobieren.

* Bei **Meinungsverschiedenheiten** in Bezug auf das Produkt muss der Kundenberater sich bemühen, unter den Beteiligten zu vermitteln. Bei Streitigkeiten sollte er sich aber nicht einmischen.

Beispiel

Ein Ehepaar befindet sich in einem ausgiebigen Beratungsgespräch über eine Kücheneinrichtung.

Kundin: „Also diese Arbeitsplatte aus Granit gefällt mir am besten."

Kunde: (heftig) „Das ist doch viel zu teuer. Die Küche kostet am Ende ein Vermögen."

Kundin: „Wenn du dich auch nur einmal an der Küchenarbeit beteiligen würdest, wüsstest du, wie wichtig eine gute Kücheneinrichtung ist."

Kundenberater: „Ich glaube, wir haben uns jetzt alle eine Tasse Kaffee verdient. Ich bin gleich wieder bei Ihnen."

■ Besonderheiten

Der Begleiter ist fachmännischer Einkaufsberater
In diesem Fall ist es wichtig, dem Fachmann (auch wenn er sich nur dafür hält) das Gefühl zu vermitteln, dass er auch als Experte anerkannt wird.

Beispiel

Eine junge Frau wird beim Kauf eines Laptops von einem Mann begleitet, den sie als fachmännischen Ein-kaufsberater mitgebracht hat.

Kundenberater: „Als Festplatte steht Ihnen auch eine schnelle SSD-Platte zur Verfügung. Dann starten z. B. die Programme auf dem Laptop erheblich schneller."

Fachmann: „Du solltest besser eine normale Festplatte wählen. Die SSD-Platten haben nur eine gerin-ge Kapazität und sind oft sehr teuer."

Kundenberater: „Sie haben recht, in der Vergangenheit war die SSD-Plattenkapazität begrenzt. Mittler-weile können Sie aber eine Platte mit einer Kapazität von 500 Gigabyte zu einem akzep-tablen Preis einbauen.

Der Begleiter zeigt kein Interesse
Zeigt ein Begleiter kein Interesse an dem Verkaufsgespräch, sollte der Verkaufsmitarbeiter

* ein begleitendes Kind altersgemäß beschäftigen (Spielecke, Malbuch u. Ä.),

* einem begleitenden Ehepartner, Freund oder einer sonstigen Person einen Platz – sofern vorhanden – anbieten oder z. B. auf eine eventuell vorhandene Cafeteria hinweisen.

Allerdings kann auch ein nicht interessierter Begleiter manchmal verkaufsaktiv in das Gespräch einbezogen werden.

Beispiel

Eine Kundin, begleitet von ihrem Partner, sucht ein Parfüm.

Kundenberaterin: „Dieser Damenduft von Escada hat eine leicht blumige und trotzdem erfrischende Richtung. Ich sprühe Ihnen einmal eine Probe auf diesen Duftstreifen."

Kundin:	*„Oh ja, das riecht sehr gut – gefällt mir wirklich ausgezeichnet."*
Kundenberaterin:	(Während die Kundin den Duft weiter testet, wendet sich die Kundenberaterin an den Partner:) „Zu diesem Damenduft ist vor kurzem die passende Herrenserie herausgekommen mit einer frisch-würzigen Linie. Darf ich Ihnen eine Probe aufsprühen?"
Kunde:	*„Nur zu – wenn es meiner Frau so gut gefällt, probiere ich's mal."*

Entscheider

Kunde und Begleiter sind im Verkaufsgespräch – so wurde oben formuliert – gleichberechtigt zu beachten. Trotzdem ist häufig eine Person der eigentliche Entscheider. Letztlich entscheiden z. B. Eltern, welches Produkt für ihr Kind gekauft wird. Die Kundenberaterin muss daher im Verlauf des Verkaufsgesprächs herausfinden, wer der eigentliche Entscheidungsträger ist. In der Schlussphase, wenn die Kaufentscheidung ansteht, hat der Kundenberater dann die Zustimmung des Entscheiders sicherzustellen.

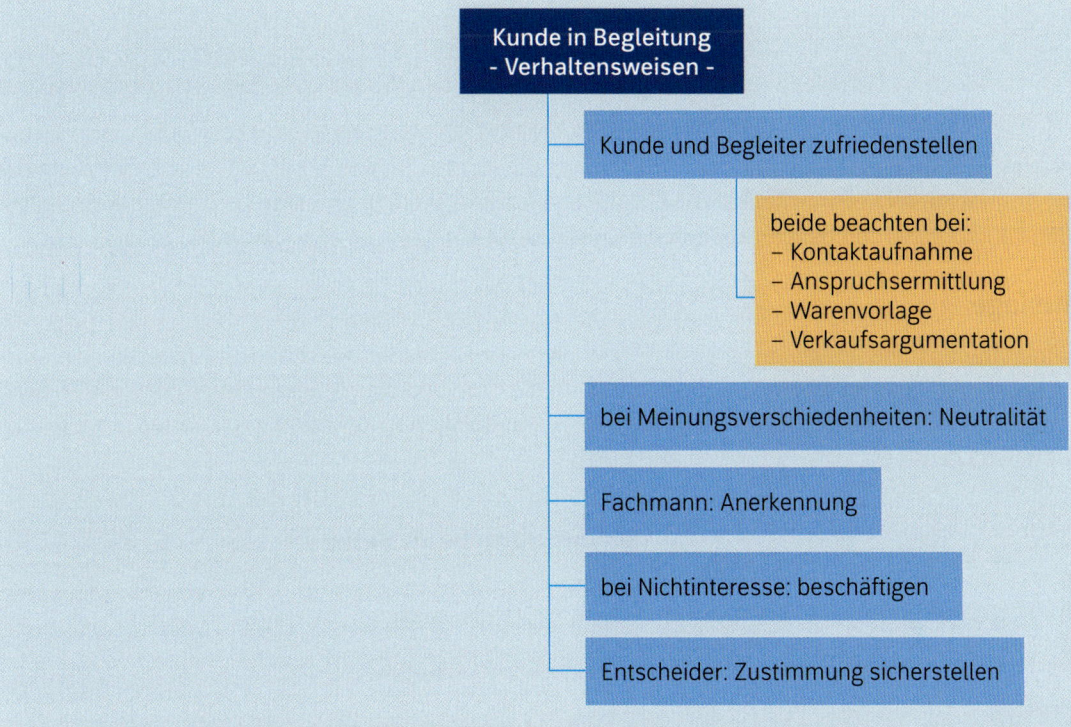

Zusammenfassung

Kunde in Begleitung		
Gründe:	gemeinsamer Einkauf von Partnern, Einkauf mit Kindern, Freunden, Verwandten	
Situationen:	* Kunde kauft für den Begleiter. * Kunde und Begleiter kaufen gemeinsam. * Begleiter ist fachmännischer Einkaufsberater.	
Verhaltensweisen:	Kunde und Begleiter müssen zufriedengestellt werden. Kontaktaufnahme mit beiden Kunden beide Kunden in die Anspruchsermittlung einbeziehen Warenvorlage und Verkaufsargumentation richten sich an Kunde und Begleiter. Meinungsverschiedenheiten: neutral bleiben	
Besonderheiten:	Fachmann als Begleiter:	* ihn als Fachmann anerkennen * auch den Nichtfachmann wertschätzen
	Begleiter ohne Interesse:	* Kinder beschäftigen * Partner/Freunde: z. B. Platz anbieten
Entscheider:	Zustimmung des Entscheiders zur Kaufentscheidung sicherstellen	

5   Verkauf bei Ladenschluss

■ Ursachen

Die Ladenöffnungszeiten sind in den letzten Jahren stetig verlängert worden, sodass heute vielfach z. B. im Lebensmitteleinzelhandel bis 21:00 Uhr eingekauft werden kann. Trotzdem kommt es vor, dass Kunden erst kurz vor Ladenschluss ein Geschäft betreten.

Beispiele

Welche Gründe können vorliegen?

* Viele Arbeitnehmer kommen aufgrund ihrer Arbeitszeiten und der Fahrtzeit von der Arbeitsstelle oft erst spät nach Hause.

* Kunden haben z. B. durch Kinderbetreuung wenig Zeit und nutzen dann die Abendstunden zum Einkauf. Oder sie haben ihren Einkauf zeitlich falsch eingeplant.

* Kunden haben einzelne Produkte beim Einkauf vergessen oder stellen unerwartet Fehlmengen fest.

* Kunden interessieren sich nicht für Ladenöffnungszeiten und den Wunsch der Verkaufsmitarbeiter nach pünktlichem Feierabend.

Bei Ladenschluss halten sich aber auch regelmäßig Kunden im Verkaufsraum auf, die bereits frühzeitig das Geschäft betreten haben und nun noch ihren Einkauf beenden müssen. In größeren Geschäften weisen deshalb häufig Lautsprecherdurchsagen auf den Verkaufsschluss hin.

■ Rechtslage

Spätkunden = Kunden, die ein Geschäft kurz vor Ladenschluss betreten.

Die einzelnen Bundesländer legen eigenständig fest, wann Einzelhandelsgeschäfte geschlossen sein müssen. In den meisten Ländern dürfen Geschäfte rund um die Uhr verkaufen. Allerdings wird davon nur in geringem Umfang Gebrauch gemacht. Allenfalls große Handelsketten und Einkaufszentren haben über 20:00 Uhr hinaus geöffnet.

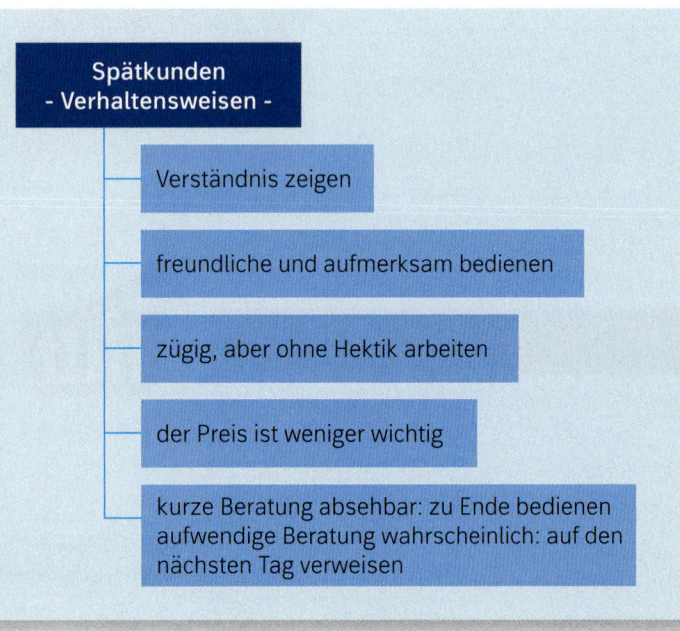

■ Verhalten beim Verkauf

* Zum Ärger des Verkaufspersonals verzögern Spätkunden den Feierabend. Dennoch dürfen Verkaufsmitarbeiter nicht widerwillig reagieren, sondern müssen Verständnis für den Kunden zeigen und auch in diesem Fall **freundlich und aufmerksam** bedienen.

* Vielfach ist den Kunden ihre Situation bewusst und sie sind für eine zuvorkommende Bedienung besonders dankbar. Späte Kunden sind in der Regel in Eile, entschließen sich daher schneller zum Kauf und achten weniger auf den Preis.
  Gerade bei späten Kunden ist die Chance auf einen erfolgreichen Kaufabschluss also besonders hoch, wenn man sie **zügig**, aber **ohne Hektik** bedient.

* Wünschen Kunden allerdings kurz vor Ladenschluss eine ausführliche Beratung, so sollte freundlich auf das anstehende Ende der Ladenöffnungszeit und die Möglichkeit zu einer ausführlichen Beratung während der üblichen Geschäftszeiten hingewiesen werden.

Beispiel

* „Leider schließen wir jetzt, doch morgen sind wir wieder ab 09:00 Uhr für Sie da. Wenn Sie eine ausführliche Beratung wünschen, stehen wir Ihnen gerne montags bis freitags von 09:00 Uhr bis 20:00 Uhr und samstags von 09:30 Uhr bis 18:00 Uhr zur Verfügung."

* Ist es auffällig, dass einzelne Kunden regelmäßig erst kurz vor Ladenschluss das Geschäft betreten und eine Beratung wünschen, so können diese freundlich auf die Geschäftszeiten hingewiesen werden.

Verkauf bei Ladenschluss	
Ursachen:	Arbeitszeiten der Kunden, Zeitmangel, Fehlmengen, Nachlässigkeit
Rechtslage:	Bundesländer legen fest, wann Geschäfte geschlossen sein müssen
Verhaltensregeln:	* Verständnis zeigen * freundlich und aufmerksam bedienen * zügig, aber ohne Hektik * Der Preis ist weniger wichtig. * kurze Beratung absehbar: zu Ende bedienen aufwendige Beratung zu erwarten: Verweis auf den nächsten Tag

6 Geschenkverkauf

Der Geschenkverkauf ist vielfach mit besonderen Schwierigkeiten verbunden, weil das Produkt dem Geschenkempfänger gefallen muss, der Geschenkkäufer aber häufig nur unzureichend über die Interessen des Beschenkten Bescheid weiß. Vielen Kunden mangelt es auch einfach an Geschenkideen; sie nehmen daher gern die Hilfe eines sachkundigen Kundenberaters in Anspruch.

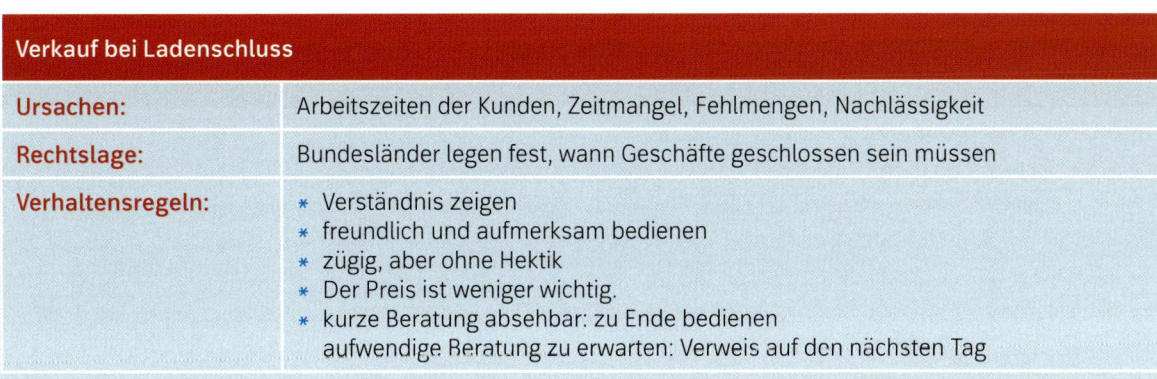

■ Regeln

Die Regeln beziehen sich auf den schwierigsten Teil des Geschenkverkaufs, die **Anspruchsermittlung**.

Über eine weite **Eröffnungsfrage** erfährt der Verkaufsmitarbeiter im Regelfall den Anlass und die Person, die beschenkt werden soll.

Mit einer weiten **Eingrenzungsfrage** wird das Gespräch fortgesetzt. Sie hat das Ziel, Näheres über den Geschenkempfänger zu erfahren, z. B. über seine Wünsche, Neigungen und Hobbys.

„Für welche Sportart interessiert sich Ihr Sohn besonders?"
„Würden Sie mir bitte sagen, welche Hobbys Ihre Freundin hat?"
Oder als Denkanstoß (Impuls):
„Vielfach sind Frauen an Sammelstücken, zum Beispiel Gläsersets oder Ähnlichem interessiert, die man laufend ergänzen kann."

Kann der Kunde seinem Kaufwunsch bereits eine bestimmte Richtung geben, hilft die (weite) **Zweckfrage** dabei, einem möglichen Geschenk näherzukommen.

* „Sagen Sie mir bitte, in welchem Stil und in welcher Holzart die Wohnung Ihrer Schwester eingerichtet ist."

* „Was fehlt denn noch an Ihrem Auto? Legt Ihr Mann mehr auf das Äußere Wert oder ist er eher an technischen Dingen interessiert?"

Eingrenzungsfrage: Frage, durch die die Produktauswahl eingegrenzt werden soll.

Zweckfrage: Frage, durch die der Verwendungszweck eines Produkts in Erfahrung gebracht werden soll.

Siehe auch Anspruch-
sermittlung Lernfeld 2

■ Anspruchsermittlung beim Geschenkverkauf

Verkaufsgespräch	Fragen
In einem Kinderfachmarkt	
Eine Kundin betritt das Geschäft und wendet sich an eine Kundenberaterin:	
Kundenberaterin: „Guten Morgen, wie kann ich Ihnen behilflich sein?"	1. weite Eröffnungsfrage
Kundin: *„Guten Morgen. Ich suche für meine Enkeltochter zum dritten Geburtstag ein Geschenk."*	
Kundenberaterin: „Können Sie mir sagen, womit Ihre Fnkelin besonders gerne spielt oder was sie gerne macht?	2. weite Eingrenzungsfrage
Kundin: *„Ja, sie hilft ihrer Mutter gerne im Haushalt, macht alles nach, was an Hausarbeiten anfällt.*	
Kundenberaterin: „Würde sie sich vielleicht für Küchengeräte interessieren, mit denen man die Essenszubereitung spielerisch erlebt?"	3. Zweckfrage
Kundin: *„Das wäre was. Aber so ein Küchenset mit Tellern, Messern, Gabeln usw. hat sie schon."*	
Kundenberaterin: „Vielleicht wäre ein Kinder-Backofen für Ihre Enkelin geeignet. Damit können Kinder sehr realitätsnah Gerichte backen, z. B. ein Pizza."	
Kundin: *„Ja, das würde ihr bestimmt gefallen."*	
Kundenberaterin: „Da kann ich Ihnen hier einige interessante Modelle zeigen. usw.	

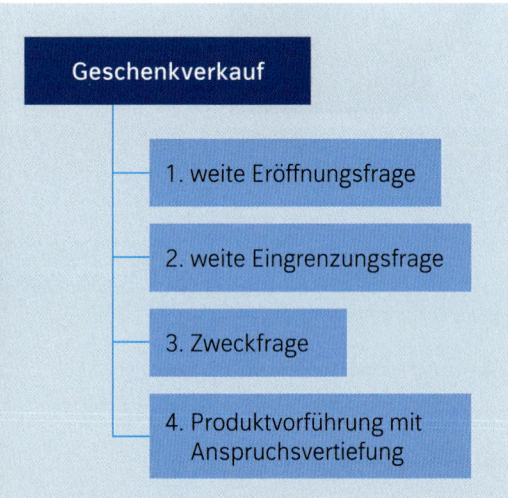

Nach der Zweckfrage werden dem Kunden aus der Fülle der Möglichkeiten konkrete **Produktvorschläge** unterbreitet mit dem Ziel, seine Ansprüche genauer zu erfassen (**Anspruchsvertiefung**). Durch aufmerksame Beobachtung der Reaktion des Kunden gewinnt der Kundenberater weitere Informationen über die Ansprüche des Geschenkkäufers, aber auch über die des Geschenkempfängers.

Am Ende der Anspruchsermittlung sollte der Verkaufsmitarbeiter Klarheit über folgende Punkte haben:

* Wer wird beschenkt (**Person**)?

* Zu welchem **Anlass** (Zweck) soll das Geschenk übergeben werden?

* Welche **Interessen, Hobbys, Wünsche** hat der Geschenkempfänger?

* Evtl. kennt der Verkaufsmitarbeiter auch eine **Preisobergrenze**. Sie sollte aber nicht direkt erfragt werden, damit die Auswahl nicht von vornherein eingeschränkt wird.

Die **sofortige Warenvorlage** empfiehlt sich, wenn der Kunde schon konkretere Vorstellungen vom Geschenk hat. Häufig gelingt es auch, die Wünsche des Geschenkempfängers mit einer weiten Frage so weit einzugrenzen, dass nur noch Artikel aus einer bestimmten Warengruppe infrage kommen.

Typische Ansprüche beim Geschenkverkauf:

* **Zweckmäßigkeitsüberlegungen** können eine wichtige Rolle spielen (z. B. ein Hochzeitsgeschenk für die Tochter).

* Auch das **Geltungsbedürfnis** kann im Vordergrund stehen (das Geschenk muss „nach etwas aussehen", z. B. das Hochzeitsgeschenk für den entfernten Verwandten).

* Vom Geschenkanlass kann auch häufig auf eine gewisse **Preisobergrenze** geschlossen werden, z. B. bei (preisgünstigen) Geschenken für Kinder. Gelegentlich nennen die Kunden diese Preisobergrenze auch (z. B. „Ich suche ein Geschenk für ein Mitglied unseres Tennisklubs. Es darf aber nicht mehr als 40,00 € kosten.").

Der Geschenkverkauf erfordert intensive **Überzeugungsarbeit** einer Kundenberaterin, da viele Kunden unsicher sind, ob sie das richtige Geschenk erworben haben. In der Verkaufsargumentation ist folglich eine sorgfältige Beweisführung erforderlich, die die Eignung des Produkts für den Geschenkanlass deutlich macht und den Nutzen betont, den der **Geschenkempfänger** durch das Produkt erhält.

Kaufbeschleunigung

Bleibt der Kunde unsicher, ob er das richtige Geschenk gefunden hat, können ihm noch folgende Angebote gemacht werden:

* Kauf eines **Geschenkgutscheins** anstelle eines konkreten Produkts. Damit macht der Schenkende nichts falsch, weil nun der Beschenkte nach seinen eigenen Vorstellungen einkaufen kann. Allerdings ist es eine Notlösung, weil ein Gutschein nicht so wertig ist, wie ein konkretes Geschenk.

* Man bietet dem Kunden an, das Geschenk innerhalb einer bestimmten Frist **umzutauschen**, falls es dem Beschenkten nicht gefällt.

Heute ist es selbstverständlich, Geschenke durch eine **Geschenkverpackung** aufzuwerten.

Zusammenfassung

Geschenkverkauf		
Besonderheit:	Kunden sind oft unsicher, kennen die Interessen des Geschenkempfängers nicht genau.	
Anspruchsermittlung:	1. weite Eröffnungsfrage 2. weite Eingrenzungsfrage 3. Zweckfrage 4. Produktvorführung und Anspruchsvertiefung	
Eingrenzungsfrage:	Sie verringert die infrage kommende Produktauswahl.	
Zweckfrage:	Durch sie erfährt der Verkaufsmitarbeiter den Verwendungszweck eines Produkts.	
notwendige Informationen:	* Geschenkempfänger (Person) * Anlass (Zweck)	* Interessen, Hobbys, Wünsche * evtl. Preisobergrenze
typische Ansprüche:	* zweckmäßig * auffällig	* preisgünstig * innerhalb einer Preisgrenze
Kaufbeschleunigung:	* Geschenkgutschein * Umtauschmöglichkeit	
Geschenkverpackung:	notwendige Serviceleistung eines Einzelhandelsgeschäftes	

7 Besorgungskauf

■ Rechtslage

Von Besorgungskauf spricht man, wenn Kunden nicht für sich selbst einkaufen, sondern im Auftrag eines Dritten handeln. Der Kunde tritt hier als **Bote** auf, der den Kaufwunsch seines „Auftraggebers" weiterleitet. Ist der Kunde **geschäftsfähig**, wird zwar ein rechtsgültiger Kaufvertrag zwischen dem Boten und dem Einzelhändler abgeschlossen, im Verkaufsgespräch ist aber zu beachten, dass der eigentliche Nutzer der Ware im Hintergrund bleibt.

Übernehmen **geschäftsunfähige** Kinder diese Botenaufgabe, entsteht der Kaufvertrag zwischen dem Auftraggeber (z. B. der Mutter) und dem Einzelhändler.

Einkaufszettel
1 l Milch
1 Pfd Quark
4 x Joghurt (Vanille)
1 Pfd Birnen
1 Ananas (Angebot)
2 D. Thunfisch
1 P. Kräuterquark
1 Pfd Gouda (alt)
4 Schnitzel

Besorgungskauf: Einkauf im Auftrag eines Dritten

Bote geschäftsfähig: Kaufvertrag zwischen Einzelhändler und Bote

Bote geschäftsunfähig: Kaufvertrag zwischen Einzelhändler und Auftraggeber

■ Waren lediglich aushändigen oder den Kunden beraten?

Aus Sicht des Einzelhändlers ist der Besorgungskauf eines Kunden ein Besorgungs**ver**kauf, nämlich der Verkauf eines Produkts an einen Boten.

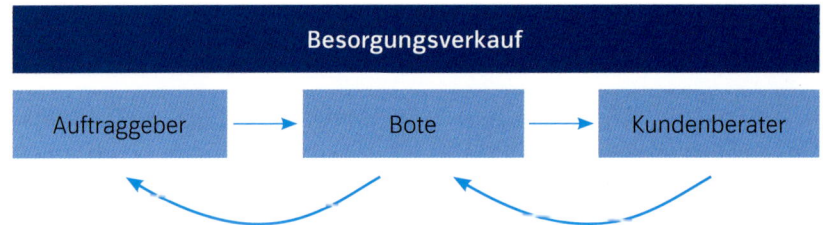

Diesen Verkauf kann man aktiv gestalten. Händigt der Kundenberater die gewünschte Ware lediglich (stumm) aus, nutzt er nicht alle Verkaufschancen, die auch in einer Botensituation stecken. Denn der Bote gibt nicht nur Informationen vom Auftraggeber an den Einzelhändler weiter, er kann – umgekehrt – auch Informationen des Kundenberaters an den Auftraggeber weiterleiten.

Es ist daher angebracht, zusätzlich zum Verkauf des gewünschten Produkts Zusatzinformationen zu geben.

Beispiel

* Informationen über Neuheiten, Ergänzungsprodukte oder Besonderheiten in der Handhabung der Ware
* Prospektmaterial, Proben, Muster
* aktuelle Preislisten, Sonderangebote
* eine Hauszeitschrift usw.

Darüber hinaus kann es sinnvoll sein, dem Boten wichtige Informationen zum Produkt mitzuteilen, damit das Produkt z. B. korrekt genutzt werden kann oder Reklamationen vorgebeugt wird.

Beispiele

Kundenberaterin: „Sagen Sie Ihrer Frau bitte, dass der Topf aus Gusseisen vor der ersten Verwendung mit etwas Öl eingebrannt werden muss. In der Gebrauchsanweisung wird das Einbrennen genau beschrieben."

Stehen sich Auftraggeber und Bote nahe, ist das Verkaufsgespräch vielleicht der Anfang eines (aktuellen oder zukünftigen) Geschenkverkaufs, weil dem Boten Perspektiven für mögliche Geschenke eröffnet werden. Im Einzelfall kann das Verkaufsgespräch auch Anlass sein, Verständnis beim Boten für die Kaufwünsche des Auftraggebers zu wecken, weil z. B. eine Ehefrau den Vorstellungen ihres Partners bei technischen Produkten nicht folgen will.

Grundsatz: Auch Besorgungsverkäufe verlangen eine verkaufsaktive Lösung.

■ Kaufwunsch unklar?

Im Regelfall erhält der Bote von seinem Auftraggeber genaue Anweisungen, welche(s) Produkt(e) er einkaufen soll.

Beispiele

* Ein Kind erhält einen Einkaufszettel mit einer Auflistung der einzukaufenden Waren.
* Dem Boten wird das Produkt schriftlich oder mündlich genau bestimmt.

Oft zeigt sich aber im Geschäft, dass die Produktvielfalt groß, die Produktbeschreibung unzureichend oder das Produkt in der beschriebenen Form gar nicht erhältlich ist.

Dann ist es aber erforderlich, die Ansprüche des Auftraggebers zu kennen. Der Kundenberater muss demnach bemüht sein, diese Ansprüche herauszufinden. Zweckfragen (z. B. „Wofür will Ihr Mann diese Farbe vor allem verwenden?") veranlassen den Boten, nähere Auskünfte zu geben, die dann die Grundlage für ein Beratungsgespräch darstellen.

Siehe auch Geschenkverkauf Seite 219

In diesem Fall ähnelt der Besorgungsverkauf einem **Geschenkverkauf**, bei dem auch die Ansprüche eines Dritten herausgefunden werden müssen.

Besorgungskauf	
Besorgungskauf:	Einkauf im Auftrag eines Dritten
Bote geschäftsfähig:	Kaufvertrag zwischen Einzelhändler und Bote
Bote geschäftsunfähig:	Kaufvertrag zwischen Einzelhändler und Auftraggeber
Besorgungsverkauf:	Verkauf an einen Boten (Sicht des Einzelhändlers)
Grundsatz:	Auch Besorgungsverkäufe verlangen eine verkaufsaktive Lösung, z. B.
	<table><tr><td>* Informationsmaterial * Prospekte * Preislisten, Sonderangebote</td><td>* Hauszeitschrift * wichtige Produktinformationen</td></tr></table>
Kaufwunsch unklar:	Verhaltensweisen wie beim Geschenkverkauf

Zusammenfassung

8 Reklamation und Umtausch

8.1 Probleme in der Praxis

Reklamationen sind Beschwerden von Kunden über fehlerhafte Ware oder falsche Beratung, wenn z. B. falsche Pflegehinweise gegeben oder Liefertermine nicht eingehalten werden.

Kundenorientierung ist heute die wichtigste Leitlinie im Einzelhandel, um im Wettbewerb zu überleben. Bei einer Störung im Verhältnis zum Kunden ist daher besondere Sorgfalt angebracht. Der Einzelhändler muss sich bemühen, die gestörte Beziehung zum Kunden wieder zu stabilisieren und das alte Vertrauensverhältnis zurückzugewinnen.

Reklamationsbehandlungen werden von Verkaufsmitarbeitern oft als schwierig empfunden. Wo liegen die Probleme vor allem begründet?

* **Kunden** fühlen sich häufig von fehlerhafter Ware oder falscher Beratung stark persönlich betroffen. Es entsteht schnell eine emotional aufgeladene Atmosphäre, die vom Kundenberater psychologisches Einfühlungsvermögen verlangt. Vor allem müssen die Gefühle des Kunden gedämpft werden, damit man sachlich miteinander sprechen kann.

* **Verkaufsmitarbeiter** fühlen sich – zu Recht – als Interessenwahrer des Einzelhandelsgeschäfts. Leider empfinden sie Reklamationen häufig als persönlichen Angriff, den es abzuwehren gilt. Der reklamierende Kunde wird als Störenfried angesehen, dem man am besten eigenes Fehlverhalten vorwirft, um die Beschwerde abwenden zu können. Nicht selten wird aus einem Reklamationsgespräch dann ein Streitgespräch.

* **Einzelhandelsbetriebe** fürchten, dass allzu großzügiges Verhalten in Reklamationsfällen die Kunden ermuntert, möglichst häufig zu reklamieren und überzogene Ansprüche zu stellen. Die Folge ist ein abwartend-zögerlicher und eher abwehrender Umgang mit reklamierenden Kunden.

Es gibt aber auch Einzelhändler, die eine Kundenbeschwerde als **Chance** sehen, sich in den Augen des Kunden als großzügig und kundenorientiert darzustellen. Sie hoffen dadurch, den Kunden noch stärker an sich zu binden. Manche Einzelhändler akzeptieren deshalb sogar Reklamationen von Artikeln, die gar nicht bei ihnen gekauft worden sind. Sie lassen sich von der Überlegung leiten, dass sich Großzügigkeit langfristig auszahlt. „**Beschwerdemanagement**" ist für sie Teil der Verkaufsförderung und Kern einer Kundenbindungsstrategie.

Siehe auch Lernfeld 12

Reklamation: Beschwerde von Kunden über fehlerhafte Ware oder falsche Beratung

8.2 Reklamation fehlerhafter Ware

■ Rechtliche Situation

Der Kunde hat beim Kauf Anspruch auf mangelfreie Ware. Stellt sich an der Ware ein Fehler ein, den der Kunde z. B. nach einigen Tagen entdeckt, kann er sich an den Einzelhändler wenden und nach seiner Wahl zunächst folgende Rechte auf Nacherfüllung geltend machen:

* Reparatur der Ware (**Nachbesserung**) oder
* neue Ware (**Ersatzlieferung**)

Siehe auch
mangelhafte Lieferung
Seite 60

1. Stufe:
Vorrangige Rechte
2. Stufe:
Nachrangige Rechte

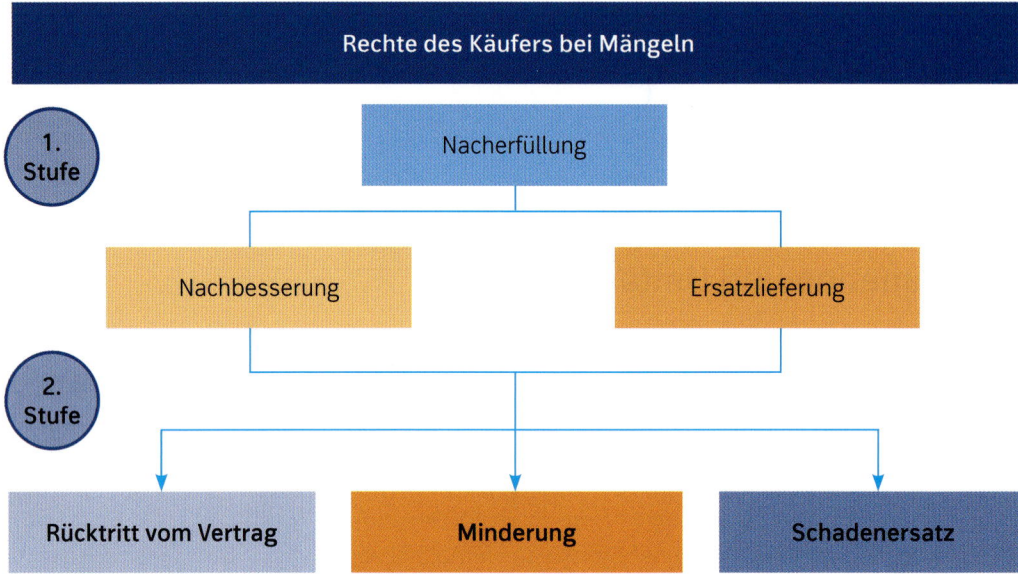

Gelingt die Reparatur nicht und kann der Einzelhändler kein Ersatzprodukt zur Verfügung stellen (weil es sich z. B. um Saisonware handelt, die nicht mehr lieferbar ist), kann der Kunde nun:

* vom Vertrag **zurücktreten** (er bekommt dann sein Geld zurück),

* mit dem Einzelhändler einen **Preisnachlass** (Minderung) aushandeln (wenn der Mangel z. B. nicht sehr bedeutsam ist) oder

* eventuell auch einen **Schadenersatz** fordern, falls dem Kunden wirklich durch den Fehler am Produkt ein Schaden entstanden ist.

Die Verpflichtung des Einzelhändlers zur Nacherfüllung besteht allerdings nicht, wenn der Kunde den Mangel bereits vor dem Kauf kannte. Dies ist möglich, wenn die Ware beispielsweise als **1b-Ware** oder als **II. Wahl** gekennzeichnet wurde.

Ein Einzelhändler wird eine Reklamation in der Regel auch ablehnen, wenn der Mangel durch einen Fehler des Kunden entstanden ist (z. B. falsche Handhabung, falsche Pflege). Der Ablauf der Gewährleistungsfrist (siehe unten) ist außerdem für viele Einzelhändler ein Grund, dem reklamierenden Kunden nicht entgegenzukommen.

■ Verhaltensweisen

Jeder Einzelhändler muss für seinen Betrieb und für seine Mitarbeiter Regeln aufstellen, wie mit Kundenreklamationen umgegangen werden soll, damit nach außen eine gewisse Einheitlichkeit sichtbar wird und die Kunden eine Gleichbehandlung erkennen können. Nachfolgend werden Regeln vorgestellt, die sich durch eine hohe Kundenorientierung auszeichnen.

Kundenorientierte Reklamationsbehandlung

1. Den reklamierenden Kunden ins Büro oder in eine ruhige Ecke des Verkaufsraums führen, möglichst einen Platz anbieten.

2. Der Kunde erhält ausführlich Gelegenheit, sein Problem darzulegen.

3. Der Kundenberater bemüht sich, die Empfindungen des Kunden zu formulieren und dadurch Verständnis sichtbar zu machen. Er bedauert zunächst einmal, dass der Kunde das Problem hat.

4. Der Kundenberater entwickelt einen **Lösungsvorschlag**, der den Kunden zufriedenstellt.

5. Erst jetzt wird die **Berechtigung** der Reklamation geprüft (Kassenbon, Gewährleistungsfrist, Garantie).

6. Ist die Reklamation unberechtigt (z. B. wegen des Ablaufs der Gewährleistungsfrist), wird auf dem Kulanzweg eine großzügige Lösung geprüft. Ist – in Ausnahmefällen – eine Ablehnung der Reklamation notwendig, wird sie sorgfältig begründet.

Es gilt der Grundsatz:
Zunächst ist der Kunde zufriedenzustellen, dann ist die Berechtigung der Reklamation zu prüfen.

In einem Sportfachgeschäft		Erläuterungen	*Beispiel*
Kunde:	„Meine Frau hat vor vier Wochen diese Fußballschuhe für unseren Sohn gekauft. Nun löst sich jetzt bereits die Sohle."		
Kundenberaterin:	*„Das ist für Sie natürlich sehr ärgerlich. Würden Sie mir bitte dort drüben zu dem Tisch folgen. Dort kann ich alles aufschreiben."*	Der reklamierende Kunde wird abseits vom Kundenstrom in eine ruhige Ecke geführt.	
Kunde:	„Mein Sohn hat die Schuhe zwar intensiv genutzt und Sie wissen ja, wie Jungs so sind. Es geht schon mal ein wenig rau zu. Aber nach so kurzer Zeit können die Schuhe ja noch nicht kaputt sein. Außerdem braucht er seine Fußballschuhe dringend."	Er erhält Gelegenheit, sein Problem darzulegen.	
Kundenberaterin:	*„Sie haben recht, Fußballschuhe müssen das aushalten. Ihr Sohn war sicherlich sehr enttäuscht. Das tut mir sehr leid. Wir wollen auch schnell eine Lösung finden."*	Die Kundenberaterin versetzt sich in die Situation des Kunden, bringt ihr Bedauern zum Ausdruck und kündigt eine schnelle Lösung des Kundenproblems an.	
	(Die Kundenberaterin betrachtet den fehlerhaften Schuh und sieht, dass es ein Modell aus dem Geschäft ist.)		
	„Wir haben das gleiche Modell noch einmal. Wir könnten gleich in die Sportschuhabteilung gehen, wo Sie ein neues Paar mitnehmen. Den defekten Schuh würden wir beim Hersteller reklamieren. Es wäre für mich am einfachsten, wenn Sie mir den Kassenbon geben könnten."	Sie unterbreitet dem Kunden einen Lösungsvorschlag, der aber auch noch verändert werden kann („könnten", „würden"). Erst jetzt bittet sie um den Kassenbon.	
Kunde:	„Sehr schön. Den Kassenbon habe ich extra wieder herausgesucht – bitte schön."	Die Berechtigung der Reklamation wird geprüft.	
Kundenberaterin:	*„Danke." (Prüft den Kassenbon.) „Alles in Ordnung. Wir können jetzt die Schuhe aussuchen."*		

usw.

Sollte der Kunde den Kassenbon nicht vorlegen können und bestünden Zweifel, ob die Schuhe im Geschäft gekauft worden sind, ließe der Gesprächsverlauf auch noch eine Ablehnung der Reklamation zu.

Kunde:	„Sehr schön. Meine Frau hat den Kassenbon allerdings weggeworfen."
Kundenberaterin:	*„Das ist sehr bedauerlich. Leider darf ich eine Reklamation nur anerkennen, wenn der Original-Kassenbon vorgelegt wird. Ich könnte Ihnen aber entgegenkommen, indem ich Ihnen auf ein neues Paar Schuhe einen Rabatt von 20 % gebe."*

Kunde: „Das heißt, ich müsste die Schuhe noch einmal bezahlen."

Kundenberaterin: „Ja, dafür erhalten Sie aber ein völlig neues Paar Schuhe zu einem Sonderpreis."

usw.

■ Gewährleistung – Garantie

Gewährleistung

Das Gesetz verpflichtet den Einzelhändler, dem Kunden einwandfreie Ware zu übergeben. Tritt an der Ware ein Fehler auf, kann der Kunde das Produkt reklamieren. Wird innerhalb von sechs Monaten nach dem Kauf reklamiert, so wird angenommen, dass der Fehler bereits zum Zeitpunkt der Übergabe der Ware an den Kunden vorhanden war. Der Einzelhändler kann versuchen zu beweisen, dass die Ware bei der Übergabe fehlerfrei war, der Fehler also z. B. durch den Kunden herbeigeführt worden ist. Bei einer Reklamation in den folgenden 18 Monaten muss der Kunde beweisen, dass die Ware bereits beim Kauf fehlerhaft war. Gewährleistung ist demnach eine gesetzliche Verpflichtung des Einzelhändlers, für Mängel am Produkt zu haften, die zum Zeitpunkt des Kaufs bestanden haben. Das gilt auch für solche Mängel, die sich erst später bemerkbar machen. Der Zustand der Ware zum Zeitpunkt der Übergabe an den Käufer ist dabei entscheidend. Die Gewährleistungsfrist beträgt 2 Jahre (24 Monate).

 **Gewährleistung:** Gesetzliche Verpflichtung des Einzelhändlers, für Mängel am Produkt zu haften.

Garantie

Viele Einzelhändler verlängern die gesetzliche Gewährleistungspflicht als freiwilligen Service für den Kunden.

Beispiele   Ein Einzelhändler wirbt in seinem Prospekt mit einer Garantie von drei Jahren für seine Notebooks.

Die gesetzlich vorgeschriebene Gewährleistungszeit wird auf diese Weise um ein weiteres Jahr freiwillig verlängert.

In diesem Fall spricht man von **Garantie**. Dabei handelt es sich um ein freiwilliges Versprechen, fehlerhafte Ware innerhalb einer bestimmten Frist umzutauschen oder zu reparieren. Der **Einzelhändler** muss die Funktionstüchtigkeit der Ware für die Garantiezeit sicherstellen. Der Zustand der Ware zum Zeitpunkt der Übergabe an den Käufer ist nun nicht mehr allein entscheidend. Dem Einzelhändler wird die Garantie oft dadurch leicht gemacht, dass sein Lieferant, der **Hersteller** des Produkts, eine entsprechende Garantie ausspricht, die der Einzelhändler praktisch „übernimmt".

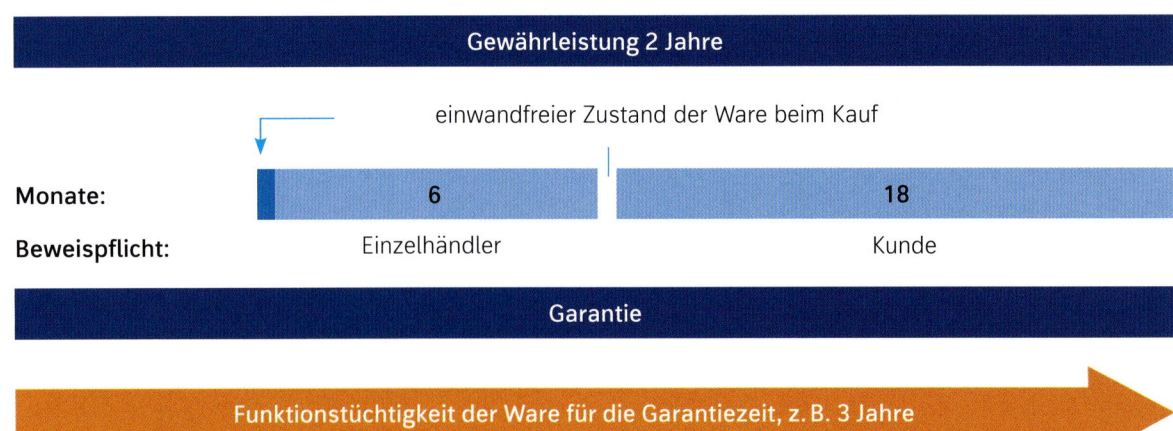

Es bleibt aber festzuhalten, dass der Kunde den Kaufvertrag mit dem Einzelhändler abschließt. Im Falle eines Schadens ist demnach der Einzelhändler zur Lösung des Problems verpflichtet. In Reklamationsgesprächen wird der Anspruch des Kunden häufig von der Großzügigkeit des Herstellers abhängig gemacht („Wir schicken die Ware ein."). Innerhalb der gesetzlichen Gewährleistungsfrist ist ein solches Verhalten des Einzelhändlers rechtlich nicht haltbar.

Denkbar ist aber auch, dass der Einzelhändler lediglich der gesetzlichen Gewährleistungspflicht unterworfen ist, der Hersteller aber der Ware eine Garantiekarte beifügt, in der z. B. eine Garantiezeit von 3 Jahren zugesichert wird. Nun wird die Gewährleistungspflicht des Einzelhändlers ergänzt durch die Garantie des Herstellers. Tritt nach Ablauf der gesetzlichen Gewährleistungsfrist ein Schaden am Produkt auf, hat der Kunde Anspruch auf Nachbesserung oder Neulieferung ausschließlich gegenüber dem Hersteller. Weil die Garantie eine freiwillige Leistung darstellt, können Hersteller oder Einzelhändler die Garantie unterschiedlich ausgestalten. Sie kann sich z. B. bei einem Fahrrad nur auf den Rahmen beziehen, oder der Kunde muss im Falle einer Reparatur die Versandkosten übernehmen.

> **Garantie:** Freiwilliges Versprechen des Einzelhändlers (oder des Herstellers), fehlerhafte Ware innerhalb einer bestimmten Frist umzutauschen oder zu reparieren.

8.3 Rücknahme einwandfreier Ware

Es kommt häufig vor, dass Kunden mit einer Ware unzufrieden sind, obwohl sie keine Mängel aufweist:

Beispiel

* Erst zu Hause fällt einem Kunden auf, dass das erworbene Fernsehgerät nicht in die dafür vorgesehene Schrankwand passt.

* Der Partner/die Partnerin ist mit dem Kauf nicht einverstanden.

* Die Wanduhr sieht an der Wand doch nicht so gut aus, wie man sich das vorgestellt hatte.

* Ein Geschenk ist bereits vorhanden.

Der Einzelhändler ist nicht verpflichtet, **einwandfreie Ware** zurückzunehmen oder umzutauschen. Wenn er es doch macht, handelt er aus **Kulanz** gegenüber seinen Kunden.

kulant = großzügig, entgegenkommend

■ Umtausch aus Kulanz

Von „Umtausch aus Kulanz" spricht man, wenn der Einzelhändler einwandfreie Ware zurücknimmt und gegen ein anderes Produkt umtauscht. Es liegt am Einzelhändler, wie weit er seinen Kunden bei einem Wunsch nach Umtausch entgegenkommt.

■ Umtauschverpflichtung

Anders sieht die Situation aus, wenn sich der Einzelhändler von vornherein (freiwillig) bereiterklärt (z. B. durch einen Aushang, durch Hinweise auf den Kassenbons oder im Verkaufsgespräch), die gekaufte Ware innerhalb einer bestimmten Frist umzutauschen. Dann entsteht für den Einzelhändler eine Umtausch**verpflichtung** und der Kunde hat ein Umtausch**recht**. Vielfach setzen Einzelhändler das Umtauschrecht als Werbeargument ein. Mit einem Umtauschrecht kann man dem Kunden auch die Kaufentscheidung erleichtern. Letztlich wird durch ein Umtauschrecht vermieden, dass sich die Unzufriedenheit mit der Ware auf eine grundsätzliche Unzufriedenheit mit dem Geschäft überträgt.

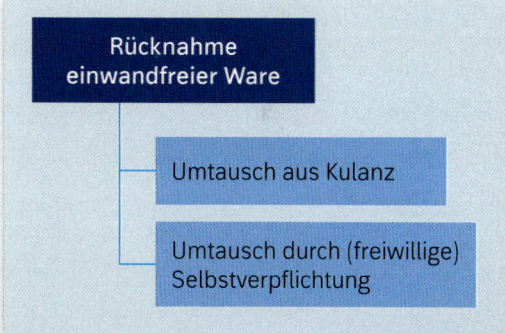

Ein internationaler Versandhändler gibt auf seine Produkte ein unbeschränktes Umtauschrecht. Man kann also durchaus seine zehn Jahre alten Sportschuhe mit der Bemerkung zurückschicken, sie gefielen nicht mehr. Diese zunächst verblüffende Großzügigkeit wird verständlich, wenn man bedenkt, dass die Kunden das Umtausch**recht** sehr schätzen, aber nur eine verschwindend geringe Minderheit von diesem Recht auch tatsächlich Gebrauch macht.

Beispiele

Wie großzügig das Umtauschrecht gehandhabt wird, hängt vom Einzelhandelsbetrieb ab. Da der Umtausch von Ware eine freiwillige Leistung des Einzelhändlers ist, bestimmt er die Bedingungen für einen Umtausch selbst.

für Umtauschbedingungen

Beispiele

* nur gegen Vorlage des Kassenbons
* nur innerhalb eines bestimmten Zeitraums (z. B. innerhalb einer Woche)
* nur ungebrauchte Ware oder Ware in Originalverpackung
* nur Wahl zwischen einem anderen Produkt oder Gutschein (keine Barauszahlung)

Zurückgenommene Ware wird im Regelfall erneut zum Verkauf angeboten. Bei manchen Artikeln ist ein Wiederverkauf jedoch nicht möglich. Aus diesem Grund schließen Einzelhändler solche Artikel häufig vom Umtausch aus. Hierzu zählen Waren, die aus hygienischen Gründen nicht erneut verkauft werden können:

Beispiele   Bade- und Miederwäsche, Kosmetikartikel, nicht abgepackte Lebensmittel

Außerdem Artikel, die für einen Kunden individuell angefertigt oder bestellt wurden:

Beispiele   zugeschnittenes Holz im Baumarkt, bestellte Ersatzteile, individuell angepasste Textilien

Grundsätzlich sollte ein Einzelhändler bedenken, dass er mit großzügigen Umtauschbedingungen Kundenzufriedenheit schafft und so das Ansehen seines Geschäftes verbessert. Ist der Umtausch eines Artikels für einen Einzelhändler also auf den ersten Blick ein Nachteil, so bietet dieser Service langfristig auch die Möglichkeit zur Kundenbindung. Kulanz ist also Werbung für den Einzelhändler.

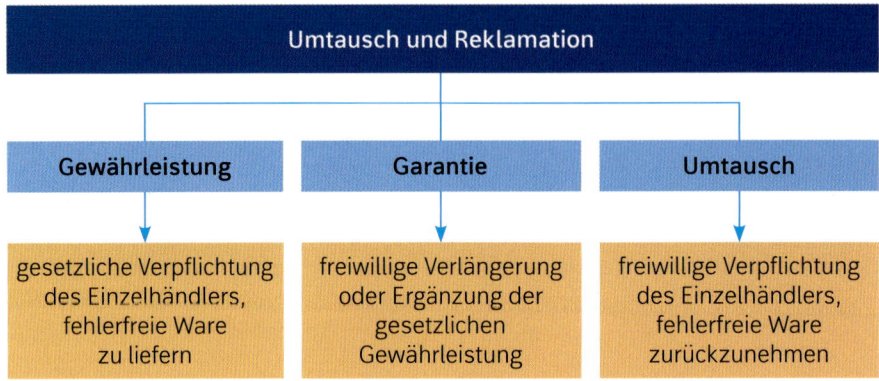

Umtausch und Reklamation		
Gewährleistung	**Garantie**	**Umtausch**
gesetzliche Verpflichtung des Einzelhändlers, fehlerfreie Ware zu liefern	freiwillige Verlängerung oder Ergänzung der gesetzlichen Gewährleistung	freiwillige Verpflichtung des Einzelhändlers, fehlerfreie Ware zurückzunehmen

Umtausch aus Kulanz: Angebot des Einzelhändlers, einwandfreie Ware zurückzunehmen und gegen ein anderes Produkt umzutauschen

Umtauschverpflichtung: (freiwillige) Selbstverpflichtung des Einzelhändlers, einwandfreie Ware zurückzunehmen und gegen ein anderes Produkt umzutauschen

■ Umtauschwünschen im Verkaufsgespräch vorbeugen

Bereits im Verkaufsgespräch ist es möglich, die Zahl der Umtauschwünsche von Kunden gering zu halten.

* Am Anfang steht die sorgfältige Erfassung der Kundenansprüche, damit dem Kunden auch das richtige Produkt empfohlen und verkauft wird.

* Im Gespräch sind dem Kunden die wesentlichen Produktvorteile und auch die Handhabung und Pflege der Ware ausführlich zu erläutern.

* Oft ist es sinnvoll, die Handhabung von Produkten vorzuführen oder sie auch durch den Kunden nachvollziehen zu lassen.

* Wenn ein Kunde z. B. bei einem Geschenkkauf unsicher ist, ob er das Richtige eingekauft hat, ist es ratsam, ihm die Möglichkeit eines Geschenkgutscheins zu eröffnen.

8.4   Produkthaftung

Das Gesetz über die Haftung für fehlerhafte Produkte (Produkthaftungsgesetz) soll den Schutz des Verbrauchers vor Schädigungen seiner Gesundheit und seines Eigentums sicherstellen.

Wer haftet?	Nach dem Gesetz sollen Hersteller haften, die ihren Sitz in der Europäischen Union haben. Hersteller ist auch jeder, der am Vertrieb beteiligt ist, z. B. ein Einzelhändler, der die Ware aus Japan in die EU eingeführt hat.
Haftungsvoraussetzungen	Es muss ein Fehler am Produkt vorhanden sein. Ein Fehler liegt vor, wenn das Produkt nicht die Sicherheit bietet, die üblicherweise erwartet werden kann. Der Hersteller haftet für alle Gefahren, die von seinem Produkt ausgehen. Ein Verschulden des Herstellers ist nicht erforderlich. Produkthaftung zielt demnach auf den Ersatz für Sach- und Personenschäden, die als **Folgeschäden** durch ein fehlerhaftes Produkt entstehen.

Haftungsumfang	Gehaftet wird für Konstruktionsfehler, Fabrikationsfehler und Instruktionsfehler (mangelhafte Bedienungsanleitung). Sachschäden werden in unbegrenzter Höhe ersetzt, sofern sie den Betrag von 500,00 € überschreiten. Sachschäden bis zu dieser Höhe muss der Geschädigte selbst tragen. Bei Personenschäden muss der Hersteller den entstandenen Schaden bis höchstens 85 Millionen € ersetzen.
Haftungsdauer	Ansprüche gegen den Hersteller eines Produkts können in einem Zeitraum von zehn Jahren nach Markteinführung des Produkts geltend gemacht werden.

Produkthaftung: Haftung des Herstellers für Sach- und Personenschäden als Folgeschäden, die durch ein fehlerhaftes Produkt entstehen.

Beispiel

Ein Wasserkocher entzündet sich beim ordnungsgemäßen Gebrauch und verursacht einen Wohnungsbrand. Der Käufer kann nun den Wasserkocher reklamieren und z.B. Ersatzlieferung verlangen. Der Wohnungsbrand ist ein Folgeschaden. Für ihn haftet der Verkäufer im Rahmen der Gewährleistung nur, wenn ihn ein Verschulden trifft. Beweist der Verkäufer, dass das Gerät vom Hersteller unter Beachtung sämtlicher Sorgfalts- und Aufsichtspflichten produziert worden ist, hat er keinen Schadenersatz zu leisten. Wegen des Folgeschadens könnte sich der Käufer aber an den Hersteller wenden und von ihm Schadenersatz nach dem Produkthaftungsgesetz verlangen. In diesem Falle kommt es nämlich nicht auf ein Verschulden an. Es geht hier nur um die Frage, ob der Produktfehler einen Folgeschaden herbeigeführt hat.

Gewährleistung	Produkthaftung
Gesetzliche Verpflichtung des Verkäufers/Herstellers, fehlerfreie Ware zu liefern. Er haftet, wenn die Ware beim Kauf fehlerhaft war.	Haftung für Folgeschäden (Sach- und Personenschäden) aufgrund eines fehlerhaften Produkts.

8.5 Verhalten bei Konflikten

In Reklamationsgesprächen (aber auch generell im Zusammenleben von Menschen) treffen unterschiedliche Sichtweisen, Meinungen und Temperamente aufeinander. Aus diesen Unterschieden können leicht Konflikte entstehen. Konflikte mit Kunden schädigen allerdings das Geschäft, weil sie zu Kundenverlusten führen können. Auch für Verkaufsmitarbeiter sind Auseinandersetzungen mit Kunden belastend.

Die mit Konflikten verbundenen Gefühle können vernünftiges Handeln außer Kraft setzen. Oft werden auch andere Kunden Zeuge solcher Auseinandersetzungen, insbesondere mit zunehmender Verschärfung des Konflikts.

Es liegt daher im Interesse jedes Einzelhändlers, Konflikte mit Kunden zu vermeiden und eine ausgleichende Lösung zu finden. Darum ist es wichtig zu wissen, welche Verhaltensweisen ein Gespräch verschärfen und welche ausgleichend wirken.

■ Gesprächsstörer

Verhaltensweisen von Verkaufsmitarbeitern, die die Kommunikation mit Kunden negativ beeinflussen, werden als **Gesprächsstörer** bezeichnet. Sie führen bei Verkaufsmitarbeitern und Kunden zur Verärgerung oder sogar zu wütenden Reaktionen. Das Ziel eines Gespräches, z.B. eine Reklamationsbehandlung, die beide Seiten zufriedenstellt, wird nicht erreicht. Auch der Kunde trägt durch sein Verhalten zum Gelingen oder Misslingen eines Verkaufsgespräches bei. Hier wird aber nur der Kundenberater betrachtet.

Gesprächsstörer: Verhaltensweisen von Verkaufsmitarbeitern, die die Kommunikation mit Kunden negativ beeinflussen.

Nachfolgend werden einige typische Gesprächsstörer vorgestellt und mit Beispielen verdeutlich. Die Aufstellung ließe sich noch erweitern.

Gesprächsstörer im Verkaufsgespräch	Erläuterungen und Beispiele
Negativformulierungen:	Ein Gespräch sollte möglichst in einem positiven Klima ablaufen. Im Regelfall suchen Menschen ein harmonisches Miteinander. Aussagen, die auf einen Gegensatz hindeuten, sind daher zu vermeiden. *Beispiele* * ablehnen: „Dafür ist leider meine Kollegin zuständig." * aufschieben: „Wir werden prüfen, ob wir Ihnen entgegen kommen können." Auch einzelne Begriffe, die einen negativen Beigeschmack haben oder auf Beschränkungen oder Schwierigkeiten hindeuten, sollten man möglichst nicht verwenden: *Beispiele* leider, aber, trotzdem, nur, Problem, vielleicht, eventuell, irgendwie, unter Umständen
Herunterspielen:	Kunden sind über einen Mangel am Produkt oft stark verärgert und manchmal auch in ihren Gefühlen tief betroffen. Manche Verkaufsmitarbeiter tun diese Verärgerung des Kunden als überzogen ab oder sie versuchen, die Sichtweise des Kunden kleinzureden. Kunden reagieren in solchen Fällen aber in der Regel mit einer noch größeren Verärgerung. *Beispiele* * „Das ist doch nur ein kleiner Kratzer, den man sofort beheben kann." * „So viel Aufwand wegen einer solchen Kleinigkeit." * „Nun bleiben Sie doch mal ruhig." * „Warum regen Sie sich denn so auf?"
Beschuldigen/ Vorwerfen:	Beschuldigungen und Vorwürfe sind durch eine Geringschätzung des Gesprächspartners gekennzeichnet. Inhaltlich wird ein negatives Verhalten in den Mittelpunkt gestellt oder ein Fehlverhalten wird vermutet. Es kommt zu einer Konfliktverschärfung. *Beispiele* * „Hätten Sie sich früher gemeldet, wäre der Schaden nicht so groß geworden." * „Wie können Sie wegen dieser Kleinigkeit einen solchen Aufstand machen?" * „Sie regen sich doch nur auf, weil Sie nicht zugeben wollen, dass Sie einen Bedienungsfehler gemacht haben." * „Haben Sie den Pullover vielleicht zu heiß gewaschen?" * „Da liegen Sie völlig falsch."
Belehren	Erwachsene Menschen möchten nicht wie Kinder behandelt werden. Belehrungen erzeugen Abwehr. *Beispiele* * „Beim Kauf habe ich Ihnen die Handhabung der Kamera genau erklärt." * „Das habe ich ja gerade gesagt."
Befehlen:	Befehle sind für die meisten Menschen eine Form der Bevormundung, die sie an ihre Kinder- oder Schulzeit erinnern. Sie reagieren gewöhnlich mit Ablehnung. *Beispiele* * „Zunächst einmal müssen Sie Ihren Ton ändern." * „Sie müssen die Wartungsintervalle genau einhalten." * „Warten Sie einen Moment."
Warnen/ Drohen:	Warnungen und Drohungen sind wie Befehle, allerdings soll der Betroffene einsichtig gemacht werden, indem man ihn auf mögliche Folgen hinweist. Die Reaktion des Gesprächspartners ist Ablehnung. *Beispiele* * „Sie können sich natürlich an die Verbraucherzentrale wenden. Ich würde mir das aber gut überlegen." * „Vielleicht denken Sie mal an die Folgen Ihres Handels."

■ Gesprächsförderer

Verhaltensweisen, die ein Gespräch positiv beeinflussen, werden Gesprächsförderer genannt. Mit ihnen kann man dem Gesprächspartner beweisen, dass man ihm zuhört und an seinen Gedanken und Empfindungen teilnimmt. Der Gesprächspartner wird ermutigt, sein Problem darzulegen und sich für ein Gespräch zu öffnen.

Der Kundenberater als Gesprächsförderer bringt zum Ausdruck:
* Ich interessierte mich für Ihr Problem.
* Ich möchte verstehen, was Sie bewegt.
* Wir werden eine gemeinsame Lösung finden.

> **Gesprächsförderer: Verhaltensweisen von Verkaufsmitarbeitern, die die Kommunikation mit Kunden positiv beeinflussen.**

Nachfolgend werden die wichtigsten positiven Verhaltensweisen in der Kommunikation vorgestellt.

Siehe auch „umschreibendes Zuhören" Lernfeld 2

Gesprächsförderer im Verkaufsgespräch	Erläuterungen und Beispiele
offene, zielorientierte Fragen	Offene Fragen geben dem Gesprächspartner Raum, sein Anliegen zu beschreiben. Gezieltes Nachfragen präzisiert die Vorstellungen des Gesprächspartners und zeigt ihm, dass man sich für sein Anliegen interessiert. **Beispiele** * „Wie kann ich Ihnen helfen?" * „Was können wir tun, damit wir Sie als zufriedenen Kunden erhalten?" * Habe ich Sie richtig verstanden, dass Sie lieber ein Ersatzprodukt haben möchten?"
Aufmerksamkeit signalisieren	Blickkontakt und zustimmende Äußerungen zeigen das Interesse der Kundenberaterin am Kundenproblem. **Beispiele** Blickkontakt halten, Kopfnicken, „Aha", „Ja", „Mhm"
Gefühle ansprechen/Verständnis zeigen	Spricht man die Gefühle des Gesprächspartners an, zeigt man ihm, dass man nachvollziehen kann, wie ihm zumute ist. Das wird noch verstärkt, wenn man sein Verständnis zum Ausdruck bringt. **Beispiele** * „Jetzt sind Sie sicherlich sehr enttäuscht." * „Ich verstehe, dass Sie wegen des Fehlers sehr ärgerlich sind." * „Da war Ihr Sohn sicherlich sehr betrübt."
positiv formulieren	Eine positive Wortwahl erzeugt auch eine positive Gesprächsatmosphäre. Sie erleichtert es, eine für beide Seiten akzeptable Lösung zu finden. **Beispiele** „sehr gerne", „sofort", „Hilfe", „Lösung", „ja", „natürlich", „gut"
Lösungen anbieten	Wenn ein Kunde feststellt, dass man sein Anliegen ernst nimmt, ihm mit Verständnis entgegentritt und signalisiert und dass man möglichst schnell eine Lösung finden will, ist der Kunde zunächst zufriedengestellt und an einer positiven Fortsetzung des Gesprächs interessiert. **Beispiele** * „Noch heute erhalten Sie einen Rückruf meiner Kollegin." * „Ich werde mich sofort um das Problem kümmern." * „Ich bin sicher, dass wir für Sie eine gute Lösung finden werden."

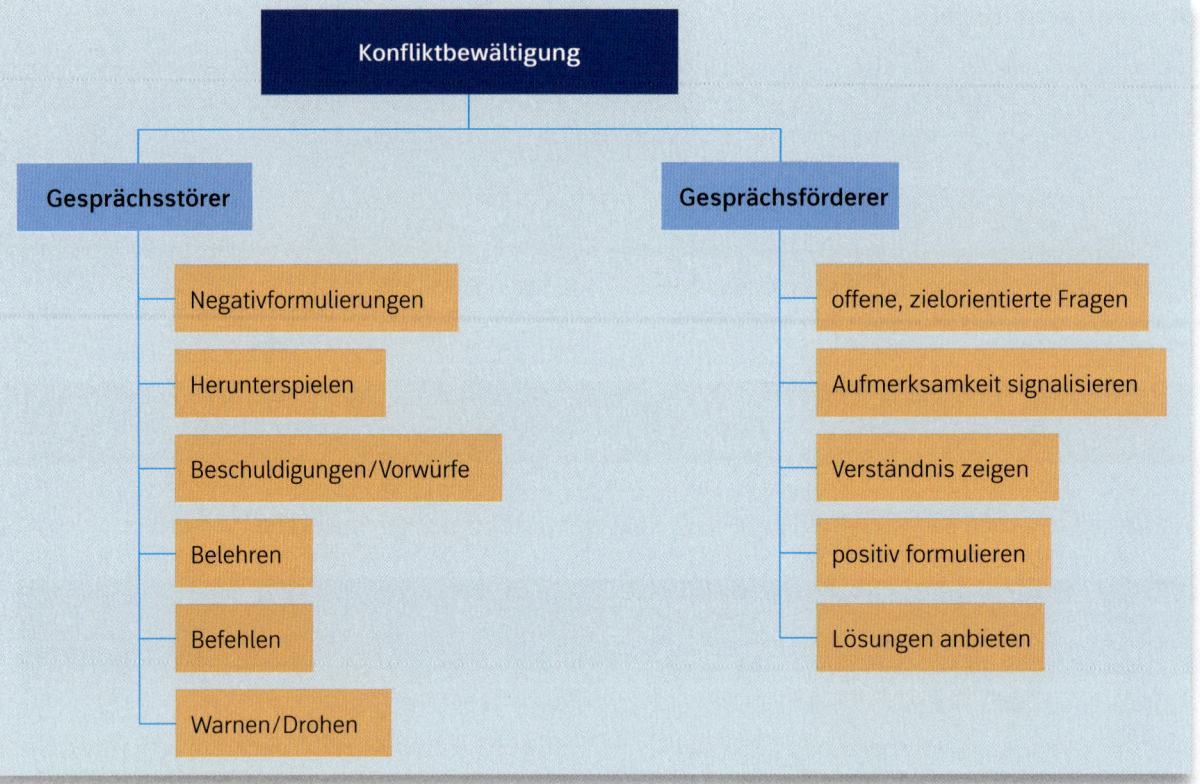

Reklamation und Umtausch im Onlinehandel

Im Onlinehandel haben Kunden das Recht, die gekaufte Ware innerhalb von 14 Tagen ab Erhalt der Ware ohne Angabe von Gründen zurückzuschicken.

Im Übrigen gilt für Onlinekäufe das gleiche Kaufvertragsrecht wie im stationären Handel:
* Der Verkäufer hat eine zweijährige Gewährleistungspflicht.
* Fehlerhafte Produkte kann der Käufer reklamieren und seine Rechte (z. B. Nachbesserung oder Ersatzlieferung) geltend machen.
* Onlinehändler mit einem Filialnetz bieten i.d.R. an, das online gekaufte Produkt im stationären Laden zu reklamieren, weil das für den Kunden einfacher ist.

Viele Onlinehändler geben den Käufern während des Kaufprozesses großzügig Gelegenheit, eine eigentlich verbindliche Kaufentscheidung wieder rückgängig zu machen. Der Kunde kann dann bis zur Versandmitteilung durch den Verkäufer seine Bestellung ändern oder auch vollständig stornieren. Die Kundenzufriedenheit steht in diesem Fall an erster Stelle. .

Zusammenfassung

Reklamation und Umtausch

Reklamation		
* **Probleme:**	* Kunden: oft emotional stark betroffen * Verkaufsmitarbeiter: häufig in Abwehrhaltung * Einzelhandelsbetriebe: Furcht vor überzogenen Forderungen der Kunden	
Fehlerhafte Ware:		
* **Rechtslage:**	* vorrangige Rechte: Nachbesserung, Ersatzlieferung * nachrangige Rechte: Rücktritt, Minderung, Schadenersatz	
* **Ablehnungsgründe:**	* Produktfehler beim Kauf bekannt (z. B. 1b-Ware) * Mangel aufgrund von Fehlverhalten der Kunden	
* **Verhaltensweisen:**	1. Kunden beruhigen 2. ausführliche Problemdarstellung 3. Verständnis äußern 4. Lösungsvorschlag unterbreiten	5. Berechtigung prüfen 6. unberechtigt: Kulanzweg oder sorgfältige Begründung
	Grundsatz: zunächst Lösungsvorschlag, dann Berechtigung prüfen	

Reklamation und Umtausch	
* **Gewährleistung:**	gesetzliche Verpflichtung des Einzelhändlers, für Mängel am Produkt zu haften
* **Garantie:**	freiwilliges Versprechen vom Einzelhändler/Hersteller, fehlerhafte Ware innerhalb einer bestimmten Frist umzutauschen oder zu reparieren.
Einwandfreie Ware:	* Umtausch als Kulanz des Einzelhändlers * Umtausch aus einer (freiwilligen) Selbstverpflichtung des Einzelhändlers
Produkthaftung:	Haftung des Herstellers für Folgeschäden, die durch ein fehlerhaftes Produkt entstehen
Konfliktbewältigung:	
* **Gesprächsstörer:**	Verhaltensweisen, die die Kommunikation mit Kunden negativ beeinflussen.
* **Gesprächsförderer:**	Verhaltensweisen, die die Kommunikation mit Kunden positiv beeinflussen.

9 Vom Umgang mit Rabattjägern

9.1 Grundsätze

Viele Kunden suchen den preisgünstigen Einkauf, das Schnäppchen. Es gehört beinahe schon zur Pflicht eines Kunden, beim Einkauf um den Preis zu feilschen. Freunde und Nachbarn berichten stolz von ihren Erfolgen an der Preisfront, wie sie dem Verkaufsmitarbeiter einen bestimmten Preisnachlass „abgerungen" haben. Wer da nicht mitmacht, gilt schnell als Dummkopf, den man leicht über den Tisch ziehen kann. Also versucht der Kunde zumindest, einen Rabatt zu bekommen. Dabei gehen viele sehr laienhaft vor, weil sie es allenfalls im Urlaub erlebt haben, wie auf einem Basar um den Preis gefeilscht wird.

Der durchschnittliche Kunde ist durch die Preisangabenverordnung geprägt. Der Preis des Produkts steht auf dem Preisetikett! Wenn er trotzdem eine Preisdiskussion beginnt, ist er leicht zu besänftigen und durch ein geringes Entgegenkommen zufriedenzustellen.

Ergebnis 1:	Für den durchschnittlichen Kunden steht der Endpreis immer noch auf dem Preisetikett.

Manche Kunden entwickeln allerdings ausgeklügelte Strategien, probieren unterschiedliche Verfahren aus und sehen es als eine Kunst an, den ausgezeichneten Preis möglichst tief zu drücken. Sie erwarten einen ebenbürtigen „Mitspieler" im Wettkampf um den Preis. Manch einer greift auch in die „Trickkiste". Aus der Sicht dieser Kunden ist das das Markenzeichen für TOP-Spieler, die ihren „Mitspieler" auch einmal überlisten. Ein Kundenberater darf in einer solchen Situation nicht das Gefühl entwickeln, er sei „hereingelegt" oder gar „betrogen" worden. Auch der hart pokernde Rabattjäger bleibt unser Kunde!

Ergebnis 2:	Der Rabattjäger sucht einen wirtschaftlichen Vorteil in einer Wettkampfsituation. Er ist kein Krimineller, dem man das Handwerk legen muss.

Verkaufsmitarbeiter müssen die Strategien von Rabattjägern kennen, und sie müssen wissen, wie man angemessen darauf reagiert. „Angemessen" bedeutet, Reaktionen zu entwickeln, die am Ende beide Seiten ohne Gesichtsverlust zufriedenstellen. Der Rabattjäger bekommt einen Preisnachlass (oder eine kleine Vergünstigung) – bei Weitem nicht den geforderten Rabatt – und der Kundenberater hat den Ursprungspreis weitgehend verteidigt. Der „Kampf" sollte sportlich-fair ausgetragen werden: Der Verkaufsmitarbeiter durchschaut die Tricks des Rabattjägers, weist aber nicht anklagend mit dem Finger auf ihn. Er zeigt sich als standhafter, selbstsicherer und stets freundlicher Verteidiger des Ursprungspreises.

Ergebnis 3:	Verkaufsmitarbeiter sind keine Detektive; sie müssen einen Rabattjäger nicht überführen und bloßstellen.
	Der passende Mitspieler des Rabattjägers ist der selbstbewusste, standhafte Verteidiger des Ursprungspreises, der einen ausgleichenden Abschluss des Verkaufsgesprächs sucht.

Rabattjäger können Verkaufsmitarbeiter gegeneinander ausspielen. Es ist daher unbedingt erforderlich, dass in einem Einzelhandelsgeschäft eine verbindliche Rabattpolitik festgelegt wird.

* Bis zu welcher Höhe dürfen Mitarbeiter Rabatte gewähren?
* Wann ist ein Vorgesetzter hinzuzuziehen?
* Welche Vergünstigungen dürfen anstelle eines Preisnachlasses oder zusätzlich gewährt werden?

Wenn diese Fragen einheitlich geregelt sind, ist jedem klar, in welchem Rahmen sich Preisverhandlungen bewegen können. Das schafft Sicherheit und Verlässlichkeit.

Manche Einzelhändler lehnen Abstriche vom ausgezeichneten Preis rigoros ab. Andere sind beweglicher. Aber auch diese Einzelhändler haben bestimmte Höchstgrenzen für Rabatte.

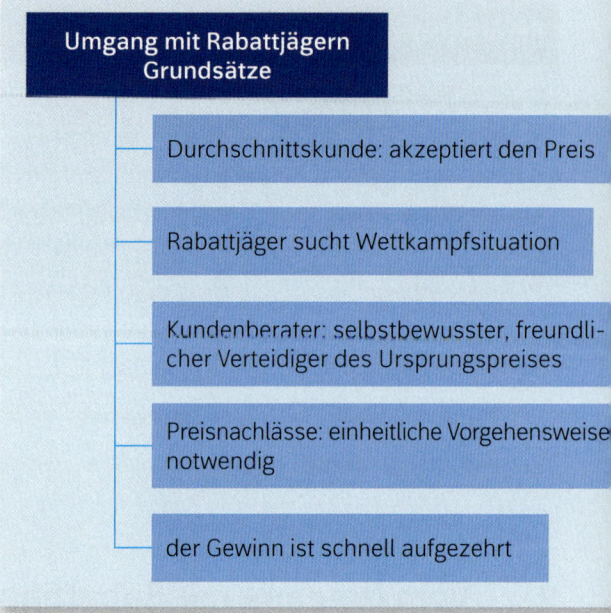

Umgang mit Rabattjägern Grundsätze

Durchschnittskunde: akzeptiert den Preis

Rabattjäger sucht Wettkampfsituation

Kundenberater: selbstbewusster, freundlicher Verteidiger des Ursprungspreises

Preisnachlässe: einheitliche Vorgehensweise notwendig

der Gewinn ist schnell aufgezehrt

Andernfalls stimmt die Kalkulation nicht mehr: Das Produkt wird ohne Gewinn oder gar mit Verlust verkauft. Das kann im Einzelfall sinnvoll sein, wenn z. B. ein Kunde neu gewonnen oder ein Stammkunde gehalten werden soll. Auf die Dauer und bezogen auf alle Kunden und Produkte führt dieses Verhalten aber zum Ruin des Geschäfts. Der Verkaufsmitarbeiter muss die Grundzüge der Rabattpolitik eines Geschäfts kennen. Für Sonderfälle ist der Vorgesetzte zuständig.

Ergebnis 4:	Die Grundsätze für Preisnachlässe müssen in einem Geschäft einheitlich und verbindlich geregelt sein.

9.2   Kalkulatorische Auswirkung einer Rabattgewährung

Die in der Öffentlichkeit herrschenden Vorstellungen über die Gewinnzuschläge des Einzelhandels sind gewöhnlich Fantasiezahlen. Der starke Preiswettbewerb lässt es in der Regel nur zu, einen geringen Gewinnzuschlag in den Preis einzukalkulieren. Schon kleine Preisnachlässe an den Kunden zehren den Gewinn des Einzelhändlers auf.

Beispiel

Textilfachhandel

Von 100,00 €, die in der Kasse eines Textileinzelhändlers landen, bleiben ca. 4,50 € als Gewinn übrig. 95,50 € muss der Einzelhändler für den Wareneinsatz, für die Handlungskosten und die Umsatzsteuer ausgeben.

Quelle: Handelsverband Deutschland (HDE)

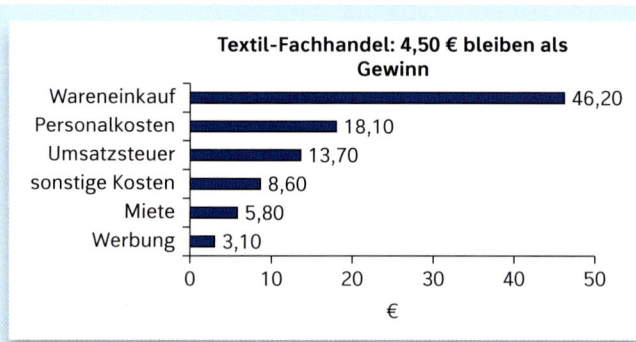

Textil-Fachhandel: 4,50 € bleiben als Gewinn

Wareneinkauf 46,20
Personalkosten 18,10
Umsatzsteuer 13,70
sonstige Kosten 8,60
Miete 5,80
Werbung 3,10

€

Ergebnis 5:	Da im Einzelhandel knapp kalkuliert wird, können schon leichte Preisnachlässe den Gewinn des Einzelhändlers aufzehren.

9.3   Regeln für Preisverhandlungen

Jedes Einzelhandelsgeschäft legt die Regeln für die Rabattgewährung selbst fest. An dieser Stelle werden bestimmte Annahmen getroffen, die für das Modellunternehmen City-Warenhaus Bauer gelten sollen. Diese Regeln sind sinnvoll und einsichtig; sie müssen sich aber nicht mit der Rabattpolitik eines jeden Ausbildungsbetriebs decken.

1 Kunden vom Nutzen-Preis-Verhältnis überzeugen	Der Kundenberater muss Preisverhandlungen mit Selbstbewusstsein, aber ohne Überheblichkeit führen. Kundeneinwände sind fester Bestandteil von Verkaufsgesprächen. Der Einwand zeigt, dass der Kunde noch nicht vom **Nutzen-Preis-Verhältnis** überzeugt ist. Der Kundenberater muss folglich das ausgewogene Verhältnis von Preis und Leistung deutlich zu machen. „Ausgewogen" heißt, dass sich die Nutzenvorstellungen des Kunden mit den Produktleistungen decken.
2 Produktwert maximieren	Verkaufsmitarbeiter stellen dem Kunden die Produkteigenschaften dar und machen ihm damit den Nutzen deutlich. Der Preis sollte in den Hintergrund treten. Je höher der **Produktwert** ist, der im Verlauf des Verkaufsgesprächs aufgebaut werden kann, desto eher akzeptiert der Kunde den Preis. Neben dem Produktwert zählen für den Kunden auch die Serviceleistungen des Geschäfts und die Einkaufsatmosphäre. Das heißt also: In angenehmer, freundlicher Verkaufsatmosphäre den Produktwert maximieren und das „Drumherum" (die Serviceleistungen) betonen.
3 auf Rabattwünsche zurückhaltend reagieren	Würde der Preis eines Produkts schon beim ersten zögerlichen Nachfragen des Kunden um einen hohen Prozentsatz gesenkt, hätte der Kunde zwangsläufig den Eindruck, dass in dem Preis „viel Luft ist", die Ware also bewusst überhöht ausgezeichnet wurde. Der Kundenberater muss daher auf Rabattwünsche des Kunden stets **zurückhaltend reagieren** (aber nicht unfreundlich).
4 den ursprünglichen Preis möglichst halten	Das Hauptziel lautet: den **ursprünglich ausgezeichneten Preis halten**. Die erste Reaktion sollte daher möglichst die weitere Steigerung des Produktwerts und/oder der Verweis auf Serviceleistungen sein. Gerade beim Preisvergleich mit Mitbewerbern ist es sinnvoll, Service-Unterschiede sichtbar zu machen. Vielleicht hat der Kunde bereits deutlich gemacht, dass er die Ware unbedingt haben möchte. Die Preisverhandlung ist eventuell nur noch abschließendes Ritual. Dann ist es angebracht, **freundliche Sturheit** an den Tag zu legen.
5 kleine Geschenke anstelle von Preisnachlässen	Bevor am Preis „gerüttelt" wird, sollte der Versuch unternommen werden, den Rabattwunsch des Kunden durch kleine **Sonderleistungen** und **Zugaben** aufzufangen. Die Hauszustellung, ein kostenloser Geräte-Check nach einem Monat, das Einstecktuch zum Anzug oder die Duftprobe zum Parfüm stimmen so manchen Rabattjäger milde.
6 Rabatte in kleinsten Schritten	Viele Kunden sind keine stahlharten Verhandlungskünstler, sondern allenfalls auf einen kleinen Nachlass bedacht. Wenn ein Preisnachlass unumgänglich ist, sollte der Kundenberater **in kleinsten Schritten** vorgehen. Manchmal ist es sinnvoll, den Kunden direkt zu fragen, an welchen Rabatt er gedacht hat. Das Ergebnis ist oft ein großes Maß an Bescheidenheit. Ein Rabatt-Angebot des Kundenberaters soll in der Höhe klein, in der Beschreibung aber groß ausfallen. Nicht: „Wir können Ihnen leider nur 3 % Rabatt geben", sondern: „Wir gewähren in besonderen Situationen sogar bis zu 3 % Rabatt."
7 Kundenbehauptungen sofort überprüfen	Behauptungen des Kunden sollte der Verkaufsmitarbeiter gelassen hinnehmen und ihre **Überprüfung** sofort ankündigen. Den angeblichen Super-Sonderpreis der Konkurrenz kann man telefonisch oder in dessen Onlineshop überprüfen. Manche unwahrscheinlich klingende Behauptung des Kunden lässt sich durch kritisches (aber freundliches) Nachfragen erschüttern („Handelt es sich wirklich um dasselbe Produkt?", „War das auch ein Markengerät?", „Von wann stammt das Vergleichsangebot?").
8 Rabatt in Euro, nicht in Prozent	Den **Rabatt** möglichst in **Euro** und nicht in Prozent nennen. Glättet der Kundenberater einen Preis von 1 999,50 € um 19,50 € auf 1 980,00 € nach unten, erscheinen die 19,50 € recht positiv. In Wirklichkeit sind das aber weniger als 1 % (0,98 %). Kaum ein Kunde ist in der Lage, die relative Höhe des Rabatts (den Prozentsatz) sofort zu erfassen.
9 Gegenleistung verlangen	Den Preisnachlass an eine **Gegenleistung** des Kunden koppeln. Serviceleistungen des Handels sind in der Kalkulation der Preise enthalten. Ist der Kunde bereit, auf bestimmte Serviceleistungen zu verzichten (z. B. Hauszustellung, Montage), kann man den Preis entsprechend reduzieren, ohne die Gewinnsituation des Geschäfts zu beeinträchtigen.

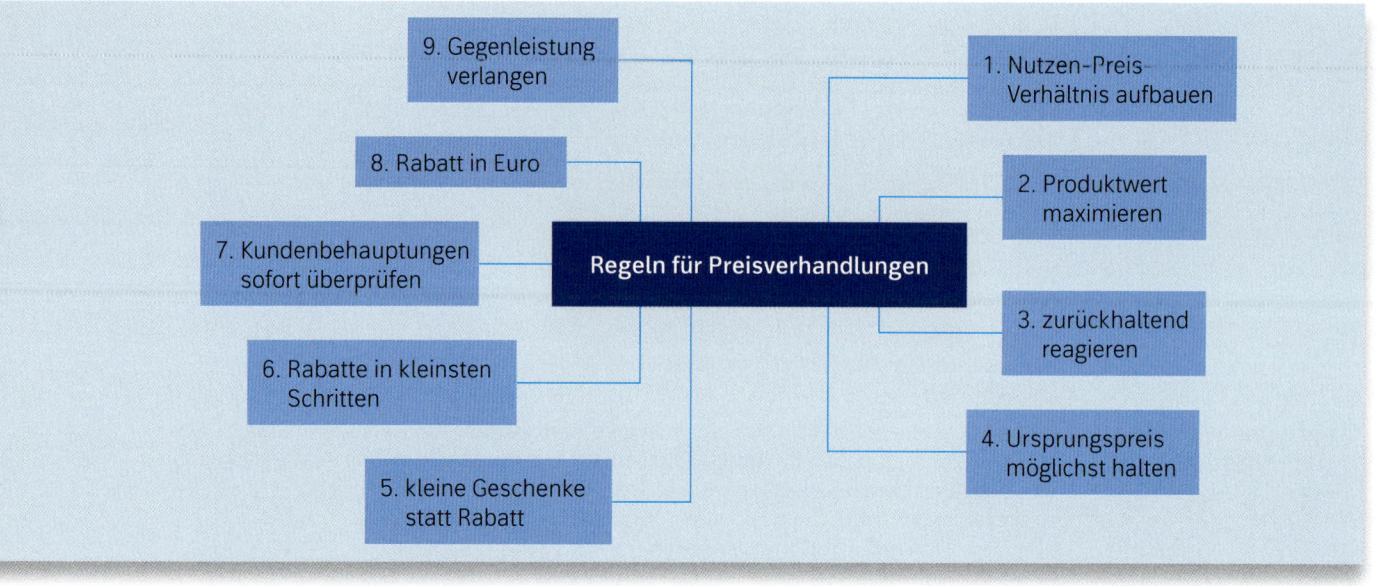

9.4   Tipps für die erste Reaktion

Nachfolgend werden typische Kundenaussagen von Rabattjägern vorgestellt und konkrete Vorschläge gemacht, wie ein Verkaufsmitarbeiter auf die Aussagen reagieren könnte.

Verkaufssituationen	Mögliche Antworten
1. Kunde will pokern.  typische Kundenaussagen: * „Bei XYZ bekomme ich 20 % Rabatt." * „Mein Bruder sagte mir, Sie gewähren jedem Kunden 10 % Rabatt."	* „Das ist auch für uns von Interesse. Ich rufe dort gleich einmal an und erkundige mich." * „20 % auf den gleichen Preis wie hier?" * „Wie war das Produkt denn ausgestattet?" * „Von wann ist der Preis?" * „Wir kalkulieren fair. Aber einen solchen Preis können wir nicht bieten." * „Ich kann Ihnen entgegenkommen und 29,50 € Nachlass gewähren" (auf einen Preis von 449,50 €). * „10 % Rabatt sind in unserem Haus nicht üblich." * „Nennen Sie mir bitte den Namen Ihres Bruders und das Produkt, das er bei uns gekauft hat."
2. Kunde wünscht Vorzugsbehandlung.  typische Kundenaussagen: * „Ich bin mit der Familie des Geschäftsinhabers befreundet." * „Ihr Chef hat mir gesagt, ich bekomme hier mindestens 10 % Rabatt." * „Ich komme von der Firma ... Wir erhalten überall Sonderkonditionen." * „Wie viel muss ich denn dafür bezahlen?" * „Wegen des Preises muss ich mit Ihrem Chef persönlich sprechen."	* „Sagen Sie mir bitte Ihren Namen, dann rufe ich den Chef sofort wegen Sonderkonditionen an." * „Sagen Sie mir bitte Ihren Namen, damit ich in der Kundendatei nachsehen kann." * „Über Sondervereinbarungen mit Großfirmen ist mir nichts bekannt." * „Stammkunden erhalten selbstverständlich beim Einkauf eine Zugabe." * „Unser Chef ist in Preisfragen sehr unnachgiebig. Bei mir sind Sie bestimmt besser aufgehoben." * „Mein Chef hat mir in Rabattfragen ausdrücklich freie Hand gegeben."

3. Kunde gibt sich als Experte aus.

typische Kundenaussagen:

* „Ich bin selbst Geschäftsmann. Ich weiß, wie viel Luft in Preisen steckt."
* „Der Handel schlägt mindestens 100 % Gewinn auf."

* „Dann wissen Sie aber auch, wie schwierig die Lage des Einzelhandels gegenwärtig ist."
* „Das wäre schön."
* „100 % Gewinnzuschlag – dann wären wir ja eine Apotheke."
* „Leider existieren immer noch falsche Vorstellungen über die Gewinnmargen im Einzelhandel."
* „Ich biete Ihnen einen Sonderpreis von 1 480,00 €, eine kostenlose Zustellung in Ihre Wohnung, die Aufnahme in unsere Stammkundendatei und damit regelmäßige Informationen über unsere TOP-Angebote."

4. Zum Schluss wird gefeilscht.

typische Kundenaussagen:

* „OK, das Sofa gefällt mir. Nun müssen Sie mir nur noch im Preis entgegenkommen."
* „Eines müssen wir jetzt noch klären: Wie viel Rabatt bekomme ich bei Ihnen?"

* „Unsere Preise sind fair kalkuliert. Da ist für Nachlässe kein Spielraum mehr."
* „Warum stellen Sie diese Frage nach dem Rabatt?"
* „Wir geben grundsätzlich keine Rabatte. Unsere Preise sind dauerhaft niedrig kalkuliert. Ich könnte Ihnen aber entgegenkommen, wenn Sie auf unsere Verlängerung der Herstellergarantie verzichten."
* „Wenn Sie die Möbel selbst aufstellen, biete ich Ihnen einen Endpreis von 3 650,00 € an."

5. Kunde verlangt Mengenrabatt.

typische Kundenaussagen:

* „Ich nehme alle – und Sie geben mir einen Preisnachlass!"
* „Wie viel Rabatt bekomme ich, wenn ich beide Teile nehme?"

* „Wollen Sie jetzt sofort beide Teile mitnehmen?"
* „Natürlich komme ich Ihnen dann entgegen. Die Kombination kann ich Ihnen zum Preis von 385,00 € anbieten." (statt 398,50 €)
* „Es ist wirklich ratsam, die Kombination zu wählen, weil die Teile dann viel besser zur Geltung kommen."

6. preisbewusste Nörgler

typische Kundenaussage:

* „Schauen Sie mal, da sind ja Flecken auf der Jacke. Die hat wohl schon jemand getragen."

* „Warten Sie einen Augenblick. Ich hole Ihnen sofort ein einwandfreies Teil."
* „Wir reinigen die Jacke für Sie. Sonst ärgern Sie sich bestimmt."
* „Ich ändere den Preis auf 245,00 € (von 249,90 €) und gebe Ihnen noch ein Pflegemittel dazu für den Fall, dass eine Reinigung von Hand ausreicht."

7. Geben (Freunde, Bekannte) und Nehmen

typische Kundenaussage:

* „Mein gesamter Fußballverein kauft hier bei Ihnen ein, seit ich dieses Geschäft empfohlen habe."

* „Dann gehören Sie zu unseren besonderen Kunden, die wir mit einer Treueprämie belohnen. Möchten Sie lieber ein kleines Geschenk oder einen Einkaufsgutschein?"
* „Ich schaue eben in der Kundendatei nach, damit ich mir einen Überblick über Ihre Einkäufe machen kann. Wie ist noch mal Ihr Name?"
* „Vielen Dank für Ihre Unterstützung. Darf ich Ihnen als Belohnung dieses Etui mit einem Reparatur-Set überreichen?"
* „Beim nächsten Mal werde ich mir bestimmt etwas Besonderes einfallen lassen."
* „Uns interessiert, warum Sie jetzt bei uns kaufen."

8. Kunde nennt Preisgrenze

typische Kundenaussagen:

* „567,50 €? Mehr als 550,00 € zahle ich nicht!"

* „Ich bezahle für einen Anzug grundsätzlich nicht mehr als 250,00 €."

* „Ich habe leider nur XXX € bei mir."

* „Dieses Markenprodukt wurde bereits im Preis reduziert. Es ist jetzt äußerst knapp kalkuliert."

* „Warum setzten Sie die Grenze gerade auf 550,00 €?"

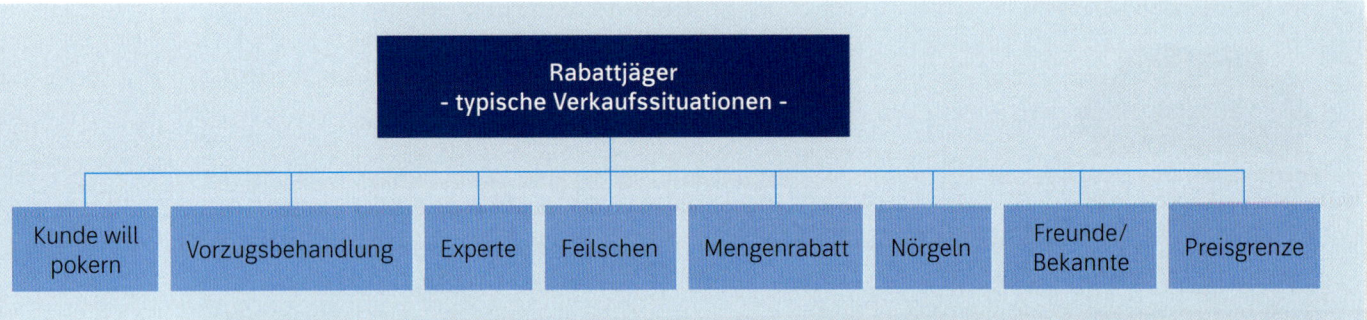

Rabatte im Onlinehandel

Viele Shop-Betreiber gewähren ihren Kunden Preisnachlässe in Form eines Rabattcodes oder Rabattgutscheins.

Beispiele:

* Neukunden erhalten bei der Erstbestellung einen Rabatt von 5 % auf alle Einkäufe.
* Kunden, die längere Zeit nicht mehr im Shop bestellt haben, werden über Gutscheine angeregt, wieder im Shop einzukaufen.

Gewöhnlich erhalten die Kunden einen Rabatt- oder Gutscheincode, den sie am Ende des Bestellprozesses eingeben können. Der gewährte Rabatt (i.d.R. ein Prozentsatz) wird dann von der Bestellsumme abgezogen. Ähnlich verhält es sich bei einem Gutschein, dessen Einlösewert die Bestellung entsprechend mindert. Die Codes können auch auf das Smartphone des Kunden gesendet werden.

Zusammenfassung

Vom Umgang mit Rabattjägern

Grundsätze:	
	* Durchschnittskunden akzeptieren den Preis auf dem Etikett. * Rabattjäger sehen sich in einer Wettbewerbssituation. * Kundenberater-Verhalten: selbstbewusst, freundlich * versuchen den Ursprungspreis zu halten * einheitliche Regeln für Preisnachlässe erforderlich * Preisnachlässe zehren den Gewinn schnell auf.

Regeln:		
	1. Nutzen-Preis-Verhältnis aufbauen 2. Produktwert maximieren 3. zurückhaltend reagieren 4. Ursprungspreis halten 5. kleine Geschenke statt Rabatt	6. Rabatte in kleinsten Schritten 7. Kundenbehauptungen sofort überprüfen 8. Rabatte in Euro 9. Gegenleistung verlangen

typische Verkaufssituationen:		
	* Kunde will pokern * Kunde wünscht Vorzugsbehandlung * Kunde gibt sich als Experte aus * Feilschen zum Schluss	* Kunde verlangt Mengenrabatt * Nörgeln für Preisnachlass * Geben (Freunde, Bekannte) und Nehmen (Preisnachlass) * Kunde nennt Preisgrenze

10 Ladendiebstahl

10.1 Situation im Einzelhandel

Die Verluste durch Ladendiebstahl gehen in die Milliarden. Die heute übliche offene Warenpräsentation macht den größten Teil des Sortiments für den Kunden zugänglich. Oft ist es leicht, aus der Warenfülle einen Artikel unbemerkt in der Jackentasche verschwinden zu lassen. Diebstähle zu Testzwecken zeigen, dass kein Gegenstand zu schwer oder zu groß ist, um gestohlen zu werden. Das Personal in den Geschäften ist häufig durch den Tagesbetrieb so stark belastet, dass nicht genug Zeit bleibt, Kunden aufmerksam zu beobachten.

ZUM VORTEIL ALLER EHRLICHEN KUNDEN:

UNSERE WARE IST ELEKTRONISCH GEGEN LADENDIEBSTAHL GESICHERT!

Der Einzelhandel hat jährlich durchschnittlich mehr als 1 % des jährlichen Umsatzes als **Inventurverluste** zu beklagen. Davon entfallen etwas mehr als die Hälfte auf **Ladendiebstahl**.

Siehe auch Inventurdifferenzen Seite 102

Diebstahlgefährdet sind vor allem folgende Artikel:

* Rasierklingen
* Tabakwaren
* Spirituosen
* Werkzeuge
* Elektrokleingeräte
* Tonträger
* Kosmetikartikel
* Smartphones

10.2 Methoden und Verhaltensweisen der Ladendiebe

Ladendiebe sind kreativ und werden laut Aussage der Polizei immer dreister und auch gewalttätiger. Nachfolgend werden einige häufig genutzte Methoden vorgestellt.

Methoden	Beschreibung
Verstecken:	Sehr beliebt ist es, Diebesgut in der Jackentasche oder unter der Kleidung zu verstecken. Auch Einkaufstaschen, Mantel- oder Hosentaschen dienen als Versteck. Sogar unter schlafenden Kindern im Kinderwagen werden gestohlene Artikel untergebracht. Kleine Artikel (z.B. Kosmetika, Rasierklingen) können leicht in größeren Kartons versteckt werden oder in einer Einkaufstasche mit doppeltem Boden.
Ablenken:	Ladendiebe treten im Team auf. Einer lenkt das Verkaufspersonal z.B. durch ein intensives Verkaufsgespräch ab, begibt sich vielleicht sogar in einen rückwärtigen Teil des Verkaufsraumes oder veranlasst den Verkaufsmitarbeiter zu einem Gang in das Lager. Der andere ist währenddessen unbeobachtet. Ablenkung geschieht auch an der Kasse, wenn das Personal in ein Gespräch verwickelt wird, um die Aufmerksamkeit zu verringern.
Zwiebeltrick:	In Textilgeschäften ziehen Ladendiebe mehrere Kleidungsstücke unter ihrer Straßenkleidung an und entfernen die Sicherungsetiketten der Neuware.
Täuschung:	Die Etiketten der Produkte werden vertauscht oder die Produkte eigenhändig mit einem Rotstift „umgezeichnet". Mit einem liegengelassenen Bon wird die Bezahlung von Waren vorgetäuscht.
Mundraub:	Im Lebensmittelhandel reißen Kunden während des Einkaufs Verpackungen auf und verzehren die darin enthaltene Ware und stellen die leere oder angebrochene Packung zurück.
Abräumer:	Sie sind besonders dreist, weil sie sich ganz normal mit Ware eindecken, zum Schluss aber die Nähe des Eingangs aufsuchen und dann einfach aus dem Laden rennen. Das Piepen des Sicherungssystems stört sie nicht.

▪ Typische Verhaltensweisen von Ladendiebe

Ladendiebe lassen sich nicht bestimmten Bevölkerungs- oder Altersgruppen zuordnen: Ladendiebstahl wird von alten und jungen Kunden, von armen und reichen, von Männern und Frauen begangen. Eine leichte Häufung findet man bei Jugendlichen und armen Menschen (z.B. Arbeitslosen).

Moderner Ladendiebstahl: Onlinebetrug

Auch über den Onlineshop eines Einzelhändlers lassen sich Waren entwenden:

* Identitätsdiebstahl: Daten bestehender Kunden werden entwendet und für betrügerische Bestellungen genutzt.
* Waren werden bestellt mit der Absicht, sie nie zu bezahlen.

Wenn folgende Verhaltensweisen erkannt werden, ist kritische Beobachtung angebracht:

* Vor Betreten des Ladens verändert jemand deutlich seine **Kleidung**.

* Das Interesse des Kunden gilt mehr dem **Personal** und den anderen Kunden als der Ware.

* Der Kunde interessiert sich scheinbar für alles, aber für nichts richtig; er ist **nervös** und „testet" das Umfeld, indem er sich ständig sichernd umsieht.

* Kunden betreten bei schönem Wetter das Geschäft mit einem großen Regenschirm; sie tragen einen Mantel mit sackartig weiten Ärmeln oder führen eine auffällig **große Tasche** mit sich.

* Kunde **meidet** in auffälliger Weise das **Verkaufspersonal**, um in Ruhe gelassen zu werden, begibt sich in unübersichtliche Teile des Verkaufsraums.

* Ein **Paar** (oder eine Gruppe) betritt das Geschäft; einer verwickelt einen Verkaufsmitarbeiter in ein intensives Verkaufsgespräch und trennt sich dabei vom Partner.

10.3   Ansprache eines Ladendiebs

■ Zeitpunkt

Um einen Kunden wegen Diebstahls anzusprechen, reicht ein einfacher Verdacht nicht aus. Deshalb ist es dringend notwendig, dass man einen Kunden – sobald man einen Verdacht hat – genau beobachtet. Allerdings ist es nicht ratsam, den verdächtigten Kunden allzu auffällig zu beobachten. Man sollte weiter seine Tätigkeit verrichten und ihn dabei so zurückhaltend wie möglich beobachten. Wenn der Verdacht sicher ist oder wenn man den Diebstahl mit eigenen Augen gesehen hat, muss der Ladendieb angesprochen werden. Hierbei gilt, dass man ihn nach Möglichkeit erst dann anspricht, wenn er die Kassenzone verlassen hat. Auf diese Weise erhält er Gelegenheit, die Ware doch noch zu bezahlen.

■ Kontaktaufnahme

Beim Erstkontakt mit dem verdächtigen Kunden sollte man Folgendes beachten:

* nicht allein, sondern zu zweit auf den Ladendieb zugehen,

* eine ruhige Schrittfolge wählen und sich seitlich neben ihn stellen (damit der Fluchtweg nicht verstellt und Gewalttätigkeiten vermieden werden),

* in ruhigem Tonfall sprechen und keine Hektik erzeugen.

Auch Ladendiebe müssen höflich und korrekt behandelt werden. Grundsätzlich ist eine vorsichtige Wortwahl gegenüber einem Ladendieb angebracht, weil ein Ladendieb eventuell sehr erregt ist. Begriffe wie „Dieb" oder „Diebstahl" sind im Verkaufsraum zu vermeiden, weil sie Stress verursachen und auch die übrigen Kunden in Mitleidenschaft ziehen.

Beispiel für die Ansprache eines Ladendiebs
„Entschuldigen Sie bitte. Wir möchten eine Unstimmigkeit klären. Würden Sie bitte mit in unser Büro kommen?"

Nachdem man einen Ladendieb angesprochen und ins Büro gebeten hat, besteht die Gefahr, dass er auf dem Weg zum Büro seine gestohlene Ware „verliert". Ein Ladendieb sollte auf dem Weg zum Büro also vorgehen, damit er beobachtet werden kann. Wird der Ladendieb von zwei Mitarbeitern begleitet, so geht er in der Mitte, ein Mitarbeiter vor und ein Mitarbeiter hinter ihm. Dabei sollte man stets zurückhaltend sein.

■ Verhaltensregeln

einsichtiger Ladendieb:	* den Vorgesetzten umgehend informieren
	* bei weiblichen Ladendieben eine Kollegin holen
	* den Diebstahlvorwurf ruhig und sachlich vortragen
	* nach dem Personalausweis fragen
	* ein Diebstahl-Protokoll anfertigen (Im Protokoll werden die Personalien, der Sachverhalt, Zeugen u. Ä. festgehalten.)
	* die Herausgabe der gestohlenen Ware verlangen
	* ein Schuldanerkenntnis unterschreiben lassen, aber nicht erzwingen
	* Kann der Ladendieb einen gültigen Personalausweis vorlegen, darf man ihn nicht weiter festhalten.
	* Der Einzelhändler hat nun zu entscheiden, ob er – von seinem Hausrecht Gebrauch macht und **Hausverbot** erteilt (am besten in Schriftform) oder – Strafanzeige erstattet und die Polizei einschaltet.
uneinsichtiger Ladendieb	* Wenn der Ladendieb sich nicht ausweisen kann, muss sofort die Polizei verständigt werden!
	* Bis zum Eintreffen der Polizei darf der Dieb festgehalten werden (dies gilt dann als vorläufige Festnahme). Die Rechtsgrundlage für diese Möglichkeit sind das Bürgerliche Gesetzbuch und die Strafprozessordnung.
	* Wehrt sich der Ladendieb gegen die vorläufige Festnahme, darf man Handgreiflichkeiten des Ladendiebs abwehren und die Festnahme durchsetzen (Notwehrrecht laut Strafprozessordnung).
	* Die Art und Weise der Maßnahmen richtet sich nach der Gegenwehr des Ladendiebs.
	* Nach Möglichkeit sind Handgreiflichkeiten zu vermeiden.
	* Der festgehaltene Ladendieb ist während der gesamten Zeit bis zum Eintreffen der Polizei von mindestens zwei Mitarbeitern zu beaufsichtigen, um etwaige Beschuldigungen später entkräften zu können.
	* Man darf vom Dieb die Herausgabe der gestohlenen Artikel verlangen. Taschenkontrollen erfordern die Zustimmung des Ladendiebs; körperliche Durchsuchungen sind ausschließlich Aufgabe der Polizei.

■ Kinder und Jugendliche als Ladendiebe

Ein besonderes Problem stellt die Behandlung von **Kindern** dar, die durch einen Ladendiebstahl auffällig geworden sind. Grundsätzlich gilt, dass man erst ab dem 14. Lebensjahr **strafmündig** ist. Das heißt, dass Kinder unter 14 Jahren für ihr Verhalten strafrechtlich noch nicht belangt werden können. Es ist aber ratsam, die Eltern, evtl. auch die Polizei zu informieren.

Man kann bei Kindern, die sich auffällig verhalten, vorbeugend tätig werden: Man muss ihnen signalisieren, dass sie genau beobachtet werden.

Jugendliche im Alter zwischen 14 und 18 Jahren können bei einem Ladendiebstahl strafrechtlich herangezogen werden. Eine Strafanzeige bei der Polizei ist daher ratsam.

10.4 Ladendiebstähle vermeiden

Es kann nicht das Ziel eines Einzelhändlers sein, möglichst viele Ladendiebe zu überführen. Er muss vielmehr bestrebt sein, Ladendiebstähle von vornherein zu vermeiden. Vorbeugende Maßnahmen setzen an drei Stellen an:

■ Verkaufsraumgestaltung

* Jede Stelle im Verkaufsraum sollte einsehbar sein (keine „toten Winkel").

* Warenträger sollten nicht zu hoch (z. B. bis Augenhöhe) mit Waren belegt werden, damit eine bessere Übersicht über die Verkaufsfläche besteht. Auch die Kunden können so besser gesehen werden.

* Spiegel und Videoüberwachung erhöhen das Gefühl, beobachtet zu werden.

* Umkleidekabinen sind so einzurichten, dass sie gut beobachtet werden können.

* Schilder, die auf die Video-Überwachung aufmerksam machen, schrecken Diebe ab.

* Auf Schildern wird darauf hingewiesen, dass jeder Ladendiebstahl bei der Polizei angezeigt wird.

* Verschließbare Ablagen für Taschen schaffen.

■ Waren und ihre Präsentation

* wertvolle Produkte in Vitrinen verschließen

Beispiel   Kleinbildkameras, Smartphones, Uhren, Schmuck, Festplatten

* hochpreisige und besonders diebstahlgefährdete Waren übersichtlich und gut erkennbar präsentieren, z. B. in Kassennähe

Siehe auch
Warensicherung
Seite 58

Siehe auch RFID-
Technik Seite 57

* Produkte mit gut **erkennbaren Sicherungen** versehen

* Produkte ins Sortiment aufnehmen, die mit einer **Quellensicherung** ausgestattet sind. Das heißt, der Hersteller baut Sicherungsetiketten (i. d. R. RFID-Etiketten) in das Produkt ein. Beim Einscannen der Artikel an der Kasse wird das Sicherungselement in der Ware „entschärft" (deaktiviert). Der Kunde kann diese Sicherung nicht erkennen. RFID-gesicherte Artikel sind gewöhnlich Voraussetzung für **kassenfreie Geschäfte**. Dort wählt der Kunde ein Produkt aus und identifiziert das RFID-Etikett mit Hilfe seines Smartphones. Der Artikel wird als gekauft registriert und der Bezahlvorgang kann z. B. über die Kreditkarte des Kunden eingeleitet werden. Durch den Bezahlvorgang wird das RFID-Etikett entsichert und der Kunde kann das Geschäft mit dem Produkt verlassen.

> **Warensicherung**
> * Hart-Etiketten
> * Weich-Etiketten
> * Klebe-Etiketten
> * Leinensicherung
> * Quellensicherung

■ Verhalten der Verkaufsmitarbeiter

* **Aufmerksamkeit** ist die wichtigste Maßnahme zur Diebstahlvermeidung. Oft genügt allein die Anwesenheit von Verkaufspersonen, damit Ladendiebe abgeschreckt werden.

* Eine intensive **Kundenbetreuung** fördert den Verkaufserfolg und dient gleichzeitig der Kundenüberwachung. Wird ein Kunde als „auffällig" eingestuft, sollte man ihn ansprechen und eine Beratungsleistung anbieten („Ich sehe, Sie interessieren sich für ...").

* Übersicht bei der **Warenvorlage** behalten, d. h., nicht zu viel Ware vorlegen

* spezielles **Sicherheitspersonal** einstellen (Hausdetektiv)

Verhalten an der Kasse (Lebensmittelhandel):

* Der Kunde wird höflich gebeten, alle Waren auf das Laufband zu legen.

* Erst wenn die gesamte Ware, die der Kunde wünscht, sich auf dem Laufband befindet, kann mit der Erfassung begonnen werden.

* Schwere und sperrige Artikel (Getränkegebinde) sollten auf Bitte des Kassierers vom Kunden angehoben werden.

* Bei jedem Kunden muss ein Blick in den Kontrollspiegel oder in den Einkaufswagen erfolgen, um sich davon zu überzeugen, dass keine weitere Ware im Einkaufswagen liegt.

* Verkaufspreise und Verkaufsmengen darf man sich nicht von Kunden ansagen lassen.

* Kann der Preis nicht direkt ermittelt werden, muss die Kassenaufsicht informiert werden.

* Jeder Karton, der über das Laufband gezogen wird, muss kontrolliert werden. Der Blick in den Karton kann damit begründet werden, dass man nur die Vollständigkeit der Ware prüft.

* Jeder Kunde sollte zum Ende des Kassiervorgangs gefragt werden: „Ist das alles?" Damit beugt man „gefährdeten" Ladendieben vor, die sonst zu „tatsächlichen" Ladendieben werden.

* Kunden, die ihr Unverständnis für die Kontrollen zeigen, sollte man um Verständnis bitten.

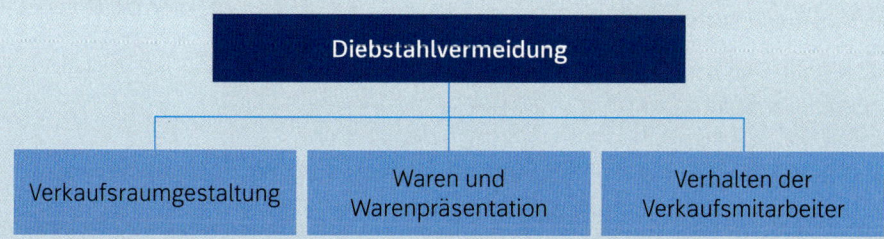

Zusammenfassung

Ladendiebstahl			
Bedeutung:	mehr als 1 % Inventurdifferenzen, davon über die Hälfte durch Ladendiebstahl		
bevorzugte Artikel:	* Tabakwaren * Spirituosen	* Werkzeuge * Elektrokleingeräte	* Tonträger * Smartphones
Diebstahlmethoden:	* Verstecken * Ablenken	* Zwiebeltrick * Täuschung	* Mundraub * Abräumer
typische Verhaltensweisen:	* Beobachtung des Personals, wenig Interesse an der Ware * nervöses Verhalten, kein gezieltes Interesse * ungewöhnlich ausladende Kleidung oder große Taschen * geht dem Verkaufspersonal aus dem Wege * lenkt Verkaufsmitarbeiter ab, um Partnern Freiraum zu geben		
Ansprache:	Kontaktaufnahme:	* zu zweit, ruhig, seitlich zum Kunden, höflich, keine Anschuldigungen	
	Begleitung:	* das „Entsorgen" gestohlener Ware verhindern * Dieb in die Mitte nehmen	
einsichtiger Dieb:	* Vorgesetzen holen, bei weiblichen Dieben Kollegin hinzuziehen * Beschuldigung ruhig und sachlich formulieren, Herausgabe der Ware verlangen * Formalien: Personalausweis, Protokoll, Schuldanerkenntnis, Entlassung * Entscheidung: Hausverbot oder Strafanzeige und Polizei einschalten		
uneinsichtiger Dieb:	* kein Personalausweis: Polizei einschalten * Dieb festhalten ist erlaubt, Taschenkontrolle mit Zustimmung, keine körperliche Kontrolle * Dieb beaufsichtigen bis zum Eintreffen der Polizei * Handgreiflichkeiten möglichst vermeiden		
Kinder und Jugendliche:	* Kinder sind strafunmündig, Eltern informieren * Jugendliche können bestraft werden; Polizei einschalten		
Vorbeugung:			
* Verkaufsraum:	* Übersicht schaffen	* Hinweisschilder, Videoüberwachung schrecken ab	
* Präsentation:	* wertvolle Ware schützen	* Waren sichern	
Mitarbeiter:	* Aufmerksamkeit * Kundenbetreuung	* übersichtliche Warenvorlage * Hausdetektiv	
* an der Kasse:	* alle Waren auf das Band * Kontrolle (Einkaufswagen)	* Kartons überprüfen * Kassierabschluss bestätigen lassen	
	* keine Preise oder Mengen bei Kunden nachfragen		

11 Finanzierungskauf

Viele **Kunden** möchten nicht lange sparen, bis sie sich den Kauf eines Produkts leisten können. Daher bieten Einzelhändler an, den Kauf durch eine Finanzierung zu erleichtern.

> **EINFACH UND SCHNELL**
> # FINANZKAUF
> **OHNE ANZAHLUNG SOFORT MITNEHMEN***
>
> \# **ab 300,00 € Warenwert**
> \# **flexible Wunschraten**
> \# **bis zu 48 Monatsraten**
> \# **Service durch unsere Hausbank**
>
> * ausreichende Bonität vorausgesetzt

Beispiele   „Jetzt kaufen – später bezahlen."

Man spricht auch von „Rückwärtssparen".

Vor allem bei höherwertigen Artikeln machen Kunden von diesem Angebot Gebrauch:

Beispiele   Fernseher, Waschmaschinen, Computer, Smartphones, Kameras, Möbel, Spielekonsolen

Der **Einzelhändler** kann auf diese Weise den Absatz höherwertiger Artikel steigern, indem niedrige monatliche Teilzahlungen den Kauf erschwinglicher machen.

■ Vertragsarten

Für die Finanzierung von Einkäufen stehen dem Kunden im Wesentlichen drei Möglichkeiten offen:

Ratenkauf	Einzelhändler und Kunden vereinbaren, dass der Kaufpreis in Teilbeträgen (Raten) bezahlt wird. Die Raten werden gewöhnlich monatlich fällig. Üblich sind Laufzeiten von 12 bis 60 Monatsraten. Der Kunde bezahlt die Raten direkt an den Einzelhändler.
Finanzierungs-kauf	Auch hier wird eine Bezahlung in Teilbeträgen vereinbart, allerdings schließt der Einzelhändler nur den Kaufvertrag ab. Für die Finanzierung wird vom Einzelhändler eine Bank eingeschaltet, mit der der Kunde einen Kreditvertrag vereinbart. Der Einzelhändler erhält den Kaufbetrag sofort; das Risiko eines Zahlungsausfalls trägt die Bank. Der Kunde überweist die Raten folglich an die Bank. Diese Form der Finanzierung von Käufen ist heute üblich.
Bankkredit	Der Kunde schließt mit seiner Bank einen Kreditvertrag ab, mit dem der Kauf finanziert wird. Der Einzelhändler wird in diesem Falle nicht eingeschaltet.

Ratenkauf: Kaufvertragsvereinbarung zwischen einem Einzelhändler und einem Kunden über die Zahlung des Kaufpreises in Raten.

Finanzierungskauf: Kombination aus Kaufvertrag (Einzelhändler – Kunde) und Kreditvertrag (Bank – Kunde) unter Vermittlung des Einzelhändlers.

■ Bonitätsprüfung

Für den Einzelhändler oder die Bank entsteht bei einer Ratenzahlung das Risiko des Zahlungsausfalls.

Beispiel   Der Kunde verliert seinen Arbeitsplatz und kann dadurch die Raten nicht mehr begleichen.

Grundsätzlich weist die Wahl des Kunden für den Ratenkauf darauf hin, dass er finanziell eingeschränkt ist. Zwar könnte die Entscheidung für den Ratenkauf auch das Ergebnis eines Vorteilsvergleichs sein; das ist aber eher unwahrscheinlich, weil der Teilzahlungspreis i.d.R. höher liegt als der Barzahlungspreis (siehe unten).

Am Anfang steht daher eine Bonitätsprüfung des Kunden. Mit ihr wird festgestellt, ob man erwarten kann, dass der Kunde die Raten vereinbarungsgemäß zahlt. Dafür stehen spezielle Auskunfteien (z. B. Creditreform oder Schufa = Schutzgemeinschaft für allgemeine Kreditsicherung) zur Verfügung. Diese sammeln Daten über das Finanzverhalten praktisch aller erwachsenen Deutschen. Eventuell wird auch ein Einkommensnachweis verlangt.

Bonitätsprüfung: Abschätzung, ob der Kunde die Raten vereinbarungsgemäß zahlen kann.

■ Kosten

Im Regelfall bietet der Einzelhändler die Finanzierung nicht kostenlos an. Folgende Kosten sind üblich:

* **Zinsen:** Der Einzelhändler (oder die Bank) gewährt dem Kunden einen Kredit. Dafür werden gewöhnlich Zinsen fällig. Wenn der Einzelhändler auf Zinsen verzichtet („Null-Prozent-Finanzierung"), wird er die Kosten an anderer Stelle geltend machen, z. B. in einer erhöhten Kalkulation oder versteckt in den Gebühren.

* **Gebühren:** Für den erhöhten Aufwand, der mit einem Ratenkauf verbunden ist, verlangen Einzelhändler, eine **Bearbeitungsgebühr**. Das Gleiche gilt für Banken. Es können auch weitere Gebühren anfallen, z. B. eine Bereitstellungsgebühr oder eine Kontoführungsgebühr).

* **Versicherungskosten:** Häufig wird vom Kunden verlangt, dass er eine Versicherung für das Ausfallrisiko abschließt (**Kreditausfallversicherung**).

Diese Kosten können einen Ratenkauf erheblich verteuern.

Der Einzelhändler wird – unabhängig von der Frage der Versicherung - zur Absicherung des Ausfallrisikos im Regelfall einen **Eigentumsvorbehalt** für die gekaufte Ware geltend machen. Dadurch bleibt der Einzelhändler Eigentümer der Ware, bis die letzte Rate bezahlt worden ist. Bei Zahlungsproblemen kann er die Ware zurückfordern.

Siehe auch Eigentumsvorbehalt in Lernfeld 3

■ Notwendige Angaben bei Ratenzahlungen

Um den Kunden über die tatsächlich entstehenden Kosten zu informieren, verpflichtet der Gesetzgeber den Einzelhändler dazu, den Kaufvertrag über den Ratenkauf (**Teilzahlungsgeschäft**)

* **schriftlich** abzuschließen,
* ihn vom Kunden **unterschreiben** zu lassen und
* bestimmte **Pflichtangaben** im Vertrag zu machen.

Pflichtangaben
1. **Barzahlungspreis:** Das ist der Preis, den der Kunde im Normalfall ohne Ratenzahlung zu zahlen hätte.
2. **Teilzahlungspreis:** Preis, der für den Kunden entsteht, wenn er die Ratenzahlung wählt. Dazu gehören:
   * eine eventuelle Anzahlung
   * alle Teilzahlungen
   * Zinsen
   * alle sonstigen Kosten (vor allem Gebühren)
3. Betrag, Zahl und Fälligkeit der einzelnen **Teilzahlungen**
4. **effektiver Jahreszinssatz:** Er spiegelt die tatsächlichen Kosten der Ratenzahlung für den Kunden wider (siehe unten).
5. Kosten einer **Versicherung** (Kreditausfallversicherung)
6. Vereinbarung eines **Eigentumsvorbehalts**

Fehlt eine dieser Angaben im Kaufvertrag oder ist er nicht schriftlich (mit Unterschrift des Kunden) verfasst worden, so ist der Vertrag nichtig.

■ Widerrufsrecht

Außerdem hat der Gesetzgeber dem Kunden bei Ratenkäufen ein Widerrufsrecht eingeräumt, auf das er vom Verkäufer hingewiesen werden muss. Zu diesem Zweck muss der Verkäufer dem Kunden eine schriftliche Belehrung aushändigen, die ihn über sein Widerrufsrecht aufklärt. Der Kunde muss diese Belehrung unterschreiben.

Siehe § 355 BGB

Widerrufsrecht: Innerhalb von 14 Tagen nach Vertragsabschluss, eine Begründung ist nicht notwendig.

Für den Widerruf ist eine „**eindeutige Erklärung**" notwendig; eine Formvorschrift existiert nicht. Ein Widerruf per E-Mail wäre also z. B. ausreichend.

Im **Onlinehandel** beginnt das 14-tägige Widerrufsrecht mit dem **Erhalt der Ware**, d. h. später als das Vertragsabschlussdatum.

Im Falle des Finanzierungskaufs (Kaufvertrag + Kreditvertrag) sind beide Verträge miteinander verbunden. Das heißt, wird der Kaufvertrag widerrufen, ist auch der Kreditvertrag hinfällig (und umgekehrt).

Beispiel

Situation
Ein Kaffeeautomat wird zum Barzahlungspreis von 800,00 € angeboten. Außerdem soll den Kunden die Möglichkeit der Teilzahlung eingeräumt werden. Dazu ist das Preisetikett mit folgenden Bedingungen vorzubereiten:

Barzahlungspreis: 800,00 €
Zinsen pro Monat: 0,4 %
Laufzeit: 24 Monate
Gebühren werden nicht berechnet

Schritt 1: Berechnung des Teilzahlungspreises

Barzahlungspreis (= Kredit): 800,00 €

$$\text{Zinsen} = \frac{\text{Kapital} \cdot \text{Zinssatz pro Monat} \cdot \text{Laufzeit in Monaten}}{100}$$

$$\text{Zinsen} = \frac{800,00\ € \cdot 0,4 \cdot 24\ \text{Monat}}{100} = \mathbf{76,80\ €}$$

Ergebnis:

Barzahlungspreis	800,00 €
+ Zinsen	76,80 €
= Teilzahlungspreis	876,80 €

Schritt 2: Berechnung der Monatsraten

Der Teilzahlungspreis von 876,80 € ist nun auf die Laufzeit von 24 Monaten zu verteilen.

$$\text{Monatsrate} = \frac{876,80\ €}{24} = \mathbf{36,53\ €}$$

Schritt 3: Berechnung des effektiven Jahreszinses

Die Preisangabenverordnung hat in einer Anlage die Formel für die Berechnung des effektiven Jahreszinses vorgeschrieben. Es handelt sich dabei um eine sehr komplizierte mathematische Berechnung. In der Praxis verwendet man deshalb spezielle Programme oder z. B. das Tabellenkalkulationsprogramm Excel, in das man die Daten lediglich eingibt; der Zinssatz wird dann automatisch berechnet.

Sehr grob lässt sich der effektive Jahreszins durch eine Dreisatzrechnung bestimmten, bei der der Barzahlungspreis mit 100 % gleichgesetzt wird.

800,00 € = 100 %

76,80 € = x

$$x = \frac{100 \cdot 76,80\ €}{800,00\ €} = \mathbf{9,6\ \%}$$

■ Preisauszeichnung

Das Teilzahlungsprodukt muss mit folgenden Angaben ausgezeichnet werden:

* Barzahlungspreis
* Anzahl und der Höhe der Raten
* Teilzahlungspreis
* effektiver Jahreszins

Beispiel

Fortsetzung

Für das Beispiel Kaffeemaschine würde gelten:

Barzahlungspreis:	800,00 €
Teilzahlungskauf:	24 Raten zu je 36,53 €
Teilzahlungspreis:	876,80 €
effektiver Jahreszins:	9,6 %

Uniformmethode

Etwa genauer lässt sich der effektive Jahreszins durch die sogenannte **Uniformmethode** berechnen. Das Ergebnis entspricht aber immer noch nicht ganz den Anforderungen der Preisangabenverordnung. Die Formel lautet wie folgt:

$$\text{effektiver Jahreszins} = \frac{\text{Kreditkosten} \cdot 2\,400}{\text{Kredit} \cdot (\text{Laufzeit in Monaten} + 1)}$$

$$\text{effektiver Jahreszins} = \frac{76,80\ € \cdot 2\,400}{800,00\ € \cdot (24 + 1)} = \frac{184\,320,00\ €}{20\,000,00\ €} = \mathbf{9,22\,\%}$$

Kreditkosten = alle Kosten, die beim Teilzahlungsgeschäft entstehen (Zinsen, Gebühren, Versicherungskosten)

Kredit = Barzahlungspreis

In der Praxis wird Kunden oft das Recht eingeräumt, die Bedingungen der Ratenzahlung nach eigenen Vorstellungen zu bestimmen und sich frühzeitig einen Überblick über die zusätzliche Belastung zu machen.

Beispiel

Bedingungen für den Ratenkauf (gekürzt)

Monatsraten	monatlicher Aufpreis	effektiver Jahreszinssatz
3	0,80 %	15,33 %
6	0,72 %	15,69 %
...	...	...
24	0,67 %	15,79 %
...	...	...
48	0,69 %	15,88 %

Der Kunde kann den Aufpreis für ein konkretes Produkt selbst ausrechnen.

Beispiel

Fortsetzung

Produktpreis: 2 000,00 €
Monatsraten: 24
monatlicher Aufpreis 0,67 %

$$\text{Aufpreis} = \frac{2\,000,00\ € \cdot 0,67 \cdot 24}{100} = \mathbf{321,60\ €}$$

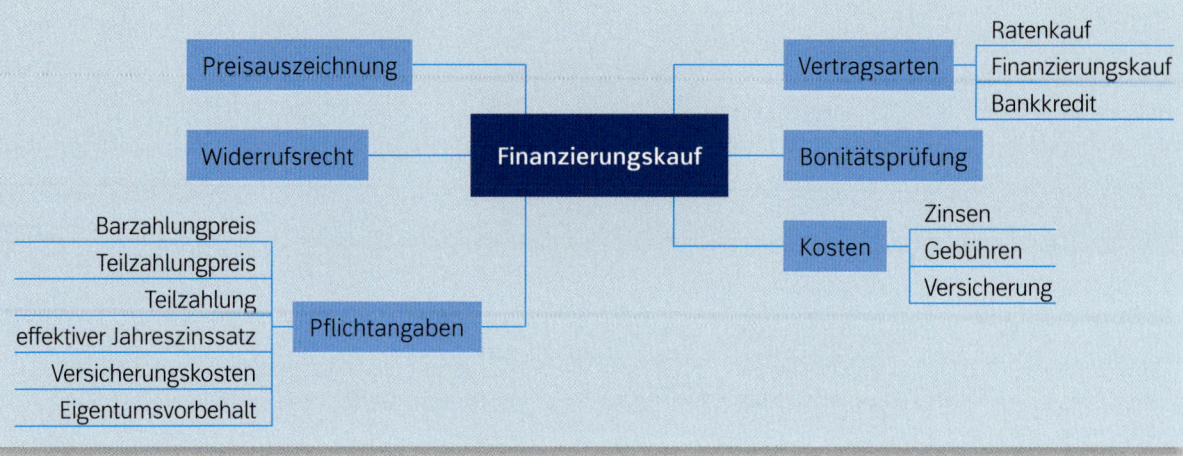

Ratenverkäufe aus Sicht des Einzelhändlers

Verkäufe gegen Ratenzahlung haben aus Sicht des Einzelhändler Vorteile und Nachteile:

Vorteile:	* Absatzsteigerung, vorzugsweise bei höherwertigen Produkten
	* Gewinn von Kunden, die größere Anschaffungen nur über eine Ratenzahlung finanzieren können/wollen.
	* Zinsen/Gebühren führen zu Erträgen.
Nachteile:	* Ausfallrisiko im Falle von Zahlungsschwierigkeiten
	* Wird der Eigentumsvorbehalt wirksam, könnte es Schwierigkeiten geben, die Ware zurückzufordern.
	* erhöhter Aufwand (schriftlicher Vertrag, Informationspflichten, Einschaltung einer Bank usw.)
	* Bei einer Null-Prozent-Finanzierung muss der Einzelhändler die Kosten des Kredits tragen.
	* Widerrufsrecht des Käufers

Ratenzahlung als Werbeargument

Die Basisvereinbarung zwischen Einzelhändler und Kunde, den Kaufpreis in Raten zu bezahlen, wird vom Einzelhandel vielfältig verändert, um Kunden den Teilzahlungskauf attraktiv zu machen.

* Die Laufzeit (die Anzahl der Raten) wird erhöht, z. B. auf bis zu 72 Monate.
* Die anfallenden Zinsen werden auf 0 % gesenkt („Null-Prozent-Finanzierung").
* Die erste fällige Rate wird bis zu sechs Monate aufgeschoben.

Zusammenfassung

Finanzierungskauf		
Vertragsarten:	* Ratenkauf * Finanzierungskauf * Bankkredit	
Bonitätsprüfung:	Abschätzung, ob der Kunde die Raten vereinbarungsgemäß zahlen kann.	
Kosten:	* Zinsen * verschiedene Gebühren	* Versicherungskosten
Eigentumsvorbehalt:	Vereinbart der Einzelhändler im Regelfall mit seinem Kunden.	
Teilzahlungsgeschäft:	schriftlich, mit Kundenunterschrift, mit Pflichtangaben	
	Pflichtangaben (ihr Fehlen führt zur Nichtigkeit des Vertrages)	* Barzahlungspreis * Teilzahlungspreis * Betrag, Zahl und Fälligkeit der Teilzahlungen * effektiver Jahreszinssatz * Kosten für Versicherungen * Vereinbarung über Eigentumsvorbehalt

Finanzierungskauf	
Widerrufsrecht:	in Schriftform, innerhalb von 14 Tagen nach Vertragsabschluss, Begründung nicht notwendig
effektiver Jahreszinssatz:	Bringt die tatsächlichen Kosten des Teilzahlungsgeschäfts für den Kunden zum Ausdruck.
Berechnung:	* stark vereinfacht: Dreisatzrechnung (Verhältnis Barzahlungspreis zu Gesamtkosten) * näherungsweise: Uniformmethode * genau: Formel laut Preisauszeichnungsverordnung
Vorteile:	* Absatzsteigerung * zusätzliche Erträge (Gebühren, Zinsen) * Neukundengewinnung
Nachteile:	* Ausfallrisiko * Schwierigkeiten bei Warenrückforderung aufgrund des Eigentumsvorbehalts möglich * erhöhter Aufwand

12 Internet-Konkurrenz

12.1 Elektronischer Handel (E-Commerce)

E-Commerce ist eine spezielle Form des Versandhandels. Man versteht darunter den elektronischen Handel (z. B. über das Internet oder über Netzwerke von Mobilfunkanbietern).

Als **Versandhandel** bezeichnet man das Angebot von Waren mithilfe eines Mediums (Katalog, Prospekt, Anzeige, Internet, Radio, Fernsehen).

Konsumenten nutzen das Internet immer stärker für ihre Einkäufe.

Damit wird der elektronische Handel zu einem ernsten Konkurrenten des **stationären Handels**. Darunter versteht man den Verkauf von Waren von einem festen Platz aus, z. B. im Ladenlokal eines Einzelhändlers. Der Kunde begibt sich in das Geschäft, um dort einzukaufen.

Versandhandel: Angebot von Waren mithilfe eines Mediums, z. B. über einen Onlineshop im Internet oder über einen Katalog.

E-Commerce: elektronischer Handel mithilfe des Internets oder über Mobilfunknetze

Onlineshop: Handelsplattform, die Produkte im Internet anbietet.

Stationärer Handel: Verkauf von Waren von einem festen Platz aus, z. B. in einem Ladenlokal

12.2 Der Internetanbieter als Mitbewerber

Weil Kunden von zu Hause aus theoretisch in der ganzen Welt Waren vergleichen und einkaufen können, sieht sich der Einzelhändler einem großen Wettbewerbsdruck ausgesetzt.

Besonders problematisch ist es für den Einzelhändler, wenn Kunden sich im stationären Geschäft (offline) beraten lassen, dann aber im Internet (online) einkaufen. Die Beratungskosten des Einzelhändlers werden dann nicht vergütet. Viele Kunden gehen aber auch den umgekehrten Weg: Sie informieren sich im Internet und kaufen beim Einzelhändler vor Ort.

offline informieren (sich beraten lassen) → online kaufen (Beratungsschnorrer)   **online informieren → offline kaufen**

Letztlich muss der Einzelhändler (durch seine Verkaufsmitarbeiter) versuchen, den Kunden am Ende des Beratungsgesprächs auch zum Kauf im Geschäft zu bewegen. Dazu muss sich jeder Verkaufsmitarbeiter mit den Mitbewerbern im Internet auseinanderzusetzen, um deren Stärken und Schwächen zu kennen und den Kunden die Vorteile des stationären Handels vor Augen führen.

Siehe auch Seite 252

Manche Onlineshops bieten heute aber auch Hotlines für die Beratung an.

■ Nachteile der Internetanbieter

Beratung

Der Internetkunde wählt das Produkt, das er kaufen möchte, an seinem PC, am Tablet-Computer oder mithilfe seines Smartphones aus. Zwar stellen die Internetanbieter (**Online-Shops**) Produktinformationen in schriftlicher Form oder auch als Animationen zur Verfügung, es gibt aber kein persönliches Kundenberater-Kunden-Verhältnis. Damit existiert auch kein Verkaufsmitarbeiter, der sich in die persönliche Situation des Kunden hineinversetzt, um nicht nur ein Produkt, sondern eine Problemlösung anzubieten.

Rückfragen nach dem Kauf, um Probleme zu klären, sind ebenfalls gar nicht oder nur sehr aufwendig über eine (vielleicht kostenpflichtige) Hotline möglich. Da das Originalprodukt nicht vorliegt, kann es auch nicht in die Hand genommen, genau betrachtet und ausprobiert werden.

Lieferung

Die Produkte aus Internetkäufen werden gewöhnlich durch Paketdienste zugestellt. Die Kosten für die Zustellung trägt häufig der Kunde. Erst ab einem bestimmten Einkaufsbetrag verringern sich diese Kosten oder werden komplett vom Online-anbieter übernommen.

„Lieferung" heißt auch nur reine Zustellung. Die Aufstellung, z. B. von Möbeln, die Installation und Grundeinstellung technischer Geräte – nur in Ausnahmefällen ist das über das Internet zu haben. Der Kunde ist im Wesentlichen auf sich selbst gestellt. Der Internetanbieter liefert in der Regel nur das Produkt für einen Kunden, der die technischen Kenntnisse zur Handhabung und Nutzung besitzt.

Bezahlung

Kunden können im Internet gewöhnlich unter mehreren Zahlungsmöglichkeiten wählen. Das reicht von der Vorauszahlung bis zum Kauf gegen Rechnung.

Für den Käufer bleibt die Unsicherheit, ob er die Ware auch tatsächlich in der bestellten Qualität erhält. Werden Bankverbindungen oder gar Kreditkartennummern über das Internet bekannt gegeben, besteht immer die Gefahr des Missbrauchs durch Dritte. Das gilt auch für weitere Informationen über den Kunden (Adresse, vielleicht Alter und Beruf, Kauf-[Surf]gewohnheiten u. Ä.), die eventuell weitergegeben oder gar verkauft werden.

Umtausch/Reklamation

Der Internetkunde bestellt Produkte aus einem elektronischen Katalog. Die tatsächlich gelieferte Ware kann fehlerhaft sein oder der Abbildung am Bildschirm nicht entsprechen. Besteht die Möglichkeit zum Umtausch aus Kulanz, muss die Ware an die Anbieter zurückgeschickt werden.

Im Falle einer Reklamation ist ebenso zu verfahren. Häufig entsteht zusätzlich noch schriftlicher Aufwand (Schadensbeschreibung, Rechte geltend machen). Dies alles geschieht über eine große Distanz. Besonders schwierig wird es, wenn der Anbieter seinen Sitz im Ausland hat.

Serviceleistungen

Die Stärke der Internetangebote liegt im Preis. Er kann niedrig gehalten werden, weil kein Geschäftsraum unterhalten werden muss, nur wenig Personal einzustellen ist und ein schneller Warenumschlag erzielt wird. Serviceleistungen würden den Kern dieses Geschäftsmodells zunichtemachen. Daher wird im Regelfall auf Service verzichtet.

Fake-Shops

Fake = Fälschung, falsch

Fake-Shops sind betrügerische Onlineshops. Sie verlangen im Regelfall eine Zahlung mittels Vorauszahlung. Der Käufer wartet dann aber vergebens auf die Lieferung der Ware.

Kauf im Internet - Nachteile -
- fehlende Beratung
- kein persönlicher Kontakt
- kein direkter Kontakt zum Produkt
- häufig Zustellkosten
- Zahlungsrisiko
- schwierige(r) Reklamation/Umtausch
- i. d. R. keine Serviceleistungen
- Betrugsgefahr (Fake-Shops)

Wichtige Erkennungszeichen für Fake-Shops:
* Die Preise sind ungewöhnlich niedrig.
* Zahlung nur gegen Vorauszahlung möglich
* Angaben zum Anbieter (Impressum) fehlen; Rechtschreibfehler in den Texten

■ Vorteile des Internetkaufs

Bisher wurden nur die Nachteile des Kaufs im Internet dargestellt. Für das Verhalten im Verkauf sollte sich aber jeder Verkaufsmitarbeiter darüber im Klaren sein, welche Vorteile der Kunden beim Einkauf im Internet erfährt.

Vorteile des Kaufs im Internet aus Kundensicht:

* Kauf zu jeder Zeit, an jedem Ort möglich
* riesige Auswahl
* umfangreiche Vergleichsmöglichkeiten
* bequeme Zustellung der Ware nach Hause

■ Vorteile des stationären Handels

Die oben beschriebenen Nachteile des Einkaufs über das Internet sind gleichzeitig die Vorteile des stationären Einzelhandels.

Beratung:	Dem Kunden wird von fachkundigem Personal eine reichhaltige Produktauswahl vorgestellt, die geeignet ist, das Einkaufsproblem des Kunden zu lösen. Darüber hinaus bietet der stationäre Einzelhandel den Vorteil des direkten Kontakts zwischen Kundenberater und Kunden. Es kann sich ein Stammkundenverhältnis entwickeln, das von gegenseitigem Vertrauen und Vorzugsbehandlung geprägt ist.
Produkterfahrung:	Eine Ware sehen, anfassen und ausprobieren zu können, ist der wichtigste Grund für Kunden, im Geschäft vor Ort einzukaufen. Außerdem bietet der stationäre Einzelhandel eine anregende Einkaufsatmosphäre, die zum Bummeln einlädt und Einkaufen zum Vergnügen macht. Das begrenzte Produktangebot muss kein Nachteil sein: Viele Kunden wollen und brauchen die „unendliche Auswahl" des Onlinehandels nicht.
Bezahlung:	Die Bezahlung an der Kasse ist unproblematisch, Finanzierungshilfen wie z. B. Ratenzahlung unterstützen den Kunden in dieser Angelegenheit. Kunden handeln auch gerne Sonderpreise direkt im Geschäft aus oder lösen Gutscheine ein.
Serviceleistungen:	Serviceleistungen (z. B. eine eigene Werkstatt, Servicemitarbeiter, die zum Kunden kommen) runden das Angebot des Einzelhändlers zu einem Leistungspaket ab.
Lieferung:	Die Ware sofort nach Hause mitnehmen zu können, ist ein wichtiger Grund für Kunden im stationären Einzelhandel einzukaufen. Im Bedarfsfall organisiert der Einzelhändler eine Hauszustellung.
Reklamation:	Im Falle einer Reklamation wendet sich der Kunde unmittelbar an den Verkaufsmitarbeiter, schildert das Problem und erhält gewöhnlich auch sofort eine Problemlösung, die ihn zufriedenstellt. Großzügigkeit nach dem Kauf kann zu einem Erfolgsfaktor des stationären Einzelhandels werden.

■ Vorteile eines lebendigen örtlichen Einzelhandelsangebots

Verlässt man die Sichtweise des einzelnen Geschäfts, treten weitere Vorteile des stationären Einzelhandels zutage: Der Einzelhandel schafft Arbeitsplätze, und damit Kaufkraft für Mitarbeiter, die wiederum als Kunden im Einzelhandel auftreten. Eine große Anzahl attraktiver Einzelhandelsgeschäfte macht außerdem eine Innenstadt lebenswert. Andere Unternehmen (z. B. die Gastronomie) werden davon angezogen.

Kleinere Orte, in denen die Geschäfte für die Grundversorgung (z. B. Lebensmittelgeschäfte) fehlen, stellen vor allem ältere und weniger mobile Menschen vor große Probleme.

■ Verhalten im Verkauf

Wenn ein Kunde nach einem ausführlichen Verkaufsgespräch auf einen günstigeren oder leistungsstärkeren Artikel im Internet verweist, sind folgende Verhaltensweisen zu empfehlen:

* Die Reaktion des Kunden gelassen hinnehmen.	weder durch Mimik noch durch Gestik eine Enttäuschung sichtbar machen
* Dem Kunden die Freiheit seiner Entscheidung bestätigen.	z. B.: „Sie haben die freie Wahl bei Ihrer Kaufentscheidung."
* Den Kunden auf die Vorzüge des stationären Geschäftes hinweisen.	z. B. * „Haben Sie bedacht, dass wir für Rückfragen weiterhin für Sie zur Verfügung stehen?" * „Bedenken Sie bitte, das wir über eine leistungsstarke Werkstatt verfügen." * „Auch Beschwerden oder Reklamationen werden von uns großzügig abgewickelt." * „Weiterhin gewähren wir jedem Kunden ein Umtauschrecht von einer Woche ab Verkaufsdatum." * „Wenn Ihnen das Produkt gefällt, können Sie es auf einfache Weise direkt an der Kasse bezahlen, sofort mit nach Hause nehmen und nutzen."

Ja-aber-Methode
siehe Lernfeld 2
Letztlich wird der Verweis des Kunden auf das Alternativprodukt im Internet als ein Kundeneinwand betrachtet, den es auszugleichen gilt. Dafür steht die **Ja-aber-Methode** zur Verfügung.

Zusammenfassung

Internet-Konkurrenz		
Versandhandel:	Angebot von Waren mithilfe eines Mediums, z. B. über einen Onlineshop im Internet oder über einen Katalog	
E-Commerce:	elektronischer Handel mithilfe des Internets oder über Mobilfunknetze	
Onlineshop:	Handelsplattform, die Produkte im Internet anbietet.	
Stationärer Handel:	Verkauf von Waren von einem festen Platz aus, z. B. in einem Ladenlokal	
Internethandel:		
* Nachteile	* fehlende Beratung * kein persönlicher Kontakt * kein direkter Produktkontakt * häufig Zustellkosten	* Zahlungsrisiko * Umtausch/Reklamation: schwierig * i. d. R keine Serviceleistungen * Fake-Shops
* Vorteile:	* jederzeit und überall einkaufen * riesige Auswahl	* Vergleichsmöglichkeiten * bequeme Warenzustellung
Stationärer Handel: (Vorteile)	* fachkundige Beratung * direkter Kontakt zum Mitarbeiter * Stammkundenverhältnis möglich * direkter Kontakt zum Produkt * Einkaufserlebnis	* Einkaufen als Vergnügen * einfache, sichere Bezahlung * zusätzliche Serviceleistungen * direkte Verfügung über die Ware * einfache(r) Reklamation/Umtausch
Vorteile des örtlichen Einzelhandels:	* Arbeitsplätze vor Ort * Kaufkraftsteigerung	* Belebung der Ortszentren * Sicherung der Versorgung

13   Elektronische Unterstützung im Verkauf

13.1   Cross-Channel

cross (engl.) = Kreuz
channel (engl.) =
Kanal

Das stationäre Einzelhandelsgeschäft, das sein Sortiment allein in seinem Laden zum Verkauf anbietet, gehört zunehmend der Vergangenheit an. Heute werden verschiedene Verkaufskanäle, vorzugsweise Ladengeschäft und Onlineshop, miteinander verbunden (offline und online). Auch ein Warenangebot über Tablet-Computer und Smartphones sind weitere Verkaufskanäle.

Die besten Verkaufserfolge erzielt ein Einzelhändler, wenn es ihm gelingt, die verschiedenen Verkaufskanäle miteinander zu verbinden. Man spricht von **Cross-Channel** (Quervertrieb) oder **Omni-Channel** (All-Kanal-Vertrieb).

Cross-Channel: Verzahnung von Verkaufskanälen, um Kunden auf verschiedenen Wegen (Kanälen) anzusprechen.

Die Verbindung der Verkaufskanäle ist eine Erwartung der Kunden; sie wünschen ein durchgängiges Einkaufserlebnis. Das heißt z. B. erste Orientierung im Onlineshop des Einzelhändlers, Fortsetzung und Vertiefung des Auswahlprozesses im stationären Geschäft. Eventuell sogar erneuter Aufruf des Onlineshops im Geschäft, um die Auswahl mit Artikeln zu erweitern, die nur im Shop angeboten werden.

Für Verkaufsmitarbeiter bedeutet das: Sie sollten
* die Verkaufskanäle und ihre Technik kennen,
* die Erwartungen, die Kunden mit dieser Technik verbinden, berücksichtigen und
* ihr verkäuferisches Verhalten entsprechend ausrichten.

13.2 Click & Collect

Click & Collect (Klicken und Abholen) bezeichnet einen Einkaufsprozess, bei dem der Kunde eine Ware über das Internet in einem Onlineshop bestellt, bezahlt und im stationären Geschäft des Einzelhändlers abholt. Oft kann die Bezahlung aber auch ins Geschäft verlagert werden.

Vorteile für den **Kunden**:

* Im Onlineshop kann er zu jeder Zeit bequem von zu Hause aus die Ware aussuchen, mit anderen Anbietern vergleichen und die Kaufentscheidung sorgfältig vorbereiten.

* Er kann die Ware im Geschäft körperlich begutachten, anfassen und ausprobieren.

* Eine zusätzliche persönliche Beratung durch Verkaufsmitarbeiter ist möglich.

* Er hat im Geschäft ein Einkaufserlebnis wie bei einem normalen Einkauf.

* Die Ware ist sofort verfügbar; der Kunde spart eventuell Versandkosten.

* Wenn der Kunde im Geschäft bezahlen möchte, hat er ein besonders sicheres Zahlungsverfahren gewählt (Barzahlung).

Diese Vorteile bringen gleichzeitig die **Ansprüche** des Kunden zum Ausdruck: direkter Kontakt zur Ware, persönliche Beratung, Einkaufen als Erlebnis und sicheres Zahlungsverfahren.

Click & Collect: Einkauf einer Ware über das Internet, Abholung im stationären Geschäft

Verhaltensweisen der Verkaufsmitarbeiter:

* Der Kunde kennt das Produkt, weil er bereits vorgewählt hat. Er möchte aber eine persönliche Beratung als Kaufbestätigung oder um offene Fragen zu klären. Der Verkaufsmitarbeiter kann auf diese Weise den Kunden an das stationäre Geschäft binden und ein Vertrauensverhältnis aufbauen oder verstärken.

* Die im Internet bestellte Ware sollte nicht nur ausgehändigt, sondern mit einem Einkaufserlebnis verbunden werden. Dazu könnte die Ware z. B. im Verwendungszusammenhang erläutert und es könnten zentrale Vorteile (noch einmal) genannt werden.

* Der persönliche Besuch des Kunden schafft die Möglichkeit zu Mehrumsatz. Dazu sind Ergänzungsangebote zu unterbreiten.

* Wenn das Onlineangebot umfangreicher ist als das stationäre, können im Geschäft auch Möglichkeiten zu weiteren Onlinekäufen angeboten werden.

Siehe auch digitale Kunden Seite 208

Beispiel

Eine große Textilkette bietet an, online gekaufte Waren stationär abzuholen. Der Kunde erhält eine Benachrichtigung, die Ware in einem speziellen Service-Center der Wunschfiliale abzuholen. Moderne Sitzecken schaffen eine angenehme Einkaufsatmosphäre, spezielles Beratungspersonal und eigene Umkleidekabinen stehen zur Verfügung. Dem Kunden werden weitere Kombinationsprodukte angeboten.

Die Sitzecken sind mit Tablet-Computern verbunden, über die online Produkte bestellt werden können, die in der Filiale nicht vorrätig sind.

13.3 Click & Reserve

Nutzt ein Kunde das Verfahren Click & Reserve (reservieren), wählt er im Onlineshop des Einzelhändlers ein Produkt aus und lässt es für die Abholung im stationären Geschäft reservieren. Das Verfahren wird als Vorstufe zu einer Bestellung angesehen.

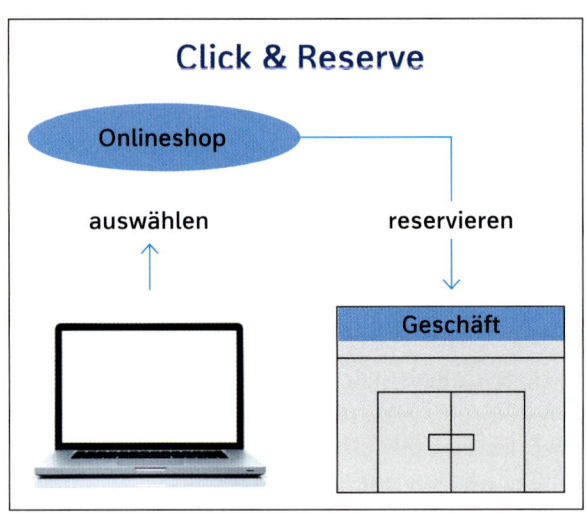

Unterschied zu Click & Collect: Im Regelfall wird bei Click & Collect online bezahlt, bei Click & Reserve immer im Geschäft.

Vorteile für den Kunden:

* Online nutzt er die breite Auswahl im Internet.

* Er hat sich den Zugriff auf die Ware gesichert, kann sich im stationären Geschäft aber noch beraten lassen.

* Der Kunde kann die Ware in Augenschein nehmen und bekommt mehr Sicherheit für seine Kaufentscheidung als beim Kauf im Internet.

* Die Ware ist sofort verfügbar, eventuell werden Versandkosten gespart.

* sicheres Zahlungsverfahren

Click & Reserve: Auswahl eines Produkts im Onlineshop, Reservierung für die Abholung im stationären Geschäft

Verhaltensweisen der Verkaufsmitarbeiter:

Die empfehlenswerten Verhaltensweisen entsprechen denen bei Click & Collect:

* Produkt wurde vorgewählt, daher sind Produktkenntnisse vorhanden. Kunde wünscht persönliche Beratung, Kaufbestätigung und die Klärung offener Fragen.

* Die Kaufentscheidung muss noch herbeigeführt werden.

> **Onlinekauf:**
> unbeschränkte Auswahl, bequemer Einkauf
>
> **Stationärer (Offline-)kauf:**
> Beratung, Kauferlebnis, direkter Kontakt zur Ware, Sicherheit

* Ware nicht nur aushändigen, sondern Einkaufserlebnis schaffen.

* Ergänzungsangebote unterbreiten, evtl. weitere Onlinekäufe (z. B. über ein Tablet) ermöglichen.

■ Verfügbarkeitsprüfung

Anstelle einer Reservierung können Kunden in vielen Onlineshops die Verfügbarkeit eines Produkts überprüfen. Wenn sie bei ihrem Besuch in einem Onlineshop den Kauf einer Ware in Erwägung ziehen, lässt sich abfragen, in welcher Stückzahl das Produkt in der nächstgelegenen Filiale verfügbar ist. Damit kann man abschätzen, ob beim Besuch in der Filiale das Produkt auch erworben werden kann.

Das zentrale Warenwirtschaftssystem muss allerdings in der Lage sein, alle Onlineverkäufe im Shop und alle Offlineverkäufe in den Filialen zeitgerecht zu erfassen, damit die Verfügbarkeit eines Produkts sicher vorhergesagt werden kann. Problemstellen sind z. B.:

* Onlineverkäufe, die in einer (beliebigen) Filiale zurückgegeben werden, sind wieder in den Bestand einzugliedern.
* Verkaufsmitarbeiter müssen online reservierte Artikel von „normalen" Produkten unterscheiden können, da sie für die Dauer der Reservierung nicht für den Verkauf zur Verfügung stehen.
* Nicht abgeholte Click & Reserve-Artikel sind wieder als verfügbar zu kennzeichnen.

■ Merklisten online erstellen

Vor allem der Lebensmitteleinzelhandel bietet an, im Onlineshop eine Merkliste für den Einkauf im stationären Geschäft zusammenzustellen. Häufig geschieht das über eine App. Der Kunde kann seine Einkaufswünsche in der App einscannen und auf einer Liste in seinem Smartphone zusammenstellen. Damit kann er die Filiale aufsuchen und die gelisteten Produkte einkaufen.

App (Abk. für application) = Anwendungssoftware für Smartphones und Tablets

13.4 Onlineretouren im Geschäft

Wenn ein Kunde ein Produkt reklamieren oder umtauschen möchte, dass er im Onlineshop gekauft hat, ist das oft mit besonderen Aufwendungen verbunden:

* Die Reklamation oder der Umtauschwunsch muss im Regelfall schriftlich geltend gemacht werden. Außerdem ist das Produkt zum Anbieter zurückzuschicken.

* Die Fehlerbeschreibung bei einer Reklamation kann kompliziert sein.

* Die Kommunikation mit dem Anbieter ist oft schwierig, weil eine vielleicht existierende Hotline überlastet ist oder einen komplizierten Vorauswahl-Suchprozess erfordert („Wenn Sie ..., dann drücken Sie bitte die xxx").

Daher bieten Onlineshops, die von einem stationären Einzelhändler betrieben werden, häufig an, eine Reklamation oder einen Umtausch im stationären Geschäft (in der nächstgelegenen Filiale) durchzuführen.

Vorteile für den **Kunden**:

* Der Kunde nutzt den bequemen Auswahlkauf im Internet, erledigt aber die Rückgabe des Artikels vor Ort.

* Das Problem (Fehler am Produkt oder Inanspruchnahme des Umtauschrechts) kann in einem direkten persönlichen Gespräch geklärt werden.

* Ein Ersatzprodukt kann der Kunde sofort mitnehmen; ein repariertes Produkt kann im stationären Geschäft abgeholt werden.

Auch der **Einzelhändler** profitiert:

* Durch den direkten Kontakt mit einem Verkaufsmitarbeiter lässt sich eine enge Bindung an das Geschäft herstellen.

* Eine Ablehnung der Reklamation kann im Gespräch sorgfältig begründet und vielleicht durch Kulanzregelungen „schonender" ausgesprochen werden.

* Letztlich kann ein „ferner", weitgehend anonymer Onlinekunde zu einem „nahen", persönlich bekannten Kunden im Geschäft werden, vielleicht sogar zu einem Stammkunden.

> **Onlineretouren im Geschäft:** Ein in einem Onlineshop gekauftes Produkt wird im stationären Geschäft des Shop-Anbieters reklamiert oder umgetauscht (retourniert).

Verhaltensweisen der Verkaufsmitarbeiter:

* Auch hier gilt der Grundsatz: Erst einen **Lösungsvorschlag** unterbreiten, dann die Berechtigung des Kunden für die Reklamation oder den Umtausch prüfen.

Siehe auch Reklamation und Umtausch Seite 223

* Die Prüfung der **Berechtigung** weicht vom Normalfall ab: Zunächst muss sich der Verkaufsmitarbeiter einen Überblick über den Einkauf des Kunden verschaffen. Der Kunde wird gewöhnlich über einen Kaufbeleg (Rechnung, Bestellbestätigung, Auftragsnummer u. Ä.) verfügen. In der Regel kann man den Vorgang aber auch im Warenwirtschaftssystem aufrufen oder über die Bestellabwicklung des Kunden im Onlineshop.

* Dem Kunden sollten die Vorzüge von Reklamation/Umtausch im stationären Geschäft noch einmal deutlich gemacht werden. Dadurch kann eine Bindung an das Geschäft hergestellt werden.

13.5 Digitalisierte Kundenbetreuung

Digitale (elektronische) Medien, z. B. Laptops, Tablet-Computer oder Smartphones setzen sich immer stärker durch und haben mittlerweile auch Einfluss auf das Verkaufsgespräch im Einzelhandel. Man spricht von mobilen Assistenten, weil Verkaufsmitarbeiter durch diese Geräte in ihrer Beratungstätigkeit unterstützt werden.

* Verkaufsmitarbeiter sind mit einem **Tablet** ausgestattet. Damit können sie Kunden Produkte im Verwendungszusammenhang zeigen und spezielle Produktinformationen abrufen. Auch Größen- und Farbvariationen kann der Verkaufsmitarbeiter direkt am Tablet vorstellen.
Tablets unterstützen damit die Verkaufsargumentation der Kundenberaterin.

* Mit einem **Tablet** oder **Laptop** greifen Verkaufsmitarbeiter auf den Onlineshop des Geschäftes zu und bieten dem Kunden Produkte an, die im Geschäft nicht vorrätig sind (**Ship-from-Store** oder **In-Store-Bestellung**). Man spricht auch von einer „**Verlängerung" des Verkaufsregals**. Über ein Tablet kann der Verkaufsmitarbeiter auch eine Reservierung veranlassen oder die Produktverfügbarkeit an einem anderen Standort abfragen.
Vielfach können Kunden auch direkt beim Kundenberater per Kreditkarte, Girocard oder Smartphone bezahlen, ohne sich an der Kasse anstellen zu müssen.

Warenbevorratung eines Onlineshops

Ware, die in einem Onlineshop angeboten wird, kann aus dem Lager des Geschäftes stammen. Vielfach lassen Einzelhändler aber die Ware bei einem Dienstleister (z. B. Amazon) einlagern und von ihm auch versenden. Dann unterscheiden sich die Warenvorräte im Geschäft und im Onlineshop. Im Regelfall hat der Onlineshop in einer solchen Situation eine größere Auswahl.

* Bei **schweren** und **großformatigen** Produkten kann man dem Kunden anbieten, die Ware über den Onlineshop zu bestellen, damit sie dem Kunden ins Haus geliefert werden. Die Bestellung wird z. B. mit einem Laptop abgewickelt.

* Über **interaktive Medien** (siehe Abbildung oben und Beispiel unten) stellt der Verkaufsmitarbeiter eine Produktauswahl zusammen oder entwirft ein Produkt (z. B. ein Fahrrad) nach den Wünschen des Kunden.

Wichtig ist hierbei zu beachten, dass die Technik den Kundenberater nicht ersetzt, sondern nur unterstützt.

Beispiel

In einem Fahrradfachgeschäft stellt der Kundenberater gemeinsam mit dem Kunden ein hochwertiges Rennrad aus einzelnen Bausteinen (Lenker, Räder, Sattel usw.) zusammen. Auf einem großen Bildschirm kann der Kunde die Entstehung „seines" Rades verfolgen und beeinflussen. Er könnte auch zu Hause im Onlineshop des Geschäftes mit der Zusammenstellung des Rades beginnen und sie dann im Geschäft fortsetzen. Der Entwurf wird in der Werkstatt des Geschäftes zusammengebaut und auf Wunsch auch zum Kunden nach Hause geliefert.

Digitalisierte Kundenbetreuung: Unterstützung des Verkaufsgesprächs durch elektronische (digitale) Medien

Smartphones für Verkäuferinnen

Eine Drogeriekette hat alle Verkaufsmitarbeiterinnen mit einem Smartphone ausgestattet. Das sind die Einsatzgebiete:

1. Hilfsmittel bei der Kundenberatung

* Verfügbarkeitsprüfung: Gibt es den ausverkauften Artikel vielleicht noch in der Nachbarfiliale?
* Kundenfragen beantworten, z. B. nach Inhaltsstoffen bestimmter Artikel. Den Kunden kann nun sofort Auskunft gegeben werden; Nachfragen im Büro (mit entsprechenden Wartezeiten für Kunden) entfallen.

2. Unterstützung der Warenwirtschaft

* Sieht eine Mitarbeiterin, dass ein Artikel ausverkauft ist, kann sie über ihr Smartphone eine Nachbestellung veranlassen. Bemerkt sie ein fehlendes Regaletikett, kann sie die Daten in ihr Smartphone eingeben und für einen Nachdruck sorgen.

3. Fortbildung der Mitarbeiterinnen

* Mitarbeiterinnen erhalten Erklärvideos oder warenkundliche Informationen auf ihr Smartphone.

4. Koordination zwischen den Mitarbeiterinnen

* Über eine spezielle App können die Mitarbeiterinnen Termine austauschen oder Aufgaben koordinieren.

■ Weitere digitale Unterstützer

QR = Quick Response, schnelle Antwort, **siehe auch Lernfeld 3**

* Verkaufsmitarbeiter rufen den **elektronischen Warenkorb** ab, den der Kunde über sein Smartphone per App eingescannt hat und stellen den Warenkorb zusammen, damit der Kunde ihn abholen kann.

* In der Werbung (Prospekte, Anzeigen, Plakate) werden **QR-Codes** abgebildet, durch die per Smartphone eine Verbindung zum Onlineshop des Einzelhändlers hergestellt wird. Der Kunde kann im Onlineshop bestellen oder Click & Collect bzw. Click & Reserve wählen.

* **Digitale Spiegel:** Sie ermöglichen es dem Kunden nicht nur, sich im Spiegel zu betrachten. Die Elektronik des Spiegels speichert die Kundenabbildungen, die sich wieder aufrufen lassen. Damit kann ein Kunde die verschieden „Spiegelbilder" miteinander vergleichen. Dadurch wird ihm die Kaufentscheidung erleichtert. Auch passende Ergänzungsartikel und alternative Farben und Formen werden dem Kunden auf Monitoren angeboten. Digitale Spiegel sind zentraler Bestandteil von interaktiven Umkleidekabinen. Sie bieten häufig einen zusätzlichen Zugang zum Onlineshop des Geschäftes, so dass ein Kunde aus dem stationären und Onlinesortiment auswählen kann.

Interaktive Spiegel siehe Lernfeld 5

* Kunden, die über eine Kundenkarte verfügen (und folglich im Geschäft elektronisch erfasst sind), erhalten beim Betreten des Geschäfts Angebote auf ihr Smartphone oder ihr Tablet. Die Signale werden von **Beacons** (sprich: *bi:kans*) gesendet. Diese Sender können auch über die Verkaufsfläche verteilt sein und jeweils warengruppenbezogene Angebote unterbreiten.

Beacons = (engl.) Leuchtfeuer

■ Kanalverknüpfung

QR = Quick Response, schnelle Antwort,

Da sich viele Kunden heute zunächst im Onlineshop des Einzelhändlers vorinformieren, sollte der Einzelhändler für eine reibungslose Verbindung der beiden Verkaufskanäle Onlineshop und stationäres Geschäft sorgen. Der vorinformierte Kunde, der das Geschäft betritt, sollte daher auf einen Verkaufsmitarbeiter treffen, der sich schnell in den bisherigen Suchprozess (in die Vorrecherche) des Kunden einklinken kann. Das gelingt am besten, wenn er mit einkaufsbegleitenden digitalen Medien, z. B. mit einem Laptop oder einem Smartphone, ausgestattet ist. Damit kann der Mitarbeiter den Onlineshop aufrufen und die Stelle aufsuchen, an der der Kunde zuletzt gewesen ist.

Nun kann das Verkaufsgespräch nahtlos an die Vorrecherche des Kunden anknüpfen, und es findet eine kanalübergreifende Begleitung des Kunden statt. Digital ausgestattetes fachkundiges Personal stärkt die Bindung der Kunden an den stationären Handel.

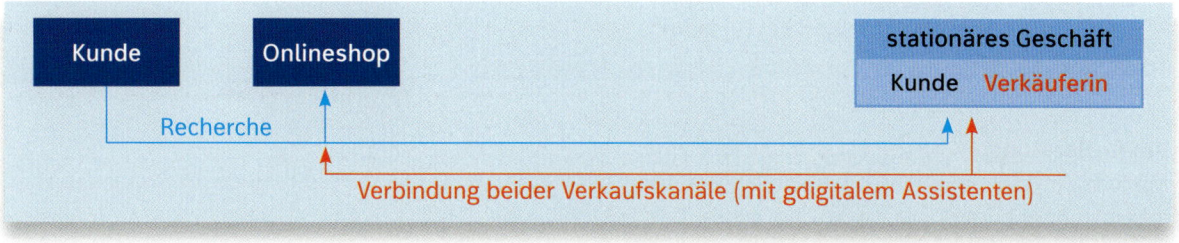

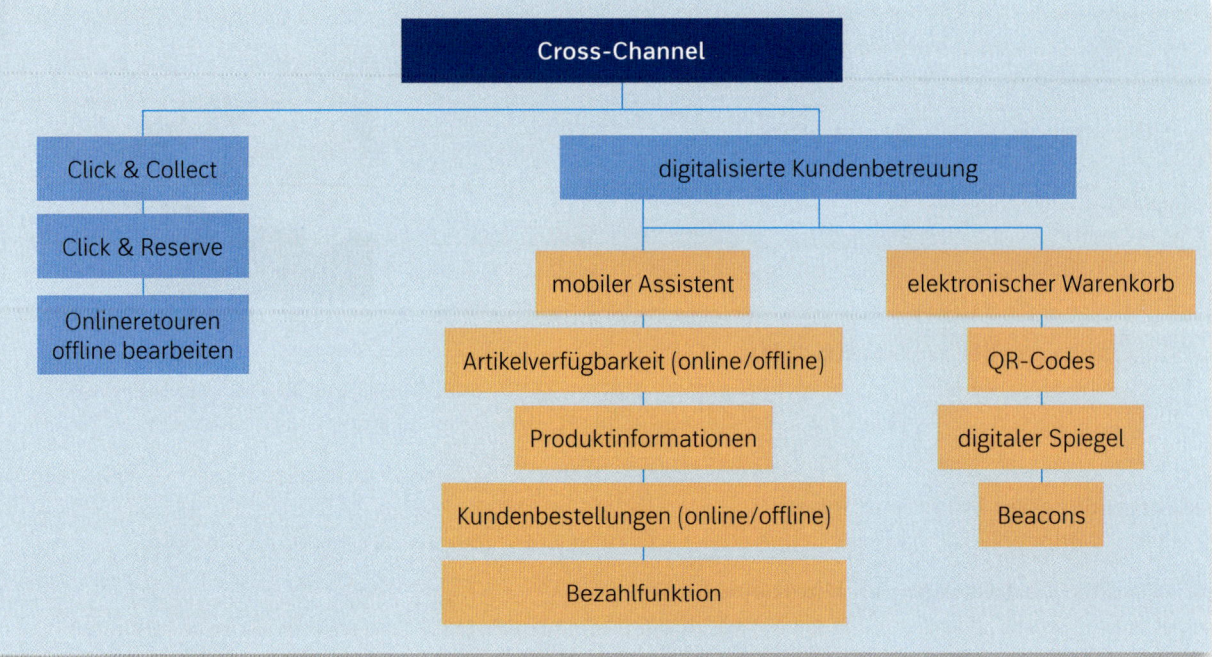

13.6 Beratungstermin online

Ein Onlineshop kann auch für die direkte Kommunikation mit Kunden genutzt werden. Textilgeschäfte bieten z. B. an, mit einer persönlichen Stilberaterin einen Beratungstermin zu vereinbaren.

Vorher werden einige Daten abgefragt, damit die Verkaufsmitarbeiterin sich gezielt auf den Kunden vorbereiten kann. Das entspricht einer Anspruchsermittlung im stationären Geschäft.

Vorteile für den Kunden:

* Er erfährt eine sehr individuelle (exklusive) Kundenansprache.

* Die Stilberaterin kann sich intensiv auf den Kunden einstellen und das Verkaufsgespräch vorbereiten.

* Er kann sich einen Wunsch-Stilberater auswählen.

* Der Einkauf kann zügig und entspannt abgewickelt werden.

Beispiel

Ein Textilfachgeschäft bietet in seinem Onlineshop eine individuelle Stilberatung an. Dazu macht der Kunde Angaben z. B. über:

* Damen- oder Herrenmode
* Lieblingsmarken (Marken zur Auswahl)
* Look (Bilder zur Auswahl)
* zur Auswahl stehende Farben (mehrere)
* Welche Farben gefallen nicht (Auswahl)
* Problemstellen, die immer wieder auftreten (z. B. Hose zu lang, Ärmel zu kurz)?
* Konfektionsgröße, Auswahl nach Hose, Oberteil, Hemd, Schuhe, Pflichtangaben
* sich als Kunde mit seinen Daten anmelden
* bevorzugte Kundenberater (fünf zur Auswahl)
* Wunschtermine

Video-Beratung

Manche Einzelhändler bieten eine Video-Beratung im Internet an. Dabei wird der Kunde im Onlineshop von einem Kundenberater per Video-Chat betreut.

Kunden, die sich im Onlineshop eines Fachgeschäftes für Wohnen für ein bestimmtes Produkt interessieren, können sich in einem Video-Chat für eine kostenlose Beratung anmelden. Der Kundenberater ist mit Kopfhörer und Mikrofon (Headset) sowie mit einer Kamera ausgestattet. Er zeigt das Produkt und erläutert die Funktionsweise. Auch Fragen des Kunden werden beantwortet. Letztlich ist es ein Verkaufsgespräch über das Internet.

Beispiele

13.7 Das Kunden-Smartphone im Verkauf

Auch in der Vergangenheit gab es Kunden, die z. B. mit einem Testbericht ein Geschäft betraten und diesen Bericht während des Verkaufsgesprächs nutzten. Mit einem Smartphone ist es aber viel leichter geworden, sich vor einem Einkauf zu informieren und sogar Zusatzinformationen während der Beratung abzurufen.

Verkaufsmitarbeiter müssen sich auf solche Kunden einstellen und ihnen argumentativ und technisch gewachsen sein.

Der digitale Kunde:

* ist eher jung,
* kauft online und offline,
* nutzt Testberichte und Produktbewertungen sowie Preisvergleichsportale im Internet, um sich zu informieren und
* verwendet sein Smartphone auch beim Einkauf im Geschäft.

Siehe auch Digitaler Kunde und Generation Z Seite 208

Nachfolgend werden mögliche Situationen mit digitalen Kunden dargestellt und Lösungsvorschläge gemacht.

Situationen	Lösungsvorschläge
Nach einer Preisnennung tippt der Kunde auf seinem Smartphone und erklärt: „Bei Amazon gibt es diese Kopfhörer aber 15,00 € billiger."	* Grundsätzlich gelten die gleichen Regeln wie gegenüber **Rabattjägern**. * Man kann den **Vergleich infrage stellen**: „Handelt es sich überhaupt um das gleiche Produkt?" „Haben Sie auch die Versandkosten berücksichtigt?" „Beim Onlinekauf besteht immer ein gewisses Risiko." * Auf die **Vorteile** des stationären (Offline-)Kaufs verweisen: – Beratung – Kontakt zum Produkt/Einkaufserlebnis – Direktabholung – einfache Reklamationsabwicklung
Einem Kunden sind verschiedene Artikel vorgestellt worden. Der Kunde sucht einige Zeit auf seinem Smartphone und erklärt: „Auf einem Vergleichsportal wird der Drucker aber nicht gut bewertet."	Man kann auch hier den **Vergleich anzweifeln**: * Ist es das gleiche Produkt? * Von wann ist die Bewertung? * Was sind die Vergleichsprodukte? * Ist das angebotene Produkt eine neuere Version? * Gibt es alternative Bewertungen? Wenn die Bewertung nur gering abweicht: Vorteile des stationären Handels herausstellen (siehe oben).
Kunde: „Es gibt hier auch noch eine Kundenbewertung, die ist eindeutig negativ."	Gerade bei Kundenbewertungen ist es angebracht, **Zweifel** zu äußern. Oft bleiben sehr alte Bewertungen auf den Webseiten stehen. Verkaufsmitarbeiter, die sich regelmäßig Kundenbewertungen anschauen, können vielleicht auf gegenteilige Kundenäußerungen verweisen.

Siehe auch Umgang mit Rabattjägern Seite 233 und Generation Z Seite 208

13.8 Künstliche Intelligenz (KI) im Onlinehandel

Kunden wünschen von Verkaufsmitarbeitern Produktempfehlungen, die ihren Ansprüchen gerecht werden. Im stationären Handel ergeben sich die Wünsche des Kunden aus seinen Äußerungen und Reaktionen.

Ergänzungsangebot = Ergänzungsartikel zu einem Hauptartikel

Ein Verkaufsmitarbeiter im Baumarkt sollte von einem Kunden, der eine Bohrmaschine kaufen möchte, den Verwendungszweck erfragen. Dann wird er zur Maschine auch ein passendes Bohrerset empfehlen, eventuell auch eine Absaugvorrichtung, die sauberes Arbeiten in schmutzempfindlicher Umgebung ermöglicht.

Beispiele

Im Onlinehandel ist das schwieriger. Gewöhnlich werden einem Kunden bei der Produktsuche allgemeine Ergänzungsangebote unterbreitet:

Beispiele

* „Andere Kunden kauften auch"
* „Wird oft zusammen gekauft" u.ä.

Ein kundenbezogenes (personalisiertes) Angebot würde mehr Informationen über den Kunden erfordern, die aber im Onlinehandel durch die räumliche Trennung und den fehlenden Kontakt zum Kunden nicht vorliegen.

Heute existieren aber für Onlineshops **Empfehlungsprogramme**, die auf Künstlicher Intelligenz gründen und im Hintergrund des Shops laufen. Sie werten nicht nur den aktuell betrachteten Artikel des Shopbesuchers aus, sondern greifen auf weitere Datenquellen zu, z.B.

* früheres Suchverhalten des Kunden
* Kaufentscheidungen des Kunden in der Vergangenheit
* Suchverhalten und Kaufentscheidungen aller Nutzer des Shops

Künstliche Intelligenz (maschinelles Lernen): Übertragung menschlichen Denkens und Handelns auf den Computer.

Alternativangebot = Produkt, das dem eigentlichen Kunden-wunsch besonders nahekommt.

Auch Alternativangebote sind möglich, wenn ein Produkt z.B. vergriffen ist. Das Empfehlungsprogramm erforscht die Produktabbildungen im Shop ständig nach Gemeinsamkeiten und kann daher jederzeit ähnliche Produkte anbieten.

Beispiel

Eine Kundin sucht im Onlineshop einen speziellen Ring, der allerdings vergriffen ist. Das Programm macht aufgrund von Bildähnlichkeiten Alternativvorschläge.

Das Beispiel kann man auch noch weiterdenken: Der Shopbesucher lädt ein Bild vom gesuchten Produkt hoch und erhält vom Empfehlungsprogramm Produktvorschläge.

Zusammenfassung

Elektronische Unterstützung im Verkauf	
Cross-Channel:	Verzahnung von Verkaufskanälen, um Kunden auf verschiedenen Wegen anzusprechen.
Click & Collect:	Einkauf einer Ware über das Internet, Abholung im stationären Geschäft
* **Kundenvorteile:**	Verbinden der Vorteile des Internetkaufs (Auswahl, Bequemlichkeit) mit den Vorteilen des stationären Handels: Beratung, Kauferlebnis, direkter Kontakt zur Ware, Sicherheit
* **Verkäuferverhalten:**	* Kundenvorwahl beachten * Kunden durch Beratung, Bestätigung und Kauferlebnis an das Geschäft binden * Ware nicht nur aushändigen, sondern mit Einkaufserlebnis verbinden * Ergänzungsangebote unterbreiten * evtl. weitere Onlinekäufe anregen.
Click & Reserve:	Auswahl eines Produkts im Onlineshop und Reservierung für die Abholung im stationären Geschäft
* **Kundenvorteile:**	* bequemer Auswahlkauf in Internet, persönliche Beratung als Ergänzung * nachträgliches Einkaufserlebnis * Ware ist sofort verfügbar, keine Versandkosten, evtl. sichere Zahlung
* **Verkäuferverhalten:**	Ähnlich wie bei Click & Collect: Die Kaufentscheidung muss aber noch herbeigeführt werden.
Verfügbarkeitsprüfung:	Kunde prüft lediglich online, wie viele Exemplare des gewünschten Produkts vorrätig sind, um dann offline einzukaufen.
Merklisten:	Ein digitaler Einkaufszettel wird mithilfe einer App erzeugt
Onlineretouren:	Ein online gekauftes Produkt wird offline reklamiert oder umgetauscht.

Elektronische Unterstützung im Verkauf

* **Kundenvorteile:**	* bequemer Onlineeinkauf, schwierige Retoure offline * Individuelle Lösungen können ausgehandelt werden. * Ersatzprodukt sofort verfügbar
* **Verkäuferverhalten:**	* zunächst Lösungsvorschlag, dann die Berechtigung prüfen * Überblick über den Einkaufprozess verschaffen * Bindung an das stationäre Geschäft herstellen/verbessern
Digitalisierte Kunden-betreuung	* Unterstützung des Verkaufsgesprächs durch elektronische (digitale) Medien. * Die Technik unterstützt den Kundenberater, ersetzt ihn aber nicht.
Weitere Möglichkeiten:	* digitaler Warenkorb * digitaler Spiegel * QR-Code beim Einkauf * Beacons (Sender)
Beratungstermin:	* online über den Shop persönliche Beratung vereinbaren
Smartphone im Verkauf:	* Preisvergleich: Vergleich anzweifeln, Vorteile vom Offline-Kauf betonen * Produktvergleich: grundsätzlich wie beim Preisvergleich * Kundenbewertung: Zweifel äußern, Datum der Kundenbewertung, Gegenbe-wertungen
Produktempfehlungen (KI-gesteuert):	* Vorschläge zu Ergänzungs- und Alternativprodukten durch Empfehlungspro-gramme im Onlineshop.

Warenwirtschaftssystem 2 : Beschaffung

1 Wareneingang

1.1 Technische Hinweise zum Warenwirtschaftssystem INTWASYS 4.0

Das Programmpaket sollte kopiert und auf den Desktop oder in ein separates Verzeichnis eingefügt werden. Eine Installation ins Betriebssystem ist nicht erforderlich.

Das Programm kann von einer Festplatte oder vom Stick gestartet werden, **nicht aber direkt von einer CD,** weil das Programm temporäre (vorübergehende) Dateien anlegen muss.

Name	^	Änderungsdatum	Typ
Benutzer		23.09.18 11:46	Dateiordner
Daten		23.09.18 11:46	Dateiordner
INTWASYS Libs		21.09.18 11:41	Dateiordner
INTWASYS Resources		27.03.19 12:21	Dateiordner
Voreinstellungen		16.06.19 15:23	Dateiordner
INTWASYS.exe		21.09.18 11:40	Anwendung

Das Programmpaket enthält mehrere Unterverzeichnisse von denen zwei für die Anwendung besonders bedeutsam sind:

Benutzer	Es nimmt die Daten des Anwenders/Benutzers auf und ist in der Basisversion leer.
Daten	In diesem Verzeichnis befinden sich die Datensätze, die das Datenmaterial für die Bearbeitung der Lernsituationen zur Verfügung stellt. Die Dateibezeichnung **WWS 1 Lernsituation 1 Stammdaten** bedeutet: WWS = Warenwirtschaftssystem 1 = Teil 1 Lernsituation 1 = Lernsituation im Kapitel „Warenwirtschaftssystem" Stammdaten: Stichwort für den Inhalt der Lernsituation

Das eigentliche Programm hat die Dateibezeichnung INTWASYS.EXE. Eventuell wird die Endung „EXE" nicht im Verzeichnis dargestellt.

■ Start des Programms

Das Programm muss auf dem Desktop oder in einem Verzeichnis auf dem Computer zur Verfügung stehen.

Das Programm wird durch Doppelklicken der EXE-Datei gestartet. Da das Programm nicht in das Betriebssystem eingebunden ist, kann es nicht gestartet werden, indem man einen Datensatz anklickt.

Startroutine:

1. INTWASYS.EXE anklicken
2. LERNSITUATION – ÖFFNEN
3. Es öffnet sich das Verzeichnis „Daten".
4. Aus dem Verzeichnis den gewünschten Datensatz auswählen, z. B.
   WWS 1 Lernsituation 1 Stammdaten.lsi.
5. Eine Meldung besagt, dass der Datensatz in die Datenbank des Programms kopiert worden ist. Mit „ok" bestätigen.
6. In der Maske erscheinen der Schriftzug und das Logo des City-Warenhauses Bauer. Nun kann man mit dem Programm arbeiten.

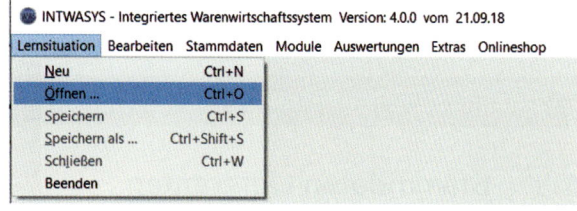

Über den Pfad EXTRAS – PROGRAMMZEIT – kann die Software auf ein bestimmtes Datum eingestellt werden. Dies ist sinnvoll, wenn eine Arbeit zu einem späteren Zeitpunkt fortgesetzt werden soll (z. B. Kassiervorgänge).

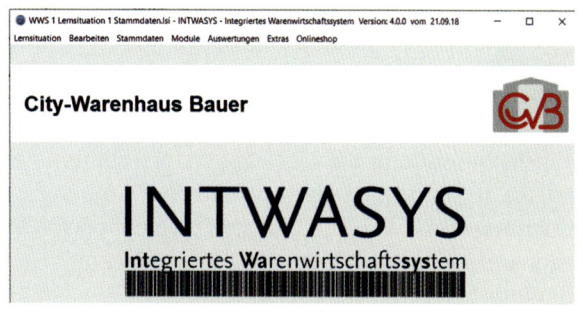

■ Daten speichern

INTWASYS verlangt ein zweistufiges Speichern, damit Daten endgültig im System festgehalten werden.

1. Speichern in einem Menü, z. B. bei den Benutzerdaten, siehe Maske oben

2. Speichern des gesamtes Datensatzes mit „Speichern" oder „Speichern als".

Es empfiehlt sich, den individuellen Datenstand für eine spätere Bearbeitung zu speichern. Dazu ist der Datensatz unter dem Menüpunkt „LERNSITUATION – **SPEICHERN ALS**" mit einem eigenen Namen im Unterverzeichnis **„Benutzer"** abzulegen. Beim Befehl SPEICHERN ALS öffnet sich das Unterverzeichnis „Benutzer" automatisch. Unter „Dateiname" erscheint zunächst der Name des ursprünglichen Datensatzes, z. B. WWS 1 Lernsituation 1 Stammdaten.lsi. Diesen Namen kann man nun mit einer individuellen Kennung ergänzen (zum Beispiel mit einem Vornamen, es ist aber z. B. auch das Bearbeitungsdatum möglich).

Werden die bearbeiteten Datensätze stets mit dem Befehl „Speichern als" unter „Benutzer" gespeichert, bleiben die ursprünglichen Datensätze (aus dem Verzeichnis „Daten") erhalten und man kann jederzeit wieder auf die Ursprungsfassung zugreifen. Daher sollte beim ersten Abspeichern nicht der Menüpunkt „Speichern" gewählt werden, denn dadurch würde der Ursprungsdatensatz überschrieben.

■ Programm beenden

1. Schritt: Datensatz schließen

Bevor das Programm beendet oder ein anderer Datensatz geöffnet werden kann, muss die Bearbeitung des aktuellen Datensatzes geschlossen werden; dies geschieht über den Menüpunkt LERNSITUATION – SCHLIEßEN.

2. Schritt: Programm beenden

Die Arbeit mit dem Programm wird über den Menüpunkt „LERNSITUATION – BEENDEN" endgültig abgeschlossen.

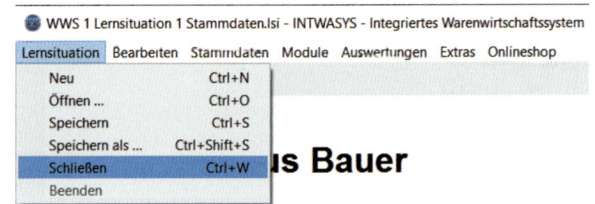

1.2   Menü „Stammdaten"

Daten, die sich im Zeitablauf gar nicht oder nur selten ändern, nennt man **Stammdaten**. In der Lernsituation werden folgende Stammdaten bearbeitet:

* Informationen über die **Lieferanten**,
* die **Artikelstammdaten**.

Die Stammdaten des Unternehmens, der Kunden, die Zugänge zu den Kassen (Benutzer) und die Kassenstammdaten sind bereits im Teil 1 (Warenwirtschaftssystem 1) bearbeitet worden.

Stammdaten: Daten, die sich im Zeitablauf nicht oder nur selten ändern

1.3   Stammdaten Lieferanten

Werden Waren von einem neuen Lieferanten bezogen, müssen die Daten des Lieferanten in das Warenwirtschaftssystem übernommen werden, weil ein Lieferant im Warenwirtschaftssystem z. B. seinen Artikeln zugeordnet wird und weil Bestellungen über das Warenwirtschaftssystem abgewickelt werden. Die Lieferantenstammdaten sind auch anzupassen, wenn sich grundlegende Daten eines Lieferanten ändern, z. B. die Adresse oder die Firma.

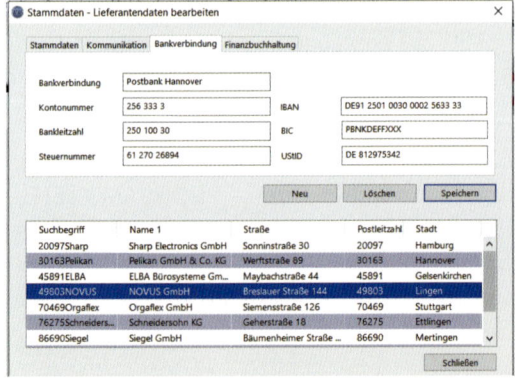

Für die Verwaltung der Lieferantenstammdaten steht eine Maske im Warenwirtschaftssystem zur Verfügung.
Suchbegriff: Er wird gebildet als Kombination von Postleitzahl und (verkürzter) Firma ohne Leerzeichen.
Bankverbindung: Neben den Bankdaten werden auch die Steuernummer und die Umsatzsteuer-Identifikationsnummer (UStID) gespeichert.

Finanzbuchhaltung: Enthält ein Feld für die Lieferantennummer in der Buchhaltung des City-Warenhauses Bauer.

Alle Eingaben in die Formularmaske müssen zum Schluss gespeichert werden (Button „Speichern"), damit sie dauerhaft im Warenwirtschaftssystem verankert sind.

1.4 Sortimentsstruktur

Dem Warenwirtschaftssystem INTWASYS wird in der Basisversion ein vereinfachtes Sortiment von 24 Artikeln zugrunde gelegt, das beliebig erweitert werden kann. Betrachtet wird lediglich die Abteilung Schreibwaren/Büro des City-Warenhauses Bauer.

Die Neuaufnahme eines Artikels erfordert auch eine Einordnung des Produktes in das Sortiment. Dabei ist die Ware in die Sortimentsstruktur des Einzelhandelsgeschäftes einzuordnen. Dies soll am Beispiel des Artikels „Heftapparat Standard" verdeutlicht werden.

Im City-Warenhaus Bauer besteht – aus Sicht der Abteilung Schreibwaren/Büro – folgender Sortimentsaufbau:

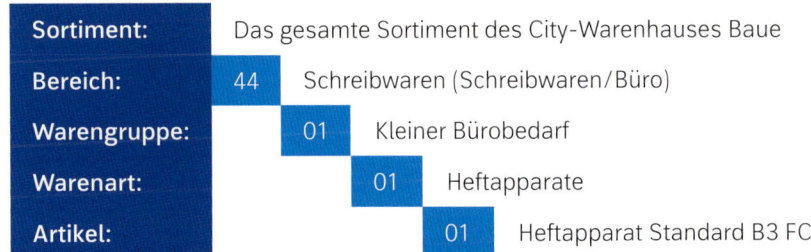

Sortiment:		Das gesamte Sortiment des City-Warenhauses Baue
Bereich:	44	Schreibwaren (Schreibwaren/Büro)
Warengruppe:	01	Kleiner Bürobedarf
Warenart:	01	Heftapparate
Artikel:	01	Heftapparat Standard B3 FC

Die komplette Artikelnummer lautet demnach: **44 01 01 01**. Sie ergibt sich aus dem Sortimentsaufbau des City-Warenhauses und speziell der Abteilung Schreibwaren/Büro.

Schreibwaren/Büro					
01 Kleiner Bürobedarf	02 Papier	03 Schreibgeräte	04 Ordnungsmittel	05 Technik	06 EDV-Zubehör

Die Artikelnummer 44 01 01 01 erscheint auch in der Artikeldatei.

Man sieht, dass das Warenwirtschaftssystem in der Maske die ersten sechs Ziffern der Artikelnummer vorgibt (grau unterlegtes Feld). Dies hat damit zu tun, dass die Sortimentsbestandteile „Bereich", „Warengruppe" und „Warenart" feststehende Größen sind, die man auf der Artikelebene nicht verändern kann. Würde z. B. ein weiterer Artikel „Heftapparate" in das Sortiment aufgenommen, so könnte er die Endziffern 03 erhalten (es gibt bereits Heftapparate mit den Endziffern 01 und 02).

Ein völlig neuer Artikel, der einer bestehenden Warenart nicht zugeordnet werden könnte, müsste erst in der Maske „Sortimentsstruktur" erfasst werden.

Wird z. B. in der Warengruppe „Kleiner Bürobedarf" die Warenart „Brieföffner" neu aufgenommen, muss diese neue Warenart zunächst unter „Bezeichnung" eingegeben und mit dem zutreffenden Code (= Nummerierung) gekennzeichnet werden.

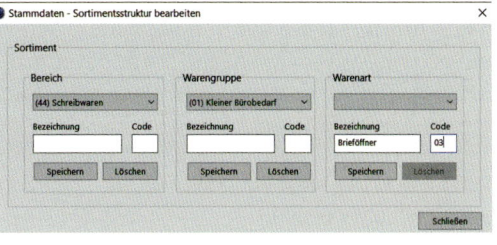

Siehe Sortimentsstruktur Seite 268

Da 01 (Heftapparate) und 02 (Heftklammern) bereits bestehen, erhalten alle Brieföffner die Warenarten-Nummer 03.

Für den konkreten Artikel (z. B. Brieföffner Edelstahl C44) würden dann noch zweistellige Endziffern angehängt (beginnend mit 01). Die Artikelnummer würde sich dann wie folgt zusammensetzen:

Sortiment:		Das gesamte Sortiment des City-Warenhauses
Bereich:	44	Schreibwaren (Schreibwaren/Büro)
Warengruppe:	01	Kleiner Bürobedarf
Warenart:	03	Brieföffner
Artikel:	01	Brieföffner Edelstahl C44

Zusammengefasst: 44 01 03 01

1.5   Stammdaten Artikel

Nachdem ein neuer Artikel (hier der Brieföffner) in die Sortimentsstruktur eingeordnet worden ist, indem

* der Bereich,
* die Warengruppe und
* die Warenart

festgelegt worden sind, kann der neue Artikel („Brieföffner Edelstahl C44") auch in den Artikelstammdaten erfasst werden.

Dazu geht man wie folgt vor (siehe Maske unten):

1. Da es sich um einen neuen Artikel handelt, den Button „Neu" anklicken. Nun kann in die Felder der Maske eingetragen werden.

2. Im Feld „Warenbereich" (44) Schreibwaren anklicken

3. Im Feld „Warengruppe" die Warengruppe (01) Kleiner Bürobedarf auswählen

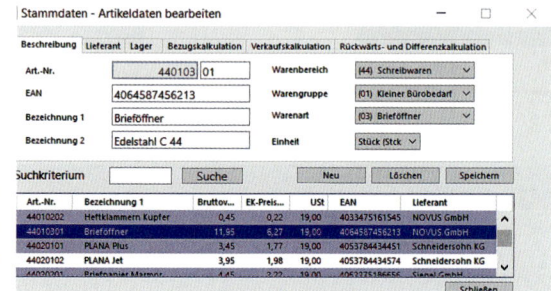

4. Die Warenart (03) Brieföffner festlegen Daraufhin erscheinen im Feld „Art.-Nr." links die ersten sechs Ziffern der Artikelnummer (440103, aus dem Menü „Sortimentsstruktur", siehe oben).

5. Da es sich um den ersten Brieföffner in dieser Warenart handelt, wird die Artikelnummer mit „01" ergänzt; damit ist die achtstellige Artikelnummer komplett.

6. Nun können die restlichen weiß unterlegten Felder ergänzt werden (EAN/GTIN, Bezeichnung 1 und 2, Einheit). Die Bezeichnung 1 steht beim Verkauf des Artikels auf dem Kassenbon.

7. Sobald die übrigen Daten zu diesem Artikel eingegeben worden sind, kann der Artikel gespeichert werden und er erscheint unten in der Auflistung aller Artikel. So lange die Daten unvollständig sind, erscheinen Fehlermeldungen, die auf bestehende Lücken verweisen.

1.6   Lagerbewegungen

Daten, die sich regelmäßig verändern, bezeichnet man als Bewegungsdaten. Das sind im Regelfall Warenbewegungen.

Bewegungsdaten: Daten, die sich häufig ändern

In einem Einzelhandelsgeschäft werden regelmäßig Waren von Lieferanten eingekauft und an Kunden verkauft. Soll das Warenwirtschaftssystem den Warenbestand und seine Veränderungen artikelgenau erfassen, muss dem System auch jede Veränderung zur Verfügung gestellt werden. Letztlich ist jede Bewegung eines Artikels vom Wareneingang bis zum Warenausgang aufzuzeichnen.

Trifft zum Beispiel bestellte Ware ein, ist der Wareneingang als Lagerzugang zu registrieren. Neue Produkte sind zunächst in die Sortimentsstruktur des Warenwirtschaftssystems einzuordnen. Danach kann der Wareneingang auch gebucht werden.

Dazu steht unter dem Menüpunkt „MODULE" die Funktion „LAGERBEWEGUNGEN" zur Verfügung.

Man gibt die Artikelnummer ein oder wählt den Artikel durch einen Klick auf das Fragezeichen [?] aus. Die übrigen Artikeldaten werden automatisch ergänzt.

Die Eingabe der EAN/GTIN führt zum gleichen Ergebnis.

Die Felder „Zugang" und „Abgang" sind hell unterlegt. Das bedeutet, dass man in diese Felder Daten eingeben kann.

Der nebenstehenden Wareneingangsmaske ist zu entnehmen, dass bei den neu ins Sortiment aufgenommenen Brieföffnern 20 Exemplare eingekauft worden sind. Da kein Lagerbestand vorhanden war, ist dies auch der aktuelle Warenbestand an Brieföffnern.

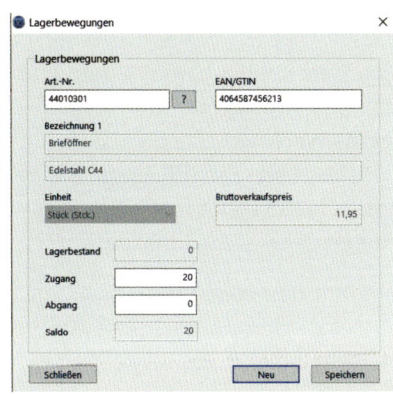

Wareneingang		
Stammdaten:	Daten, die sich im Zeitablauf nicht oder nur selten ändern.	
	* Unternehmen * Sortimentsstruktur * Kunden * Benutzer * Artikel * Steuersätze * Kassen * Lieferanten * Einheiten	
Lieferanten:	* Ersterfassung oder Änderung von Lieferantenstammdaten * Das WWS nutzt die Lieferantenstammdaten, z. B. für Bestellungen	
Sortimentsstruktur:	* Neue Produkte müssen zunächst in die Sortimentsstruktur eingeordnet werden.	
*** Gliederung:**	* Bereich (z. B. 44) * Warenart (z. B. 01) * Warengruppe (z. B. 01) * Artikel (z. B. 01)	Ergebnis: z. B. 44 01 01 01
*** Verknüpfung:**	6 Stellen der Artikelnummer werden von der Artikeldatei übernommen	

Artikel:	Artikelstammdaten anlegen:
	1. „Neu" anklicken
	2. „Bereich" auswählen
	3. „Warengruppe" bestimmen
	4. „Warenart" beschreiben und codieren
		5. Siebte und achte Stelle
		    der Artikelnummer
		    festlegen
		6. übrige Daten eingeben
		7. speichern

Lagerbewegungen:	Bewegungsdaten: Daten, die sich häufig ändern. Im Warenwirtschaftssystem erfasste Artikel können in ihren Beständen durch Zu- und Abgänge verändert werden.	

Zusammenfassung

2   Bestellung

2.1   Angebotsvergleich – Entscheidung für ein Produkt

Wie bei jeder Warenbestellung bei einem neuen Lieferanten steht am Anfang in der Regel ein Vergleich verschiedener Angebote. Ist die Entscheidung zugunsten eines bestimmten Lieferanten gefallen, ist das neue Produkt in das Warenwirtschaftssystem einzufügen.

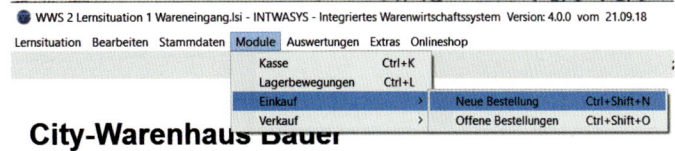

Der gesamte Ablauf stellt sich wie folgt dar:
1. Angebotsvergleich durchführen
2. Entscheidung für einen (neuen) Lieferanten
3. Lieferantenstammdaten in das Warenwirtschaftssystem einbringen
4. Artikel in die Sortimentsstruktur einordnen
5. Artikelstammdaten einfügen
6. Bestellung durchführen

2.2   Lieferantenstammdaten

Aus den Angebotsunterlagen sind gewöhnlich alle Informationen verfügbar, um die Stammdaten des Lieferanten in das Warenwirtschaftssystem einzugeben. Über den Button „Neu" werden die Eingabefelder für Einträge verfügbar gemacht (hell unterlegt). Zum Schluss ist der Datensatz abzuspeichern; siehe Maske rechts.

Stammt das neue Produkt von einem Lieferanten, der bereits ins Warenwirtschaftssystem aufgenommen worden ist, sind lediglich die Artikelstammdaten einzupflegen.

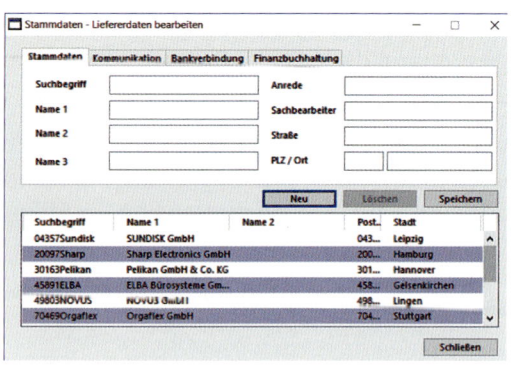

2.3 Sortimentsstruktur

Bevor man ein neues Produkt in das Warenwirtschaftssystem aufnimmt, ist zunächst zu prüfen, ob Warenbereich [①], Warengruppe [②] und Warenart [③] für das Produkt bereits festgelegt sind. Wird z. B. eine neue Druckertinte eingekauft, liegen die ersten 6 Ziffern der Artikelnummer bereits vor (440602); siehe Maske „STAMMDATEN – SORTIMENTS-STRUKTUR BEARBEITEN". Für das neue Produkt ist dann lediglich bei den Artikelstammdaten (siehe Maske „STAMMDATEN – ARTIKELDATEN BEARBEITEN" [④]) die laufende Nummer festzulegen. (siehe Abbildung auf der nächsten Seite)

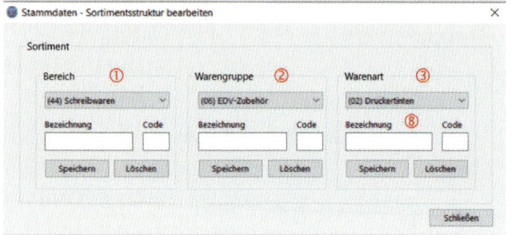

2.4   Artikelstammdaten

Sind bereits 2 Druckertinten im Sortiment, erhält die neue Tinte die Nummer 03. Dazu sind zunächst die ersten 6 Ziffern der Artikelnummer aufzurufen (Warenbereich, Warengruppe, Warenart [⑤]) Im Feld „Art.-Nr." erscheinen die ersten sechs Ziffern 440602 [⑥]. Nun ist noch die laufende Nummer „03" zu ergänzen [⑦].

Damit ist das neue Produkt korrekt in die vorhandene Sortimentsstruktur eingegliedert und die übrigen Daten können in die Masken eingegeben werden.

Würde eine neue Warenart beschafft, z. B. Reinigungsmittel für Datenträger und EDV-Geräte, wäre zunächst die Warenart „Reinigungsmittel" festzulegen. Unter „Bezeichnung" und „Code" kann die neue Warenart definiert werden [⑧] (nach 01 Toner, 02 Druckertinten und 03 Speichermedien würde der Code 04 lauten). Die ersten 6 Ziffern des Produkts hätten dann die Nummernfolge 44 (Schreibwaren) 06 (EDV-Zubehör) 04 (Reinigungsmittel).

2.5   Bestellung

Nachdem Lieferanten- und Artikelstammdaten im Warenwirtschaftssystem hinterlegt worden sind, kann man mit einer Bestellung auf diese Daten zugreifen (MODULE – EINKAUF – NEUE BESTELLUNG). Das Programm fragt zunächst die Artikelnummer ab. Nach der Eingabe ergänzt das System die übrigen Felder automatisch, bis auf die Bestellmenge, die nun noch eingegeben werden muss. Das Programm erzeugt ein Bestellformular mit allen Daten. Man kann es ausdrucken und abschicken.

Über MODULE – EINKAUF – OFFENE BESTELLUNGEN lässt sich feststellen, ob die Bestellung ordnungsgemäß im WWS erfasst worden ist. Außerdem kann man jederzeit erkennen, bei welchen Bestellungen der Wareneingang (oder Teile davon) noch aussteht.

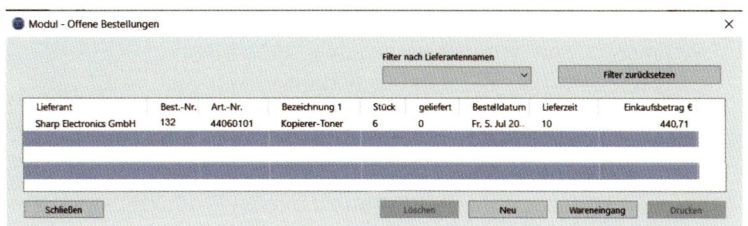

Bestellung	
Angebotsvergleich:	Über den üblichen Angebotsvergleich wird zunächst der Lieferant festgelegt.
neuer Lieferant:	Die Stammdaten des Lieferanten sind im Warenwirtschaftssystem zu erfassen.
Sortimentsstruktur:	Ein neuer Artikel muss zunächst in das Sortiment eingeordnet werden: Sortiment – Warenbereich – Warengruppe - Warenart
Artikelstammdaten:	Die Daten des neuen Artikels werden in der Maske „Stammdaten – Artikeldaten bearbeiten" erfasst. Dem Artikel werden die letzten beiden Ziffern der Artikelnummer zugeordnet.
Lieferant und Warenart bekannt:	Es sind lediglich die Artikelstammdaten einzugeben.
Bestellung:	Nach Eingabe der Artikelnummer oder über die Suchfunktion [?] erscheint eine Bestellmaske mit allen wesentlichen Daten. Nur die Bestellmenge ist noch zu ergänzen. Nach einer Überprüfung druckt das WWS ein Bestellformular aus.
offene Bestellungen:	Über MODULE – EINKAUF – OFFENE BESTELLUNGEN kann der Bestellvorgang überprüft und der Wareneingang kontrolliert werden.

Zusammenfassung

3 Bestellmengendisposition bei bekannten Lieferanten

3.1 Vorteile eines Warenwirtschaftssystems

Bei den regelmäßigen Nachbestellungen zum Ausgleich der Abverkäufe macht sich das Warenwirtschaftssystem besonders positiv bemerkbar:

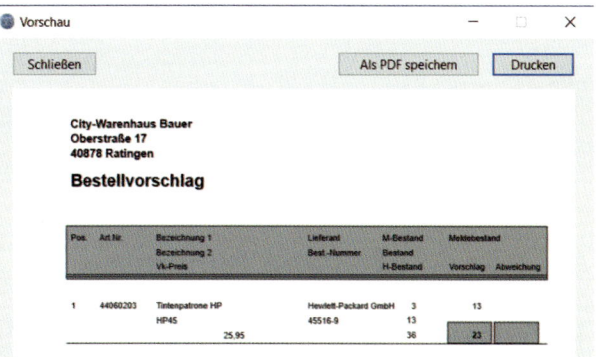

* Die Daten des Lieferanten sind im System vorhanden und können für Bestellungen verwendet werden.

* Auch die Artikeldaten liegen vor und müssen nicht bei jeder Bestellung eingegeben werden.

* Das Warenwirtschaftssystem kann die Warenbestände überwachen und auf Anforderung Bestellvorschläge machen (siehe nachfolgend).

Bestellmengendisposition: Entscheidung über die Menge der einzukaufenden Produkte

3.2 Bestellvorschlagsliste

Auf Anforderung (AUSWERTUNGEN – BESTELLVORSCHLÄGE) kann man eine Vorschlagliste des Warenwirtschaftssystems abrufen. Das Programm listet alle Produkte auf, deren **Meldebestand** erreicht oder unterschritten worden ist und entwickelt einen **rechnerischen** Bestellvorschlag. Diese Vorschläge sind in zweierlei Hinsicht zu überprüfen:

1. Gibt es **besondere Anlässe**, die es ratsam erscheinen lassen, von der vorgeschlagenen Menge abzuweichen? Das zu erwartende Wetter oder besondere Ereignisse können dazu führen, die Bestellmenge anzuheben oder abzusenken.

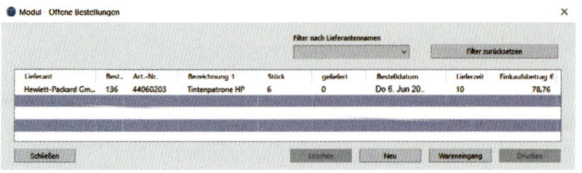

2. Es ist zu prüfen, ob **Bestellungen** zu diesen Produkten noch **ausstehen**. Dazu bietet das Programm eine Bestellüberwachung an (MODULE – EINKAUF – OFFENE BESTELLUNGEN).

Im vorliegenden Fall (siehe beide Masken) schlägt das System vor, 23 Stück Tintenpatronen nachzubestellen, 6 Artikel stehen aber noch aus („geliefert 0"). Daher sollte die vorgeschlagene Menge vermindert werden, sofern keine Ereignisse anstehen, die weitere Veränderungen der Bestellmenge nahelegen.

Siehe auch
Bestellmaske
Seite 268

3.3   Bestellung

Alle Daten sind im System hinterlegt, lediglich die Artikelnummer und die Menge der Produkte, die nachbestellt werden sollen, sind in die Bestellmaske einzutragen (MODUL – EINKAUF – NEUE BESTELLUNG).

Im Beispiel oben: Das Warenwirtschaftssystem schlägt vor, 23 Tintenpatronen nachzubestellen (nachzudisponieren). Das Feld neben dem Vorschlag dient – nach einem Ausdruck – der handschriftlichen Ergänzung der tatsächlichen Bestellmenge.

In der Praxis können die Bestellvorschlaglisten mit einer Vielzahl von Vorschlägen z. B. an die zuständige Abteilung weitergereicht werden, damit die Abteilungsleitung ihr Wissen über zu erwartende Absatzzahlen kritisch in die Vorschlagsmengen einbringt.

Zusammenfassung

Bestelldisposition bei bekannten Lieferanten		
WWS-Vorteile:	* Daten der Lieferanten und der Artikel sind bekannt.	* Das Warenwirtschaftssystem kann die Warenbestände überwachen und Bestellvorschläge machen.
Bestelldisposition:	Entscheidung über die Menge der einzukaufenden Produkte	
Bestellvorschlagsliste	Listet alle Produkte auf, deren Meldebestand erreicht oder unterschritten worden ist. Auf dieser Grundlage wird ein Bestellvorschlag errechnet. Prüfung des Vorschlages: * Liegen besondere Anlässe vor, die eine Abweichung vom Vorschlag nahelegen? * Stehen von den vorgeschlagenen Produkten noch Bestellungen aus?	
Bestellung:	Aufgrund der hinterlegten Stammdaten sind nur noch Artikelnummer und Bestellmenge in die Bestellmaske einzugeben.	

4   Verkauf gegen Rechnung

4.1   Neuer Vorgang

Verkäufe gegen Rechnung werden über das Modul „VERKAUF" erfasst. Auch die Arbeitsschritte, die letztlich zu einer Kundenbestellung und zur Auslieferung der bestellten Ware führen, werden an dieser Stelle in das System eingegeben und von ihm überwacht (MODULE – VERKAUF – NEUER VORGANG).

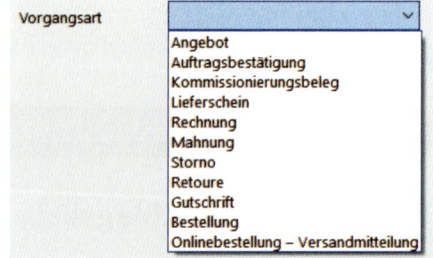

Nachfolgend werden nur die Standard-Arbeitsschritte einer **Auftragsbearbeitung** näher betrachtet:

* Angebot
* Auftragsbestätigung
* Lieferschein
* Rechnung

Vorgangsart	Angebot ⌄
Kunde	Seifert ⌄
Kd-Nr.	12
Anrede	Frau
Vorname	Petra
Nachname	Seifert
Straße	Christinenstraße 44
PLZ / Ort	40880 · Ratingen

In einem ersten Schritt kann die benötigte Vorgangsart in einem Pull-Down-Menü ausgewählt werden (siehe Abbildung oben rechts).

Beispielhaft soll die Anfrage einer Kundin dargestellt werden: Die Kundin Seifert hat eine Anfrage an das City-Warenhaus Bauer gestellt und bittet um ein Angebot über einen Tischkopierer und 2 Kopierer-Toner.

Die Kundin ist Stammkundin; ihre Daten befinden sich demnach im Warenwirtschaftssystem. Unter „Neuer Vorgang" wird die Vorgangsart „**Angebot** aufgerufen und die Kundin „Seifert" ausgewählt. Das Programm füllt automatisch die Felder mit den Kundendaten.

Mit dem Button „Weiter" gelangt man in die nächste Maske, in der die Artikel ausgewählt werden können.

[①] Der Positionstyp „Artikel" ist zu bestimmen.

[②] Die Artikelnummer ist auszuwählen.

[③] Mit der TAB-Funktion gelangt man zum Feld „Menge".

[④] Über den Button „Übernehmen" wird der ausgewählte Artikel in die nachfolgende Liste übernommen.

[⑤] Liste der Angebotspositionen

[⑥] Mit den Knöpfen kann die Reihenfolge der Artikel im Angebot verändert werden.

[⑦] Über den Button „Weiter" gelangt man zur nächsten Maske. Mit „**Zurück**" kann man zur vorherigen Maske wechseln. Die ausgewählten Artikel bleiben aber bestehen. Sie können durch Markieren und den Button „**Löschen**" entfernt werden.

In der letzten Maske zum Angebot können weiteren **Angebotsbedingungen** aufgenommen werden (Lieferbedingungen, Rabatt, Zahlungsbedingungen).

In den weiß unterlegten Feldern sind die Texte einzugeben, die am Ende auch im Angebotstext erscheinen.

Mit der Speicherung wird das Angebot vom Warenwirtschaftssystem verwaltet.

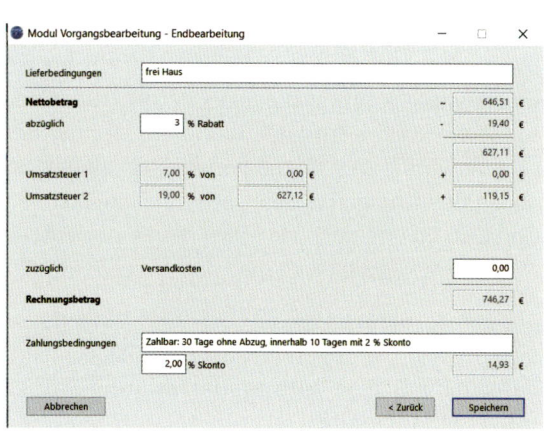

Abschließend lässt sich das Angebot ausdrucken und per Post verschicken.

Alternative: Erstellen einer PDF-Datei, die z.B. an eine E-Mail angehängt werden kann.

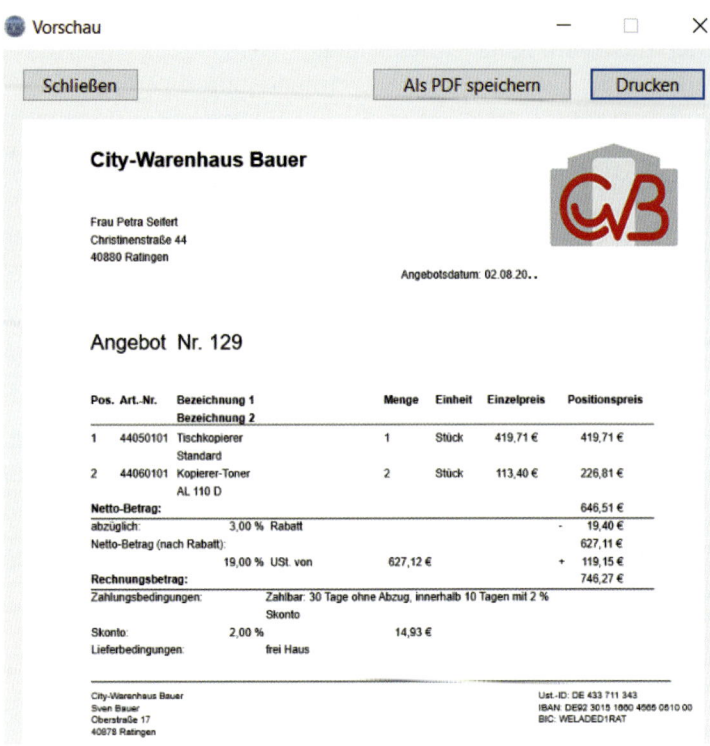

4.2   Vorgangsverwaltung

Über MODULE – VERKAUF – VORGANGS-VERWALTUNG – können die Angebotsdaten für die Kundin Seifert aufgerufen werden. Da die Auftragsverwaltung in der Praxis bunt gemischt sein kann, lässt sich der gewünschte Vorgangstyp (hier Angebot) und der Kundenname (hier Seifert) herausfiltern.

Die Eingaben, die bei einem neuen Vorgang gemacht wurden, finden sich nun automatisch in der Vorgangsverwaltung wieder.

Das Angebot für die Kundin Seifert kann z.B. noch einmal ausgedruckt werden, um sich einen Überblick über den Text zu verschaffen. Sollte sich das City-Warenhaus mit der Kundin über eine Änderung des Angebotes geeinigt haben, ließen sich die neuen Bedingungen in den Datensatz einbringen („Bearbeiten"). Genauso könnte auch ein völlig neues Angebot erstellt werden („Neu"). Im Regelfall wird man das Angebot aber fortführen.

Annahme: Die Kundin ist mit dem Angebot einverstanden und bestellt die angebotene Ware. Der Einzelhändler könnte daraufhin z.B. eine **Auftragsbestätigung** an die Kundin senden. Dazu würde der vorangegangene Vorgang „Angebot" aufgerufen.

Über den Button „**Fortführen**" gelangt man wieder zur Vorgangsart und kann hier „Auftragsbestätigung" auswählen und das Datum der Auftragsbestätigung festlegen.

In den weiteren Schritten werden die Angebotsdaten noch einmal sichtbar gemacht, damit sie überprüft werden können. Am Ende steht die Möglichkeit, die Auftragsbestätigung auszudrucken.

Im nebenstehenden Beispiel ist die Auftragsbestätigung mit der Erstellung des Lieferscheins fortgeführt worden.

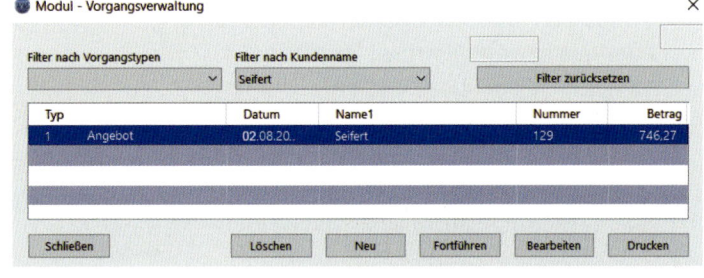

Nach dem Abspeichern fragt das Programm noch, ob die auszuliefernden Artikel vom Lager abgebucht werden sollen. Da der Lieferschein die ausgehenden Waren begleitet, verringert sich der Lagerbestand tatsächlich, sodass hier mit „Ja" zu antworten ist.

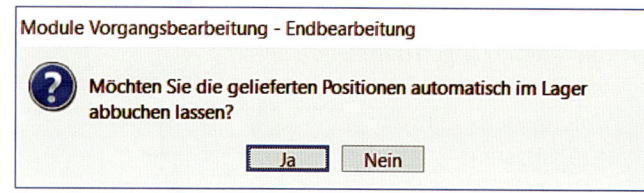

Nun ist noch die Rechnung auszustellen. Das Eingangsmenü der Vorgangsverwaltung hat den Lieferschein erfasst. Dieser lässt sich in eine Rechnung „fortführen".

Auch dieser Vorgang wird in der Eingangsübersicht festgehalten, sodass man den Verlauf von der Angebotsabgabe bis zur Rechnungserstellung jederzeit nachvollziehen kann.

Für Korrekturen an einem bestehenden Vorgang stehen zwei Möglichkeiten zur Verfügung:

* Button „**Bearbeiten**": Die Daten z. B. für ein abgegebenes Angebot werden neu verhandelt und führen zu einem veränderten Angebot.
  Die Änderungen können in das bestehende Angebot eingearbeitet und abgespeichert werden. In der Vorgangsverwaltung wird das alte Angebot überschrieben.

* Button: „**Fortführen**": Die einzelnen Schritte des Vorgangs werden noch einmal durchlaufen und korrigiert. Nach der Speicherung erscheint ein veränderter Vorgang in der Übersicht (z. B. ein zweites Angebot).

Verkauf gegen Rechnung	
Vorgang:	Teilschritt in der Auftragsbearbeitung und -verwaltung
Standard-Vorgänge:	Angebot – Auftragsbestätigung – Lieferschein – Rechnung
Warenwirtschaftssystem:	Nutzung der hinterlegten Kunden- und Artikelstammdaten für die Vorgangsbearbeitung
Vorgangsverwaltung:	Fortführung eines Vorgangs im Rahmen der Auftragsbearbeitung

Zusammenfassung

5 Kalkulationsfunktion des Warenwirtschaftssystems

Ein Warenwirtschaftssystem erfasst alle Warenbewegungen in einem Einzelhandelsbetrieb vom Wareneinkauf bis zum Warenverkauf. Eine wichtige Aufgabe des Warenwirtschaftssystems besteht auch darin, Bezugs- und Verkaufspreise zu kalkulieren und im System festzulegen.

5.1 Bezugskalkulation

Mithilfe der Bezugskalkulation wird der Preis berechnet, den der Einzelhändler für die einkaufte (bezogene) Ware selbst aufbringen muss.

Der Bezugspreis ergibt sich aus den Einkaufsbedingungen des Lieferanten:

* Listenpreis
* Zahlungsbedingungen
* Bezugskosten

Im Warenwirtschaftssystem werden diese Daten in den rechten Teil der Maske eingegeben [①]. Das Programm ermittelt dann automatisch den Bezugspreis [②].

Der Füllfederhalter Faktor hat demnach einen Bezugspreis von 11,47 €.

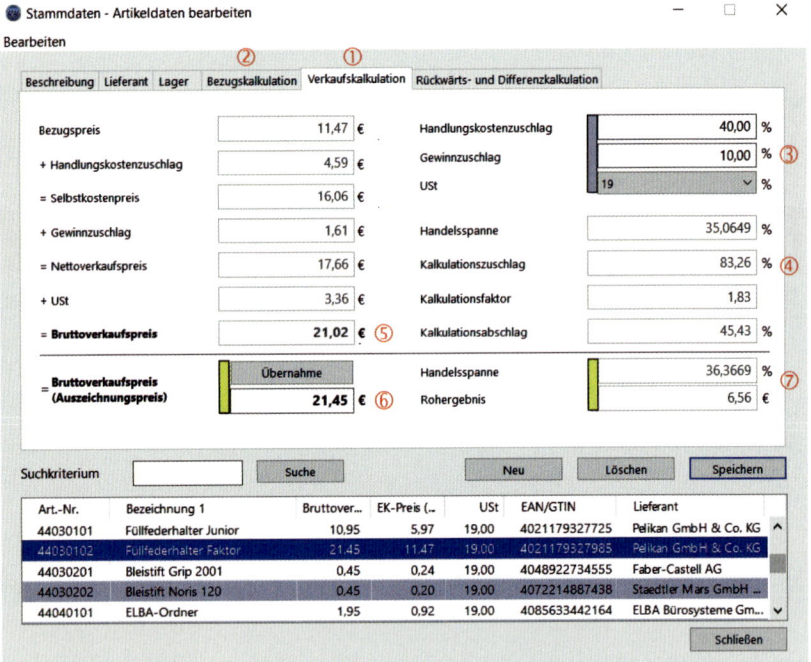

 **Bezugskalkulation: Verfahren zur Berechnung des Preises für die eingekaufte Ware**

5.2   Verkaufskalkulation

Die Verkaufskalkulation [①] übernimmt den Bezugspreis für den Füllfederhalter Faktor aus der Bezugskalkulation [②] und wendet darauf die im System (siehe EXTRAS – OPTIONEN) hinterlegten Zuschlagssätze an (Handlungskostenzuschlag, Gewinnzuschlag, Umsatzsteuer) [③]. Automatisch errechnet werden auch Handelsspanne, Kalkulationszuschlag, Kalkulationsfaktor und Kalkulationsabschlag [④].

Der ermittelte Bruttoverkaufspreis [⑤] kann unverändert beibehalten werden (Button „Übernahme") oder der Preis wird für die Preisauszeichnung angepasst [⑥].

In der Abbildung wird der kalkulierte Preis von 21,02 € auf 21,45 € erhöht. Diese Preisanpassung führt zu einer veränderten Handelsspanne (36,3669 %) und zu einem Rohergebnis von 6,56 € (siehe Zahlen unterhalb des Querstrichs und mit einem gelben Balken markiert [⑦]). Die Ursprungskalkulation bleibt erhalten. Ins System übernommen wird aber der **2. Bruttoverkaufspreis, Auszeichnungspreis** (gelber Balken, [⑥]). Dieser Preis wird auch bei einem Verkauf wirksam.

 **Verkaufskalkulation: Verfahren zur Berechnung des Bruttoverkaufspreises**

5.3 Rückwärts- und Differenzkalkulation

Für das Menü Rückwärts- und Differenzkalkulation gilt: **Es finden nur Rechenoperationen statt, die den gültigen Bruttoverkaufspreis nicht beeinflussen**. Soll der Bruttoverkaufspreis wirksam geändert werden, ist der Preis im Menü „Verkaufskalkulation" einzugeben(zweiter Bruttoverkaufspreis, Auszeichnungspreis [6], oben).

Im Menü „Rückwärts- und Differenzkalkulation erscheinen zunächst die Zahlen aus der Verkaufskalkulation im Kalkulationsformular „Rückwärtskalkulation" [1].

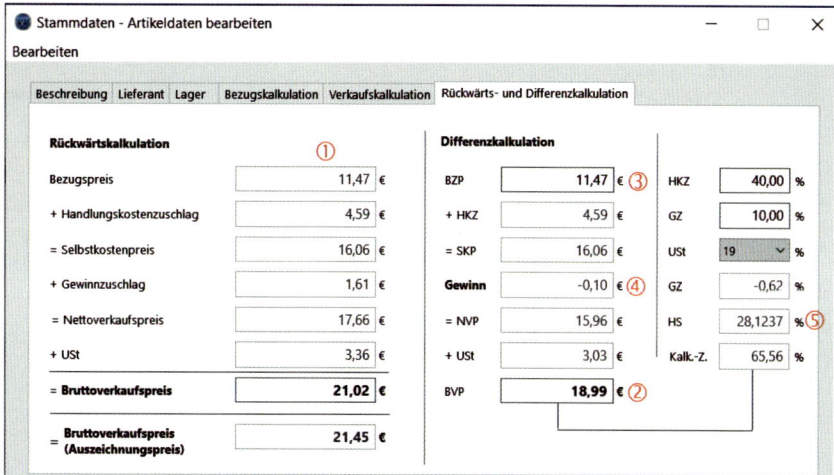

In der **Differenzkalkulation** können nun beliebige Bezugs- und Bruttoverkaufspreise (BZP bzw. BVP) eingegeben werden (in der Abbildung 18,99 € als BVP [2] und 11,47 € als Bezugspreis [3]).

Das Programm wendet den ausgewiesenen Handlungskostenzuschlag (in der Abbildung 40 %) an und berechnet den Selbstkostenpreis (16,06 €). Gleichzeitig wird aus dem eingegebenen Bruttoverkaufspreis die Umsatzsteuer herausgerechnet und der Nettoverkaufspreis ausgewiesen (15,96 €).Die Differenz ist der verbleibende (hier negative) **Gewinn** (−0,10 €) [4]. Die Werte in den Feldern GZ = Gewinnzuschlag, HS = Handelsspanne, Kalk.-Z. = Kalkulationszuschlag beziehen sich auf die Zahlen der Differenzkalkulation [5].

> **Differenzkalkulation:** Verfahren zur Berechnung des verbleibenden Gewinns auf der Grundlage eines bestimmten Bezugs- und eines angenommenen Bruttoverkaufspreises.

Für eine **Rückwärtskalkulation** kann der hell unterlegte Bruttoverkaufspreis abgeändert werden [1]. Das Programm errechnet daraufhin den Bezugspreis, der für den eingegebenen Bruttoverkaufspreis aufzuwenden wäre [2]. Dabei werden die hinterlegten Zuschläge (Handlungskostenzuschlag, HKZ, Gewinnzuschlag, GZ und Umsatzsteuer, USt. [3]) berücksichtigt.

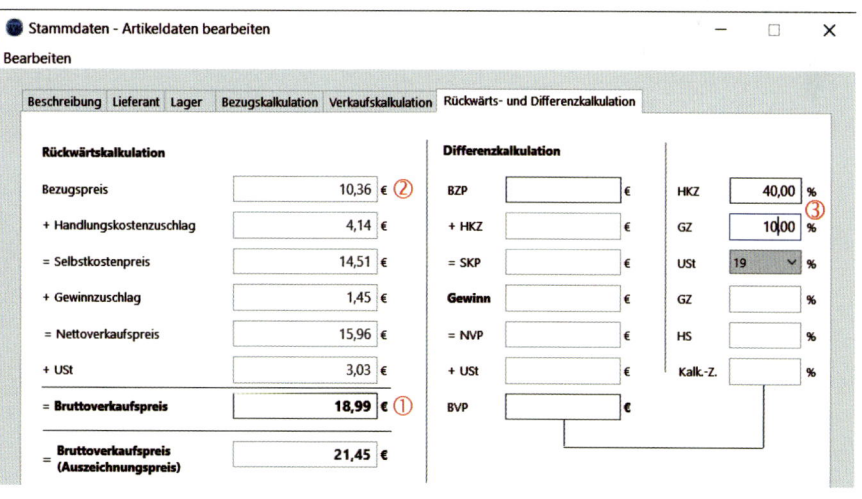

Der bisherige Auszeichnungspreis von 21,45 € bleibt unbeachtet.

Werden diese Zuschlagssätze abgeändert (indem man z. B. den Gewinnzuschlag auf 0,00 % setzt [①]), verändern sie die Rückwärtskalkulation (Gewinn = 0,00 € [②], aufwendbarer Bezugspreis 11,40 € [③]).

Das hat aber keinen Einfluss auf den im System geltenden Bruttoverkaufspreis; es sind reine Rechenvorgänge, die sichtbar machen sollen, wie Veränderungen von Kalkulationsgrößen Preise verändern.

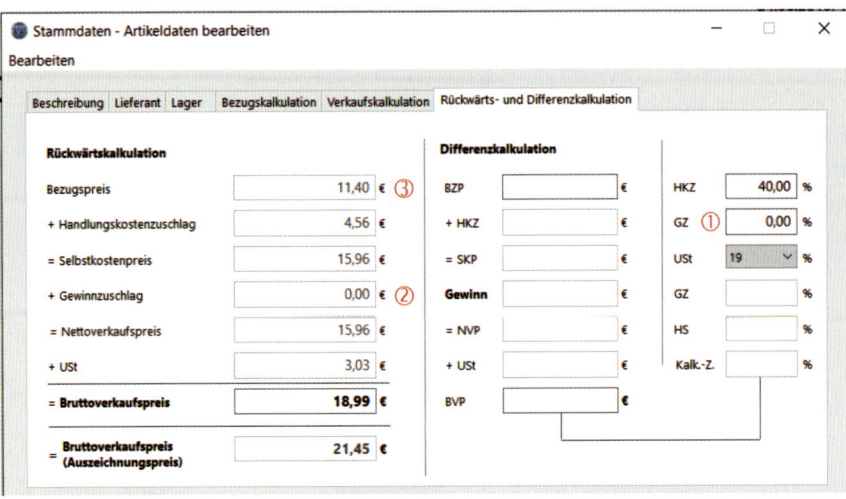

Rückwärtskalkulation: Verfahren zur Berechnung des aufwendbaren man einen bestimmte Bezugspreises, wenn Bruttoverkaufspreis annimmt.

Zusammenfassung

Kalkulationsfunktion des Warenwirtschaftssystems	
Bezugskalkulation:	Verfahren zur Berechnung des Preises für die eingekaufte Ware. Aufbau: Listeneinkaufspreis – Rabatt – Skonto + Bezugskosten
Verkaufskalkulation:	Verfahren zur Berechnung des Bruttoverkaufspreises. Aufbau: Bezugspreis + Handlungskostenzuschlag + Gewinnzuschlag + Umsatzsteuer
Differenzkalkulation:	Verfahren zur Berechnung des verbleibenden Gewinns auf der Grundlage eines bestimmten Bezugs- und eines angenommenen Bruttoverkaufspreises.
Rückwärtskalkulation:	Verfahren zur Berechnung des aufwendbaren Bezugspreises, wenn man einen bestimmten Bruttoverkaufspreis annimmt.

Anhang

1 Modellunternehmen

1.1 City-Warenhaus Bauer

Firma:	City-Warenhaus Bauer
Anschrift:	Oberstraße 17, 40878 Ratingen
Rechtsform:	Einzelunternehmung
Inhaber:	Sven Bauer
Handelsregister:	Düsseldorf
Finanzamt:	Düsseldorf, Steuer-Nr.: 407/4388/0843
USt-IdNr.:	DE433711343
Telefon:	02102 56742-0
Fax:	02102 56733
E-Mail:	City-Warenhaus@t-online.de
Bankverbindung:	Sparbank Ratingen IBAN: DE92 3015 1660 4565 0510 00, BIC: WELADED1RAT

■ Organigramm des City-Warenhauses Bauer

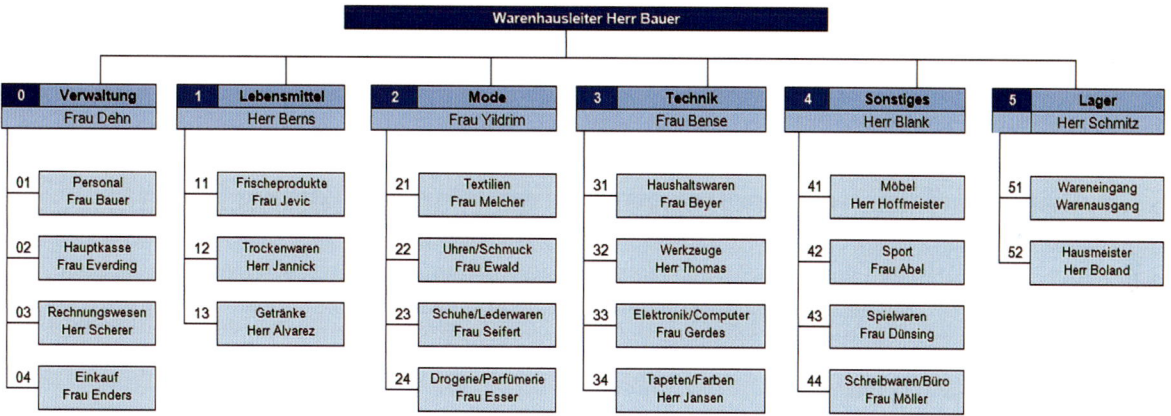

1.2 Biker-Shop

Firma:	Biker-Shop
Anschrift:	Oberstraße 17, 40878 Ratingen
Rechtsform:	Einzelunternehmung
Inhaber:	Mario Adam
Handelsregister:	Düsseldorf
Telefon:	02102 82330-0
Fax:	02102 82330-14
E-Mail:	info@bikershop.de
Bankverbindung:	Commerzbank Düsseldorf IBAN DE81 3004 0000 5243 032000, BIC COBADEFFXXX

2 Kaufmännisches Rechenverfahren: Saldieren

Die Berechnung des Unterschieds zwischen Einnahmen und Ausgaben (oder zwischen Zu- und Abgängen) nennt man Saldieren. Der errechnete Unterschied ist der Saldo. Das Saldieren könnte man auch als „Ergänzungsmethode" bezeichnen, weil der Saldo dem kleineren Betrag ergänzend hinzugefügt wird.

Beispiel

Einnahmen-/Ausgaben-Übersicht					
Einnahmen			**Ausgaben**		
Datum	Vorgang	€	Datum	Vorgang	€
03.11.20(0)	Eröffnungs-bestand ①	8 000,00	03.11.20(0)	Reparaturrech-nung	600,00
04.11.20(0)	Verkäufe	49 000,00	04.11.20(0)	Lohnzahlung	2 000,00
			05.11.20(0)	Miete	12 600,00
			05.11.20(0)	Schlussbestand (Saldo)	③ **41 800,00**
		57 000,00		②	57 000,00

■ Lösungsweg

Die Rechnung vollzieht sich in drei Schritten:

1. Man stellt zunächst durch Überschlagen fest, ob die Einnahmen oder Ausgaben überwiegen (im Beispiel überwiegen die Einnahmen) und addiert dann die wertmäßig größere Seite (57 000,00 € Einnahmen).

2. Die Summe ist dann auch auf der anderen Seite (Ausgabenseite) als Additionsergebnis einzutragen.

3. Die Zahlen der wertmäßig kleineren Seite werden nun addiert. Dann wird die Differenz zur (in 2.) übertragenen Summe ermittelt. Die Differenz ist der gesuchte Saldo (= Schlussbestand von 41 800,00 €).

■ Arbeitsschritte

Saldieren
1. Wertmäßig größere Seite addieren.
2. Ergebnis auf die andere Seite übertragen.
3. Differenz durch Ergänzen ermitteln.

3   Kaufmännisches Rechenverfahren: Verteilungsrechnen

Geldbeträge, Warenmengen usw. werden auf verschiedene Verteilungsträger (z. B. Mitarbeiter, Filialen usw.) auf der Grundlage von **Verteilungsschlüsseln** verteilt.

Diese Verteilungsschlüssel sind entweder
* fest vorgegeben (z. B. 1 : 3 : 5) oder
* müssen aus einer Verteilungsgrundlage errechnet werden.

Beispiel

Der Gesamtumsatz von drei Kundenberatern betrug in der 15. Woche 36 000,00 €.

Umsatz Kundenberater A:	7 200,00 €
Umsatz Kundenberater B:	10 800,00 €
Umsatz Kundenberater C:	18 000,00 €
Summe	36 000,00 €

Auf den Umsatz von 36 000,00 € wird eine Umsatzprämie in Höhe von 540,00 € gezahlt.
Wie soll die Vergütung auf die drei Kundenberater aus dem Beispiel verteilt werden? Gesucht wird also der Verteilungsschlüssel.

■ Lösungsweg

Die Grundlage für die Verteilung der Vergütung sind die von den Kundenberatern jeweils erzielten Umsätze. Aus den Umsätzen der einzelnen Kundenberater lässt sich der Verteilungs-schlüssel durch **Kürzen** errechnen:

Umsatz Kundenberater A:	7 200,00 € : 100 = 72 Anteile : 36 = 2 Anteile
Umsatz Kundenberater B:	10 800,00 € : 100 = 108 Anteile : 36 = 3 Anteile
Umsatz Kundenberater C:	18 000,00 € : 100 = 180 Anteile : 36 = 5 Anteile

Rechenschema

Kundenberater	Umsatz in €	Verteilungsschlüssel	Anteil in €*	Vergütung in €
A	7 200,00	2	54,00	(2 × 54,00 =) 108,00
B	10 800,00	3	54,00	(3 × 54,00 =) 162,00
C	18 000,00	5	54,00	(5 × 54,00 =) 270,00
		10		

* 10 Teile entsprechen 540,00 €. 1 Teil entspricht $\frac{540,00\ €}{10} = 54,00\ €$

Manchmal sind als Verteilungsschlüssel auch **Bruchzahlen** vorgegeben. Dann müssen diese Bruchzahlen in ganze Zahlen umgewandelt werden.

Beispiel

```
1/2  =  3/6 →       3 Anteile ⎫
1/3  =  2/6 →       2 Anteile ⎬ Die Zähler (als ganze Zahlen) gelten
1/6  =  1/6 →       1 Anteil  ⎭ als Verteilungsschlüssel.
Summe  6/6          6 Anteile
```

■ Arbeitsschritte

Verteilungsrechnen

1. Verteilungsgrundlage ermitteln
2. Rechenschema erstellen
3. Gegebene Werte in das Schema eintragen
4. Vorgegebenen Verteilungsschlüssel benutzen oder errechnen
5. Summe der Teile bestimmen
6. Wert für 1 Teil ermitteln $= \dfrac{\text{Verteilungssumme}}{\text{Summe der Anteile}} = 1$ Anteil
7. Anteile nach Verteilungsschlüssel errechnen

4 Anwendung der Prozentrechnung: Welcher Wert ist 100 %?

Häufig lautet in der Prozentrechnung die Frage:
„Welcher Wert ist mit 100 % gleichzusetzen?"
In der Regel sind folgende Werte 100 %:

1. Ein **älterer Wert** (z. B. der Vorjahreswert), an dem der neue Wert gemessen wird.

2. Ein **vorangegangener Wert** (z. B. in einer gestuften, voranschreitenden Kalkulation oder ein Rechnungs-betrag, von dem Skonto abgezogen werden soll).

3. Ein **Gesamtwert**, auf den man sich bezieht (z. B. Umsatz eines Jahres).

Beispiel zu 1.

Umsatz Montag 13.11.20(0): 5 200,00 €
Umsatz Montag 12.11.20(-1): 5 000,00 €
Zu berechnen ist die Umsatzveränderung in Prozent.

Lösung

Die Differenz in € beträgt 200,00 €	**5 000,00 € = 100 %**
Der ältere Wert (Vorjahreswert) ist 100 %.	200,00 € = x

Umsatzveränderung $= \dfrac{100 \cdot 200,00\ €}{5 000,00\ €} = \textbf{4 \%}$

Beispiel zu 2.

Der Lieferant gewährt 2 % Skonto bei Zahlung innerhalb von 10 Tagen.
Der Rechnungsbetrag lautet über 4 500,00 €.
Zu berechnen ist der Skontobetrag in €.

Lösung

Der Rechnungsbetrag ist 100 %.	100 % = 4 500,00 € 2 % = x

$$\text{Skonto} = \frac{4\,500,00\ € \cdot 2}{100} = \mathbf{90,00\ €}$$

Beispiel zu 3. Der Gesamtumsatz betrug 600 000,00 €.
Im November wurde ein Umsatz von 45 000,00 € erzielt.
Zu berechnen ist der Novemberumsatz in Prozent des Gesamtumsatzes.

Lösung

Der Gesamtumsatz ist 100 %.	600 000,00 € = 100 % 45 000,00 € = x

$$\text{Umsatzanteil November} = \frac{100 \cdot 45\,000,00\ €}{600\,000,00} = \mathbf{7,5\ \%}$$

5 Zinsrechnen – Monatszinsen

Zinsen sind eine Vergütung, die ein Geldgeber (Gläubiger) seinem Schuldner für geliehenes Geld berechnet. Der vereinbarte Zinssatz wird in Prozent ausgedrückt und bezieht sich i. d. R. auf ein Jahr (pro anno, p. a. = für **ein** Jahr). Allerdings gelten für die Zinsrechnung zwei Regeln, die die Handhabung dieses Rechenverfahrens erleichtern:

1 Jahr = 360 Tage
1 Monat = 30 Tage

Die Zinsrechnung ist die Anwendung der Prozentrechnung unter Berücksichtigung der **Zeit**.

■ Berechnung von Monatszinsen

Bei der Berechnung von Monatszinsen wird der Zinszeitraum in Monaten angegeben und ein Jahr mit zwölf Monaten gleichgesetzt.

Beispiel Berechnen Sie die Zinsen eines Kapitals in Höve von 1 500,00 € zu 8 % für 6 Monate

Lösungsweg:
Die Lösung kann mithilfe der Dreisatzrechnung gefunden werden:

| 100,00 € | Kapital | in | 12 Monaten | 8,00 | € Zinsen |
| 1 500,00 € | Kapital | in | 6 Monaten | x | € Zinsen |

$$x = \frac{8,00 \cdot 1\,500,00 \cdot 6}{100 \cdot 12} = \mathbf{60,00\ €}$$

Die Zinsberechnung lässt sich aber auch einfach auf logische Weise ableiten:

1 500,00 €	Ein Kapital von 1 500,00 € ist zu verzinsen.
	Teilt man 1 500,00 € durch 100, so erhält man 1 Prozent Zinsen (15,00 €).
$\dfrac{1\,500,00 \cdot 8}{100}$	Der Zinssatz beträgt aber 8 %, sodass das Zwischenergebnis mit 8 zu multiplizieren ist (120,00 €).
$\dfrac{1\,500,00 \cdot 8}{100 \cdot 12}$	Der Zinssatz von 8 % gilt für einen Zinszeitraum von 12 Monaten. Teilt man den Zwischenwert durch 12, erhält man die Zinsen für 1 Monat (10,00 €).
$\dfrac{1\,500,00 \cdot 8 \cdot 6}{100 \cdot 12} = \mathbf{60,00\ €}$	Tatsächlich beträgt der Verzinsungszeitraum 6 Monate. Der Zwischenwert muss daher mit 6 multipliziert werden.

Monatszinsformel

$$\text{Monatszinsen} = \frac{\text{Kapital} \cdot \text{Zinssatz} \cdot \text{Laufzeit in Monaten}}{100 \cdot 12}$$

6 Warenbeschreibungsbogen

Mit einem **Warenbeschreibungsbogen** (auch **Warensteckbrief** genannt) werden Produkte systematisch und übersichtlich erfasst. Auf diese Weise kann man sich eingehende Kenntnisse über das Sortiment seines Ausbildungsbetriebes verschaffen. Werden neu ins Sortiment aufgenommene Produkte regelmäßig analysiert, wird das Warenwissen zudem ständig aktualisiert. Die Nutzung des Warenbeschreibungsbogens ist auch zur Vorbereitung auf die Lehrabschlussprüfung sinnvoll. Dazu sollten Produkte herangezogen werden, die vorzugsweise in der Lehrabschlussprüfung behandelt werden; das sind in der Regel erklärungsbedürftige Artikel.

Basisinformationen	Grundlegende Informationen sollten am Anfang stehen. Dazu gehören z. B. der Preis des Produkts und seine Einordnung in das Sortiment (Warengruppe/Warenart, Kern- oder Randsortiment, fixes oder variables Sortiment). Es könnte auch geklärt werden, ob das Produkt eine besondere Verkaufsform (Bedienung, Vorwahl, Intensivvorwahl, Selbstwahl) erfordert, ob es eine spezielle Warenpräsentation verlangt oder wie es dem Kunden vorgelegt werden sollte. Schließlich kann der Warenbeschreibungsbogen auch Auskunft darüber geben, ob das Produkt besonderen Ansprüchen gerecht wird oder für bestimmte Kundentypen speziell geeignet ist.
Produktmerkmale	**Produkteigenschaften**
Material	
Herstellung	
Optik	Dies ist der Kern des Warenbeschreibungsbogens. Er enthält die wesentlichen Eigenschaften des Produkts, gegliedert nach Produktmerkmalen.
Bedienung	
Zeichen	
Maße/Größen	
Herkunft	
Zusätzliche verkaufsbedeutsame Informationen	Der dritte Teil des Bogens enthält Informationen über das Produkt, die für den Verlauf des Verkaufsgesprächs von Bedeutung sind. Frühzeitig sollte man sich z. B. darüber Gedanken machen, welche Kundeneinwände gegenüber diesem Produkt zu erwarten sind und wie man diesen Einwänden begegnen könnte. An dieser Stelle könnte auch die Frage beantwortet werden, welche Ergänzungsangebote zum Produkt passen und welche Alternativangebote zu empfehlen sind, falls das Produkt nicht mehr vorrätig sein sollte. Wichtig wäre auch zu wissen, ob sich das Produkt als Geschenk eignet und welche Geschenkanlässe infrage kommen.

Berufsgenossenschaft für Gesundheitsdienst und Wohlfahrtspflege (BGW), Hamburg: 75.3, 82.1, 83.1, 83.2.

Brauner, Angelika, Hohenpeißenberg: 71.2, 72.1.

Bundesministerium für wirtschaftliche Zusammenarbeit und Entwicklung (BMZ), Bonn: 30.4.

Doratec GmbH, Dortmund: 58.2, 58.4, 59.1, 59.2, 59.3, 59.4.

Fairtrade Deutschland, Köln: 30.1.

fotolia.com, New York: 75.6; Abe Mossop 73.2, 73.3, 73.4, 73.5, 73.6, 73.7, 73.8, 73.9; Adam Gregor 122.2, 223.1; Alan Reed 79.1; Alena Andryianava 107.1; Alexandr Vlassyuk 211.1; Andreas Safreider 210.1; Andres Rodriguez 219.1; Anton Starikov 281.1; bloomua 257.1; bluedesign 65.1; Classen, R. 84.1; Comugnero 126.6; contrastwerkstatt 122.1, 258.1; cristovao31 119.3; cynoclub 126.10; Designer_Andrea 37.1; Digitalpress 177.2, 178.1; dkimages 229.1; Dmitr Koksharov 237.2; Dmytro Konstantynov 237.1; Dolgikh, George 203.1; dresden 155.1, 155.2, 173.1; Dron 246.1; Edyta Pawlowska 119.1; Effner, Jürgen 74.2; fotobox 126.4; Franck Boston 110.1; Franz Pfluegl 125.1, 126.1, 126.11, 127.1, 127.4, 130.1, 131.1, 131.4, 134.1, 134.4, 149.1, 204.2, 236.2; Gina Sanders 125.2, 130.2, 169.1; Giuseppe Porzani 80.1, 80.2, 80.3; gradt 236.1; Hero 191.1; Ideeah Studio 56.2, 57.2, 57.3; Ideenkoch 206.1, 206.2; industrieblick 74.1; IoannisS 126.8; kikovic 20.1; Kzenon 205.1; Light Impression 242.1; Martina Berg 97.1; Matthias Buehner 81.2; Megan Lorenz 126.7; MP2 181.1; Nmedia 249.1; Patryk Kosmider 114.1; pico 38.2; pictonaut 215.1; Picture-Factory 34.1; Piktoworld 78.2; r.classen 81.1; Robert Kneschke 96.1, 237.3; Romolo Tavani 38.1; sabine hrdler 237.5; stockWERK 229.2; Style Media & Design 201.1; T. Michel 84.2; th-photo 55.1; thepoeticimage 97.3, 97.5, 104.2, 104.4, 126.3, 126.13, 127.3, 131.3, 131.6, 134.2, 134.5, 149.2; Thomas Sllner 75.4; Tyler Olson 132.2; Tyler Olsonc 181.2; Volodymyr Krasyuk 126.5; Willee Cole 126.9; Xenia1972 218.1; Yuri Arcurs 97.2, 104.3; Zerbor 80.4; © pico 78.1.

Internationaler Verband der Naturtextilwirtschaft e.V. (IVN), Berlin: 30.3.

iStockphoto.com, Calgary: webphotographeer 9.1.

Jouve Germany GmbH & Co. KG, München: 10.1, 10.2, 16.1, 17.1, 19.1, 43.1, 48.1, 57.1, 71.1, 72.2, 86.1, 87.1, 92.1, 97.4, 104.1, 104.5, 110.2, 112.1, 121.1, 121.2, 134.3, 134.6, 149.3, 159.1, 170.1, 170.2, 177.1, 221.1, 233.1, 234.1, 239.1, 266.1, 277.1, 277.2, 277.3.

Microsoft Deutschland GmbH, München: 263.1.

PantherMedia GmbH (panthermedia.net), München: Bitzer, Ralf 126.2, 126.12, 127.2, 131.2, 131.5.

Picture-Alliance GmbH, Frankfurt/M.: Angelika Warmuth 83.3; dpa/Weissbrod, Bernd 29.1.

Shutterstock.com, New York: industryviews 242.2; stockfour 205.2.

STEP fair trade carpets, Bern: 30.2.

stock.adobe.com, Dublin: beetey 146.1; Boggy 57.4; Eisenhans 132.1; Es sarawuth 75.5; EyeMark 58.1; Gorodenkoff 256.1; gpointstudio Titel; industrieblick 53.1, 74.3, 76.3, 76.4; Kleemann, Kurt 167.1; Kneschke, Robert 119.2, 132.3; KPad 81.3; Lantelme, Jörg 74.4; Lichtfexx 75.1; Mihail 58.3; nattstudio 253.1, 254.1, 255.1; oatawa 208.1; pressmaster 252.1; Prostock-studio 259.1; Raths, Alexander 1.1; rrrainbow 68.1; Schmitt, Henry 251.1; Seybert, Gerhard 212.1; stefan1179 75.2; tamayura39 28.1; 76.2.

Verband Lebensmittel ohne Gentechnik e.V. (VLOG), Berlin: 207.1.

Visum Foto GmbH, München: Christian O. Bruch 76.1.

Voth, Martin, Heiden / Köln: 23.1, 23.2, 26.1, 26.2, 32.1, 32.2, 55.2, 56.1, 60.1, 67.1, 68.2, 73.1, 79.2, 85.1, 88.1, 89.1, 204.1, 204.3, 237.4, 238.1, 263.2, 263.3, 264.1, 264.2, 265.1, 265.2, 267.1, 267.2, 268.1, 268.2, 268.3, 268.4, 269.1, 269.2, 270.1, 270.2, 271.1, 271.2, 271.3, 272.1, 272.2, 272.3, 272.4, 273.1, 273.2, 274.1, 274.2, 275.1, 275.2, 276.1.